ENVEJECER CON PLENITUD

Dr. ALBERT ELLIS
Dr. EMMETT VELTEN

ENVEJECER CON PLENITUD

Cómo superar el hacerse mayor

EDICIONES OBELISCO

Si este libro le ha interesado y desea que le mantengamos informado de nuestras
publicaciones, escríbanos indicándonos qué temas son de su interés
(Astrología, Autoayuda, Ciencias Ocultas, Artes Marciales, Naturismo,
Espiritualidad, Tradición...),y gustosamente le complaceremos.

Puede consultar nuestro catálogo en http://www.edicionesobelisco.com

Colección Obelisco Psicología
Envejecer con plenitud
Dr. Albert Ellis
Dr. Emmett Velten

Título original: *Optimal Aging*

1.ª edición: junio de 2007

Traducción: *Antonio Cutanela*
Maquetación: *Revertext, S. L.*
Diseño de cubierta: *Enrique Iborra*

Pere IV, 78 (Edif. Pedro IV) 3.ª planta 5.ª puerta
Tel. 93 309 85 25 – Fax 93 309 85 23
08005 Barcelona – España
E-mail: obelisco@edicionesobelisco.com

ISBN: 978-84-9777-376-8
Depósito legal: B-30.454-2007

Printed in Spain

Impreso en España en los talleres gráficos de Romanyà/Valls, S. A.
Verdaguer, l. 08786 Capellades (Barcelona)

Índice

Prólogo

Cambie lo que pueda cambiar, y haga lo que pueda con lo que no pueda cambiar

Este libro está escrito para las personas que quieren aprender maneras de mantener, o incluso incrementar, su gusto por la vida mientras se hacen mayores. Se dirige a las personas que aún no son mayores, pero que lo serán algún día, y a las que son más mayores de lo que les gustaría ser. Este libro, en vez de fijarse simplemente en las tendencias actuales, hace algo bastante diferente: le muestra cómo *tomar el control de las tendencias de envejecimiento. Le dice que usted puede tomar la iniciativa, y que puede generar los cambios necesarios para que su vida sea como usted desea.* Unas actitudes negativas pueden impedirle vivir plenamente, pero este libro le mostrará cómo reconocerlas y combatirlas, así como el modo de desarrollar unas actitudes más útiles. Los métodos y técnicas que figuran en este libro proceden de sistemas prácticos de autoayuda y psicoterapia basados en una amplia investigación; proceden concretamente de la terapia racional emotiva conductual (TREC). Se trata de métodos fáciles de entender, que pueden serle de utilidad en cualquier momento de la vida para tomar el control de sus emociones y de su felicidad. Le ayudarán a abordar de una manera más eficaz las limitaciones y los problemas prácticos de la vida, incluidos los relacionados con la edad.

Esta guía para envejecer con plenitud puede satisfacer algunas de las necesidades vitales de una población que madura con rapidez. En ella, esbozaremos el modo mediante el cual aquellos que quieren y esperan vivir una larga vida pueden aplicar los métodos de envejecimiento con plenitud a los aspectos molestos, e incluso detestables, del envejecimiento. Le enseñaremos a:

- Liberarse de mitos perjudiciales, de expectativas negativas, estereotipos y prejuicios acerca de la edad, para luego generar nuevos papeles y experiencias.
- Aplicar sus conocimientos y su fuerza mental para hacer frente a los impedimentos prácticos y los inconvenientes de la edad madura.
- Descubrir e inventarse el modo de reducir los efectos de esos impedimentos e inconvenientes.
- Sacar el máximo partido a las oportunidades que le ofrece su edad (el nido vacío, la jubilación, una vida más larga).
- Darse cuenta de que darle forma a la propia vida es algo que no termina aquí o allá, y tiene poco que ver con la edad.
- Aceptar los inconvenientes de hacerse viejo, aunque no sea para lanzar cohetes por ello.
- No dejarse alterar por las cosas que no puede cambiar (como es el imparable hacerse mayor).
- Desarrollar puntos de vista más flexibles acerca de las oportunidades que le brinda una vida más larga.
- Ganar en felicidad, en compromiso, en implicación y en vitalidad a medida que se hace mayor.
- Lograr más de lo que quiere y menos de lo que no quiere en esa vida más larga.

¿Da usted por hecho que envejecer es en general malo? ¡En absoluto! Tiene muchos encantos, beneficios adicionales, ventajas claras y privilegios que la gente suele pasar por alto. Veremos algunas de las ventajas de la vejez por las que nadie entona himnos, antes de que le mostremos algunas formas para impedir que se altere, que se horrorice o que se queje de las desventajas.

En este libro podrá encontrar también algunas anécdotas personales y demás ejemplos que ilustran los métodos que le queremos transmitir, así como cuántas personas pueden beneficiarse de ellos. Entre esas anécdotas y ejemplos se encuentran los nuestros, los de personalidades conocidas y amigos, y los de nuestros propios clientes de terapia o de nuestros libros de autoayuda. Cuando hagamos referencia a los clientes, cambiaremos cualquier información mediante la cual pudiera llegarse a identificárseles (a veces incluso su sexo), para salvaguardar su privacidad y su confidencialidad.

El envejecimiento de la población en los países occidentales es uno de los factores más importantes de su futuro como naciones. En Estados Unidos, alrededor de 80 millones de ciudadanos (alrededor de un tercio de la población) nació entre los años 1946 y 1965: la generación del *baby boom*.[1] Esta generación ha dominado la cultura norteamericana durante cuatro décadas. Las preferencias y los deseos de los *boomers*, y ahora sus bolsillos, constituyen la preocupación dominante de las empresas de los Estados Unidos y de la cultura pop. Con su maduración y su envejecimiento, esta enorme generación ha transformado por completo nuestra cultura.

- Los *boomers* constituyeron la generación de los *hippies* (*flower-power*, el poder de las flores), las drogas, el sexo y el *rock'n'roll* de la década de 1960 y la primera parte de los setenta, que se opusieron a la guerra de Vietnam.
- Es la primera generación que se abrazó a la liberación femenina, y que apoyó el rápido auge de la liberación masculina, la igualdad racial y los derechos de los homosexuales.
- Es la primera generación en cuanto al número de personas que no se han llegado a casar y que no han tenido hijos. Se estima que un 20 por ciento de los *baby boomers* no tendrá hijos, y otro 25 por ciento tendrá sólo un hijo.
- Es la primera generación en la que vivir juntos sin casarse es habitual.
- Es la primera generación en la que el divorcio ha llegado a alcanzar el 50 por ciento, en la que un importante número de personas practica la «monogamia en serie», y en la que son comunes las familias con distintas capas de suegros y cuñados, hijastros y regímenes de visita.
- Es la primera generación que se ha introducido claramente en las innovaciones tecnológicas, como los faxes, los teléfonos móviles o celulares, los ordenadores, los mensajes electrónicos e Internet.

Es muy probable que usted, tanto si es un *baby boomer* como si no lo es, lleve consigo a sus «años dorados» los valores y el marco mental experimental de los *baby boomers*, sacudiendo así los cimientos de la sociedad occidental en lo referente a sus conceptos sobre el envejecimiento. Esperamos que este libro le anime a hacerlo y le proporcione una buena ayuda sobre cómo hacerlo.

1. Se llama *baby boom* al gran incremento de nacimientos que tuvo lugar tras el fin de la Segunda Guerra Mundial, debido a los factores de seguridad y estabilidad que trajo la conclusión del conflicto. *(N. del T.)*

El principal mensaje de este libro es «disfruta del momento» (*¡carpe diem!*). En lugar de dejarse llevar por la deriva en la edad madura, sin mapa, sin brújula, sin velas y sin remos, decida adónde quiere ir y qué quiere ver, hacer y experimentar a lo largo del camino. Manténgase abierto a nuevos destinos y experiencias posibles, y luego ize las velas. Somos de la opinión de que las personas le pueden dar forma a su destino, individual y colectivamente, y este libro le va a ofrecer algunas herramientas para ello, para que envejezca con plenitud.

Hasta hace poco, no había demasiada gente mayor (y gente que no tardaría en unirse a esas filas) dispuesta a aceptar el desafío de este libro: reconformar las actitudes y los valores de nuestra cultura acerca de la vejez y acerca de usted, una persona que está envejeciendo. No olvide que, para un gran porcentaje de la población mundial, es inusual llegar a los cincuenta o los sesenta, algo que sólo ocurre en los países más desarrollados. Entre la mayoría del resto de animales, es raro que un individuo alcance una avanzada edad fuera de un zoo o de los seguros confines de un hogar humano. Los seres humanos han alterado el orden natural (el de una vida corta), que ha sido la tónica dominante a lo largo de la historia de la humanidad. Hemos logrado grandes mejoras en los cuidados prenatales de las mujeres, hemos eliminado muchas de las enfermedades que asolaban la infancia y la juventud, y hemos desarrollado medicinas y procedimientos para combatir las enfermedades que afectaban en gran medida a los mayores.

Hacia el 2020, una de cada cinco personas en los Estados Unidos tendrá más de 60 años, y hasta bien avanzado el siglo XX no se tomaba en consideración el voto global de los mayores. Nosotros, los mayores, somos un caso extraño, y el caso es que el fenómeno del gran número de personas mayores se encuentra aún en su juventud, incluso en su infancia. No estamos más que empezando.

Pero los mayores no somos los únicos advenedizos. La infancia es también algo bastante novedoso, como sabemos en las naciones desarrolladas. No hace demasiado tiempo, la mayoría de los niños que lograba sobrevivir pasaba su infancia yendo a trabajar en los campos y en las fábricas. Eran «adultos en pequeñito». La ciencia, la educación, la democracia y la relativa opulencia han sentado las bases para que se desarrollen también otras subculturas. El movimiento de liberación femenina ha generado oportunidades nuevas para que las mujeres pongan a prueba nuevos papeles, y las mujeres han escapado de multitud de conceptos tradicionales. Su salud mental y física, y su longevidad, se han incrementado considerablemente. La liberación masculina está acumulando impulso actualmente como movimiento. A partir de él, los hombres podrán forjar una nueva vida, expandir sus horizontes e incrementar su felicidad y su salud.

Incuestionablemente, hay más personas libres para crear y vivir su propia existencia de la forma que desean de las que había no hace demasiado tiempo. Aunque la homosexualidad está presente desde que existen los seres humanos, los países desarrollados han visto en las últimas dos décadas un enorme crecimiento de la concienciación referente al tema de los gais y las lesbianas. De igual modo, la actual tendencia de la gente a buscar sus raíces étnicas es otra forma de autocreación. Y lo mismo se puede decir de la tendencia creciente entre personas de América de herencia racial mixta a generar nuevas identidades para sí mismos.

Aunque existe un sentimiento oculto de respeto por los ancianos en nuestra cultura, no está en modo alguno generalizado. Quizás era más fuerte en el pasado. Muchas fuerzas sociales y económicas han dado forma a la actual cultura de los mayores. Entre estas fuerzas se encuentra el menor número de empleos, la jubilación forzosa, la frecuencia de noticias en los medios de comunicación en las que codiciosos vejestorios descalabran la economía de jóvenes pobres y honestos que pagan los ingresos más bajos de la Seguridad Social, el insidioso mensaje de los medios de que los jóvenes valen más que los mayores; la idea preconcebida de que tus hijos se merecen automáticamente todo lo que tienen, y la debilidad y las dolencias propias de la vejez.

Con unas actitudes y unas herramientas adecuadas, y con un poco de esfuerzo, el creciente número de personas maduras y ancianas, en especial estando los *baby boomers* en la cincuentena, hará posible que los ancianos dispongan de nuevas fuerzas. Tenemos la posibilidad de crear nuestra propia vida y de escribir buena parte de nuestra historia. No tenemos por qué interpretar los guiones que nos proporciona una sociedad edadista. Tenemos la oportunidad de reformular las retorcidas y restrictivas ideas que nuestra sociedad tiene de la vejez. En lugar de conformarse con esa visión de decadencia, usted puede darle un nuevo significado a la vejez. Si lo hace ahora, mientras aún es joven, disfrutará mucho más de la vida que le queda por vivir. Y es muy probable que esa vida sea mucho más larga de lo que jamás hubiera esperado (¡sí, sobrevivió usted a los 30, a los 40 y más allá!). Esa vida puede ser independiente, vigorosa, plena y divertida… *siempre y cuando* terminemos con los prejuicios existentes contra la vejez, *siempre y cuando* nos neguemos a tomarnos en serio sus dictados.

El edadismo[2] es un hecho crucial de la vida en nuestra cultura, y es tabú hablar abiertamente de ello. Las personas mayores (y usted también) haríamos bien en romper el tabú, no sólo de palabra, sino también con los hechos. Convendría que hiciéramos algo al respecto. En nuestra cultura hay un claro prejuicio contra los mayores, lo cual significa que esos prejuicios irán también contra *usted,* si espera seguir vivito y coleando durante un tiempo promedio y vive una vida feliz. *Usted* será el objetivo, la diana de esos prejuicios, unos prejuicios que limitarán sus opciones del mismo modo que otros prejuicios han limitado las opciones de otros grupos y tipos de personas. ¿No le gusta esta perspectiva? Entonces, haga algo al respecto. Y comience ahora.

Si es usted joven aún y no es todavía el objetivo del edadismo, no tiene que hacer otra cosa más que esperar. Ya le llegará el turno. En el corazón del edadismo se halla la suposición de que la valía de un ser humano está en función de la edad; cuanto más mayor, menos vales; cuanto más joven, más vales. También da por supuesto que uno se valorará más en la medida en que uno no *muestre* los cambios biológicos naturales asociados con el aumento de edad. ¡Una idea ridícula! Otra de las cosas que contribuyen a este prejuicio es la creencia generalizada de que los inconvenientes y los impedimentos de la vejez son terribles y sumamente difíciles de soportar. Cada edad tiene sus inconvenientes y sus impedimentos, pero nosotros nos podemos liberar de los que causa el rampante edadismo de nuestra cultura.

No vamos a pasar de puntillas sobre los hechos desagradables del edadismo. Con sus muchos disfraces, el edadismo hace daño a personas de todas las edades. Genera inmensos sufrimientos, y nos puede arrebatar el futuro. Si no lo vencemos, y si otros más jóvenes no se unen a nosotros en esta batalla, ya puede ir despidiéndose de una buena parte de su futuro, *el de usted.* Si es usted joven, hay muchas posibilidades de que, consciente o inconscientemente, tenga algunas actitudes edadistas. Sería difícil no tenerlas, dado el bombardeo incesante de juventud, juventud y juventud con que nos obsequian los medios de comunicación y la publicidad. Si es usted mayor, es posible que haya interiorizado algunas creencias e ideas edadistas y que las aplique sobre *sí mismo.* Sería sensato que usted prefiriera sentirse más joven, estar más ágil físicamente y no formar parte de una minoría mal vista, si todo esto le motivara a estar más en forma,

---

2. *Ageism,* en el original inglés. Si bien se está utilizando el mismo término inglés en muchos escritos en castellano sobre el tema, hemos preferido utilizar en esta traducción su equivalente en castellano: edadismo. *(N. del T.)*

física y mentalmente, y a reivindicar sus derechos. Sin embargo, es posible que usted tenga también prejuicios contra sí mismo y contra otros ancianos. Y sería del todo sensato que usted prefiriera no sufrir de esos prejuicios. Esto le motivaría a luchar contra el edadismo, en vez de aferrarse a una juventud que se desvanece, en vez de odiar su cuerpo que envejece, en vez de considerarse un fracasado vital y de marginarse del resto de la sociedad. Hace falta mucha energía para aferrarse a la ilusión de la juventud; una energía que usted puede dedicar a cosas más creativas.

¿Que por qué utilizamos el término *mayor* y no decimos simplemente *viejo*? Porque no existe esa categoría que llamamos «viejo». No tiene ningún sentido el que uno tenga que «comportarse según su edad» o que se comporte de forma diferente porque «es» viejo o ha caído en la última categoría o fase de la vida. La edad varía constantemente, desde el momento en que se nace hasta el momento en que se muere. Con cada día que pasa, uno se hace más mayor. Con cada día que pasa, uno puede continuar creándose a sí mismo y dándole forma a su vida.

Somos de la opinión de que los prejuicios contra los mayores y contra la vejez en sí constituyen el motivo dominante por el cual tantas personas le tienen pánico a hacerse mayores. Estos prejuicios son el motivo principal por el cual usted va a dejar de disfrutar y de labrarse su futuro en la medida de sus posibilidades. Contémplelo de este modo: cuanto más tiempo viva, más se va a encontrar dentro de un grupo marginal y desfavorecido, el de los mayores. ¡Vaya faena! Sólo existe una alternativa al envejecimiento. ¿Hace falta que la digamos?

Por tanto, los que somos mayores, o aquellos que esperan ser mayores algún día, haríamos bien en meternos de lleno en el empeño. Si nos esforzamos, podremos hacer los cambios necesarios, en nosotros mismos y en nuestra cultura, para que podamos disfrutar más de la vida a medida que envejecemos. Para promover esta causa, este libro le mostrará cómo cultivar las actitudes adecuadas, a título individual, para sacar el máximo partido al hecho de estar vivo. Le mostrará cómo desarrollarse y recrearse a sí mismo y a su cultura mientras viva.

Agradecimientos

Fueron muchas las personas que revisaron las primeras versiones del manuscrito de este libro o que nos ofrecieron opiniones, sugerencias e inspiración. Las personas que vienen a continuación fueron particularmente generosas con su tiempo y con sus sabios consejos: Michael Edelstein, Hank Robb, Ricks Warren, Sophia Wolfe, Ava Wolfe, Bea Tracy, Alma Knubel, Bobbi Beelman, M. Joan Hansman, Sharon Peppler, Kitty Fouty, Dell Velten McCall y Billy Bob Branch. Le debemos también un reconocimiento especial a nuestro editor de Open Court, David Ramsay Steele, por sus muchas aportaciones al libro, así como por la soberbia edición del manuscrito.

1

Envejecer. Lo bueno, lo malo y la actitud

No existe la experiencia instantánea.

Ley de Oppenheimer

Si usted examina de cerca un problema, se reconocerá a sí mismo como parte del problema. ¿Que por qué ocurre esto? Porque es usted quien *decide* cómo actuar y cómo sentir. Las decisiones que usted toma pueden acrecentar sus problemas. Le pueden llevar a una existencia no plena. O bien pueden ayudarle a vivir con plenitud.

Los problemas prácticos, como el del envejecimiento, no tienen poder alguno sobre usted. Es *usted* quien tiene el poder, aunque cabe la posibilidad de que haya renunciado a él. Una idea muy antigua, pero que suele olvidarse. Usted *puede* cambiar su manera de pensar. Usted *puede* cambiar sus creencias y sus actitudes. Usted se aferra a ellas. Pero también puede soltarlas si no le funcionan.

Este libro le enseñará la manera de hacerlo. Le mostrará cómo puede trabajar sobre sus actitudes para que, al cambiarlas, le ayuden a abordar sus problemas de forma más eficaz, en lugar de causarle aún más problemas. Las actitudes realistas (las creencias racionales, que es como las llamamos en este libro) son la clave para vivir con plenitud... y para envejecer con plenitud.

Hemos puesto algunas de estas ideas realistas en una serie de 20 reglas para vivir y envejecer con plenitud. Ésta es la primera del lote:

Regla n.º 1: AFRONTE LA REALIDAD

Envejecer tiene sus aspectos buenos y sus aspectos indiferentes, así como sus aspectos malos. Cuando la realidad tiene un lado malo, acepte la realidad de ese hecho. Luego, cámbiela si puede. Si no puede hacer mucho al respecto, viva con ella y haga lo que esté de su mano por mejorarla. Más tarde, busque su lado bueno y concéntrese en él. Lo que usted haga con su futuro (lo que usted haga con su *ahora*) depende de usted. Depende de sus actitudes *hacia* los problemas prácticos que se le presentan, como lo son los problemas que trae consigo el envejecimiento.

Lo bueno…

Envejecer tiene sus aspectos buenos, aspectos que se suelen ignorar u olvidar. Echemos primero un vistazo a lo bueno, y luego veremos lo malo. A medida que hagamos una relación de las ventajas de envejecer, piense en lo que podría añadir usted a esta lista. Pondere todas las ventajas posibles que tiene envejecer. ¿Cómo se le aplica en su caso? Si de verdad *lo piensa,* aprenderá a desarrollar una perspectiva saludable sobre la vejez.

He aquí algunas de las ventajas de hacerse mayor:

- Usted tiene más experiencia de la vida, de modo que debe de ser más sabio en ella. Es posible que haya creado varias familias y que haya tenido varias profesiones, así como muchos empleos y diferentes hogares. Y también debe de haber hecho acopio de habilidades para llevarse mejor con los demás.
- Usted puede ver con más claridad de qué modo encajan las distintas partes de su vida. Puede saber más acerca de las muchas contradicciones y paradojas de la vida, y puede comprenderlas mejor.
- Usted puede mostrar a personas más jóvenes el valor esencial de la experiencia. Puede compartir con los demás todo lo que ha llegado a aprender con el tiempo.
- Cuanto más haya vivido, más oportunidades habrá tenido de aprender el modo de desenvolverse en la vida. Los seres humanos aprendemos por ensayo y error. La gente mayor suele saber cosas que la gente joven no sabe.
- La gente le va a tratar con mayor respeto, y le van a tomar más en serio. Pueden dar por supuesto que ser mayor significa ser más sabio, ¡aunque no sea así!

- Usted habrá tenido tiempo de aprender a aceptar las frustraciones con aquellas cosas respecto a las cuales no puede hacer nada.

- A medida que uno madura, puede aprender a vivir con muy pocos estereotipos sexistas, así como a aceptarse a sí mismo sin aferrarse a demasiadas cosas. Los hombres quizás descubran y manifiesten su ternura y su lado sensible con más frecuencia. Las mujeres quizás hagan lo mismo con su lado asertivo y con su potencial para asumir responsabilidades.

- Quizás aplique menos estereotipos a los demás y les acepte más como son.

- Cuanto más se vive, más posibilidades tiene uno de alcanzar o de forjarse una buena posición (o varias) para sí mismo.

- Con una vida larga, usted tendrá más tiempo y experiencia para dar respuesta a las grandes preguntas de la existencia.

- Usted tiene también más oportunidades para experimentar. Habiendo vivido más tiempo y habiendo superado tantos errores y tantos falsos comienzos, tendrá menos miedo a asumir riesgos y a intentar cosas novedosas.

- Usted tiene la posibilidad de forjarse a sí mismo muchas veces, de poner a prueba muchas opciones de vida.

- También dispondrá de más oportunidades para llevar a cabo esos objetivos vitales que durante tanto tiempo ha albergado en su corazón. Usted tiene el objetivo natural y el reto de vivir del modo más saludable y satisfactorio posible, tanto tiempo como sea posible.

- Usted dispone de un rico fondo de recuerdos entrañables a los que puede acercarse cada vez que lo desee. Tiene la oportunidad de ver crecer y madurar a sus nietos y bisnietos; y sabe cómo saborear las experiencias.

- Tiene usted la posibilidad de disfrutar de la excitación que comporta el contraste entre el mundo de antes y el de ahora (los viajes espaciales, los ordenadores, la tecnología, los McDonald's y todo eso).

- Puede usted beneficiarse de los últimos descubrimientos científicos y de los avances médicos que mejoran la salud y la longevidad.

- Y se va a encontrar también con muchos descuentos y demás ventajas en cines, teatros, viajes, alimentación, etc.

Lo malo...

Bette Davis decía que «Hacerse viejos no es para mariquitas». Y sabía muy bien de lo que hablaba. La mayoría de las personas sabemos muy bien que es *mejor* afrontar la vida de forma realista y echar mano de coraje y de optimismo. A veces es difícil cultivar tales actitudes y mantenerse firme en ellas cuando las cosas se ponen difíciles. ¡Pero la vida se pone mucho más difícil si no lo hacemos! Normalmente, usted se siente mejor cuando afronta la realidad de forma activa y cambia sus aspectos negativos, si está en sus manos cambiarlos. Pero, ¿y si no puede cambiarlos? Entonces, haga lo que esté en su mano por subsistir del modo más elegante posible, y siga decidido a pasárselo todo lo bien que pueda. Esta es la segunda regla para vivir con plenitud:

Regla n.º 2: ACTÚE

Forje activamente su vida, y normalmente obtendrá más de lo que quiere y menos de lo que no quiere. La pasividad no funciona. Si no sigue dando a los remos, la barca de la vida irá a la deriva corriente abajo... y a veces le tratará sin contemplaciones.

Aunque hacerse mayor puede tener sus alegrías, sus aventuras y otros beneficios y ventajas, también tiene sus cosas negativas. ¡Claro que las tiene! ¡Ojalá los aspectos «desagradables» de envejecer no fueran más que mitos, o simplemente vinieran como consecuencia de un modo de vida estúpido, un modo de vida que *pudiéramos* cambiar! Pero no. Algunos aspectos de envejecer *parecen* desagradables porque *son* desagradables. Y lo mismo se puede decir de algunos aspectos de todas las demás etapas de la vida.

Algunos de los aspectos desdichados de envejecer proceden en gran medida de las actitudes de la sociedad y del edadismo. Usted puede esforzarse un poco por cambiar estas actitudes en la sociedad, y puede liberarse de ellas en su propia vida. Pero otras desventajas de hacerse mayor proceden de sus propias actitudes. Quizás las haya tomado prestadas de su cultura: de la televisión, de sus padres, de sus profesores, de sus iguales. También puede ocurrir que se haya inventado usted algunas de ellas. No importa. Ahora son todas suyas. Es usted quien las sustenta. Pero también puede variarlas.

Otros rasgos desagradables de envejecer surgen debido a los años y al hecho de no haberse cuidado. También aquí, usted puede hacer algo al respecto, *siempre y cuando* cambie las creencias que interfieren con la decisión de cuidarse. Otra gran porción de inconvenientes que comporta envejecer proviene de los cambios físicos que tienen lugar en nuestro cuerpo. Algunos de ellos puede usted prevenirlos, algunos puede mantenerlos a distancia o minimizarlos, y habrá otros acerca de los cuales va a poder hacer muy poco. Pero lo que sí que *puede* hacer usted es dictar sus propias actitudes *frente a* esas realidades.

Usted puede cambiar algunas adversidades, y habrá otras que no va a poder cambiar. Los métodos de este libro se pueden aplicar a unos y otros casos. Los métodos para vivir con plenitud de la terapia racional emotiva conductual (TREC) le permitirán desarrollar el coraje y el espíritu de lucha. Le mostrarán cómo minimizar algunas de las desventajas de envejecer, al tiempo que reducen los trastornos que experimenta por ello. Echemos un vistazo ahora a algunos de los aspectos malos de envejecer. Afrontémoslos, para ver con qué nos enfrentamos.

- Edadismo: son las actitudes, prejuicios, costumbres y puntos de vista sesgados que tienen algunas personas, que consideran que los mayores son menos valiosos como seres humanos que los jóvenes.
- Jubilación, ingresos fijos.
- El nido vacío (la casa se vacía de hijos).
- La pérdida de amigos y familiares debido a incapacidades o fallecimientos.
- La decadencia física y los achaques.
- Las facturas del médico son más costosas.
- Limitaciones diversas, como la pérdida del carnet de conducir.
- Menos movilidad.
- La posibilidad de quedar «aparcado» en una residencia de ancianos.

¡Vaya lista! Antes de que nos ocupemos de ella, convendrá que le mostremos alguno de los métodos de la terapia racional emotiva conductual que se aplican a *cualquier* grupo de edad. Le mostraremos cómo puede *utilizar* estos métodos, especialmente el famoso modelo ABC. Se trata de una potente herramienta para vivir plenamente y para cambiar uno mismo. Se ha demostrado efectiva en la vida de miles de personas, que la han aprendido y la han utilizado explícitamente. Como verá, el modelo ABC le otorga un gran poder, pues le dice la *verdadera* causa de sus emociones y de sus acciones, y le muestra lo que puede hacer para cambiar.

Sus actitudes *están* en su cabeza

Hacerse mayor tiene muchas desventajas y costes. En la terapia racional emotiva conductual, los llamamos *adversidades*. Son la «A» del modelo ABC. Estas adversidades, evidentemente, existen; pero no determinan el modo en que usted reacciona ante ellas. Sus creencias (B)[3] generan en gran medida las consecuencias (C) emocionales y conductuales. La fórmula básica para vivir con plenitud es, por tanto, esta:

$$A \quad \times \quad B \quad = \quad C$$

Acontecimientos activadores	Creencias	Consecuencias
Experiencias pasadas y presentes, trastornos que se pronostican	Actitudes, pensamientos, suposiciones, imágenes	Acciones/inacciones Emociones/ sentimientos

Supongamos, por ejemplo, que usted está sumando años, que a duras penas le alcanza el dinero para subsistir y que todo esto le deprime bastante.

A   (su acontecimiento activador/adversidad) es la falta de dinero.

C   (su consecuencia) es la depresión.

¿Cuál es, a su parecer, la causa de la depresión? ¿Es la falta de dinero? ¿Por qué no?

Pongamos otro ejemplo. Imagine que tiene usted cuarenta y tantos años, y que, cada vez que piensa que «se está haciendo viejo», se pone ansioso y se horroriza.

A   (su acontecimiento activador) es la perspectiva de «hacerse viejo».

C   (su consecuencia) es horrorizarse y sentir pánico.

---

3. *Beliefs,* en inglés, de ahí la B. *(N. del T.)*

Entonces, ¿cuál es la causa de que se horrorice y de que sienta pánico? ¿Por qué es un error decir que la causa de su temor y de su pánico se halla en el hecho de que se está haciendo viejo? (Piense en esto: ¿acaso no hay personas que se hacen viejas sin horrorizarse y sin sentir pánico? ¿En qué estriba la diferencia? ¿Podría sentir usted algo diferente?)

Es usted una mujer de mediana edad, y otra mujer a la que acaba de conocer en el club de salud le pregunta su edad. Usted se pone ansiosa y, en vez de decirle la verdad, le dice que tiene menos años de los que en realidad tiene.

A   (su acontecimiento activador) es su verdadera edad y que alguien le pregunte su edad.

B   (su consecuencia) es la ansiedad y la mentira.

¿Qué es lo que la pone ansiosa? ¿Qué la lleva a mentir?

Es usted un hombre de cincuenta y pocos años, y sus erecciones son menos firmes que cuando era usted más joven. Y evita las relaciones sexuales con una compañera nueva.

A   (su acontecimiento activador/adversidad) es el tener erecciones menos firmes.

B   (su consecuencia) es que evita las relaciones sexuales.

¿Qué es lo que le lleva a evitar las relaciones sexuales?

¿Es A la causa de C? No. *Por sí misma,* A no puede ser la causa de C. Si los acontecimientos activadores dieron lugar a nuestras reacciones, entonces todos reaccionaríamos de la misma manera a las mismas cosas. Y no lo hacemos. Si los acontecimientos activadores nos hicieron hacer lo que hacemos, nunca podríamos cambiar, a menos que las circunstancias cambiaran. Pero la experiencia y la observación demuestran que podemos cambiar nuestras respuestas, aunque el entorno siga siendo el mismo.

En cada uno de estos ejemplos, hemos omitido la causa esencial de C, a saber, B, sus creencias o actitudes. Sus creencias (B) *acerca de* A hacen que usted actúe y sienta de la manera que actúa y siente. Sus adversidades en los ejemplos de arriba (la falta de dinero, el pensamiento de que «se está haciendo viejo», el que le pregunten su edad, el tener erecciones menos firmes) pueden *ayudarle* a elegir sus acciones y sus sentimientos. Sin embargo, no hacen que usted elija lo que elige. Eso es cosa suya, ésa es su responsabilidad. Pero ¿de qué modo las adversidades «le ayudan» a elegir tan mal?

Si a usted no le faltara el dinero y de hecho tuviera toneladas de billetes, probablemente no se deprimiría por la falta de dinero. La carencia de dinero (la adversidad en A) le ayuda a deprimirse porque *usted sustenta ya* creencias irracionales *acerca de* lo que significa no tener dinero. Recuerde, hay gente que vive en la calle y que no está deprimida, y que incluso se las ve alegres. Y también hay millonarios desdichados. De modo que la falta de dinero, *en sí misma,* no le provoca a usted sus emociones. Es usted quien se las provoca.

De igual modo, si usted no tuvieran nunca el pensamiento de «estar haciéndose viejo», no tendría la oportunidad (al menos, no de momento) de horrorizarse por ello. Cuando usted tenía quince años, lo más probable es que no se horrorizara ante la idea de cumplir los dieciséis para poder sacarse el carnet de conducir. El horrorizarse surge de sus creencias en B acerca de envejecer.

Y, claro está, si la otra mujer del club de salud no le hubiera preguntado su edad, usted no se habría sentido ansiosa ni le habría mentido. De modo que el acontecimiento activador de que le pregunten a una su edad desempeñó un papel importante en sus reacciones. Pero la respuesta que usted dio a la pregunta de la mujer procedía de usted, no de la pregunta en sí, no de su edad. Su respuesta procedía de sus creencias acerca de su edad.

Cuando usted evita mantener relaciones sexuales con una pareja adecuada, esa decisión la toma su cerebro, no la toma ninguna otra parte de su anatomía. Usted toma su decisión basándose en lo que piensa en B, sus creencias. Pero, efectivamente, si no se le hubiera presentado la oportunidad de mantener relaciones sexuales con una pareja adecuada, difícilmente habría optado por evitarlas.

Los acontecimientos activadores, por tanto, son importantes; pero es usted, y no ellos, quien genera directamente sus comportamientos y sus sentimientos. El poder reside en usted. No renuncie a él. Ese es el motivo por el cual, a veces, utilizamos un gráfico diferente de la fórmula ABC, utilizamos este gráfico:

$$(\text{A})\text{contecimientos activadores} \times$$
$$(\text{B})\text{Creencias} = (\text{C})\text{onsecuencias}$$

Esta versión del modelo ABC ilustra que sus creencias son mucho más importantes que los acontecimientos activadores a la hora de generar sus reacciones y sus emociones como consecuencias en C. Sus creencias pueden ser útiles o pueden ser perjudiciales para usted; pueden ser racionales o pueden ser irracionales. Pero la elección es suya.

¿Qué se dice usted a sí mismo?

Si usted no tiene dinero en A, ¿qué se habrá *dicho a sí mismo* en B para sentirse ciertamente *deprimido* en C? No está disgustado por ello, ni frustrado, ni preocupado, ni decidido a hacer algo constructivo al respecto, sino descorazonado, desesperado, deprimido... ¿Qué se habrá dicho a sí mismo en B para horrorizarse ante la idea de «hacerse viejo»? ¿O para sentirse ansiosa y mentir cuando alguien le pregunta su edad? ¿O para evitar las relaciones sexuales con alguien que le gusta, cuando le surge la ocasión?

A las creencias que entorpecen la búsqueda de la felicidad o la eficacia a la hora de resolver o adaptarse a problemas prácticos nosotros las llamamos *creencias irracionales* (IB).[4] Cuando usted combina las creencias irracionales con los acontecimientos activadores, en especial si son adversos, usted se frustra por sí solo con la consecuencia en C.

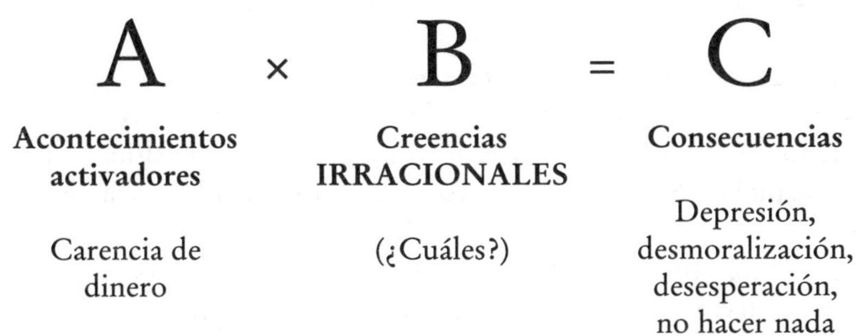

En B, usted dispone del poder para elegir entre unas útiles creencias racionales o unas frustrantes creencias irracionales. La elección es suya. Si usted opta por unas creencias racionales, y si cuestiona y derrota sus creencias irracionales, obtendrá unos resultados mucho mejores como

4. *Irrational Beliefs,* en el original inglés. *(N. del T.)*

consecuencia en C. Luego dispone usted de muchas más posibilidades de hacer algo constructivo respecto a sus problemas prácticos en A, como puede ser el de la carencia de dinero, la falta de erecciones o el «ser mayor». Si descubre que no puede cambiar sus acontecimientos activadores con prontitud, o quizás para siempre, ¿entonces, qué? Las creencias racionales en B le permitirán aceptar la frustrante realidad y le enseñarán a adaptarse a ella, con tanta elegancia como sea capaz, en vez de seguir dándoles vueltas a las cosas y de lamentarse por su ingrato destino.

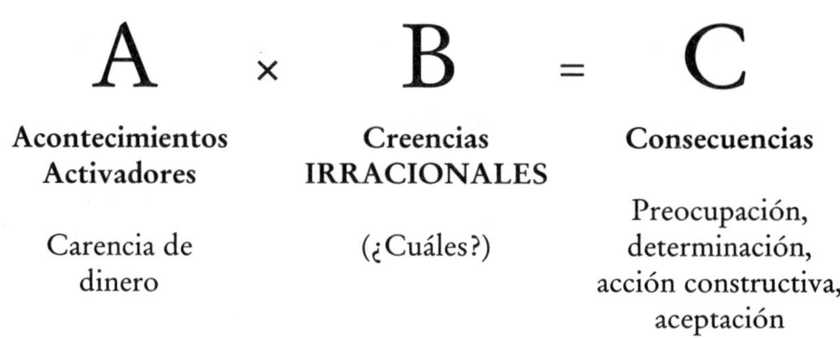

¡Yo mando del mundo y de ti, y tenéis que obedecer mis deseos!

¿En qué se diferencian las creencias «depresivas» (irracionales) acerca de la falta de dinero de las creencias realistas que pueden motivarle para llevar a cabo una acción constructiva o para adaptarse a la situación lo mejor que se pueda? Se diferencian en lo mismo que se diferencian «yo mando» de «yo prefiero».

Usted toma su deseo o su preferencia de tener más dinero («Me gustaría tener más dinero») y *lo convierte* en una exigencia poco realista: «NECESITO desesperadamente más dinero. HE de tener más dinero. Mi vida va a ser *desoladoramente espantosa* si no lo tengo». Con ese mandato (que la realidad ignora), usted se deprime a sí mismo, en vez de sentirse realistamente decepcionado por la carencia de dinero.

Si no quiere sentirse deprimido por no tener suficiente dinero a medida que se hace mayor, conviene que usted discuta (D) su creencia irracional (IB). Ante «NECESITO desesperadamente más dinero. HE de tener más dinero. Mi vida va a ser *desoladoramente espantosa* si no lo tengo», usted se preguntará: «*¿Por qué* HE de tener más dinero? ¿Dónde se halla la evidencia de que NECESITO más dinero o que, de lo contrario, mi vida va a ser *desoladoramente espantosa?*».

Si usted discute intensamente sus creencias irracionales (IB), tiene muchas probabilidades de terminar generando una nueva filosofía (E). Por ejemplo, «Es ciertamente inconveniente y no deja de ser un dolor de cabeza el no tener más dinero, pero no lo NECESITO en absoluto. Mi vida puede ser frustrante sin ese dinero, pero no *desoladoramente espantosa*». Es probable que, entonces, sienta usted la emoción negativa, aunque saludable, de la decepción, pero no el insano sentimiento negativo de la depresión, que *usted* genera.

Conseguir o no conseguir lo que se desea (sea más dinero, mejores erecciones o la juventud): ésa es la cuestión práctica. Pero, ¿acaso NECESITA usted tener lo que desea? ¿TIENE que conseguir como sea lo que quiere? Ésa es la cuestión psicológica.

La gente suele preguntar si existe alguna excepción a esta idea de que usted no NECESITA cosas, de que simplemente las *desea*, las *quiere.* Y sí, hay excepciones, en el sentido de que, para seguir vivos, necesitamos oxígeno, agua, comida, refugio ante climas extremos y, quizás, determinados medicamentos. Éstas son necesidades verdaderas. El dinero es deseable, y su vida puede ser más confortable con dinero que sin dinero. Pero, ¿NECESITARLO para tener felicidad alguna? ¿NECESITAR de esto o de aquello y, si no, no ser feliz *en absoluto?* Eso no es probable. Y lo mismo cabe decir de nuestras «necesidades» de éxito, de aprobación o de confort. No son necesidades absolutas, no son necesidades verdaderas; son deseos, querencias, preferencias, anhelos.

Le mostraremos cómo utilizar los ABC de vivir con plenitud en el capítulo 2. Mientras tanto, he aquí la tercera regla para vivir con plenitud:

Regla n.º 3: RECRÉESE A SÍ MISMO

Usted se crea a sí mismo (sus creencias [B], sus acciones y sus sentimientos [C]). Usted no siempre va a poder cambiar las circunstancias de su vida (las A), y una de ellas es la edad. Por tanto, si desea vivir con plenitud (y envejecer con plenitud), será mejor que concentre su energía en generar cambios allá donde pueda generarlos. Usted *puede* cambiar sus creencias *acerca de* las circunstancias de la vida, sus creencias *acerca de* envejecer.

2

Los ABC para vivir con plenitud. Normalmente, usted siente del mismo modo que piensa

Helen, que tiene ahora 70 años, contrajo la polio justo antes de que apareciera la vacuna del doctor Salk. Estuvo a punto de morir, y estuvo confinada en un pulmón de acero durante meses. Desde entonces, con una parálisis que la mantiene inmóvil de pecho para abajo, no ha dejado de ser un ejemplo de buen ánimo, y vive una vida plena. Ha estado empleada a tiempo completo en diversos trabajos durante décadas. En cierta ocasión, se mudó de domicilio para irse al otro extremo del país, sin trabajo y sin siquiera conocer a nadie. Pero no tardó en reestablecerse y en florecer.

¿Cómo pudo hacer esto Helen? ¿Cómo puede nadie hacer algo así? ¿Qué tipo de actitudes podría tener Helen que le permitieron obtener tan buenos resultados, a pesar de tan excepcionalmente pobre situación física? ¿Cuál es su secreto? «Yo me concentro en cómo resolver los problemas —dijo—, y me obligo a tener una actitud optimista, aun cuando no sienta las cosas de ese modo. Después de todo, hay muchas personas que están peor de lo que estoy yo.»

La prima de Helen, Joanna, disfrutó de buena salud hasta los 50 años. Entonces tuvo un accidente de automóvil que le dejó un brazo casi inservible, pero no tuvo mayores lesiones. Joanna se lamenta amargamente (a veces a Helen): «¿Por qué me tenía que ocurrir esto a mí?». Desde entonces, no ha vuelto a trabajar, aunque no habría inconvenientes en que volviera a su empleo en la enseñanza. Joanna está segura de que nadie la contrataría, y su incapacidad le resulta sumamente embarazosa, hasta el punto que ni siquiera toma en consideración las citas que le pueda proponer ningún hombre («Lo único que sienten es lástima de mí»). Afirma que su vida es «desdichada», y se obliga a tener una actitud pesimista. En consecuencia, se siente una desgraciada.

Helen se enfrenta ahora a una inminente ceguera debido a una degeneración macular. Al principio se sintió impactada, paralizada, apesadumbrada, y durante un tiempo maldijo al universo por darle esta enfermedad tan inconveniente. Sin embargo, no tardó en recobrar su habitual actitud práctica. «Ésta es la mano de cartas que se me ha dado —dijo—. Jugaré la partida lo mejor que pueda.»

¿Cómo aprender la filosofía vital de Helen? ¿Y cómo evitar la de Joanna?

Es su filosofía la que marca la diferencia

Un filósofo romano de origen griego, Epicteto (Eh-pic-TEE-tus), dijo: «No son las cosas las que perturban a las personas, lo que perturba a las personas es la interpretación que hacen de esas cosas». Shakespeare puso en labios de Hamlet un pensamiento similar, al recalcar: «No existe nada bueno ni malo, es el pensamiento humano el que lo hace aparecer así». Milton dijo: «La mente es muy suya, y de suyo puede hacer un Cielo del Infierno, o un Infierno del Cielo». Estas ideas pueden darle mucha fuerza a usted, *siempre y cuando* discuta usted la debilitadora noción que domina casi por entero nuestra sociedad, a saber, que las adversidades (como, por ejemplo, envejecer A, en el modelo ABC) *hacen* que uno tenga sentimientos de incapacidad como consecuencia en C. La TREC le muestra *cómo* trabajar enérgicamente con aquello que usted *puede* cambiar (sus creencias irracionales en B, *acerca de* hacerse mayor). Sus creencias le llevan a usted a esas consecuencias emocionales y conductuales en mayor medida que pueden hacerlo sus adversidades.

Evidentemente, las adversidades *ayudan* a que nos perturbemos. Si, por ejemplo, tiene usted un magnífico empleo y disfruta enormemente de él, probablemente no se va a deprimir por ello. Esto será cierto aun en el caso de que usted sustentara la creencia de «DEBO tener un estupendo trabajo o, de lo contrario, seré un *don nadie*». Pero, ¿qué ocurre si su estupendo trabajo se viene abajo? ¿O, peor aún, se sumerge en los túneles del metro? En este caso, su adversidad (al haber perdido su magnífico empleo) sí que ayudará para que usted se deprima. Usted no se deprimiría si *no* hubiera perdido su empleo. Pero la pérdida del empleo sólo le llevará a deprimirse si usted sustentaba ya, con anterioridad, la creencia irracional de «DEBO tener un estupendo empleo, o de lo contrario...».

Las emociones son útiles, porque nos motivan. Nos ayudan a comunicarnos. Sin emociones, la vida no merecería ser vivida. De modo que no estamos sugiriendo que sería bueno no tener emociones. La cuestión estriba en si las emociones son saludables o insalubres. En el capítulo 3, hablaremos de la importancia de diferenciar bien entre emociones *negativas* saludables y emociones *negativas* insanas. Lo que intentamos decir aquí es que las emociones, sean del tipo que sean o tengan la intensidad que tengan, proceden de nosotros mismos, de nuestras actitudes y de nuestra mentalidad. Somos nosotros los que proporcionamos la B, que es el enlace entre la A (acontecimientos activadores) y la C (consecuencias emocionales y conductuales).

Hay adversidades de grandes dimensiones, como los terremotos, las inundaciones, la guerra, los ataques terroristas, los genocidios, las violaciones, las torturas o el asesinato de un ser querido. La mayoría de las personas experimenta potentes emociones negativas como consecuencia de estas adversidades extremas. Sus emociones en tales situaciones extremas parecen automáticas, parecen provenir directamente de la misma adversidad. Sin embargo, sus reacciones, sus emociones, siguen procediendo de *usted.* Dese cuenta de que no todos reaccionan de la misma manera ante similares circunstancias, circunstancias «horrendas». Una amiga nuestra perdió su casa y casi todo lo que tenía en la gigantesca inundación de 1997 de Red River, en el norte. ¿Sabe usted lo que vino contando nuestra amiga cuando la vimos? Nos habló de cómo la gente se ayudaba, de cómo cooperaban y se esforzaban juntos, enfrentándose lo mejor que podían a tan gran catástrofe. Otra amiga perdió su casa en el incendio de las colinas de Oakland de 1991, que destruyó más de 5.000 hogares. Ella creía que su casa estaba en una zona segura, pero los bomberos la despertaron en la madrugada del domingo instándola a huir a ella y a su familia. Al cabo de 15 minutos, su casa era pasto de las llamas. Al día siguiente fue a trabajar, ocupándose de sus negocios, agradecida de que tanto ella como su familia hubieran sobrevivido. ¿Personas excepcionales? Bueno, sí. Personas excepcionales *debido* al uso excepcional que hicieron de una sencilla filosofía. En resumen, esa filosofía es ésta: así como piensas, así sientes y actúas... aun ante verdaderas catástrofes.

¿Por qué puede fortalecerle a usted la sencilla idea que expresaron Epicteto, Shakespeare y Milton?

- En primer lugar, ¡porque la B del modelo ABC está bajo su control! Usted puede hacer algo con sus pensamientos y con sus actitudes.
- En segundo lugar, porque usted no va a poder cambiar muchas situaciones desagradables. Entre ellas, todas las que pertenecen al pasado y muchas del futuro (la muerte, por ejemplo). En estos casos, lo único que puede hacer para sentirse mejor es cambiar *la manera de pensar*.
- En tercer lugar, porque si usted *puede* cambiar una situación desagradable, sus esfuerzos serán mucho más efectivos si no se perturba terriblemente a sí mismo.

El envejecimiento no provoca problemas emocionales

No es un *hecho indiscutible* que el hacerse mayor cause problemas emocionales, pero sí las actitudes que usted sustenta *respecto a* hacerse mayor. Sin embargo, nuestra sociedad ve el envejecimiento como causa de problemas emocionales. Hace décadas, las mujeres con «melancolía involutiva» ocupaban muchas camas en los hospitales psiquiátricos. ¡Ah! ¿Que nunca había oído hablar de eso? ¿Qué ocurrió? ¿Se inventó una vacuna que previno el problema? En absoluto. Por entonces, las mujeres estaban casi enteramente limitadas a los papeles de ama de casa y madre; y, cuando ya no podían tener hijos, o el nido quedaba vacío, solían caer en la creencia de que ya no les quedaba nada más por hacer... y se deprimían. La melancolía involutiva no era el resultado de un cambio biológico de la vida, aunque se llegó a pensar que lo era. Era el resultado de las pocas alternativas que tenían las mujeres, y de haberse creído los puntos de vista de la sociedad acerca de su valor como personas. La melancolía involutiva es ahora una «enfermedad» casi desconocida. Por entonces, la idea de que las mujeres no eran nada sin un marido y sin hijos era una idea dominante, pero ahora esa idea carece de fuerza y casi no afecta a ninguna mujer. Sin embargo, nuestra cultura tiene otras muchas creencias irracionales ampliamente sustentadas que perjudican a ingentes cantidades de personas. Y entre esas ideas hay muchas relacionadas con el envejecimiento.

¿Qué podemos aprender de Helen y de Joanna? En primer lugar, que es *bueno* que generemos en gran medida nuestros sentimientos y nuestras acciones con nuestros pensamientos. ¿Que por qué es bueno? Porque lo que pensamos, creemos y hacemos podemos pensarlo, creerlo y hacerlo de otra manera. Nosotros tenemos el control. Éste es el núcleo del famoso modelo ABC para vivir con plenitud.

Los ABC para vivir con plenitud

Vamos a desmenuzar la situación de Helen y de Joanna, sus creencias y sus reacciones con los ABC para vivir con plenitud. Como recordará, la «A» de los ABC significa acontecimientos activadores o adversidades. Los acontecimientos activadores pueden ser buenos, indiferentes o malos (adversos). Es en las adversidades donde la mayoría de las personas busca ayuda. Pueden ser *reales* (mi pareja llegó tarde) o *inferidas* (mi pareja llegó deliberadamente tarde). Los acontecimientos activadores pueden ser *exactos* (mi pareja llega tarde) o *inexactos* (mi pareja llega tarde [pero tu reloj va mal]). Pueden ser *pasados* (mi pareja llegó tarde ayer), *presentes* (llega tarde) o *pronosticados* (llegará tarde mañana).

En el ejemplo de Helen y de Joanna, los acontecimientos activadores en A son claramente adversidades. Helen sufría una parálisis que la tenía inmovilizada desde el pecho hacia abajo, y Joanna quedó con el brazo izquierdo inutilizado. Estas adversidades son similares en cuanto al tipo, pero diferentes en grado. Las reacciones de Helen y de Joanna ante sus adversidades difieren radicalmente. En el modelo ABC, utilizamos la palabra *consecuencias* para identificar las acciones y las emociones de las personas en C. Las consecuencias de Joanna en C son las de que «no puede» trabajar y la de que no busca empleo ni pareja. Está amargada, deprimida y avergonzada. Por otra parte, las consecuencias de Helen en C son las de trabajar a tiempo completo y las de tener muchos amigos e intereses. Además, Helen destaca por su disposición optimista.

El modelo ABC es una herramienta para vivir con plenitud, y le puede ayudar muy especialmente porque usted puede *debilitarse* a sí mismo al aceptar equivocadamente la popularísima teoría de A→C. Según esta teoría, las adversidades en A «hacen» automáticamente que usted se conduzca de forma deficiente y que se sienta emocionalmente perturbado en C. Esta teoría de A→C dice que algo malo ocurre fuera de usted (como, por ejemplo, tener un hijo descuidado) y que, en consecuencia, pulsa los botones que usted tiene no se sabe dónde y «hace» que usted se disguste. Dice que usted no tiene elección acerca del modo de *sentir y actuar* en C cuando tiene lugar A. Si esto fuera así, que A causa directamente C, Helen se habría conducido con más amargura, lamentándose constantemente, sintiéndose desdichada y deprimida, retirándose del mundo y compadeciéndose de sí misma, que es como reaccionó Joanna. Y las reacciones de Joanna habrían sido más parecidas a las de Helen: más alegre y optimista, involucrándose más en la vida e interesándose más en los demás. La adversidad de Helen es objetivamente mucho más grande que la de Joanna y, sin embargo, el sufrimiento de Joanna (en C) es mucho más grande que el de Helen. Afortunadamente para Helen (y potencialmente también para Joanna), las adversidades no llevan directamente a tus respuestas y emociones en C. ¿Qué es lo que lleva ahí?

¿Qué se ha perdido en la fórmula A→C? Evidentemente, B. Piense en cualquier adversidad en A. Por ejemplo, que una parte de su cuerpo quede paralizada, como ocurrió tanto con Joanna como con Helen. O puede ser que tenga usted un hijo muy descuidado. O quizás que tiene montones de arrugas en la cara, cuando preferiría no tenerlas. Según el modelo ABC, estas adversidades pueden *ayudar* a que usted se perturbe como consecuencia en C. Pero A, por sí sola, no puede hacer que usted se horrorice, se haga daño y se deprima. No hace que usted se niegue a buscar trabajo ni que deje de relacionarse en sociedad. No le envía a usted a correr de quirófano en quirófano de cirugía estética. En realidad, lo que genera las C, las consecuencias emocionales y conductuales, es el enlace perdido, el más importante, B: su sistema de creencias, el *cómo evalúa usted las A (adversidades) y qué piensa acerca de ellas.* Y sus creencias son sólo suyas. Esto nos lleva a la cuarta regla para vivir con plenitud:

Regla n.º 4: ACEPTE LA RESPONSABILIDAD

La vida le entrega a usted una mano de cartas, pero es USTED quien juega esa mano. Es su responsabilidad, y lo mejor que puede hacer es aceptarla. Usted elige sus acciones, y usted elige las creencias que, en última instancia, generarán sus emociones y sus acciones. Usted elige cómo va a reaccionar ante la mano de cartas que la vida le entrega. Aceptar la responsabilidad le coloca a usted en la posición más poderosa. Si usted acepta la responsabilidad de sus pensamientos, sentimientos y acciones, inclusive de sus perturbaciones emocionales, se ahorrará mucho tiempo y energía, no culpando a la defensiva a los demás ni a las circunstancias sociales. El dirigir su propia vida de forma sensata significa también y muy a menudo cooperar con los demás, sin que tenga la NECESIDAD de que le den un apoyo considerable, ni de «caricias» ni de dejarse engatusar por ellos.

La mayoría de las personas podemos aprender a ayudarnos a nosotros mismos, emocional y prácticamente, en vez de atormentarnos incesantemente con las adversidades. Éste es el principal motivo de este libro, el «para qué sirve»: enseñarle a que se ayude a sí mismo para que se sienta menos perturbado, más feliz y más capaz de resolver (y de vivir con) problemas prácticos como el del envejecimiento. ¿Y qué hay del «cuándo»? ¿*Cuándo* ayudarse a sí mismo? Pues, simplemente, ¡ahora! Si usted se disgusta, puede *desdisgustarse* rápida y puntualmente a sí mismo... si reconoce realmente que sus creencias son *suyas,* y que por tanto puede examinarlas y cambiarlas. Sí, *ahora.*

¿Es culpa de los padres?

Una idea muy popular en nuestra cultura, aunque normalmente equivocada, es que su pasado hace de usted quien es. Esta idea da por supuesto que las personas mayores no pueden cambiar, debido al hecho de que tienen un largo pasado. Nos ocuparemos más a fondo de esta idea errónea en posteriores capítulos. Sin embargo, vamos a examinar ahora una versión de esta idea: la de que *su* comportamiento es culpa de sus padres, y que el comportamiento de sus hijos es culpa de *usted.*

Mike y Jean vinieron en busca de orientación a los sentimientos de culpabilidad y a la depresión que sufrían por verse incapaces de ayudar a su hija, Lori, que había tomado muy mal camino. Se había hecho adicta a las drogas, y trabajaba como prostituta. *Era* un hecho que su hija había tomado muy mal camino (al menos, hasta aquel momento). Mike y Jean se culpaban severamente por ello, y Lori se aprovechaba muy bien de su culpabilidad. Les decía que habían sido demasiado duros con ella, que no le habían dedicado las atenciones que merecía, o bien les decía que se habían esforzado demasiado y que, incluso, habían sido demasiado buenos como padres, ¡que ella les habría salido mejor hija si hubieran sido unos padres más normales! Pero nada de todo esto le impedía llamar a Mike y a Jean para pedirles desesperadamente que le enviaran dinero para pagar sus programas de desintoxicación y para decirles que, si terminaba muerta en un callejón, sería por culpa de ellos. Y ellos, cómo no, le enviaban dinero. Esto había ocurrido en varias ocasiones, y Lori seguía llamando por teléfono para pedir sumas de dinero cada vez más cuantiosas.

Según el modelo ABC, Lori les decía a sus padres que sus propias acciones (consecuencias) en C venían causadas por ellos (acontecimientos activadores, como enviar dinero, no enviar dinero y la educación que le habían dado) en A. Pero, ¿qué ocurría en B?

El peluquero de Jean, que también estaba en rehabilitación, le recomendó que pidieran a Lori que les firmara una autorización para que los responsables del programa de drogas les tuvieran informados de los progresos de su hija. Lori firmó la autorización y se la devolvió sin protestar. Mike y Jean enviaron la autorización de Lori al programa de drogas y luego llamaron para ver si podían averiguar algo sobre cómo iba su hija en el tratamiento. El programa de drogas no había oído siquiera hablar de ella. Entonces, Lori les dijo a sus padres que se habían equivocado de lugar, que sí que estaba registrada en ese programa, pero en una localidad diferente. Pero Mike y Jean descubrieron que tampoco sabían nada de ella en esa otra localidad.

Para cuando yo (Emmett Velten) conocí a Mike y a Jean, la historia de Lori había pasado por diversos estadios, intercalados con los ruegos de ésta para que le enviaran más dinero, a los cuales accedían Mike y Jean. ¿Que qué más les contó Lori? Lori les dijo: 1) que sí que estaba en el programa de drogas, pero que, por alguna razón, no aparecía en el listado del ordenador. 2) Que en el programa de drogas debían de haberla incluido con un nombre equivocado, quizás con uno de sus alias. (Nada de todo esto se pudo comprobar.) 3) Que Lori no le caía bien a la persona que tomaba nota de los ingresos en el programa, o que ésta también tomaba drogas y que, contrariamente a las normas del programa, había tomado dinero prestado de Lori y que, «por tanto», no podía admitir que hubiera una tal Lori. Esto llevo a Mike y a Jean a llamar al director del programa, que les dijo que estaría muy feliz de tratar a Lori, si se inscribía en el programa, claro. También les dijo que, si decidían pagarle el tratamiento, disponían de varios métodos de pago para que pudieran estar seguros de que ese dinero iría a parar al tratamiento, y no a las drogas. Y les dijo también que había un 99,99 por ciento de probabilidades de que todo el dinero que le habían enviado hubiera sido empleado para pagarse las drogas. Luego, el director del programa les dijo a Mike y a Jean que vinieran a verme.

Lo primero que hice con Mike y Jean fue demostrarles que la profunda autoinculpación que sentían en relación con la adicción y la prostitución de Lori les había llevado a alimentar, sin pretenderlo, su hábito de consumir drogas. ¡Como si ella necesitara ayuda alguna al respecto! Y Mike y Jean coincidieron conmigo en esto. Accedieron a seguir las indicaciones del director del programa en relación a la forma de pago del tratamiento, pero esto les hizo sentirse aún más desdichados. ¿Por qué? Pues porque, aunque estaban de acuerdo en que no era bueno ayudar a Lori a comprar drogas, y sí que lo era negarse a hacerlo, ¿no era bien cierto que ellos eran los culpables de los problemas de Lori? Se suponía que ellos tenían que sentirse desdichados por los problemas de su hija.

Les hice ver que su autoinculpación era perjudicial para *ellos,* porque les hacía sentirse miserablemente culpables y les llevaba a la depresión, y que también les llevaba a creerse las increíbles historias de Lori. El hecho de que ellos se menospreciaran a sí mismos *ayudaba* a que Lori mantuviera su hábito de consumo de drogas; y les dije que, si sólo se sintieran tristes y apesadumbrados por el comportamiento de su hija, en lugar de culpabilizarse y condenarse por ello, podrían pensar con más claridad a la hora de abordar la situación, una situación que había que admitir que era mala. En definitiva, les hice ver que podrían ver con una mayor claridad dónde habría que buscar la responsabilidad del comportamiento de Lori. ¿Cómo se suponía que debían sentirse ellos, sabiendo que su única hija se había entregado a la heroína y a la prostitución? ¿Debían mostrarse insensibles? ¿O debían mostrase justamente enfadados? Evidentemente, no. Pero la tristeza y la pesadumbre por el comportamiento irracional de su hija podía ser bastante racional y saludable para ellos.

Al principio, Mike y Jean se aferraron a la idea de que los problemas de Lori los habían causado ciertamente ellos con la manera en que la habían educado (demasiado estricta, demasiado relajada, demasiado normal, demasiado perfecta). Afortunadamente, se dieron cuenta de que *sus* reacciones emocionales procedían de sus creencias acerca de ellos mismos, más que del *hecho* de tener una hija que había tomado un mal camino. Si fuera cierto que ellos eran los responsables de sus propias reacciones en aquellos momentos, entonces, ¿quién tendría que responsabilizarse de las reacciones de Lori?

Al término de la segunda sesión, Mike y Jean se habían dado cuenta y habían *aceptado*, después de muchos años de autoinculpación, que Lori era la responsable de su propio comportamiento. Se dieron cuenta y aceptaron que su paralizante culpabilidad y su depresión no procedían directamente del triste hecho de que Lori tuviera problemas, sino de sus propias creencias *acerca* del apuro en que se encontraba Lori; de sus creencias de que ellos eran los responsables de los errores de Lori y de que, por tanto, eran *malas personas.* Unas creencias que ellos podían cambiar, como así lo hicieron.

Hasta este punto, todo iba bien. Al comienzo de la tercera sesión, Mike y Jean comentaron que ya no se sentían culpables, pues se daban cuenta de que Lori era, ciertamente, la responsable de su propia conducta. Se sentían tristes y apesadumbrados por ella, y tenían la esperanza de que, de un modo u otro, Lori pudiera cambiar de rumbo. «¿Y qué hay de su depresión?», les pregunté. Mike y Jean se sentían menos deprimidos, pero no lo habían superado del todo. ¿Por qué? Bueno, ellos *habían* cometido errores como padres; no todos los errores que Lori les achacaba, pero habían cometido algunos errores. Tras una breve discusión, me enteré, con sorpresa, de que la manera en que Mike y Jean habían educado a su hija era de lo más normal, que no había sido especialmente indulgente. El peor ejemplo de «educación» que me pudo dar esta pareja de mediana edad, personas educadas y profesionales de éxito, tuvo lugar a finales de la década de 1960, ¡mucho antes de que Lori naciera, a principios de la década de 1970! Habían recorrido el país en una furgoneta Volkswagen, y habían fumado, e incluso inhalado, maría.

Les reconocí de inmediato que habían cometido un montón de errores (como el de enviarle a Lori todo aquel dinero), y que probablemente cometerían algunos errores más a lo largo del día, incluso durante la misma sesión, al igual que yo; pero ¿cómo esos errores les podían convertir en malas personas? Ésa era la esencia remanente de su persistente depresión, la creencia irracional de que sus errores les convertían en *malas personas.*

«Sus creencias —les dije— les *definen* como malas (o como buenas) personas. En cuanto ustedes creen que tienen en sí la esencia de la maldad, hay pocas posibilidades para el cambio. Sus acciones, al igual que las de Lori, pueden ser buenas o malas, si las juzgamos en función de sus objetivos, de las normas sociales y de la realidad social. Las acciones de Lori, por ejemplo, estafándoles el dinero a ustedes y manipulando su culpabilidad, eran malas, pero no le dan a Lori la esencia de la maldad. Lori no es una *mala persona,* ni siquiera por ser *responsable* de comportarse mal.» Con el tiempo, estas ideas permitieron que Mike y Jean se aceptaran a sí mismos como seres humanos falibles, seres humanos que cometían errores, que querían a su hija y que no se iban a dejar estafar más por ella.

La inculpación es algo diferente de la responsabilidad

¿Qué podemos aprender del ejemplo de Mike y Jean y del de Lori? Una lección importante que se desprende de estos ejemplos es que lo mejor que podemos hacer es aceptar la responsabilidad de nuestras acciones y de nuestras emociones. La inculpación no tiene nada que ver con la responsabilidad. En la inculpación, usted se condena a sí mismo o condena a otra persona en su integridad como seres humanos por su comportamiento deficiente. En la responsabilidad, usted se acepta a sí mismo y acepta a los demás como seres humanos falibles, para luego condenar sus malas *acciones,* estar en desacuerdo con ellas o intentar cambiarlas. Si sus acciones y sus sentimientos fueran realmente responsabilidad de alguna otra persona, usted no podría cambiar. Si usted reconoce que sus acciones y sus sentimientos son responsabilidad suya, entonces tiene el poder en sus manos. Tiene usted la posibilidad de controlar su vida.

Otra lección que podemos extraer del caso de Mike, Jean y Lori es darnos cuenta de lo fácil que es creernos las ideas que nos «da» nuestra cultura, unas ideas que pueden estar muy extendidas y ser, no obstante, incorrectas. Son muchas las ideas que aprendemos y nos creemos, que damos por supuesto que son hechos reales, en lugar de lo que realmente son: ideas. Se hacen teorías acerca de los hechos. En el caso de Mike y Jean, ellos asumieron automáticamente que, si su hija se estaba comportando mal, tenía que ser necesariamente culpa de ellos. A ellos se les había transmitido esa idea y supusieron que era un hecho. El modelo ABC les mostró una forma diferente de ver las cosas. Les mostró el modo de obtener los mejores resultados en sus propias vidas emocionales mediante la aceptación de la responsabilidad de sus propias acciones y de sus propios sentimientos, dejando a Lori con la responsabilidad de los suyos.

Rock and arruga

Es posible que tenga usted unas muy buenas arrugas (en el punto A) y que genere una severa ansiedad y una profunda vergüenza por ellas (en el punto C) debido a que usted se dice (en el punto B): «YO NO DEBERÍA tener arrugas. *¡No puedo soportarlas!* ¡Sería *terrible* que siguieran saliéndome arrugas! ¡Parecería muy vieja!». Luego, puede usted discutir (D) sus creencias irracionales (IB) para convertirlas en creencias racionales y óptimas que *fomenten* una vida plena que hagan *disminuir* la infelicidad. Esto es lo que hizo una cliente mía (de Emmett Velten) llamada Karen.

En A, Karen mostraba un rostro ciertamente surcado de arrugas, bastantes más que otras mujeres de su edad. Quizás el hábito de fumar había desempeñado un papel importante en ello; quizás había tomado demasiado el sol; o quizás era una cuestión genética. No importa. Había ido a algunos de los mejores dermatólogos, que habían hecho lo que habían podido, pero no había sido suficiente. Veinticinco años atrás, Karen había sido artista, y muchos *baby boomers* reconocerían su verdadero nombre. Pero había cambiado de profesión. Después de un par de décadas trabajando como ejecutiva de una compañía discográfica, ¿qué es lo que deseaba de verdad? Sí, volver de nuevo al espectáculo. De modo que, ¿por qué no salir de su retiro como una estrella del *rock* con arrugas y partir de gira, como el resto de estrellas de *rock* con arrugas que no se habían retirado nunca? ¿Cuál era el problema? Como he indicado antes, Karen creía devotamente que *no podría soportar* que sus antiguos fans (¿y qué decir de los «jovencitos»?) vieran sus arrugas. «¡Sería *terrible!* ¡Pensarían que soy *una vieja dama!*», se lamentaba.

Por nuestra parte, no trabajamos con las arrugas de Karen en A, sino con sus creencias no óptimas en B, que habían generado en C (consecuencias) sus sentimientos de humillación y el no atreverse a hacer lo que realmente deseaba hacer. Karen se esforzó mucho en su terapia, y cantó algunas canciones con ideas racionales y ciertos toques de humor, algunas de las cuales aparecen en el capítulo 10. Finalmente, llegó a una conclusión.

—De acuerdo, está claro que lo que me lleva a sentirme mal con las cosas, como es el caso de las arrugas, es lo que las cosas *significan* para mí. Las arrugas, en sí mismas, no son las que me hacen desear estar muerta.

—Exacto —respondí—. Las arrugas no son populares en nuestra cultura, ¡pero no hay ninguna prueba que indique que generen depresión, que causen sentimientos de horror y que eviten las apariciones en público! Como habría dicho Epicteto, «no son las arrugas las que perturban a las personas, lo que perturba a las personas es el significado que dan a las arrugas.

—Entonces, en cierto modo —intervino ella—, en cuanto a los sentimientos que tengo respecto a mí misma al menos, ¿sólo soy tan vieja como yo creo serlo?

—Correcto. Son muchas las personas que se sienten mucho más jóvenes de lo que son. Pero, si te crees los estereotipos sociales acerca del hecho de hacerse mayor, *te sentirás* mayor, quizás incluso más mayor de lo que eres.

—¡Quizás convendría que las personas no se comportaran como se supone que deben comportarse por su edad!

—¡Exactamente! No sé a quién se le ocurrió esta pintoresca idea, pero es estúpido que ocultemos nuestro propio rostro y pongamos limitaciones a nuestra vida por causa de la edad.

Sin embargo, quizás usted se pregunte, al igual que hizo Karen, si *alguna* de las posibles desventajas de la edad es verdaderamente capaz de perturbarnos. Quizás no las arrugas, pero ¿qué hay del hecho de sentirnos más débiles o de cansarnos antes de lo que solíamos cansarnos pocos años atrás? Y la respuesta es que puede ser decepcionante, pero no tiene por qué ser perturbador; no en sí mismo. Otras muchas personas tienen las mismas deficiencias y no se sienten terriblemente afectadas por ello. ¿Y qué hay de las personas que se sienten afectadas hasta por la menor deficiencia? ¿Y qué hay de aquellas que se vienen abajo por no ser *suficientemente* perfectas?

Las personas que no se sienten afectadas tienen una actitud diferente (unas creencias diferentes) respecto a sus aflicciones. *No les gustan* esas aflicciones, pero no *exigen* que no existan. ¿Le ocurre esto a usted? ¿O bien, como la mayoría de las personas, usted sostiene que las adversidades perjudiciales NO DEBERÍAN, NO TENDRÍAN que existir? Si es así como piensa, su problema con la edad (si tiene usted un problema con la edad) *junto a* su creencia de que NO DEBERÍA existir es lo que determina la cuestión. Usted puede sentirse decepcionado pero, si se libera de las exigencias, ¿las consecuencias serán las de sentirse profundamente afectado? ¡Probablemente, no!

Hemos encontrado al enemigo...

Es una suerte que seamos nosotros mismos los que, en gran medida, nos afectamos. ¿Por qué? Porque eso nos ofrece la posibilidad de *no* hacerlo. Oliver Hazard Perry, un famoso comandante naval norteamericano de la guerra de 1812, le envió el siguiente mensaje al general William Henry Harrison tras la victoria de sus fuerzas en la batalla del lago Erie: «Hemos encontrado al enemigo, y ya son nuestros». Su victorioso mensaje se convertiría en una famosa cita. Más tarde, Pogo, el personaje de las tiras cómicas de Walt Kelly, aplicaría esta cita a la naturaleza humana y le daría un giro cómico, diciendo: «Hemos encontrado al enemigo, y somos *nosotros*». ¡Una gran verdad! La mayoría de las personas no necesitamos enemigos. Ese papel lo hacemos muy bien solitos. En la batalla por la felicidad, nos derrotamos a nosotros mismos. Normalmente, no nos damos cuenta de que el peor enemigo está dentro de nosotros. Y, hasta que nos damos cuenta de esto (y hacemos algo al respecto), perdemos una batalla tras otra. El método ABC le puede llevar a la victoria.

3

No existe otro momento, SALVO el presente

> No existe momento como el presente para posponer lo que no quieres hacer.
>
> Cuarta ley de Hecht

El discernimiento interno[5] está sobrevalorado. Según la psicoterapia, tal como se suele ejercer ésta, el discernimiento interno es la llave que abre la puerta de tu prisión. La mayoría de los psicoterapeutas sostiene las siguientes nociones como evidentes en sí mismas, aunque nosotros pensamos que son absurdas y perjudiciales:

1. El pasado es el responsable de tus sentimientos y de tus acciones.
2. Para poder mejorar, uno DEBE discernir en este horripilante pasado, y averiguar quién es el responsable de su desdicha y de sus decisiones equivocadas (tus padres, tu cultura, tus iguales, etc.).
3. El mero hecho de discernir esto producirá los cambios deseados, o te facilitará cambiar por ti mismo.

La psicoterapia de sistemas de creencias habitual (conocida también como BS, *Belief System*) dice que su pasado le amargó la vida a usted y sigue amargándosela. Esta terapia ha hecho ricos a muchos psicoanalistas y ha impedido a miles de sus clientes admitir su propia complicidad a la hora de generarse trastornos, dado que bloquea el propio potencial creativo de las personas para *des*trastornarse por sí solas.

---

5. *Insight,* intuición, atisbo, percepción o discernimiento súbito, interno. *(N. del T.)*

Este credo del escaqueo es atractivo porque echa las culpas a los propios padres y a otros villanos, pero es engañoso y vano. Cuanto más nos lamentemos de nuestro horroroso pasado (sí, aun cuando fuera de verdad *horroroso)*, de menos tiempo y energía dispondremos para abordar nuestra vida presente y futura. Pero la idea de que tu pasado es todopoderoso y de que tú no puedes hacer nada contra él es *especialmente* inútil cuanto mayor se hace uno. ¿Por qué? Porque tienes menos tiempo que perder estudiando minuciosamente tu largo pasado en busca de discernimientos y de respuestas, y en busca de gente a quien culpar.

Culpar a los demás, especialmente a tus padres o a la «sociedad», de tu comportamiento deficiente o negativo difícilmente te va a ayudar a mejorar tu vida, pues te impide asumir la responsabilidad de tus acciones y de tus sentimientos, alimentando además la idea de que nadie es responsable de nada, lo cual puede tener un efecto corrosivo en todo el entramado moral de la sociedad. Lleva a un retroceso infinito y absurdo en un esfuerzo por demostrar «por qué» tienes los problemas que tienes. Un buen ejemplo de esto lo ofrece John Bradshaw en su libro *Volver a casa*, de 1990.[6] Bradshaw dice que el herido y desatendido niño interno del pasado (herido y desatendido por gentileza de sus padres) es el responsable de «mucha de la violencia y de la crueldad del mundo», y atribuye a ese niño interno cosas como la Segunda Guerra Mundial y el Holocausto. En la página 10, afirma que el niño interno de Hitler estaba herido y desatendido, y que Hitler era una víctima de «vergüenza tóxica». Al parecer, el niño interior herido y la vergüenza tóxica se los dio a Hitler su padre, «el hijo bastardo de un terrateniente judío», que a su vez lo recibió de *su* padre. ¡Oh! Con el abuelo judío de Hitler termina la cadena de causa y efecto que identifica Bradshaw (pasando los pecados de los padres a los hijos). No dice nada del niño interior herido del abuelo ni del de los padres del abuelo.

Si usted se ve a sí mismo como una víctima, no va a hacer otra cosa que empeorar la situación. Todo lo que le ha llevado a trastornarse a sí mismo en este punto de su vida pertenece al pasado. El pasado nos *influye*, sí, pero somos nosotros los que traemos el pasado al presente, justo ahora. Explorar incesantemente el pasado y «comprenderlo» es una táctica dilatoria, pues no va a cambiar el hecho de que el único momento del tiempo en el que podemos cambiar es el *ahora*. Ésta es la quinta regla para vivir con plenitud:

6. Traducción al castellano en Los Libros del Comienzo, Madrid, 1994.

46

Regla n.º 5: HÁGALO AHORA

Si usted pretende cambiar, no existe otro momento SALVO el presente. Para mejorar, usted puede asumir la responsabilidad de cambiarse a sí mismo, y puede comenzar ahora.

Querido niño interno: ¡crece!

Mary, a sus 49 años, había ido a una sesión con un terapeuta que quería explorar sus «vidas pasadas». El terapeuta había «sentido» que esas vidas pasadas habían pasado por la realeza griega, en vez de por el campesinado albanés, que era el estrato social al que habían pertenecido los antepasados de Mary. No tardó en darse cuenta de que este tipo de terapia era estúpido y perjudicial, por lo que no volvió a la consulta de aquel terapeuta. Pero Mary empleó dos años y miles de dólares en la «terapia de su niña interna». Conectó intensamente con la idea de que sus padres, aquellos descendientes de campesinos, no la habían querido lo suficiente como para pagarle los estudios de Medicina, como ella quería. En vez de esto, la animaron para que se hiciera enfermera, cosa que hizo al final pero de lo que nunca gustó, porque pensaba que podría haber sido médica. Mary estaba resentida con sus padres, pero deseaba hacer las paces con ellos, porque se estaban haciendo mayores.

¿Qué hizo por Mary la terapia del niño interno? Pues alimentar el odio por sus padres y hacer que se sintiera una víctima indefensa. La animó a gastarse sus ahorros en una interminable terapia que no la llevó a ninguna parte. La obsesionó en lo terrible que era ser enfermera, y en el modo en que había naufragado en su vida, forzada a hacer el papel de Florence Nightingale,[7] en lugar de aquel otro que deseaba para sí, por culpa de unos padres que no la habían querido lo suficiente. Además, como añadió Mary dubitativa en su primera sesión de TREC, sus padres no la habían apoyado en otras muchas cosas. ¿En qué cosas? Mary admitió que lo peor que se le podía ocurrir era que, en cierta ocasión, quiso que le hicieran una gran fiesta de cumpleaños, y que sus padres pusieron límite al número de niños que podría invitar. Mary sospechaba que esto no le habría parecido *espantoso,* por muchos años y por muchos dólares que hubiera empleado en la terapia, a pesar de que la terapeuta del niño interno

---

7. Enfermera italiana del siglo XIX, que reformó el sistema sanitario. *(N. del T.)*

hubiera llorado el incidente y hubiera abrazado a Mary y a su osito de peluche queriendo «sondear» el incidente. Fue entonces cuando Mary se despidió de la terapeuta y vino en busca de terapia racional emotiva conductual.

Al cabo de pocas sesiones, Mary descubrió que sí, que probablemente sus padres la habían tratado de un modo un tanto mezquino, pero no porque no la quisieran. Simplemente, ellos pensaron que Mary carecía de la resistencia suficiente como para hacer la carrera de Medicina, y ése fue el motivo de que la animaran a meterse en Enfermería. Sencillamente, la infravaloraron. Sin embargo, el hecho de que sus padres no apoyaran su objetivo de convertirse en médica (A) no era la causa del intenso odio que sentía por ellos (C). La causa se hallaba en sus creencias irracionales (IB) acerca de A, es decir, «¡Ellos DEBERÍAN haber respaldado mis deseos de ser médica, y no lo hicieron, de ahí que sean *despreciables!*».

Cuando Mary discutió sus creencias irracionales fue cuando pudo cambiarlas por: «Hubiera estado bien que me apoyaran para hacer lo que yo quería; pero, sin duda, no tenían por qué hacerlo. No hay ninguna ley del universo que diga que ellos TENÍAN que hacerlo». Con el tiempo, cedió la ira contra sus padres y continuó con su vida. Tomó la decisión de obtener formación adicional como enfermera, lo cual, en el estado al cual pertenece, tiene un amplio alcance para el ejercicio independiente, además de suponerle menos años de formación que si tuviera que regresar a la Facultad de Medicina.

El pasado se ha ido para siempre

Tad también perdió el rumbo con la idea de que los acontecimientos activadores del pasado son la causa de tus reacciones y emociones del presente (C). Se pasó tres años en una psicoterapia tradicional, intentando «comprender» por qué su hermana mayor, Amy, había sido tan cruel con él cuando era niño. A consecuencia de ello, según la visión de los hechos de la psicoterapia tradicional, Tad estaba resentido con las mujeres mayores (entre las que había que incluir a sus dos ex esposas) y detestaba la idea de envejecer. Una vez concluido su psicoanálisis «satisfactoriamente», se casó por tercera vez, pero no tardó en odiar también a su nueva esposa, y su temor a envejecer seguía siendo tan fuerte como siempre, si no más fuerte que antes.

A los tres meses de comenzar con la terapia racional emotiva conductual, Tad se percató de que era víctima de su propia baja tolerancia a la frustración (BTF). *No podía soportar* a su «cruel» hermana ni a las distintas esposas que había tenido porque él les exigía que lo hicieran todo (sí, prácticamente todo) a su manera. No soportaba ni la menor frustración. Durante el noviazgo, Tad conseguía mantener ocultas sus exigencias, pero no después del matrimonio. Entonces, se ponía en marcha la creencia de que su esposa DEBÍA ser perfecta. Y la misma exigencia le hacía a su cuerpo, que no podía dejar de envejecer y que no le podía ofrecer una garantía de perfección. Esta exigencia subyacía también a su temor de envejecer. Tad aplicó el método ABC y cedió en su insistencia de que su esposa, y su cuerpo, hicieran siempre las cosas a su manera. Aceptó a su tercera esposa con sus defectos, y dio inicio así a su primera relación satisfactoria en 25 años. Por lo último que supimos de ellos, siguen envejeciendo felizmente juntos.

Lo más importante que se desprende de estas historias es que Mary y Tad no podían hacer nada para cambiar su pasado (lo que está hecho, hecho está), pero que sí podían cambiar, y cambiaron, sus creencias irracionales del *presente*. Mary cambió las suyas respecto a sus padres y a la supuesta traición de éstos, y se evitó así muchos años de pesadumbres y de terapia. Tad cambió sus exigencias de que nadie ni nada le frustrara en modo alguno, fuera por parte de sus esposas o por las inevitables limitaciones que impone el hacerse mayor.

¿Qué puede cambiar usted? Haga una lista de las influencias (pasadas, presentes y pronosticadas) que usted cree que le «hacen» sentir del modo en que se siente respecto a un tema, como por ejemplo el de envejecer. Entre ellas, puede anotar el sexo, la educación recibida, la nacionalidad, la cultura, el estatus social, los ingresos económicos, los genes, la formación recibida, la cantidad de fibra dietética consumida y sus actitudes. Pero ¿qué puede usted cambiar *ahora*? El pasado no es uno de los factores que usted puede cambiar. Usted *puede* cambiar sus actitudes actuales y futuras. Usted puede *optar* por mantenerlas o por liberarse de ellas, pero puede hacerlo *hoy*. Sí, es decisión suya.

Su infancia es irrelevante para tratar sus problemas actuales. El pasado, pasado está. No existe. No puede «hacer» que usted se sienta mal o que se comporte de forma derrotista hoy. Protestar y angustiarse por la infancia vivida y por otros factores *inalterables* no le va a llevar a ninguna parte, salvo a empeorar. Sin embargo, sus creencias presentes sobre el pasado *pueden* afectarle realmente. Pero, afortunadamente, si le afectan de un modo inadecuado, siempre podrá cambiarlas. Pues si usted tiene esas creencias *ahora,* esas creencias son suyas, y puede reemplazarlas *ahora.* Esto nos lleva a la sexta regla para vivir con plenitud:

Regla n.º 6:
USTED NO PUEDE CAMBIAR EL PASADO

Sentirse mal puede ser bueno

«¿Y qué pasa con todo aquello que es *verdaderamente* malo en mi vida, como puede ser una minusvalía, o morir, o quizás ingresar en una residencia de ancianos algún día?», nos preguntan a veces. «¿Es que no tengo que preocuparme en absoluto por todas esas cosas?». Y nuestra respuesta es: «Preocúpese, por supuesto. De hecho, suele venir bien sentirse ciertamente mal con algo».

Hay una gran diferencia entre las emociones negativas saludables y las malsanas. Muchos psicoterapeutas dan la impresión de que sentirse bien es siempre el objetivo. ¡Pero no es así! El éxito en la autoayuda puede suponer que usted se sienta mal (sí, *mal)* en algún aspecto. Ni sereno, ni impasible, ni alegre, sino mal. Si una situación *es* mala para usted, lo lógico es que se sienta constructivamente mal al respecto. ¡Sería idiota que no lo hiciera!

La teoría de la TREC dice que usted puede sentir, legítimamente, emociones negativas saludables cuando las cosas no van bien en su vida, e incluso puede sentirlas con intensidad. Si un familiar o un amigo cercano mueren, usted puede experimentar una intensa tristeza o una honda pesadumbre. Debido al profundo vínculo que usted *tenía* con esa persona, usted sufre una pérdida, una profunda privación con su muerte. Si su vínculo con la persona que ha fallecido fuera más suave, usted probablemente sentiría una tristeza moderada.

De igual modo, si usted fracasa o se frustra en algo importante, puede sentir también emociones negativas saludables, como decepción, molestia, pesar, frustración, pena o disgusto. Estos sentimientos pueden ser suaves, moderados o intensos, dependiendo de cuánta adversidad (o situación frustrante) experimente usted, y dependiendo de la intensidad de sus deseos. Si sus sentimientos negativos son saludables, usted se dirá algo así como: *«No me gusta* esta frustración. Es realmente molesta, y *me gustaría* que no existiera».* También puede pensar o dar por supuesto: *«Pero* no es el fin del mundo», *«Pero* puedo disfrutar con otras muchas cosas» o *«Pero,* aun con esta frustración, sigo llevando una vida bastante feliz».

En otras palabras, cuando usted *desea* o *prefiere* algo y no lo consigue (o si lo tiene y lo pierde), usted se ve privado de ello, y puede generar emociones negativas saludables de tristeza, molestia o disgusto. De otra manera, la vida difícilmente tendría sentido. ¡Hasta puede que ni siquiera pudiera sobrevivir! Pues si usted se sintiera feliz o se quedara impasible ante sus frustraciones y sus pérdidas, no intentaría reemplazar las pérdidas o enfrentarse a ellas. No intentaría cambiar ni evitar las cosas malas (como los peligros y las enfermedades), y hasta podría morir. De modo que, cuando usted no consigue lo que *quiere* y obtiene lo que *no quiere,* será conveniente y saludable que tenga sentimientos negativos, unos sentimientos que le ayudarán a vivir con plenitud.

Sin embargo, lo más importante es que usted tiene la opción de elegir entre sentimientos negativos *saludables* y sentimientos negativos *malsanos.* Pues cuando usted desea, por ejemplo, tener éxito y ser aceptado, y obtiene no obstante fracaso y rechazo, puede sentirse frustrado y apesadumbrado con motivo. Y, normalmente, es así como se siente. Pero también puede optar por generar sentimientos negativos *mal*sanos de depresión, horror, enfado o desesperanza. ¿Por qué son malsanos estos sentimientos? Porque normalmente le van a dar resultados malos, resultados que sabotean sus objetivos. Así, si usted se siente decepcionado por haber suspendido en el examen de conducir, su decepción le motivará para que estudie y practique más, con el fin de pasar en la siguiente ocasión que se le presente. Pero, si se siente deprimido o humillado por haber fracasado en el examen, tenderá a escurrir el bulto o a posponer un nuevo intento, se negará a estudiar para ello, conducirá sin carnet o, incluso, renunciará a conducir.

Cuando suceda algo indeseable en su vida, los sentimientos negativos saludables probablemente le ayudarán a enfrentarse a ello y a cambiarlo. Los sentimientos negativos malsanos le van a perturbar demasiado como para enfrentarse a los sucesos indeseables y cambiarlos, y pueden incluso «ayudar» a que se sienta aún peor. Si sus sentimientos negativos se generan por creencias racionales, usted:

1. Aceptará que la vida está en su derecho de darle cosas negativas.
2. Seguirá adelante y tendrá sentimientos negativos saludables e intensos acerca de esas cosas.
3. Hará uso de esos sentimientos negativos saludables para motivarse por cambiar lo que pueda cambiar.
4. ¿Qué puede hacer con lo que *no puede* cambiar? Pues *aceptar* esas adversidades con ecuanimidad. No con resignación, porque cuando nos resignamos ante algo solemos seguir gimiendo por lo bajo, sino con una completa aceptación. Como aconsejaba el teólogo Reinhold Niebuhr, y también Alcohólicos Anónimos después de él:

haz todo lo que puedas por discernir la diferencia entre las cosas que puedes cambiar y las que no puedes cambiar. Y acepta únicamente las últimas.

El consejo de Niebuhr y la *Oración de la serenidad* de Alcohólicos Anónimos se remontan en realidad a la época de los antiguos filósofos estoicos. La versión de Alcohólicos Anónimos es: «Dios me conceda la serenidad para aceptar lo que no puedo cambiar, el coraje para cambiar lo que puedo cambiar, y la sabiduría para discernir la diferencia».

La terapia racional emotiva conductual dice que usted hará bien en sentirse molesto y decepcionado, incluso con intensidad. No aterrorizado, deprimido o enfurecido. Las emociones, sean saludables o sean malsanas, surgen de sus creencias, creencias que usted controla. La decisión es suya, y su decisión está principalmente en B, en sus creencias acerca de las adversidades. Si B es una *preferencia* de éxito, aprobación y placer, usted tenderá a sentirse saludablemente frustrado y decepcionado cuando no se satisfagan sus preferencias. Pero si B es una *exigencia,* la creencia de que usted DEBE tener éxito, tenderá a sentirse aterrorizado y deprimido en C (su consecuencia emocional). Si usted no deja de decirse a sí mismo: «¡TENGO que ganarme la aprobación de todos o, de lo contrario, *no podré soportarlo!*», observe cómo se siente cuando alguien le rechaza. Nosotros apostamos a que se va a sentir bastante perturbado.

La idea de tener sentimientos negativos *saludables* acerca de situaciones malas le ayudará a desarrollar el modelo ABC del autotrastorno. Las situaciones de la vida, o acontecimientos activadores (como pueden ser ciertos signos de envejecimiento), pueden ser afortunados (que favorecen sus intereses), neutros o desafortunados (adversos a sus intereses). Claro está que estos últimos (es decir, las adversidades) son de aquellos de los que se ayudan los profesionales de la autoayuda. Es *saludable* sentir de forma negativa estas situaciones, *siempre y cuando* esos sentimientos negativos le motiven a intentar poner remedio a la situación o a adaptarse sensatamente a ella. Es racional tener emociones negativas saludables, como preocupación, pesar y determinación; por ejemplo, cuando usted piensa en ese amigo que necesita de una persona que la cuide a tiempo completo como alternativa al ingreso en una residencia de ancianos. O cuando usted se da cuenta de lo fácil que es perder la forma física y lo difícil que es recuperarla. Esas emociones negativas le pueden motivar para que haga todo lo que pueda por promover sus objetivos y sus propósitos.

Cuando son saludables, las emociones negativas pueden hacer que se esfuerce por lo que quiere, que se esfuerce *frente* a lo que no quiere y que aprenda a cultivar una aceptación filosófica… *cuando no hay nada que pueda hacer acerca de ello.* Sin embargo, cuando sus emociones negativas son *malsanas,* pueden bloquear sus esfuerzos por resolver los problemas de forma constructiva, pueden ponerle frenético y pueden generarle muchas desdichas.

Las personas mayores generan sus emociones del mismo modo que lo hacen las personas jóvenes. La depresión no es una adaptación racional para hacerse mayor. Ni es una consecuencia inevitable de hacerse mayor. La depresión es una emoción negativa *malsana* que se basa en creencias irracionales, como «*O* mi cuerpo sigue funcionando tan bien como solía funcionar, *o* la vida se me va a hacer insoportable, y no podré ser feliz *en modo alguno».*

—De modo que, según usted —dijo una de nuestras clientes llamada Diane—, sentirse mal acerca de sucesos desgraciados, aunque no perturbada, es bueno. Y puede motivarme a cambiar lo que no quiero, ¿es así?

—Así es. Y puede llevarla a *aceptar,* sin tener por qué alegrarse por ello, y a aprender a enfrentarse a las cosas malas que *no puede* usted cambiar.

—Eso tiene sentido. Puede que utilice algunos de sus consejos sobre cómo evitar perturbarme a mí misma y sobre cómo calmarme, si me perturbo.

Antes de que pasemos a estos consejos, exploremos más a fondo la diferencia entre las emociones *negativas* saludables y las emociones *negativas* malsanas.

Sus sentimientos son importantes

¿Cuáles son los mejores resultados emocionales a los que aspira la terapia racional emotiva conductual cuando una persona está deprimida, ansiosa o enfurecida? Una idea falsa muy habitual acerca de la TREC proviene de la utilización que hace de la palabra *racional.* Tal como la TREC utiliza esta palabra, significa «en función de los intereses a largo plazo del cliente». Sin embargo, hay personas que piensan que *racional,* al igual que la «lógica» del señor Spock, es algo frío y calculador. Deducen que la TREC busca que las personas se muestren insensibles o se mantengan serenas ante acontecimientos negativos, como puede ser una pérdida. Y ante esto tenemos que responder con un NO categórico. Otra idea falsa acerca de la TREC proviene de su enfoque ante emociones malsanas como la depresión. Algunas personas piensan al principio que la única alternativa a sentirse deprimido ante una pérdida es no preocuparse de nada. ¡Eso no es cierto!

La TREC establece una decisiva distinción entre emociones *negativas* saludables y emociones *negativas* malsanas, y las considera como diferentes no sólo en grado sino también en clase. La depresión, por ejemplo, no es sólo una gran tristeza o pesadumbre. Uno puede sentirse deprimido por una pérdida y puede sentirse también triste y afligido. Por tanto, una pérdida importante podría ser la adversidad relevante en A que tiene lugar antes de que aparezcan sus sentimientos de depresión, tristeza o pesadumbre. La depresión, la tristeza y la pesadumbre se superponen, y sin embargo son emociones diferentes.

¿Por qué definimos la depresión como algo diferente de la tristeza o la pesadumbre? Porque, en primer lugar, son diferentes las creencias que subyacen a la depresión, por una parte, y a la tristeza y el pesar, por la otra. Usted ni siquiera «tiene que» sentirse triste y apesadumbrado. Teóricamente, usted puede adiestrarse incluso para pensar que no le preocupan las distintas pérdidas que puedan acaecer. El inconveniente aquí es que, de este modo, también se pierde usted los enormes *beneficios emocionales* que proporciona preocuparse.

En segundo lugar, la depresión se diferencia de la tristeza y de la pesadumbre en el modo en que le ayuda o le entorpece la acción a la hora de aceptar o de abordar un destino duro. La tristeza y la pesadumbre surgen de creencias racionales. Las creencias racionales reconocen la gravedad de una pérdida, y evalúan la pérdida como de algo ciertamente malo. Entonces, las creencias racionales le llevan a sentirse sumamente triste y afligido. Con el tiempo, estas creencias le impulsarán para que no se detenga, para que aborde la pérdida o se adapte a ella. Sin embargo, la depresión reconoce la pérdida, pero añade ideas exageradas y desadaptativas como «*Nunca* podré volver a ser feliz», «*Todo* se ha perdido» o «Ya *no vale la pena* vivir». La TREC tiene por objetivo las creencias desadaptativas, y *respeta* las creencias racionales adaptativas acerca de la gravedad de sus pérdidas.

Cuándo merece la pena sentirse mal

Hay métodos de autoayuda y sistemas de terapia que dan por sentado que sentirse bien es siempre el objetivo. Por otra parte, hay filosofías y religiones que abogan por la ausencia de deseos como el objetivo supremo. El enfoque de la TREC es diferente. Una autoayuda satisfactoria y un pensamiento óptimo no tienen por qué entrar en contradicción con sentirse mal por algo. No sereno, ni neutro, ni sin deseos, ni alegre. Si una situación *es* mala desde su punto de vista, usted puede sentirse mal, constructivamente, acerca de ello, pues entraría en conflicto con sus valores si no lo hiciera. La serenidad o la ausencia de deseos ante algo malo podrían frustrar sus propósitos. Los sentimientos negativos, como la preocupación, la tristeza, el pesar, la decepción, el enojo o la frustración, pueden inspirarle para que haga algo constructivo. Por otra parte, el sentirse mal por alguna situación puede inspirarle también para aceptarla con elegancia, adaptarse a ella y, luego, seguir adelante con su vida y centrar su energía en otros temas más recompensantes.

Una vez haya logrado una aceptación completa de algo desfavorable que no puede cambiar, dispondrá de más posibilidades para dejarlo pasar o para perdonarlo. Con el tiempo, quizás llegue al punto en que ni siquiera piense en ese acontecimiento, fuera cual fuera, y en que tampoco sienta demasiada tristeza, pesar, disgusto, enojo o preocupación por ello. Así fue con el caso de la septuagenaria Helen, de la que ya hablamos en el capítulo 2. Durante más de 40 años, venía sufriendo una parálisis que le afectaba desde el pecho para abajo. Había desarrollado muchos hábitos adaptativos para tratar con los inconvenientes de su estado, mientras continuaba con su ajetreada vida. Aunque afligida por una descomunal adversidad, a Helen le resultaba difícilmente rentable mantener sentimientos negativos acerca de su estado, salvo a veces, cuando atravesaba por alguna situación novedosa. Helen ha aceptado y se ha adaptado a una adversidad que jamás podrá cambiar. Los sentimientos negativos están ahí, en parte para ayudarle a usted. En el caso de Helen, los sentimientos negativos (inclusive los sentimientos negativos saludables) serían superfluos.

Seis emociones negativas saludables y sus correspondientes emociones malsanas

Vamos a comparar algunas emociones negativas saludables con sus correspondientes emociones malsanas:

1. *Preocupación frente a ansiedad y pánico.* La preocupación es una emoción saludable que surge de creencias racionales como: «Espero que esta amenaza o pérdida no ocurra. Si ocurre, sería lamentable, ¡pero no hay ninguna razón por la que yo NECESITE una garantía de que no voy a perder lo que más me estimo!». Las emo-

ciones negativas malsanas de la ansiedad y el pánico, por otra parte, surgen de la creencia irracional: «Esta amenaza NO DEBE ocurrir, y sería *terrible* si ocurriera».

2. *Tristeza frente a depresión.* La tristeza es una emoción saludable que surge de creencias racionales como ésta: «Es un infortunio haber sufrido esta pérdida, pero no hay razón por la cual no tuviera que ocurrir». La depresión, por otra parte, surge de: «Esta pérdida NO DEBERÍA haber ocurrido, y es *terrible* que haya pasado». Cuando está deprimido, usted se siente responsable de la pérdida y se condena a sí mismo por ello: «Ha sido culpa mía. *No soy bueno*». Sin embargo, si la pérdida está fuera de su control, es posible que usted condene al mundo y a las circunstancias de la vida: *«La vida es asquerosa.* No vale la pena vivir».

3. *Arrepentimiento frente a culpa.* Los sentimientos saludables de arrepentimiento o remordimiento surgen del hecho de admitir la responsabilidad por una mala acción realizada, pero aceptándose como un ser humano falible. En el arrepentimiento, usted se siente mal por la acción, pero se acepta sí mismo, albergando creencias racionales como ésta: «*Preferiría* no haberme comportado de este modo, pero nadie ha grabado en tablas de piedra que NO DEBA HACERLO. Lo hecho, hecho está, ¡por desgracia! Intentaré aprender de mis errores». La culpa surge del hecho de condenarse a sí mismo como una persona malvada o despreciable por haber obrado mal. Usted se siente mal por la acción realizada, *y además* se condena a sí mismo, debido a la creencia irracional de «Yo NO DEBERÍA comportarme tan mal y, si lo hago, es *terrible* e *intolerable*. Eso me convierte en una *persona despreciable*».

4. *Decepción frente a vergüenza.* Los sentimientos racionales de decepción surgen por conducirse de forma «estúpida» en público, reconociendo la estupidez, pero aceptándose al mismo tiempo. Usted se puede sentir decepcionado por su comportamiento, pero no consigo mismo, porque usted preferiría, y no se exigiría, conducirse bien. La vergüenza surge del hecho de reconocer que usted se ha comportado de forma «estúpida» en público, pero viene seguido de la condena de sí mismo por comportarse de una manera que EN MODO ALGUNO DEBERÍA haberse permitido. La vergüenza también se da cuando uno espera que las personas presentes piensen mal de uno, aceptando después por ciertos los juicios que uno piensa que los demás han hecho de él. Nos gustaría citar aquí una observación que hizo una antigua primera dama de

Estados Unidos, Eleanor Roosevelt: «Nadie puede hacer que te sientas inferior sin tu consentimiento».

5. *Enojo frente a enfado, ira, odio.* Los sentimientos saludables de enojo, irritación o determinación tienen lugar cuando otra persona falta al respeto de tus normas de vida. Usted se enoja cuando no le gusta lo que otra persona ha hecho, pero no la condena por hacerlo: «Hubiera *deseado* que la otra persona no hubiera hecho eso, y *no me gusta* lo que ha hecho. Pero eso no significa que NO DEBIERA haber roto mi norma». Por otra parte, en la ira malsana, usted *cree* que la otra persona no debería haber roto en modo alguno su norma, y usted la condena, la desprecia, la envilece, la odia o se resiente con ella por lo que ha hecho.

6. *Frustración frente a horror.* Esos desagradables sentimientos de frustración aparecen cuando uno no consigue lo que quiere, pero son sentimientos que nos pueden venir bien. Pueden impulsarle a que lo intente de nuevo, con más ímpetu, o a que ponga a prueba otra vía. Los sentimientos de frustración surgen de pensamientos y creencias racionales como: «¡No me gusta esto! ¡Qué fastidio! ¿Qué puedo hacer para superar este obstáculo y conseguir lo que quiero?». La frustración le motiva para que siga esforzándose por lo que desea; e, irónicamente, hace que disfrute más las cosas, debido al contraste entre los sentimientos de frustración y los sentimientos placenteros. En cambio, los sentimientos de horror surgen de la creencia: «¡Este obstáculo es *horrible!* ¡Las cosas NO DEBERÍAN ser así! Pero ¿cómo puede la vida ponerme un obstáculo tan *terrible?¡ No puedo soportarlo!*».

4

Las tres preguntas clave para no frustrar sus propios objetivos

La vida es demasiado seria como para tomársela en serio.

Conclusión de Jilly y Rob

Cuando el paso de los años nos trae adversidades, ¿cómo podemos fomentar un pensamiento racional y óptimo? ¿Y cómo reducir el pensamiento irracional y deficiente? Usted puede aprender a hacerse preguntas y a responderlas correctamente. Concretamente, necesitará tres preguntas clave. Con ellas, es muy probable que consiga más de lo que quiere de la vida y menos de lo que no quiere, y las adversidades serán menos.

1. Este pensamiento en particular ¿me ayuda o me perjudica a largo plazo? Si me perjudica, ¿qué pensamiento me permitiría alcanzar mejor mis objetivos? ¿Qué pensamiento me ayudaría a sentirme mejor a largo plazo?
2. ¿Se corresponde mi pensamiento con los hechos? Si no es así, ¿qué pensamiento se correspondería mejor con los hechos?
3. ¿Es lógico mi pensamiento? Si no, ¿cuál tendría más sentido lógico?

¿Y qué hay del pensamiento positivo?

La gente suele confundir el pensamiento racional con el «pensamiento positivo», pero existe entre ellos una gran diferencia. Emile Coué popularizó el pensamiento positivo hace alrededor de 75 años con lo que probablemente terminaría siendo la frase más conocida en todo el mundo: «Día tras día, en todos los aspectos, estoy cada vez mejor y mejor». Coué y el resto de pensadores positivos puros, como Mary Baker Eddy, Henry Wood, Dale Carnegie, Napoleon Hill, Norman Vincent Peale y Louise Hay, se dieron cuenta de que la manera de pensar que tiene una persona es tremendamente importante. *¡Es* tremendamente importante! Se dieron cuenta de este hecho, pero sólo vieron su aspecto de «piensa en positivo». Algunos de ellos creyeron que el pensamiento positivo podía superar *todo tipo* de adversidades, incluso las enfermedades. Otros creyeron que el pensamiento positivo les podría traer riquezas sin cuento... y no sólo en la otra vida... ¡En *ésta!* Tenga sueños positivos, dijeron, y los sueños se harán realidad.

Algunos de los pensadores positivos puros de hoy en día, con un aire *new age*, creen que el pensamiento puede generar, *literalmente,* enfermedades como el cáncer, la esclerosis múltiple, la tuberculosis y el sida. ¡Oh! Pero, entonces, ¿qué ha pasado con las bacterias? ¿Qué ha pasado con los virus? ¿Qué ha pasado con el hábito de fumar? ¿Qué ha pasado con lo del sexo seguro? ¿Qué ha pasado con la herencia y los genes? (¿Qué ha pasado con el cerebro de algunos de estos chicos de la *new age*?) No, la vida real tiene adversidades reales, muchas adversidades, incluso muchas con las que usted puede hacer poco o nada. Y convendría que pensara usted de forma más realista para poder enfrentarse a estas adversidades y para poder aceptarlas.

Los pensadores positivos también se dan cuenta de que, por mucho que usted practique el llamado *pensamiento positivo, no* va a poder eliminar su pensamiento negativo. Efectivamente, pues, *mientras* pensamos positivamente, dejamos a un lado momentáneamente nuestros mortales pensamientos negativos. Pero, ¿qué ocurre cuando nos tomamos un respiro y dejamos de repetirnos: «Día tras día, en todos los aspectos, estoy cada vez mejor y mejor»? Pues que volvemos de inmediato al pensamiento negativo. Y lo hacemos de modo especial cuando se inmiscuye una realidad adversa y nos damos cuenta de lo que, casi seguro, va a ocurrir: ¡que no vamos a estar mejor día tras día en todos los aspectos! Día tras día, en todos los aspectos, seguimos siendo humanos, seguimos desconcertados con nuestras debilidades, seguimos con la tendencia a pensar de forma irracional (así como racional). Casi todos los días, y en demasiados aspectos, seguimos siendo acosados por las adversidades. ¿Qué hacemos con estas realidades? ¿Quiere alguien pensamiento positivo?

Así pues, no piense ni por un instante que abogamos por el mero pensamiento positivo; ni le vamos a decir a usted que se sumerja inocentemente en imágenes mentales positivas. Sentimientos «positivos» como: «Todo será probablemente para bien» o «Las cosas no están tan mal como parecen» no sólo suelen ser poco realistas, o incluso tontos, ¡sino negativos! ¿Por qué? Porque el pensamiento positivo puede ser muy poco práctico, si lo que hace es llevarle a uno a que se siente esperando a Godot, en lugar de hacer algo por ayudarse a sí mismo. También puede ser muy poco realista y, lógicamente, no tiene por qué seguir sus *deseos* de que todo será para bien. Y lo más importante, el ejercicio del pensamiento positivo, en sí mismo, no va a desarraigar las creencias irracionales que generan las perturbaciones emocionales.

Cómo poner a prueba la realidad

Echemos un vistazo a algunos ejemplos de pensamiento racional e irracional, óptimo y deficiente, y juzgue por sí solo cuál es cuál, y por qué. De este modo, perfeccionará el pensamiento acerca de su pensamiento, y hará acopio de habilidades cruciales para la detección de pensamientos irracionales y deficientes, así como para discutirlos. Discutir los pensamientos deficientes significa atacarlos vigorosamente en su propio terreno. El pensamiento irracional suele adoptar la apariencia de ser obvio y cierto, de ser lógico, e incluso útil. Pero, cuando se discute una creencia irracional, se hace patente su falsedad. Puede usted darle pábulo o hacerla callar. Usted analiza su utilidad. Usted examina su lógica. Usted compara sus afirmaciones con los hechos. Usted le formula las tres preguntas clave (que explicaremos a continuación). Y, si no resiste la prueba, es usted quien revisa su creencia e intenta que sea más útil, más realista y más lógica.

Imagine que está usted planteándose aceptar una jubilación anticipada, como le ocurrió a uno de nuestros clientes, Jim, y que usted, al igual que Jim, piensa: «No puedo jubilarme antes de tiempo, aun cuando me gustaría hacerlo, porque perdería la estima de la gente. Pensarían que soy un vago. Y *no podría soportar* su rechazo. NECESITO su estima, y me sentiría *indigno* sin ello. ¡Maldita sea! Tengo que seguir trabajando al menos cinco años más o, de lo contrario, si pierdo la estima de la gente, me voy a sentir *indigno*». ¿Son estos pensamientos racionales o irracionales? Bueno, tenemos que admitir que hemos amontonado las cartas irracionales en este ejemplo, pero intente ver *por qué* es irracional. Haga las tres preguntas clave de estas creencias acerca de la jubilación y vea qué pasa.

Pregunta clave n.º 1: *Creer esto ¿me va a ser de ayuda a largo plazo?* Cuando Jim intentó responder a esta pregunta, dijo: «No, ese pensamiento es inútil, porque yo *quiero* jubilarme ya y disfrutar de mi tiempo libre. ¿Quién sabe si estaré aquí dentro de cinco años, o si estaré en condiciones de disfrutar de mi jubilación? Por otra parte, si me digo que NECESITO algo, eso me deprime, me pone nervioso y me hago gruñón, ¡lo cual, decididamente, no me hace ninguna falta!».

Pregunta clave n.º 2: *¿Se corresponde mi creencia con los hechos?* Jim llegó a la conclusión de que «No. Habrá personas que me retiren su estima por jubilarme anticipadamente, habrá a quien no le preocupe en absoluto lo que yo haga, y habrá quien siga mostrándome su estima por hacer lo que deseo hacer. Si son muchas las personas que me retiran su estimación y piensan que estoy loco, decididamente *puedo* soportarlo. No creo que me vaya a morir por eso. A pesar de su rechazo, podré llevar una vida feliz. De hecho, si tomo la jubilación anticipada de este empleo, seré más feliz que si continúo trabajando por miedo al qué dirán».

Pregunta clave n.º 3: *¿Es lógica mi creencia?* Jim dijo: «¡Tres de tres! No, aun cuando fuera por una cuestión de pereza, y aunque fueran muchas las personas que me retiraran su estima por hacer esto, no se podría sacar la conclusión lógica de que mi valor como persona es igual a cero. En el peor de los casos, lo único que se podría decir de mí es que mi *comportamiento* no ha sido el *correcto.* ¡Pero eso no me convierte en una *persona incorrecta!*».

Si usted se hace estas prácticas, realistas y lógicas preguntas clave, descubrirá si sus creencias son racionales (es decir, si fomentan una vida plena) o irracionales (si fomentan una existencia deficiente). Si sus creencias le pueden llevar a frustrar sus objetivos, el saber esto puede servirle de estímulo para renunciar a ellas y reemplazarlas por creencias racionales (RB).[8] Esto nos lleva a la séptima regla para vivir con plenitud:

Regla n.º 7: ACTÚE COMO UN CIENTÍFICO

Cuando no está perturbado, usted suele pensar de forma más objetiva y científica que cuando está perturbado; puede sentir de un modo más profundo y actuar acordemente, pero puede aprender a regular sus emociones y sus acciones reflexionando sobre ellas y evaluando sus consecuencias en cuanto a si van a ser una ayuda o un obstáculo a la hora de alcanzar sus objetivos a corto y largo plazo.

---

8. RB = *Rational Beliefs,* en el original inglés. *(N. del T.)*

¿Se puede determinar en todos los casos si alguna de sus creencias acerca del éxito, de la aprobación o del placer es racional o irracional, si le va a ayudar o le va a perjudicar? ¿O si fomenta una vida plena, o bien una existencia deficiente? Quizás *no siempre* puede determinarlo, pero sí que podrá hacerlo casi siempre; porque, si es probable que una creencia le ayude a satisfacer sus deseos de una ganancia a largo plazo, si es realistamente alcanzable, si es lógica y no contradictoria, le va a parecer ciertamente buena.

Así, si usted pesa 15 kilos más de lo aconsejable y quiere perder peso, la creencia de que es *preferible* comer menos y hacer más ejercicio le ayudará a perder algunos kilos. Esa creencia es realista (pues usted *puede* hacer dieta y *puede* hacer más ejercicio), y se basa en hechos reales (pues consumiendo menos calorías y quemando más calorías conseguirá perder peso). Por otra parte, la creencia de que usted DEBE, decididamente y en toda ocasión, comer menos puede llevarle a ayunar durante tres meses, que es muy probable que sea perjudicial para usted. Su «debe» no es realista, porque probablemente no siempre hará lo que DEBE, lo cual le llevará a sentirse culpable y quizás incluso hasta pasarse comiendo debido a la ansiedad. Además, si usted no come nada en tres meses, ¡es muy probable que muera antes de que se haya cumplido el plazo! O puede que su cuerpo famélico le lleve a comer en exceso de nuevo. La creencia de que siempre DEBE comer menos también es ilógica, porque no es la única forma de perder peso.

Cada vez que usted toma una preferencia y la eleva al rango de una demanda, de una exigencia absoluta…

- se hace más daño que bien, y no sólo a usted mismo, sino también a los demás;
- se conduce de forma poco realista (porque en muchas ocasiones no va a conseguir hacer lo que se está exigiendo), y
- se comporta de forma ilógica (porque su exigencia dice que sólo puede funcionar un método, y que no existen alternativas).

Por tanto, una forma rápida de averiguar si su creencia puede frustrar sus propios objetivos es ver si es una preferencia o es una exigencia absoluta. El decirse que uno *prefiere* intensamente algo, pero que no TIENE NECESIDAD de conseguirlo, suele ser sensato y racional. Y el decirse que, por el mero hecho de querer algo, usted HA de tenerlo y que será su fin si no lo consigue, suele ser irracional y disparatado. Si sus deseos son preferenciales, estupendo; pero si son necesidades extremas, convendrá que tenga cuidado.

Vamos a ver ahora un ejercicio que nos permite distinguir entre creencias irracionales y creencias racionales. Lea cada una de las sentencias listadas abajo y averigüe si (y si es así, por qué) es racional o irracional. Las respuestas se encuentran en las páginas 66-67.

Ejercicio para diferenciar lo que es racional de lo que es irracional

Veamos algunos ejemplos de pensamiento racional e irracional. Estos ejemplos le ayudarán a juzgar por sí mismo cuál es cuál y por qué, mejorando así su pensamiento acerca de su pensamiento. Comience con las tres preguntas clave:

1. ¿Creer esto me ayuda o me perjudica a largo plazo? Si me perjudica, ¿qué pensamiento me permitiría alcanzar mis objetivos más fácilmente y haría que me sintiera mejor?
2. ¿Se corresponde mi pensamiento con los hechos? Si no es así, ¿qué pensamiento se correspondería mejor con los hechos?
3. ¿Es lógico mi pensamiento? Si no, ¿cuál tendría más sentido lógico?

Más tarde, trabaje con la siguiente lista de afirmaciones. Después de leer cada una de ellas, decida si es racional o irracional.

1. Debo convertirme necesariamente en la persona más rica del mundo.
2. Me gustaría convertirme en la persona más rica del mundo.
3. No puedo soportar el tener arrugas.
4. No me gusta tener arrugas.
5. Todo lo hago mal.
6. No cabe duda de que cometo errores.
7. Tuve una infancia muy dura, por eso merezco que me faciliten las cosas ahora.
8. Llevo demasiado tiempo fumando como para cambiar ahora.
9. Las personas que fracasan son unos completos fracasados como seres humanos.
10. Es difícil perseverar con la dieta y con mi programa de ejercicios. No puedo hacerlo, porque me lleva demasiado tiempo y esfuerzo.

—De acuerdo —dijo Alejandro—. Por «racional», usted pretende decir que es útil *para mí,* con mis objetivos y mis valores, en función de la situación en la que estoy. ¿Es eso?

Alejandro era uno de los recién llegados en un grupo de discusión de autoayuda SMART (Self Management And Recovery Training),[9] y acababa de escuchar la afirmación de apertura de la reunión, que esboza el modelo ABC. Estaba allí debido a la inmensa deuda que había acumulado a través de su tarjeta de crédito.

—Pero ¿eso no me va a ayudar a tener un ordenador portátil? ¿A comprarme un todo terreno, un 4×4? ¿A vestir bien para ir a trabajar? ¿Y a relajarme en unas magníficas vacaciones con mi novia y sus hijos?

—Bueno, sí, esas adquisiciones *podrían* ser racionales. Pero yo creía que usted se había metido en todo tipo de problemas por gastar más de lo que tiene.

—¡Cierto!

—Entonces, sería mejor que comparara la utilidad de una enorme deuda (la ropa nueva, el automóvil, el ordenador más reciente, los viajes a Acapulco y todo eso) con la *inutilidad* de una enorme deuda. ¿Cómo las puede comparar?

—La deuda es mucho peor que no tener todas esas cosas —respondió Alejandro con brío.

—Lo que el modelo ABC busca es que aprendamos a ver nuestra vida, y que pensemos en ella, a largo plazo. Si su vida fuera a ser muy breve, y si usted no tuviera ninguna responsabilidad con sus seres queridos, que seguirán viviendo después de que usted se vaya, o si a usted no le importa realmente sufrir en un futuro, entonces olvídese de planteamientos a largo plazo. Pero si usted espera vivir durante un plazo de vida medio, y si no quiere sufrir, entonces convendrá que se centre en un planteamiento a largo plazo. Como nuestro colega Hank Robb señaló, lo malo de una filosofía de «come, bebe y sé feliz, pues mañana moriremos» es que a veces el mañana llega… ¡y no nos hemos muerto!

—Entonces —replicó Alejandro—, lo racional es útil (o al menos no es perjudicial) a largo plazo, en lugar de sólo a corto plazo.

—Exacto. Usted puede disfrutar gastándose un montón de dinero en ropa buena *ahora,* por ejemplo, pero las cosas puede que no le vayan tan bien después, cuando sea el hombre mejor vestido del asilo de pobres.

—Bien, supongamos que me doy cuenta de que me estoy perjudicando a mí mismo a largo plazo, incrementando mi deuda con la tarjeta de

9. Entrenamiento en autogestión y recuperación. *(N. del T.)*

<table>
<tr><td>

<u>**Las tres exigencias**</u>

«**Yo** DEBERÍA hacer las cosas bien y tener la aprobación de los demás, *¡o de lo contrario sería terrible! ¡No podría soportarlo! ¡Si no lo consigo, me sentiría un gusano!*»

«**Tú** (otra persona) TENDRÍAS QUE comportarte de forma correcta y tratarme bien, *¡o de lo contrario sería terrible! ¡No podría soportarlo! ¡Y pensaría que eres un gusano!*»

«**Eso** (las circunstancias de la vida) HABRÍA DE ser, NECESITO QUE sea como yo quiero (a saber, confortable y justo), *¡o de lo contrario sería terrible! ¡No podría soportarlo! ¡Y no merecería la pena vivir!*»

</td><td>

<u>**Los tres deseos**</u>

«Yo QUIERO hacer las cosas bien y obtener la aprobación de los demás. Pero, si no lo consigo, no pasa nada. No sería el fin del mundo, y no dejaría de ser una persona falible, con defectos, una persona que a veces no hace las cosas bien y la rechazan.»

«Me GUSTARÍA que me trataras bien y que te comportaras correctamente. Pero, aunque no lo hagas, no va a ser *terrible,* ni va a hacer de ti un *completo villano* al que haya que *condenar.*»

«Sería muy DESEABLE que las circunstancias de la vida fueran favorables y justas para mí, pero no TIENEN POR QUÉ serlo, y claro está que *puedo soportarlo* y seguir siendo razonablemente feliz si no son así.»

</td></tr>
</table>

crédito. La verdad es que ya sé lo que me conviene, pero que simplemente no lo he hecho. Creo que soy incapaz de dejar de gastar dinero. Da la impresión de que tengo la creencia de que DEBO tener todo lo que quiero. ¿Qué pasa entonces?

La DEBERmanía[10] lleva al abuso de uno mismo

Vamos a mostrarle ahora la mejor manera de poner riendas a esos pensamientos suyos que le llevan a frustrar sus objetivos, que le hacen desdichado y le perturban, tanto si hacen referencia a la edad como a cualquier otra cosa. Las frases «Busque sus "debería"» y «Busque sus "tendría que"»

10. *Mus*turbation en el original inglés. Los autores utilizan el verbo *must,* «deber», para crear una palabra de doble sentido. *(N. del T.)*

Formulario de autoayuda de la TREC

A) ACONTECIMIENTOS ACTIVADORES O ADVERSIDADES

- Resuma brevemente la situación que le perturba.
- Un A puede ser *interno* o *externo, real* o *imaginario.*
- Un A puede ser un acontecimiento del *pasado,* del *presente* o del *futuro.*

IB (CREENCIAS IRRACIONALES)

D (DISCUTIR LAS IB)

Para discutirlas, pregúntese:
- ¿Adónde me lleva el sustentar esta creencia? ¿Es *útil,* o me lleva a *frustrar* mis objetivos?
- ¿Acaso hay alguna evidencia que apoye la veracidad de mi creencia irracional? *¿Se corresponde con la realidad social?*
- ¿Es lógica esta creencia? ¿Sigue mis preferencias? ¿Es realmente *terrible* la situación, por muy mala que pueda ser?

Para identificar las IB, busque:
- EXIGENCIAS DOGMÁTICAS (los «debería», absolutos, los «tendría»).
- TREMENDISMO (Es terrible, espantoso, horrible).
- BAJA TOLERANCIA A LA FRUSTRACIÓN (No puedo soportarlo).
- EVALUACIÓN DE UNO MISMO O DE LOS DEMÁS (Yo soy/él/ella es malo/a, despreciable).
- ¿De verdad que no puedo soportarlo?

C) CONSECUENCIAS

Principales **emociones** negativas malsanas:

Principales **conductas** que pueden frustrar mis objetivos:

Entre las emociones negativas malsanas se encuentran:
- Ansiedad
- Depresión
- Ira
- Baja tolerancia a la frustración
- Vergüenza
- Daño
- Celos
- Culpabilidad

E (NUEVAS Y EFICACES FILOSOFÍAS)

E (EMOCIONES Y CONDUCTAS EFICACES)

Para pensar de forma más racional, esfuércese por:
- PREFERENCIAS NO DOG-MÁTICAS (deseos, querencias)
- EVALUAR SIMPLEMENTE COMO MALO (Es malo, infortunado).
- ALTA TOLERANCIA A LA FRUSTRACIÓN (No me gusta, pero puedo soportarlo).
- NO EVALUAR GLOBALMEN-TE, NI A SÍ MISMO NI A LOS DEMÁS (Yo y los demás somos seres humanos falibles).

Entre las emociones negativas saludables, están:
- Decepción.
- Preocupación.
- Enojo.
- Tristeza.
- Remordimiento.
- Frustración.

son más directas. La casi totalidad de los trastornos emocionales y de las acciones mediante las cuales se derrota usted a sí mismo provienen de una única raíz, una raíz que, afortunadamente, podemos cambiar. Esa raíz es la exigencia.

Las exigencias básicas se pueden clasificar en tres categorías: yo DEBERÍA, tú DEBERÍAS y eso (el mundo, la vida, Dios, etc.) DEBERÍA. ¡Son ésas las vocecillas exigentes que hay dentro de su cabeza! A cada una de ellas le corresponde un deseo o una preferencia, como se puede ver en el cuadro de la página anterior.

Puede usted utilizar el formulario de autoayuda que se le ofrece a continuación para hacer una lista de sus pensamientos y para analizarlos. Si lo utiliza, puede…

- identificar sus propias emociones negativas malsanas (las C, consecuencias);
- buscar sus exigencias subyacentes (los «debería» o «tendría») que engendran estos sentimientos perturbados;
- cambiar esas exigencias por deseos y, luego;
- ver (*y sentir*) la diferencia en los resultados, cuando usted limita la fuerza de sus creencias irracionales y fomenta las creencias racionales.

David, uno de mis clientes (de Albert Ellis), entendió sin problemas las ideas del formulario de autoayuda.

—De acuerdo —dijo—. Si yo «Busco el "debería"» y «Busco el "tendría que"», podré llegar rápidamente al fondo de esas actitudes que frustran mis objetivos. Y, una vez conozca mi exigencia, sabré el deseo correspondiente que puede funcionar mejor para mí, *siempre y cuando* lo crea de verdad y deje de creer en la exigencia. ¿Es así?

—Correcto. *¡Siempre y cuando!* Pero, para eso, convendrá que discuta usted la exigencia y la sustituya por un deseo.

—Entonces, si me estoy volviendo loco con algo, ¿lo primero que tengo que hacer es buscar la exigencia raíz y cambiarla por un deseo?

—Sí, usted se adiestra para *dejar* la DEBERmanía y *asumir* preferencias en su lugar.

—Y también convendrá que deje el tremendismo a un lado y que deje de pensar que no puedo soportarlo…

—Correcto. Lo que usted hace es *cuestionarse* su creencia en que hay cosas que son terribles. Y puede hacerlo intentando encontrar pruebas de que pueda existir algo en el universo que sea absolutamente malo, malo al ciento por ciento. También puede hacerlo viendo que, al exagerar y dar a las cosas malas la categoría de «absolutamente terribles», se perturba enormemente y reduce sus posibilidades de enfrentarse a ello, sea lo que sea. Así, en vez de hacer esto, usted evalúa la situación como de mala, efectivamente, pero no horrorosa. Y lo mismo ocurre si discute usted la idea de que *no puede soportar* la situación adversa. Hasta ese momento ya la ha estado soportando, de modo que sí que *puede* hacerlo.

—Entonces, ¿lo que tengo que hacer es cambiar la idea de que no puedo soportarlo por la de «Sí que *puedo* soportarlo, aunque siga sin gustarme», porque entonces tendré más posibilidades de enfrentarme mejor a la situación?

—Eso es.

—Bueno, supongo que lo mejor que puedo hacer ahora es aprender a hacer todo eso cuando me encuentre en problemas…

Y David aprendió a hacerlo. Le dedicó tiempo en su casa a la terapia. Se leyó libros y cuadernillos de TREC, y cumplimentó los formularios de autoayuda. Mis clientes suelen grabar en un casete sus sesiones de terapia, y David escuchó minuciosamente cada uno de sus casetes, tomando numerosas notas. Venía incluso a las sesiones antes de la hora, para así tener tiempo de revisar las notas de la sesión anterior. También me envió a mí y a otros terapeutas de TREC a varios amigos y familiares suyos. Y así, David aprendió decididamente el mecanismo. Su comienzo fue ciertamente bueno. En la TREC, no estamos interesados en que se hable bien de la terapia si no se hace algo al respecto. Lo que queremos es que nuestros clientes desarraiguen sus habituales respuestas irracionales, que tienen tan agarradas. Por esto la TREC implica también unas buenas dosis de trabajo y de práctica por parte del cliente fuera de las sesiones de terapia.

Pero, a las pocas semanas, me di cuenta de que David no lo había «pillado» en realidad. En el mundo real, en la escena del crimen, por decirlo de un modo gráfico, no había cambiado. Los comportamientos y las reacciones que llevaban a frustrar sus objetivos seguían estando allí, no habían cambiado. David seguía enfadándose regularmente con su compañero de trabajo, Fred, y seguía dándose temporadas de mareos por su alta tensión arterial, así como «ataques de nervios al estómago», por su síndrome de colon irritable. Su médica de cabecera lo había intentado con todas las pruebas y las medicinas del libro, y ya estaba harta (¡ella me lo había remitido a mí!). Pero aún había más.

Si David seguía otros cinco años en su empresa, podría jubilarse con la paga completa, lo cual deseaba enormemente. Pero, debido a sus ataques de ira, estaba dudando entre otras alternativas menos deseables. Un día, casi de forma impulsiva, estuvo a punto de renunciar a su empleo; ¡de hecho, cuando le conocí, llevaba casi un año con la carta de renuncia en su ordenador! Otro día llamaría por teléfono diciendo que estaba enfermo. Y otro día más lo pasaría hirviéndole la sangre hasta el momento de irse a la cama a dormir. A veces, le asaltaba la idea de emprenderla a golpes con Fred. De hecho, David me diría: «Ésa *es* una de mis opciones»; pero se contuvo de llevarla a cabo durante casi un año, dado que era reacio a la violencia y no la tenía en cuenta, por lo que la probabilidad de que la emprendiera a golpes parecía ciertamente baja. Aunque yo hubiera preferido que fuera cero.

David tenía una buena conversación, e incluso daba rodeos razonablemente buenos; pero no lo hacía vigorosamente ni se atrevía a ir muy lejos. Aprendió ciertamente las *palabras adecuadas* para discutir sus creencias irracionales. Realmente podía *explicar* cómo fortalecer las creencias racionales que fomentan una vida plena. Disponía de una buena motivación, y había entendido bien la mayor parte de las ideas de la TREC. Durante la terapia, había llevado a cabo un montón de trabajo escrito para casa. En cuanto a lo que hacía, al trabajo y a la práctica, estaba «donde hay que estar» en la TREC. David lo estaba haciendo todo; estaba trabajando duro y ejercitándose. Pero seguía sin «pillarlo». Sus emociones y sus acciones no cambiaban. Tenía lo que a veces llamamos «discernimiento intelectual», a diferencia del «discernimiento emocional». De modo que pasé al plan 2.

Pensé que la terapia de grupo podría ayudarle a reforzar sus creencias racionales y a hacerle asumir una acción constructiva. Se le incluyó en un grupo, pero era un tipo muy difícil. David era uno de los mayores «tremendistas» del grupo de terapia. Insistía en que su compañero de trabajo, Fred, no hacía más que incordiarle, que no se callaba ni un minuto y que hacía tan mal su trabajo que David tenía que arreglar sus chapuzas, y eso le ponía furioso (a David). No podía decirle al jefe lo mal que trabajaba Fred, porque el jefe era el padre de Fred, de modo que no se iba a poder librar de él. Así que David despotricaba y refunfuñaba ante todo aquel que estuviera dispuesto a escucharle, en especial ante los componentes de este grupo. Insistía en que *no podía soportar* a Fred, y en que probablemente iba a tener que pedir la jubilación anticipada, a pesar de lo mucho que le gustaba su trabajo informático y de lo mucho que le convenía esperar cinco años más, debido a que le quedaba una pensión mucho más alta. Decía que, en muchas ocasiones, sentía (pensaba) que *no iba a poder soportar* ni un minuto más a Fred, y que iba a TENER QUE abandonar.

David admitió, cuando su grupo de terapia se implicó con él, que trabajar con Fred no era realmente *terrible,* solamente era algo malo. Y, como es obvio, pudo soportarlo, al igual que lo había hecho durante los últimos años. No se había muerto por trabajar con Fred (no todavía, al menos), y disfrutaba con su trabajo, a pesar de los estúpidos cotilleos de Fred y de sus chapuzas en el trabajo. El grupo le indicó a David que sí que *podía* soportar lo que no le gustaba de Fred, y se lo hicieron ver.

Sin embargo, sólo lo vio muy por encima y momentáneamente, pues cada vez que Fred volvía a hacer una chapuza (que, al parecer, era en lo que de verdad destacaba), David veía de forma realista los errores de Fred, para luego volver a verlo todo como terrible. De modo que el grupo le asignó a David unos ejercicios emotivo-evocativos de TREC. Tenía que grabar en un casete algunas de sus principales creencias irracionales, para luego discutirlas enérgicamente durante varios minutos. Más tarde, tendría que llevarle al grupo la grabación, para que sus componentes la escucharan y le expresaran su opinión y sus críticas.

David accedió, y en la siguiente sesión del grupo trajo la grabación. Entre las lindezas que podemos publicar estaban: «¡Fred es un *idiota* sin remedio! *¡No puedo soportar* su cháchara constante! ¡Hay que hacer algo para detenerle! Es *terrible* e injusto siquiera que tenga un empleo. ¡Es *totalmente injusto* que yo tenga que trabajar con él! Me va a dar un ataque al corazón si esto sigue así».

Los miembros del grupo coincidieron en que éstos eran jugosos ejemplos de pensamiento irracional. Utilizando la TREC, David discutió estas creencias irracionales con bastante precisión… pero suavemente. En su discusión de las creencias irracionales, decía que no le gustaba la cháchara de Fred, pero que podría soportarla; que no había que hacer nada al respecto, aunque sería preferible hacerlo; que trabajar con él era enormemente inconveniente, pero que no podía ser un ciento por ciento malo, y que por tanto no era *terrible;* que, sí, era injusto que se hubiera contratado a Fred, y peor que David tuviera que trabajar con él, pero que suele haber injusticias y que, por tanto, deben existir, aunque él preferiría que no existieran; y que no tenía por qué darse a sí mismo un ataque al corazón, sino simplemente sentirse muy disgustado con las chapuzas de Fred.

¡Bien! El grupo consideró que la discusión de David había sido buena, muy racional, pero quizás demasiado suave. No parecía que David se creyera de verdad todo aquello. El contenido era bueno, pero resultaba un tanto insípido y melindroso. Se ajustaba a lo que se le había pedido, pero no era *realmente* enérgico y convincente. El grupo le pidió a David que volviera a hacer la grabación y que hiciera la discusión más vigorosa y convincente.

David volvió a grabar la cinta, y de hecho la volvió a grabar una vez más, y luego otra, hasta que el grupo acordó por fin que su discusión de las creencias irracionales había sido verdaderamente potente y convincente. En la versión final de la grabación, la que el grupo respaldó, David decía: «PUEDO, maldita sea, PUEDO soportar a Fred, aunque es realmente detestable. Por muy injusto que sea que su padre lo haya contratado y que, evidentemente, no lo vaya a despedir, es simplemente eso: injusto. Las injusticias como ésta DEBEN y TIENEN QUE existir, simplemente porque de hecho existen. Evidentemente, existen, y yo no puedo cambiar eso. ¡De acuerdo, pero lo que sí que *puedo* es cambiarme yo, y cambiar mis actitudes tremendistas acerca de la injusticia! Puedo cambiar *mis* lloriqueos al respecto. ¡Y lo voy a hacer!».

No sólo fue el vigor de la discusión de David lo que satisfizo al grupo, también les gustó ver lo bien que esa discusión había funcionado en él. David renunció a considerarlo todo como terrible en lo relativo a Fred, empezó a ver las chapuzas de éste con un sano sentido del humor y decidió tranquilamente que seguiría en su empleo durante algunos años más, hasta que lograra la pensión de jubilación íntegra.

Si usted, al igual que David, se aferra con fuerza a sus creencias irracionales y sólo repite como un loro las creencias racionales, siempre podrá echar mano de la técnica de discutir enérgicamente las creencias irracionales. Grabe sus principales creencias irracionales, intente discutirlas vigorosamente y haga que amigos o familiares con sentido crítico escuchen la cinta. Y usted escuche sus críticas. Si es necesario, puede grabar dos, tres o más veces, hasta que usted y los que le escuchan estén de acuerdo en que su discusión es enérgica y convincente. De este modo, podrá llegar usted a comprender, y a *creer* de verdad, sus argumentos antitremendistas.

Clave de respuestas de muestra

La clave de respuestas de muestra para el «Ejercicio para diferenciar lo que es *racional* de lo que es *irracional*» de la página 66 se proporciona a continuación.

En cada uno de los casos, hemos dado respuestas de muestra para cada una de las tres preguntas clave, que son:

1. ¿Creer esto me ayuda o me perjudica a largo plazo? Si me perjudica, ¿qué pensamiento me permitiría alcanzar mis objetivos más fácilmente y haría que me sintiera mejor?
2. ¿Se corresponde mi pensamiento con los hechos? Si no es así, ¿qué pensamiento se correspondería mejor con los hechos?
3. ¿Es lógico mi pensamiento? Si no, ¿cuál tendría más sentido lógico?

1. Debo convertirme necesariamente en la persona más rica del mundo.

Pregunta clave n.º 1: Esta creencia es irracional, porque podría generarle ansiedad y hostilidad, además de deprimirle, lo cual obstaculizaría sus esfuerzos por hacer dinero.

Pregunta clave n.º 2: También es irracional porque no se corresponde con la realidad. Usted no TIENE QUE convertirse en la persona más rica del mundo. No existe ninguna ley en la naturaleza que diga eso, y los hechos demuestran lo contrario.

Pregunta clave n.º 3: La afirmación también es irracional por cuanto es ilógica. Por el simple hecho de que usted quiera convertirse en la persona más rica del mundo, no se llega a la conclusión lógica de que DEBE convertirse en la persona más rica del mundo. Y por el simple hecho de que el ser la persona más rica del mundo tenga algunos aspectos deseables, no se llega a la conclusión de que no tenga otros aspectos indeseables.

2. Me gustaría convertirme en la persona más rica del mundo.

Pregunta clave n.º 1: Esta creencia es racional, dado que podría motivarle para esforzarse por hacer realidad su objetivo. Si no lo consiguiera, se sentiría decepcionado, pero no le generaría ansiedad, hostilidad o depresión.

Pregunta clave n.º 2: Esta creencia también es racional, por cuanto la única afirmación que hace de la realidad es que usted tiene el deseo, que lo tiene, de convertirse en la persona más rica del mundo.

Pregunta clave n.º 3: Esta afirmación tiene una premisa subyacente, la de que usted piensa que sería bueno convertirse en la persona más rica del mundo. Su deseo de hacerse rico es la conclusión lógica de su creencia de que sería bueno si lo consiguiera.

3. No puedo soportar el tener arrugas.

Pregunta clave n.º 1: Esta creencia es irracional, dado que le genera ansiedad, le pone a la defensiva y le deprime por sus arrugas presentes y futuras.

Pregunta clave n.º 2: Si tiene usted arrugas, ¿está vivo o no está vivo? Si no puede soportar el tener arrugas, entonces debería estar muerto. Si no tiene usted arrugas, entonces puede esperar a ver si se muere cuando empiece a tener arrugas. Esta afirmación es irracional.

Pregunta clave n.º 3: El no poder soportar tener arrugas no es la conclusión lógica del hecho de que no quiera usted tenerlas y de que la sociedad pueda preferir a las personas sin arrugas en vez de a las personas con arrugas. Irracional.

4. No me gusta tener arrugas.

Pregunta clave n.º 1: Con esta creencia, que es racional, a usted quizás no le guste tener arrugas, pero se aceptará a sí mismo con ellas y seguirá viviendo razonablemente feliz. Esta creencia no le genera a usted problemas.

Pregunta clave n.º 2: Esta creencia también es racional porque la única declaración que hace acerca de la realidad es que hay algo que a usted no le gusta, lo cual damos por cierto.

Pregunta clave n.º 3: Esta afirmación tiene una premisa subyacente, la de que usted piensa que sería bueno ser «inarrugable». El que no le guste tener arrugas es la conclusión lógica de su creencia de que sería bueno no tenerlas.

5. Todo lo hago mal.

Pregunta clave n.º 1: Irracional. Es poco probable que este pensamiento le resulte de utilidad a la hora de enfrentarse a los problemas de la vida.

Pregunta clave n.º 2: Irracional. Sería extraordinariamente improbable que todo lo que hiciera lo hiciera mal.

Pregunta clave n.º 3: Del mero hecho de que haga algunas cosas mal no se extrae la conclusión lógica de que todo lo hace mal. Si todo lo que usted hace lo hiciera mal, ¿sería verdadero su mismo pensamiento de «Todo lo hago mal»? ¡Si todo lo hiciera mal, habría errado también en este pensamiento, que entonces sería falso!

6. No cabe duda de que cometo errores.

Pregunta clave n.º 1: Probablemente racional. Si usted comete algunos errores, y no quiere cometerlos, podría esforzarse por mejorar su desempeño o cambiar de actividad. Esta afirmación sería irracional si usted creyera, en el fondo: «¡Pero NO DEBO cometer tantos errores!».

Pregunta clave n.º 2: Probablemente racional. Damos por hecho que usted comete algunos errores, de modo que usted simplemente está diciendo lo que hay. El número de errores que usted cometa puede ser grande o pequeño, en función del criterio que utilice usted y de si cuenta objetivamente el número de sus errores.

Pregunta clave n.º 3: Su afirmación puede ser «lógica», en función del criterio que utilice usted, que es arbitrario.

7. Tuve una infancia muy dura, por eso merezco que me faciliten las cosas ahora.

Pregunta clave n.º 1: Con esta creencia, puede usted deprimirse, generar hostilidad o pasarse la vida lamentándose, todo lo cual puede ser perjudicial para usted, porque le llevará a no esforzarse para hacer más fácil su vida ahora. Por tanto, es irracional.

Pregunta clave n.º 2: Irracional. Si usted «mereciera» que las cosas fueran más fáciles ahora, serían ya más fáciles. Quizás usted piense que merece algo, pero los hechos no concuerdan con lo que usted piensa.

Pregunta clave n.º 3: Irracional. Para ser consecuente, esta creencia precisaría de otra premisa, como por ejemplo: «Una mala infancia le da derecho a una persona para que se la trate favorablemente después», lo cual es manifiestamente absurdo.

8. Llevo demasiado tiempo fumando como para cambiar ahora.

Pregunta clave n.º 1: Irracional. Es una actitud que difícilmente le va a ser de ayuda, si lo que quiere es dejar de fumar.

Pregunta clave n.º 2: Si alguien le pisara un juanete del pie cada vez que se enciende un cigarrillo, usted dejaría de fumar. Por tanto, podríamos demostrar que su afirmación es incorrecta, si nos atenemos a la realidad.

Pregunta clave n.º 3: Dejar de fumar puede ser difícil, pero ¿acaso se puede extraer de aquí la conclusión lógica de que, pasado cierto número de años, dejar de fumar es imposible?

9. Las personas que fracasan son unos completos fracasados como seres humanos.

Pregunta clave n.º 1: Esta creencia le va a hacer arrogante y mezquino ante los demás, y le va a traer ansiedad y depresión a usted. Irracional.

Pregunta clave n.º 2: ¿Cómo podríamos demostrar o refutar la cualidad de fracasado? Para poder decir con precisión que una persona es una «fracasada» tendría que haber fracasado absolutamente en todo lo que hubiera intentado en el pasado, y deberíamos tener la certeza de que iba fracasar en todo intento futuro. Imposible, e irracional.

Pregunta clave n.º 3: Su afirmación es irracional porque es una sobregeneralización ilógica. Sí, las personas fracasan en muchas cosas, pero «ser un fracasado» implica que la persona va a fracasar siempre y en todas las circunstancias. Improbable.

10. Es difícil perseverar con la dieta y con mi programa de ejercicios. No puedo hacerlo, porque me lleva demasiado tiempo y esfuerzo.

Pregunta clave n.º 1: Irracional, evidentemente, dado que difícilmente le va a ayudar a alcanzar sus metas.

Pregunta clave n.º 2: También aquí podemos llegar a un acuerdo objetivo de que es difícil mantener una dieta y un programa de ejercicios. Pero, si le apuntaran con una pistola a la cabeza, usted lo haría. Si mantener su programa le llevara 25 horas al día, entonces sí, sería completamente cierto que no tiene tiempo suficiente para realizarlo.

Pregunta clave n.º 3: Irracional. El mero hecho de que sea difícil no demuestra que sea «demasiado difícil».

¿Qué creencias racionales puede formular usted para reemplazar las creencias irracionales expresadas hasta aquí?

5

¿Cómo llegar al Carnegie Hall?

Hacer las cosas de la manera más difícil es siempre lo más fácil.

Paradoja de Murphy

La respuesta a esa vieja pregunta de vodevil es: «¡Practicar, practicar y practicar!» Una pregunta diferente: «¿Cómo llegar a vivir con plenitud?»: tiene la misma respuesta: ¡practicar, practicar y practicar! Precisa de una buena dosis de esfuerzo y de práctica el romper los viejos hábitos con los que usted frustra sus objetivos y el aprender nuevas habilidades para vivir con plenitud. Volveremos sobre este punto a lo largo del capítulo, porque es sumamente importante. Por otra parte, también va en contra de la mayoría de formas de terapia y de autoayuda. La mayoría de los terapeutas se preocupan por darle a usted discernimiento interno, y lo mismo se puede decir de la mayoría de libros de autoayuda, que creen en alguna versión de esta idea: si averiguas cómo te volviste neurótico, descubrirás quién te sacó de quicio; si averiguas qué traumas tuviste y qué adversidades te encontraste en ellos, pues bien, entonces será cuando te pondrás bien. El discernimiento interno le va a cambiar a usted como por arte de magia. ¡Que le vaya bien! Es triste, pero es cierto, que la inocente esperanza de que el discernimiento le va a curar no tiene casi base alguna en la realidad.

El discernimiento interno no es lo que se supone que es. Cuanto más se fundamenta un tipo de terapia o de autoayuda en la idea de que el discernimiento interno es la respuesta real, más nefasto es su historial de ayuda a las personas. Y no importa que la gente sea rica o pobre, educada o no, mayores o jóvenes, ciudadanos modélicos o criminales. Entonces,

¿por qué tantas personas se aferran a la esperanza de que ese discernimiento interior acerca del origen del problema termine con el problema? Le ofreceremos nuestras ideas sobre este enigma un poco más adelante. De momento, veamos de cerca qué tipo de discernimiento interno consideramos que va a ser más *inútil* para usted a la hora de buscarlo. Esto le ayudará a diferenciar entre ese tipo de discernimiento y lo que de verdad funciona (pero que *lleva* trabajo y práctica).

Si usted cree *completamente* en las propiedades mágicas del discernimiento interno, cabe la posibilidad de que se quede atascado en el pasado. Puede quedarse enganchado a métodos que no van a ninguna parte, por cuanto nunca se dirigen a las causas básicas de sus sentimientos y sus acciones presentes, a sus actitudes y creencias *presentes*. Si es usted una persona mayor, la fe en las propiedades mágicas y curativas del discernimiento interno puede frustrar más aún sus objetivos que en el caso de las personas jóvenes. ¿Por qué? Porque a usted no le sobra el tiempo (nuestro recurso más valioso) como para andar mareando la perdiz. Esperando a que el discernimiento interno obre su magia, perderá usted la ocasión de cambiar ahora, para que pueda disfrutar más del resto de su vida.

Penes y puros

Pongamos que usted es reacio o que tiene miedo a subir en ascensores; o pongamos que es usted tímido, o que fuma, o que está aterrorizado con la edad, o que tiene algún otro problema importante. ¿Está dispuesto a decir, honestamente, que, sabiendo cómo comenzó su mal hábito, va a poder corregirlo? Tomemos, por ejemplo, el hábito de fumar. Es un buen ejemplo de cuán tonto puede llegar a ser el confiar que el discernimiento interno le va a resolver el problema. La mayoría de los fumadores que quieren dejar de fumar son perfectamente conscientes de cómo y por qué comenzaron a fumar. Normalmente, la gente empieza a fumar para hacerse un hueco entre sus iguales, para parecer mayores, para relajarse cuando están tensos, por pasárselo bien o para satisfacer una curiosidad. El discernimiento interno sobre su hábito de fumar ¿va a hacer que la gente deje de fumar? ¿Hará que les resulte más fácil romper el hábito? Sería muy, muy raro. No vamos a decir *nunca*, porque puede que algún día ocurra de repente. Nosotros no hemos oído hablar de un caso así, pero *podría* haberlo.

Para el que quiera reírse un rato (mientras usted sigue fumando), considérese el «discernimiento interno» freudiano. Usted va a un terapeuta de discernimiento interno porque quiere dejar de fumar, y con el tiempo se entera de que el cigarrillo es un símbolo del pene. ¿Cómo? Puede resultar engorroso, pero el terapeuta tiene un menú de opciones.

La opción 1 es el «discernimiento interno» de que fumar cigarrillos tiene algo que ver con unas tendencias homosexuales reprimidas. Alguien le preguntó a Freud, hablando de un fumador empedernido de puros que había desarrollado multitud de accesos de cáncer en la boca (un cáncer del que finalmente murió), qué creía que simbolizaba el fumar puros. ¿Sabe lo que contestó Freud? Que «A veces, un puro es simplemente un puro». ¡La opción de discernimiento interno no funcionaba ni siquiera para Freud! En cualquier caso, la interpretación homosexual-pene parece anticuada, y puede resultar ciertamente complicada en el caso de que la persona que pretende dejar de fumar *sea* gay. O en el caso de una mujer. ¿O es que los que pretenden dejar de fumar tienen tendencias *heterosexuales* reprimidas? ¿Y qué hay de las lesbianas que fuman? ¡Dejémoslo ya! Evidentemente, por tonta que pueda ser la teoría freudiana sobre el discernimiento interno en su estado puro, esta misma teoría, pero en su estado diluido, sigue siendo la teoría que sustentan la mayoría de los terapeutas.

Vayamos ahora, como suele hacer el terapeuta de discernimiento interno diluido, con la opción 2: el fumar cigarrillos «muestra» tendencias adolescentes por ser un adulto, o «muestra» cierta rebeldía adolescente. Quizás sí que nos explique esto el cómo y el por qué comenzó a fumar una persona. Después de todo, la mayoría de los que quieren dejar de fumar empezaron a fumar siendo adolescentes, o incluso más jóvenes. Entonces, ¿qué? ¿Terminará ese «discernimiento interno» con el hábito de fumar de un funcionario de mediana edad, de un maestro o de un granjero que tiene problemas para dejar de fumar? No es probable.

Pero el terapeuta de discernimiento interno tiene otras muchas opciones, que se derivan todas de la misma teoría básica freudiana de que la educación recibida y las circunstancias actuales le *hacen* a usted hacer lo que hace y sentir lo que siente. Estas opciones pueden tomar los siguientes formatos: usted comenzó a fumar por cualquier motivo (por la presión de los iguales, por el mal ejemplo de los padres o por lo que sea), y usted sabe que es un mal hábito. Pero «no puede» dejar de fumar debido a que tiene una mala imagen de sí mismo, o debido a que confía poco en sí mismo, o a que tiene miedo a la consecución, o miedo al fracaso, o bien necesita castigarse a sí mismo, o por motivos inconscientes... ¡Y adivine qué! Se le va a pedir que se remonte mucho al pasado para discernir la respuesta. ¿Y si usted encontrara la respuesta y siguiera fumando? Normalmente, eso significa que no ha conseguido el discernimiento correcto; o que sí que lo consiguió, pero se niega a aceptarlo y a resolverlo. ¿Y eso por qué? Bueno, hará falta mucha más terapia de discernimiento interno para averiguar esas respuestas. ¿Se hace usted una idea del cuadro?

Bueno, admitamos que estamos parodiando la terapia de discernimiento interno, pero sólo un poco. Aun así, sigue siendo un hecho que los terapeutas de discernimiento interno, y los métodos de autoayuda de discernimiento interno, lo basan *todo* en esa búsqueda de la respuesta correcta que lleva usted a cabo, y en que, luego, de algún modo, usted mejore, debido a que ha encontrado la respuesta correcta. Hay métodos populares de autoayuda, como el de John Bradshaw, que combinan el discernimiento interno (tus padres no te querían lo suficiente, y ése es el motivo de tu actual desdicha) con el lloronismo.[11]

En el enfoque de discernimiento interno llorón, usted gime, grita, llora y maldice a sus padres, y entra en contacto con todos los horrores de su infancia (algunos de los cuales probablemente nunca tuvieron lugar). Usted abraza a su osito de peluche y obtiene el apoyo de otros llorones «heridos andantes» hasta que se queda exhausto. ¡Vaya ejercicio! Métodos como éste afirman liberarle a usted de la ira y del dolor. Pero lo que éste y otros métodos de drenaje hacen es ofrecerle más oportunidades para que usted se centre, con intensidad, en sus creencias irracionales, generando así más sentimientos perturbadores. Sería infinitamente mejor para su salud mental, así como preferible desde un punto de vista aeróbico y más fácil para sus cuerdas vocales, hacer ejercicio en el gimnasio de su localidad.

Sencillo, pero no fácil

Estamos de acuerdo en que encontrar «la respuesta» es estupendo, pero creemos que las respuestas son normalmente bastante sencillas. Si, por ejemplo, usted se ha jubilado y está aburrido, y hasta cierto punto deprimido, no es debido a su infancia. No es por culpa de sus padres. Es por lo que usted se dice *ahora* a sí mismo acerca de la jubilación y por lo que hace *ahora*. Es porque usted carece de una actividad significativa. Usted necesita salir del hoyo, pero no para explorar el pasado y desmenuzar presuntos traumas (cortesía de sus padres). O pongamos que usted tiene exceso de peso y le gustaría adelgazar; ¿cuál es la respuesta aquí? Coma

11. *Crybabyism* en el original inglés. *(N. del T.)*

menos y haga más ejercicio. *¡Ésa es!* Es una respuesta muy simple, pero nada fácil de llevar a cabo. Y en esto, según nuestra opinión, consiste el atractivo de la terapia y de los métodos de autoayuda que le llevan a remontarse en su vida hasta unos incidentes que, supuestamente, le hicieron a usted como es, y que, si se detectan del modo correcto, le van a llevar a cambiar. La mayoría de los seres humanos *quiere* creer que el cambio será fácil. No nos cuesta nada dar por supuesto que no deberíamos *tener que* sudar, esforzarnos, adiestrarnos y disciplinarnos para cambiar nuestros malos hábitos. *Nos dejamos* caer en todo tipo de métodos mágicos y de respuestas fáciles, porque la magia es más fácil que el trabajo. Aunque cualquier adulto sabe que aprender a hacer trucos de magia precisa de mucho trabajo y de práctica, seguimos queriendo creer en la magia. El famoso mago Harry Houdini, que vivió a principios del siglo XX, disfrutaba desacreditando a los médiums en sus sesiones de espiritismo, sacando a la luz de qué manera hacían sus trucos. Houdini llegaría a la triste conclusión de que el lema de los médiums era: «Las personas *quieren* ser engañadas. De modo que ¡engáñalas!».

Pero usted no tiene por qué hacer un hábito del engañarse a sí mismo. Más bien, puede aprender y hacer uso de esta regla para vivir con plenitud:

Regla n.º 8: TRABAJO, TRABAJO, TRABAJO Y PRÁCTICA, PRÁCTICA, PRÁCTICA

Lleva trabajo y práctica cambiar el modo de pensar, de sentir y de actuar. Éste es el más importante «discernimiento interno» que nunca tendrá.

Se *supone* que los hábitos son resistentes, y se *supone* que hace falta esfuerzo para desarraigarlos y modificarlos. Si usted ha aprendido a hacer algo, como conducir un automóvil, y entre viaje y viaje se le olvidara lo aprendido, imagine los problemas que tendría. O imagine que se le olvidara a usted su lengua materna y tuviera que reaprenderla. También sería bastante incómodo, por decirlo suavemente. Vivir con plenitud es una habilidad, como la carpintería, como tocar el violín o como hablar idiomas. Usted puede aprender el modo de hacerlo. Partiendo de sus talentos naturales, lo lejos que llegue en una habilidad dependerá de cuánto la practique. Así, para llegar al Carnegie Hall, para vivir con plenitud a medida que se hace mayor, usted comienza con sus talentos naturales y con sus deficiencias naturales. Usted diseña un plan, ¡y luego trabaja, practica, practica y practica! Si quiere usted aprender o perfeccionar una habilidad para superar un problema y para disfrutar más de la vida, no le va a funcionar el discernimiento interno… sin práctica. El obtener discernimiento interno sobre el pasado es una de las mejores maneras de no practicar, de no mover el trasero para cambiarse uno en el presente.

Las tres etapas del discernimiento interno en la superación de los problemas neuróticos

Por supuesto que el discernimiento interno puede ser cierto. Usted puede ver correctamente de qué modo comenzó el problema actual. También puede ver de qué modo se perpetúa su problema ahora. Estos dos discernimientos, aunque importantes, no le van a llevar al cambio por sí solos. El tercer discernimiento interno es que el cambio tiene lugar con trabajo y práctica.

¿Qué queremos decir con ver «correctamente» de qué modo comenzó su problema actual? Supongamos que su padre le aterrorizó con historias acerca de un lobo grande y malvado *(historias que usted se creyó)*, y que ése es el motivo por el cual les tiene usted miedo a los perros grandes. O supongamos que su santa madre le enseñó (y que, a diferencia de otros muchos niños, *usted se creyó)* que TENÍA QUE caerle bien a la gente, y que ése es el motivo por el cual usted es ahora tímido. Éste es un discernimiento interno de la etapa I. Hace referencia a lo que sucedió en su vida en el pasado, e incluye la idea de que usted aprendió algo de lo que sucedió. Estas *historias* de su fobia o de su timidez pueden ser acertadas, aunque también puede ocurrir que no lo sea. Usted puede ser consciente de que el miedo que tiene a los perros grandes es una fobia, que no es un miedo razonable. Usted reconoce perfectamente que muy pocos perros grandes son peligrosos y que usted frustra sus objetivos al tener miedo de ir a un parque, por no encontrarse con un perro grande. Este tipo de discernimiento interno acerca de lo irrazonable de su fobia o de su timidez, y sus orígenes históricos, están bien hasta cierto punto. Le ofrecen una buena historia con la que consolarse, ¡mientras sigue usted evitando a los perros grandes y a las personas! La clave aquí es que usted se creyó algo que sus padres le contaron; que usted aceptó o se inventó, en el pasado, una creencia irracional.

También puede usted alcanzar a vislumbrar un discernimiento interno de la etapa II. Usted ve con claridad que su principal creencia irracional es: «*No puedo soportar* la ansiedad», que le impide darse paseos por el parque para superar su miedo a los perros. Incluso puede que usted admita que va a tener que aguantarse su miedo repetidas veces, sin evitar a los perros, para poder superarlo. ¿Se le ha pasado su miedo? No. Y lo mismo podemos decir de la timidez. ¿Se acuerda de la cólera de David con Fred, de la que hablamos en el capítulo anterior? Aun cuando David se dio cuenta de que se enfadaba al decirse que Fred no DEBERÍA actuar del modo en que lo hacía, e incluso después de ver el por qué ese «debería» era irracional, David seguía enfadándose. Para cambiar, usted necesita un discernimiento interno de la etapa III.

Miedo del mismo miedo

Uno de nuestros clientes, Alan, vino a terapia porque tenía miedo de ir a visitar a su madre a la residencia de ancianos. Cuando iba a verla, lo primero que sentía era tristeza, por ver a su dinámica madre casi completamente inválida a consecuencia de un derrame cerebral sufrido cuando contaba 70 años. Los derrames cerebrales son comunes en su familia, y Alan tenía miedo de *su* posible destino, especialmente cuando iba a visitar a su madre. Cuando entraba en el dormitorio de ella, era como si las paredes del cuarto se le vinieran encima. El corazón le latía con fuerza, se sentía mareado y pensaba que se iba a desmayar, o que iba a tener él también un derrame cerebral. En ese momento, terminaba abruptamente su visita y postergaba una y otra vez el regresar allí. Con el transcurso del tiempo, los ataques de pánico de Alan comenzaron a sobrevenirle en el momento en que entraba en la residencia de ancianos; y, no mucho más tarde, el corazón se le encabritaba y la cabeza empezaba a darle vueltas con sólo subirse a su automóvil para dirigirse a la residencia de ancianos.

Alan había asistido a una «terapia de discernimiento interno» durante unos meses para resolver su problema. El terapeuta le dijo a Alan que sus ataques de pánico procedían de la ira que, siendo niño, había sentido contra su madre y había reprimido. Según el terapeuta, esta ira estaba rebrotando ahora que su madre estaba indefensa y que él tenía el control. ¿Y cómo podía ser, le preguntó Alan al terapeuta, que él no sintiera ira contra su madre, sino amor, tristeza y preocupación? Respuesta: represión. Pero, ¿y los ataques de pánico?, preguntó. Lo único que sentía era aquel incómodo miedo ante la posibilidad de un inminente derrame cerebral, pero no sentía ira contra su madre. Respuesta: lo único que usted siente, *justo ahora,* es miedo; pero, con el tiempo, se revelarán sus verdaderos sentimientos de ira y de culpabilidad, para castigarse a sí mismo. Alan se dio cuenta de que aquellos «discernimientos internos» eran un sinsentido absoluto. Y, ciertamente, no le habían servido para nada, por cuanto, a pesar de entenderlos, sus ataques de pánico seguían aumentando, no disminuyendo.

Al cabo de unos meses de terapia, Alan había obtenido un rico botín de reflexiones sobre su infancia y de sentimientos sobre la invalidez de su madre, amén de una teoría absurda sobre el origen y el significado de sus ataques de pánico. Había conseguido todo eso, *¡además* de sus ataques de pánico! Y Alan decidió buscar un tipo de terapia más centrado en la resolución del problema. Estuvo mirando en Internet y se inclinó por la terapia racional emotiva conductual.

La TREC (y el resto de terapias cognitivas conductuales) consideran que los trastornos de pánico proceden de las interpretaciones catastrofistas que hace la persona acerca de sus sentimientos y de sus respuestas físicas. Alan comenzó por tomar conciencia de la dolorosa tristeza y de la preocupación que sentía por su madre. Se dio cuenta de que esos sentimientos provocaban una activación fisiológica de su organismo, que es una parte normal de las emociones. Y dado el historial de derrames cerebrales de su familia, y dado que su querida madre había tenido uno que la había dejado incapacitada y en un estado de total dependencia, Alan malinterpretó las reacciones de su cuerpo. Pensó que sus sentimientos y sus reacciones físicas eran señales de un peligro mortal; y esos pensamientos no hacían otra cosa que incrementar su ansiedad. Entonces pensaba que el incremento de ansiedad constituía una evidencia más clara de que estaba comenzando a tener un derrame; y, al final, la hiperventilación habitual en estos casos le generaba una serie de sensaciones ciertamente desagradables que él pensaba que eran señales de un inminente derrame cerebral.

En A (adversidad), la madre de Alan tenía un derrame cerebral y se encontraba en una residencia de ancianos. En B (su sistema de creencias), Alan tenía la creencia racional de: «Es muy triste y desafortunado, pero estas cosas ocurren, y puedo soportarlas». En C (consecuencias), Alan tenía el sentimiento saludable de la tristeza y la preocupación. Pero en B tenía también la creencia irracional: «Al igual que mi madre, yo también podría sufrir un derrame cerebral. ¡Eso sería *terrible! ¡No podría soportar* que me ocurriera una cosa así!». De modo que, en C, también sentía una ansiedad severa y pánico.

Como consecuencia de su saludable preocupación por su madre, así como por su malsana ansiedad, Alan sufría en C una serie de reacciones fisiológicas, como la hiperventilación, que terminaba convirtiéndolas en otra adversidad. Entonces, en B, tenía primero creencias racionales como «No me gustan estas reacciones, pero puedo vivir con ellas». Pero también tenía algunas creencias irracionales en B, como: «¡Es *terrible! No puedo soportar* sentirme así. ¡A ver si voy a tener un derrame cerebral, como mi madre! ¿Qué pasaría si vomito y me asfixio con el vómito? ¡Oh, no!». Y, entonces, sentía una ansiedad extrema por la misma ansiedad que sentía, y pánico por su propio pánico.

Esto es lo que las personas suelen hacer. Toman sus sentimientos perturbados (C) y los consideran una segunda adversidad (A2). Luego, le dan el valor de terrible a esta segunda adversidad, en B2, y generan otra consecuencia (C2), ¡horror sobre horror! En la TREC, llamamos C2 a los síntomas secundarios que vienen como consecuencia de las creencias irracionales (IB2) que surgen a partir de los síntomas primarios de perturbación (A2).

Alan aprendió a superar sus miedos discutiendo dos creencias irracionales. La primera fue la de que sería *horrible más allá de toda imaginación* si, al igual que su madre, él tenía un derrame cerebral. Su segunda IB fue que sería *desastroso* tener un desagradable ataque de pánico. Después de que Alan discutiera durante un tiempo estas creencias irracionales, le animé a que visitara con frecuencia a su madre, sin importar lo incómodo que se sintiera, para *demostrarle* a su sistema nervioso y a su sistema de hábitos que estas interpretaciones catastróficas no se basaban en la realidad. Es decir, ¿se marearía? Si se mareaba, ¿sería absolutamente *terrible?* ¿Se le vendrían encima las paredes del cuarto? ¿*Podría* soportar la intensa desazón del ataque de pánico? ¿Tendría un derrame cerebral?

Alan aceptó el reto. Hizo todo el trabajo que le pedí para casa, y se obligó a visitar a su madre mientras se convencía de que (1) sus miedos *no* eran abrumadores, sino simplemente muy desagradables, y que (2) *podía soportar* el mareo, si éste se llegaba a producir (lo cual no ocurrió). Y así redujo sus exagerados miedos y se permitió reconstruir una relación de cariño y apoyo con su madre.

¿Qué es lo que le impide a usted trabajar en pos de objetivos a largo plazo? Respuesta: el hecho de que hacer el esfuerzo suele resultar incómodo. Esto nos lleva a la siguiente regla para vivir con plenitud:

Regla n.º 9: OBLÍGUESE

Normalmente, es mejor obligarse, aunque le resulte incómodo, que esperar a sentirse cómodo para hacer lo que usted sabe que, probablemente, conviene hacer. Si quiere usted vivir plenamente, convendrá que se adiestre para tolerar elevados niveles de frustración. La *alta tolerancia a la frustración* es básica para vivir con plenitud. La realidad (en la que hay que incluir su propio comportamiento y el de los demás) puede que esté «equivocada», es decir, que vaya en contra de sus intereses. Pero, desgraciadamente, la realidad tiene todo el derecho del mundo de ser así. No pasa nada con que le disgusten estos aspectos de la realidad, pero convendrá que se abstenga de condenar al universo por su ingrato destino, y también convendrá que se abstenga de condenarse a sí mismo o de condenar a los demás, por inaceptable y detestable que sea su comportamiento. En lugar de eso, oblíguese (por incómodo que le resulte) a cambiar lo que puede cambiar: discernimiento interno de la etapa III.

Ya conoce las tres etapas del «discernimiento interno» óptimo. Estos tres discernimientos de la TREC, que son muy diferentes de lo que la gente entiende por discernimiento interno, son:

1. El modo en que usted *piensa, en el que se incluyen sus creencias racionales e irracionales,* es el principal factor en la forma en la que usted siente y actúa.
2. A despecho de cómo, cuándo o dónde comenzara usted a utilizar una creencia irracional, es *usted* el responsable de seguir utilizándola ahora.
3. Mediante el trabajo y la práctica, usted puede cambiar su manera de pensar, de sentir y de actuar.

El camino más corto pasa por las colinas más empinadas

Cuanto más trabaje y practique (suponiendo que está usted razonablemente en el buen camino), más avanzará a la hora de cambiar sus hábitos para mejor. Éste es el motivo por el cual decimos: «El camino más corto pasa por las colinas más empinadas». Otra manera de expresar la misma idea es ésta: el modo supuestamente más fácil de hacer las cosas suele terminar siendo el más duro a largo plazo. Esforzarse en el presente suele llevar a que las cosas sean más fáciles mañana. Esto nos lleva a la décima regla para vivir con plenitud:

Regla n.º 10: HAGA Y SIENTA

Por mucho que usted se repita sus creencias racionales, si no actúa en función de ellas, y si no las siente de forma coherente y con fuerza, seguirán sin ser convincentes.

La mayoría de las veces, es usted consciente de que una creencia, cuando se sostiene sin convicción, es mucho menos motivadora que una creencia mantenida con convicción. Como el resto de los seres humanos, usted puede albergar *sin convicción* una creencia racional, como: «No tengo por qué tener todo lo que quiero. No tengo por qué exprimir mi tarjeta de crédito». Pero, al mismo tiempo, puede estar albergando *con fuerza* una creencia irracional, como: «¡HE de tener lo que quiero, aunque agote mi tarjeta de crédito!». ¿Qué puede hacer para dar más fuerza a sus creencias racionales? ¿Cómo puede adiestrarse para afianzarse en ellas y actuar en función de ellas en sus horas bajas?

He aquí un formulario que puede utilizar para examinar las creencias irracionales que interfieren con el trabajo y la práctica necesarios para que pueda cambiar sus hábitos. Para cada uno de los pensamientos que anote, usted podrá descubrir la exigencia subyacente, así como el modo de discutirla. En cada caso, el objetivo es finalizar con un deseo útil que *fomente* su felicidad.

Jane, una viuda septuagenaria, tropezó en la iglesia y se rompió un brazo. Para cuando salió de este lance, había perdido gran parte de la fuerza en el brazo, de modo que no podía conducir su automóvil, que no tenía dirección asistida. Fue a rehabilitación, y luego a la Asociación Internacional de Jóvenes Cristianas, para realizar los ejercicios prescritos a diario. Aunque se sentía frustrada por el gran esfuerzo que le suponía y por los lentos progresos que hacía, comparándolos con los de su juventud, no dejó de insistirse a sí misma en seguir el programa de ejercicios hasta el final. Se repetía continuamente que lo que tenía que ganar, es decir, poder conducir de nuevo su automóvil, bien valía la pena el esfuerzo.

Como ya hemos indicado, son tres las principales creencias irracionales que generan la mayor parte de las perturbaciones humanas:

1. Yo DEBERÍA hacer las cosas bien.
2. Tú DEBERÍAS tratarme de manera amable y justa.
3. Las circunstancias DEBERÍAN ser amables y fáciles para mí, y no generarme demasiados inconvenientes.

Cómo ayudarme a hacer mis tareas de autoayuda para casa

Los pasos para liberarse de lo innecesario y para llevar el ritmo de la vida son:

1. Pregúntese: «¿Qué me dije a mí mismo para no hacer mis tareas de casa?». Éstas serán sus creencias irracionales. Escríbalas en la columna 1.
2. Pregúntese: «¿De qué manera me hace *daño* creer esto? ¿Qué tiene de poco realista o de ilógico?». Responda a estas preguntas y anote las respuestas en la columna 2.
3. Pregúntese: «¿Qué creencia sería más útil y realista?». Escriba las respuestas en la columna 3.

CREENCIA IRRACIONAL

¿DE QUÉ MANERA ME HACE DAÑO CREER ESTO?

SERÍA MÁS REALISTA Y DE MÁS AYUDA SI ME DIJERA A MÍ MISMO

¿QUÉ TIENE DE POCO REALISTA O DE ILÓGICO?

El primer «debería» es sumamente poderoso y destructivo, y genera un gran trastorno, el de menospreciarse a sí mismo. Cuando usted se menosprecia a *sí mismo,* y no menosprecia simplemente los comportamientos erróneos en los que quizás suela caer, usted se pone ansioso, se deprime, se siente indigno, incapaz y receloso. Quizás evite situaciones en las que pueda «fracasar». A lo largo de este libro, tratamos muchos de los aspectos de esta creencia. Si usted discute vigorosamente tanto esta creencia como sus numerosos vástagos, se sentirá inmensamente mejor, y su desempeño mejorará ostensiblemente.

El segundo y el tercer «debería», en los cuales nos centramos en este libro, junto con sus muchos subtítulos pueden llevar a dos formas de autoderrota, es decir, pueden frustrar sus objetivos de dos maneras. El «Tú DEBERÍAS» puede llevar al enfado, la cólera y la violencia. El «La vida DEBERÍA» puede provocar una baja tolerancia a la frustración y puede llevar a la persona a sentir lástima de sí misma. En algunos aspectos, estos dos «debería» se solapan y forman parte del mismo proceso. Cuando usted exige y ordena que los demás DEBERÍAN comportarse mucho mejor de lo que se comportan, está usted manifestando en realidad una actitud de baja tolerancia a la frustración. Es similar al hecho de exigir y ordenar que las circunstancias *no humanas* DEBERÍAN ser justas y fáciles para usted. En un caso, usted se hace DEBERmaniaco de las circunstancias humanas; en el otro, se hace DEBERmaniaco de las circunstancias no humanas.[12] Ambas exigencias funcionan del mismo modo: ¡muy mal! Normalmente, sus objetivos se van a frustrar, al exigir que las circunstancias *(humanas o no)* tienen que ser de una forma que no son: buenas, cómodas y justas para usted, cuando suelen ser malas, incómodas e injustas. No le estamos diciendo que usted no debería desear que la gente y la vida se portaran bien con usted. Pero la demanda infantil que exige que usted DEBERÍA conseguir lo que desea no tiene nada de realista, además de ser ilógica. El mero hecho de que usted desee mucho algo a duras penas puede significar que la gente o la vida TENGAN QUE dárselo. ¡Estaría bien! Pero no es frecuente que ocurra esto.

El enfado y la cólera con los demás por no hacer lo que usted exige que hagan es, por tanto, una forma de baja tolerancia a la frustración.

12. *In one case, you MUSTurbate about human conditions, and in the other case you MUSTurbate about non-human conditions.* Como ya explicamos antes, y ante la imposibilidad de una traducción más exacta, hemos «inventado» el término «DEBERmanía» y nos hemos ajustado a ello. Pero, como puede verse, los autores son mucho más directos y contundentes en el original inglés. *(N. del T.)*

También es una forma de baja tolerancia a la frustración el exigir que el mundo, la economía, el sistema político, la ecología, etc., obedezcan sus deseos. Y, cuando no le obedecen, usted los condena por no darle las facilidades y las comodidades que usted demanda.

En cierto modo, se trata de sólo dos formas importantes de perturbación emocional. En la primera, usted exige que *usted, personalmente,* DEBE hacer las cosas bien y DEBE ser aceptado por los demás, o de lo contrario será una *persona despreciable y deficiente.* En la segunda forma, que tiene dos categorías, usted exige que (a) *una persona* y/o (b) *las cosas* DEBEN ser de la manera que usted quiere que sean. Si no lo son, el mundo será un lugar *espantoso* para vivir, y las personas que lo habitan serán *la escoria de la tierra.*

Por tanto, la baja tolerancia a la frustración es una de las principales causas de los problemas humanos. Y esto es especialmente cierto cuando adopta la forma de intolerancia con los demás por no consagrarse completamente a usted y por no darle lo que quiere. Y también es cierto cuando adopta la forma de intolerancia ante las circunstancias, que DEBERÍAN ser, que TENDRÍAN que ser exactamente del modo que usted desea que sean. Es muy importante para su bienestar emocional que se acepte a sí mismo plenamente, con sus deseos y con sus fallos, y que nunca se menosprecie por sus errores o incapacidades. Al mismo tiempo, acepte de manera realista y lógica que las personas suelen comportarse de maneras que usted preferiría que no se comportaran. Igualmente, acepte que las circunstancias y las cosas suelen ser frustrantes, y que le van a privar muchas veces de lo que desea. Entonces, dispondrá de muchas más probabilidades de tener éxito en lo que hace y de conseguir lo que quiere. Lo que denominamos *aceptación incondicional de uno mismo* es una de las características más importantes que pueda usted añadir a su vida. La alta tolerancia a la frustración, o el aceptar a los demás y aceptar las cosas desafortunadas de la vida que le gustaría cambiar pero que de momento no puede, es el otro cimiento sólido de la estabilidad emocional.

La trampa de la compasión por uno mismo

No existe una forma *fácil* de resolver sus problemas emocionales y de abordar los problemas prácticos con más eficacia, pero la siguiente regla para vivir con plenitud es *simple.* Es:

Regla n.º 11:
NADA SE CONSIGUE SIN DOLOR

Sin dolor, no se consigue nada. ¿Ha oído esto alguna vez? Seguro que sí, y por una buena razón, porque es cierto, y es crucial para vivir bien.

Apuntemos ahora a una actitud que frustra sus objetivos y que puede socavar cualquier resolución; centrémonos en ella para sujetarla bien y para darle una mayor calidad a su vida. Esta actitud puede frustrar sus deseos de vivir plenamente y de pasarlo bien en el proceso. Esta actitud, y los sentimientos que emergen de ella, es la de la autocompasión. El sentir lástima por uno mismo es uno de los peligros de la vejez... y de *cualquier* edad. El compadecerse a uno mismo convierte fácilmente las colinas en montañas, y los lamentos en catástrofes, además de arruinar toda posibilidad de afrontar con elegancia todo aquello que no podemos cambiar.

Compadecerse de sí mismo es sentir lástima de uno mismo, es la proyección de una imagen de «pobre de mí». ¿Cómo generan las personas esta actitud? ¿En qué se diferencia de una baja autoestima, que es una imagen de «malo de mí»? ¿De qué modo puede combatir usted la compasión por sí mismo y sustituir los lamentos por el triunfo?

La compasión por uno mismo surge de una baja tolerancia a la frustración. En esta actitud, usted siente pena de sí mismo, lamentándose de cuán difíciles son sus circunstancias y de lo injustos e insensibles que son los demás; mientras usted, ser superior *o* chapucero sin suerte, *merece* que todo le sea favorable. Desgraciadamente, las circunstancias y las personas son como son. Si usted prefiriera, racionalmente, que las circunstancias fueran más favorables y que los demás fueran más justos y cariñosos, ¿qué ocurriría cuando no lo son? Pues que se sentiría saludablemente frustrado y disgustado. Y eso estaría bien, porque estos sentimientos negativos le motivarían para enfrentarse a la dura realidad lo mejor que pudiera. La autocompasión y el lloriqueo, por otra parte, surgen de los «debería», de una actitud de baja tolerancia a la frustración *frente a* realidades difíciles: los demás DEBERÍAN ser cariñosos y justos conmigo, ¡pobre de mí! Gemir, gemir y gemir, o sentirse herido, herido y herido, u odiar, odiar, odiar, cuando no lo son. Las circunstancias NO DEBERÍAN ser *tan* duras para mí, ¡pobre de mí! Gemir, gemir y gemir, o sentirse herido, herido y herido, u odiar, odiar, odiar, cuando lo son.

La compasión y el menosprecio por uno mismo no le van a ayudar a usted, se van a ayudar mutuamente

Cuando usted tiene una baja autoestima, no se compadece de sí mismo, sino que se da *a sí mismo* una valoración baja. Usted se menosprecia porque no obtiene los logros o el reconocimiento que usted cree que DEBERÍA tener para valorarse a sí mismo. Usted no se gusta a sí mismo, incluso puede que se odie, pero no siente *pena* de sí.

Pero los seres humanos somos unos cabezas locas con talento, y podemos maldecirnos en un momento dado para compadecernos de nosotros mismos en el instante siguiente. Así, la condena y el menosprecio por uno mismo se pueden combinar perfectamente e interactuar con la autocompasión. Supongamos que usted comienza con: «DEBO hacerlo todo a la perfección, o de lo contrario seré un inútil, me sentiré inferior». ¡Y, oh sorpresa, usted no hace las cosas a la perfección! Y esto le «convierte» en un fracasado. Supongamos que usted cree: «Las cosas DEBERÍAN ser fáciles para mí, o de lo contrario será *espantoso* y *no podré soportarlo»*. Entonces, su jefe, o su pareja, le pide que haga algo difícil. ¿Se da usted cuenta de lo que suele ocurrir cuando se ve a sí mismo *ya* como un fracasado o como un inútil? ¡Sí! Puede que se lamente y se sienta terriblemente herido por lo horrible que es su jefe o su pareja al pedirle que fracase en la vida, ¡al pedirle que haga algo tan difícil! Los dos «debería» (el «DEBO hacerlo todo a la perfección» y el «las cosas DEBERÍAN ser fáciles y justas para mí») interactúan entre sí. Usted se siente mal consigo mismo *y* siente pena de sí mismo. Y las cosas se pueden poner peor.

Si usted cree devotamente que «Las cosas DEBERÍAN ser fáciles y justas para este pobre y mísero de mí», ¿cómo cree que *hará* las cosas? Normalmente, sin muchos ánimos. Usted se escaqueará y postergará lo encomendado, se quejará de ellos y se resentirá con ellos, haciéndolo todo a última hora, o no dedicándole el empeño necesario para hacerlo bien. Quizás su jefe o su pareja le reprueben su mal desempeño y, en ese punto del proceso, ¿qué ocurrirá si usted cree devotamente también: «DEBO hacer grandes cosas y recibir la aprobación de los demás, o de lo contrario seré despreciable»? Entonces, usted se devaluará, se menospreciará y se deprimirá por su inutilidad. Para un inútil, las cosas parecen mucho más grandes y difíciles de lo que son, y es posible que usted se compadezca de sí mismo por ello. Quizás se queje de que las circunstancias no deberían ser tan difíciles e injustas con un pobre desgraciado como usted.

Cuando usted se compadece de sí mismo, se victimiza también a sí mismo. Se hace gruñón y quejica, se martiriza y se deprime; se centra en lo desagradable que es la vida (que NO DEBERÍA serlo), en lugar de centrarse en lo que puede hacer para aceptar una situación desgraciada o para cambiarla para mejor. No es que no pueda tener razón al señalar con el dedo, pero culpar a los demás y a las circunstancias de la vida no le va a llevar a ninguna parte. Al echar la culpa fuera, deja usted de buscar las circunstancias que le llevaron hasta ese punto, para luego *decidir* qué hacer, y *hacer* lo que pueda para sobrepasar esas circunstancias o para enfrentarse a ellas.

La queja improductiva, las quejas válidas

Lamentarse por las circunstancias desfavorables *puede* ser útil, si ello le motiva a usted o a otra persona a hacer algo con la situación de la que se lamenta. Por ejemplo, puede estar bien mostrarse asertivo y hacer lo que esté de su mano por poner las circunstancias adversas ante la atención de alguien que puede hacer algo por cambiarlas. ¡Puede estar bien, pero no siempre sale bien! ¿Es improductivo a veces quejarse? Por supuesto, pero ¿cómo podemos distinguir entre la queja *productiva* y la queja *improductiva*? En un capítulo posterior, sobre entrenamiento en asertividad, responderemos a esta pregunta.

Un ejemplo de queja improductiva que puede llevar a una existencia lánguida, al culmen de la autocompasión y casi a la no existencia es el caso de Bill. Con 48 años en la actualidad, Bill perdió su empleo aeroespacial hace tres años, cuando dejaron de necesitar a especialistas en su campo. Durante un tiempo, estuvo buscando otro trabajo, pero no consiguió nada. «No podía» mudarse de ciudad; su mujer, Jenny, tenía un buen empleo, y sus hijos estaban aún en el instituto. Él se negaba a buscar otro tipo de empleo, y también a reciclarse, mientras la amargura y la depresión iban en aumento. «No puedo volver a empezar a mi edad», era su estribillo. Llegó a deprimirse tanto con esta idea que, cuando un cazatalentos se puso en contacto con él para plantearle la posibilidad de un trabajo a ocho mil kilómetros de distancia, Bill lo desestimó. Empezó a decir que odiaba la vida y que no podría enfrentarse a un interminable futuro de amarguras. Sólo quería morir, y terminar de una vez. Fue entonces cuando Jenny consiguió que nos ocupáramos de él.

Aunque en ocasiones se condenaba por su fracaso, no lo hacía con demasiada frecuencia y tampoco era demasiado duro consigo mismo. En general, Bill se veía a sí mismo como una buena persona que era víctima de unas circunstancias intolerablemente duras e ingratas. Así, su depresión era en gran medida fruto de la autocompasión, surgida de su baja tolerancia a la frustración: «Las circunstancias DEBERÍAN ser justas, y no tan duras». Su terapia tuvo muchos componentes, pero lo que nos gustaría ilustrar aquí es la utilización de las tres preguntas clave para discutir su actitud autocompasiva y de baja tolerancia a la frustración. En el caso de Bill, el estribillo básico era: «No DEBERÍA ser tan duro empezar de nuevo» y «Soy demasiado mayor para empezar de nuevo». En nuestras sesiones, hacíamos referencia a estas ideas y a otras similares como la actitud de «no puedo». Bill aprendió a discutir sus «no puedo» haciéndose las tres preguntas clave:

Pregunta clave n.º 1: Bill se preguntó: «El mantener esta actitud de "no puedo", ¿me ayuda o me hace daño?». Su respuesta fue: «Me hace daño». De modo que se preguntó: «¿Qué sería más *útil* que creyera?». La respuesta a la que llegó al final fue: «Es bastante difícil para mí comenzar de nuevo a esta edad, pero es más difícil a largo plazo *no* comenzar de nuevo».

Pregunta clave n.º 2: Bill se preguntó si su creencia específica *«No puedo soportar* los inconvenientes de empezar de nuevo» era verdadera o falsa. Y admitió que, honestamente, tenía que decir que era falsa. Aunque Bill se aferraba obstinadamente a esa respuesta falsa, yo (Emmett Velten) apelé a su sentido del juego limpio para persuadirle para que considerara *por qué* era falsa. ¿Por qué? ¿Qué hechos podrían demostrar que esta creencia era falsa? En primer lugar, Bill se percató de que había «soportado» todo lo que le había ocurrido en la vida. ¡Al menos, hasta aquel momento! En el caso de Bill, había soportado la pérdida del empleo en varias ocasiones, y hubiera sido ciertamente sorprendente que se hubiera venido abajo por tener que buscar empleo o por tener que reciclarse para algo diferente.

Pregunta clave n.º 3: Bill se preguntó si el «no puedo» era la conclusión lógica de «Es difícil, no me gusta y me gustaría que fuera de otra manera». Evidentemente, concluyó que de una cosa no se seguía la otra. ¡Era ilógico! Aun en el caso de que la respuesta sea clara, puede usted sacar mucho partido preguntándose por la lógica de su creencia autoderrotista, como hizo Bill. En cuanto se pregunte cuán lógico es el «no puedo», verá que el «no puedo» no es la conclusión lógica de «es difícil». Además, el «no puedo» *hace* casi imposible de hacer aquello que usted *piensa* que no puede hacer, y por tanto le paraliza.

Le mostré a Bill cómo funcionaría el análisis lógico del «no puedo».

—Supongamos que usted preferiría intensamente tener éxito en algo. ¿Habría que concluir lógicamente que, *por tanto,* usted DEBE tener éxito? —le pregunté a Bill.

Después de discutirlo un rato, Bill concluyó.

—No, simplemente porque el éxito sea beneficioso no se llega a la conclusión lógica de que el éxito sea absolutamente necesario.

Luego, le mostré a Bill cómo descomponer esas ideas en premisas mayores y menores, y en conclusiones.

	Lógico	Ilógico
Premisa mayor	Todas las personas son mortales	El éxito es bueno
Premisa menor	Elvis es una persona	Me gustaría tener éxito
Conclusión	Elvis es mortal	Por tanto, DEBO tener éxito

—Entonces, ¿cómo aplicaría usted esto a su creencia de que «no puede» empezar de nuevo? —le pregunté a Bill.

—La premisa mayor —dijo Bill—, sería algo así como «Empezar de nuevo es malo» o «Empezar de nuevo es duro». La premisa menor sería algo así como «No quiero empezar de nuevo». Y la conclusión lógica a la que llegaría es «Por tanto, no puedo empezar de nuevo».

—¡Exactamente! Otra manera de analizar lógicamente su creencia de que no puede empezar de nuevo podría ser algo así como: «Empezar de nuevo tiene unos aspectos negativos evidentes. Por tanto, *todo* acerca de empezar de nuevo es negativo, es malo... ¡de hecho es *terrible!*».

—Eso es una estupidez —intervino Bill—, porque usted no sabe a ciencia cierta si todo acerca de empezar de nuevo es malo. Empezar de nuevo puede tener cosas buenas.

—¿Cómo cuáles?

—Bueno, supongo que podría ser un reto. Podría hacer que mis neuronas cerebrales funcionaran a tope de nuevo. Quizás si salgo y hago algo, el ejercicio y el cambio de ritmo me animen un poco. Por otra parte, hasta puede que me gustara hacer algo diferente.

Luego, le expliqué a Bill que, después de discutir una creencia irracional formulándose las tres preguntas clave, hay que ir un poco más allá, preguntándose: «De acuerdo, si esta creencia es irracional (inútil, irreal e ilógica), ¿qué creencia racional tendría más sentido?

Bill respondió:

—Comenzar de nuevo es difícil, y hubiera deseado no tener que hacerlo. Pero no existen evidencias de que sea *terrible* e *insoportable.* Quizás, incluso, aporte cosas buenas.

Y, a continuación, añadió:

—¡Pero es tan fácil compadecerse de uno mismo…!

—Sí, es fácil a corto plazo, pero mucho más problemático para usted a largo plazo. Y es especialmente fácil pensar que, encima de la edad y de *sus* inconvenientes, usted NO DEBERÍA haber tenido que enfrentarse a algo tan inmerecido. En su caso, su trabajo se jubiló antes de que usted estuviera preparado para jubilarse. ¡Qué inmerecido! ¡Qué injusto!

—¡*Es* injusto!

Evidentemente, Bill tenía razón. Lo que le había sucedido no era «justo». Pero la autocompasión te atrapa en el cómo la realidad NO DEBERÍA ser y en el *no hay derecho* a que sea así. La autocompasión le lleva a usted a concluir que es totalmente imposible ser feliz *en absoluto* cuando las circunstancias son tan *espantosas.* La fría verdad, evidentemente, es que los hechos descorazonadores de la vida no están obligados a ser diferentes de cómo son. No necesitan de nuestro permiso para ser como son. Hay veces en que usted puede cambiar las cosas para mejor. Sin embargo, llegado a este punto, cuando las cosas salen mal, salen mal. Usted no puede cambiar ese hecho, y compadeciéndose profundamente de sí mismo no va a hacer otra cosa que empeorar las cosas.

A Bill le gustó la versión de la *Oración de la serenidad* que utiliza nuestro colega Hank Robb. Nosotros la llamamos la *Oración de la racionalidad*: «Deja que busque la serenidad para aceptar la vida tal como me viene al encuentro, la sabiduría para ver lo que sería bueno cambiar, el coraje para actuar y la determinación para llegar hasta el final».

Cinco formas de autocompasión

La autocompasión es una de las principales formas de baja tolerancia a la frustración, y es habitual entre las personas mayores. La mayoría de las personas nos desenvolvíamos mejor cuando éramos más jóvenes. Teníamos más energía, disfrutábamos más de las cosas, éramos más activos, hacíamos amigos con más facilidad, nos las arreglábamos mejor en el trabajo y hacíamos otras muchas cosas que somos menos proclives o menos capaces de hacer ahora. Así, la vejez conlleva más frustraciones de distintos tipos que la juventud o la mediana edad. Pero convendrá que nos sintamos saludablemente apenados o decepcionados por sus limitaciones, pero no perturbados por esas limitaciones pues, en la mayoría de las ocasiones, esa perturbación es el resultado de habernos sumergido en una piscina de «debería» y «tendría». Reflexione, por ejemplo, en algunas de las formas más habituales de autocompasión:

Lo que envidio de los demás. A medida que se hace usted mayor, quizás tenga más que envidiar a los demás de lo que tenía cuando era joven, pues probablemente los demás estarán más sanos y más ágiles, es posible que sean más ricos y que dispongan de un mayor apoyo social que usted. Quizás esto le resulte desagradable y no se sienta feliz al respecto, pero si usted tiene sentimientos de autocompasión, no serán más que el producto de la exigencia «¡Yo DEBERÍA tener las ventajas que tienen ellos! ¡Es *terrible* que se me prive de eso! ¡La vida es injusta, y NO DEBERÍA ser así!».

Lo que yo solía hacer. A medida que va sumando años, puede que compare lo que hace ahora con lo que solía hacer antes, y puede que se encuentre con lagunas y deficiencias reales. En lugar de aceptar apenado estos inconvenientes de la edad, pero siendo feliz por estar vivo y por mantener la capacidad para disfrutar, cabe la posibilidad de que sienta lástima de sí mismo. Por ejemplo, quizás se diga: «Yo DEBERÍA tener las cualidades de las que disponía cuando era joven. Es injusto que hacerse mayor tenga tantos inconvenientes. NO DEBERÍA tenerlos. ¡Pobre de mí!».

Lo que yo debería haber hecho. Sin duda, usted dejó de hacer muchas cosas que deseaba hacer cuando era joven, y ahora puede ser demasiado tarde para hacer algunas de ellas. Quizás le hubieran salido bien… o quizás no. Sin embargo, a medida que se hace mayor, puede que se diga, compadeciéndose de sí mismo: «DEBERÍA haber hecho más cosas. No aproveché las oportunidades que tuve. ¡Qué *idiota* soy! ¡Dejé de hacer tantas cosas que seguro que me habrían salido bien! Ahora es demasiado tarde. ¡Pobre y mísero de mí!».

Lo que los demás deberían hacer por mí. Al hacerse mayor, quizás carezca de la suficiente compañía, dinero, salud y de otras cosas que en otro tiempo tuvo. No está mal que lamente estas carencias y estas pérdidas, y que haga lo que mejor pueda por cubrirlas, o por sustituirlas por otras cosas si no puede cubrirlas. En cambio, también puede que se compadezca de sí mismo diciéndose: «Los demás DEBERÍAN tratarme mucho mejor de lo que me tratan, puesto que soy mayor y no me puedo valer igual que antes. DEBERÍAN apiadarse de mí, y tomarse la molestia de ayudarme.

Mi vejez DEBERÍA moverles a auxiliarme, debido a mis limitaciones, del mismo modo que yo auxilié a otros cuando vi que necesitaban mi ayuda. Pero a mí no se me da el auxilio y el respeto que NECESITA una persona mayor, ¡y eso es *terrible!*».

Los demás deberían devolverme lo que he hecho por ellos. Cuando se haga mayor y vea que pierde movilidad, quizás recuerde todo aquello que hizo usted por los demás, en especial por sus hijos y por otras personas de su familia. Usted puede sentirse saludablemente triste y decepcionado por el hecho de que estén demasiado ocupados, o por su descuido en darle este tipo de ayuda. Pero, en vez de aceptar la situación y de mostrarse correctamente asertivo, quizás lleve las cosas al extremo de exigir. Quizás se compadezca de sí mismo pensando: «Después de todo lo que he hecho por ellos, DEBERÍAN hacer por mí muchas cosas que no están haciendo. ¡Es *tremendamente injusto!* NO DEBERÍAN ser así. ¡Qué *mundo más ruin,* en el que las personas con las que has sido bueno y a las que has prestado tu ayuda no te ayudan a ti cuando te encuentras en esta situación! ¡Es *horrible!* ¡Me siento herido!».

La autocompasión, bajo todas sus formas, es muy común entre la gente mayor, por no decir nada de la mediana edad y de la juventud. Observe que, en todas las formas de autocompasión, hay un saludable deseo de que los demás tengan en cuenta sus limitaciones y hagan algo por cubrirlas. Pero también hay una exigencia infantil de que las cosas NO DEBERÍAN ser como son, cuando usted puede hacer poco o nada por impedir que sean así. Cada vez que se compadezca de sí mismo, busque estas exigencias sutiles pero obvias, desafíelas y cuestióneselas, y conviértalas en preferencias. Entonces, quizás se sienta apenado y decepcionado, pero no se sentirá *horrorizado,* por algunos de los inconvenientes que supone hacerse mayor. Quizás disponga también de una mayor energía productiva para disfrutar de la vida y para hacer lo que pueda por mejorar la situación, si es que se puede hacer algo.

6

El edadismo, y no la edad, es el problema

Por mucho que se demuestre la fasedad de una mentira, siempre habrá un tanto por ciento de personas que creerá que es verdad.

La ley de la mentira

Definimos el *edadismo* como aquellas actitudes, sentimientos y acciones dañinos que se dirigen a las personas por causa de su edad. ¿Qué puede hacer usted, si es que se puede hacer algo, frente al edadismo que puede encontrarse en el trabajo o en cualquier otro lugar? ¿Cómo enfrentarse a él de una manera racional? He aquí lo que hizo Carl. A sus 61 años, Carl no estaba interesado en jubilarse. Por segunda vez, se le había desestimado para un ascenso, de nuevo en favor de una persona mucho más joven. En la bandeja de la impresora láser de su oficina, había encontrado impreso un interesante mensaje electrónico que su supervisor había dirigido al director de personal. En el mensaje decía que a Carl no se le había elegido para el cargo porque, de todos modos, iba a jubilarse dentro de pocos años. Pero Carl decidió presentar una demanda. Tuvo que hacer acopio de un gran coraje, durante los meses que duró la acción legal, para seguir trabajando con la persona a la cual había demandado. Carl llevó un diario de incidentes e información de lo que había visto para apoyar su caso. ¿Que cómo tuvo las agallas para emprender estas acciones? Carl comentó que había llegado un momento en que se había dicho: «¡Ya basta! Si los negros no hubieran iniciado sus protestas, todavía estarían yendo en la parte trasera de los autobuses. Y lo mismo hubiera ocurrido con las mujeres y su derecho al voto; tuvieron que hacer campañas y actos de agitación social. *¡Alguien* tenía que mostrar la suficiente fortaleza! ¿Por qué no yo?».

Claro está que usted no tiene por qué hacer algo con respecto al edadismo. Usted puede incluso simular que no existe, y puede buscar otra vía cuando lo vea, o decirse a sí mismo: «¿Para qué removerlo?». Puede aceptar todos los estereotipos negativos acerca de la edad y «comportarse según su edad», representando el papel de un ciudadano mayor. Si es usted joven o de mediana edad, puede decir a los mayores que se comporten según su edad, y puede desanimarlos cuando pretendan ser activos o estén dispuestos a afrontar riesgos. Usted puede ver la edad como el horrible declive de una deseable juventud, en lugar de verla como una parte de la vida. Es usted quien decide. Pero es difícil no terminar perjudicándose uno mismo si no se opone de plano a los prejuicios que otras personas puedan tener contra uno. Si usted se sienta en su poltrona mientras se discrimina a otras personas, algún día se puede encontrar con que usted (y su poltrona) se vean en la tesitura de afrontar el mismo destino.

Una de las reglas para una buena salud mental es valorarse y aceptarse incondicionalmente a sí mismo, y actuar por el propio interés. Cuando usted se acomoda en un estatus de segunda clase está rompiendo esta regla. ¿Segunda clase? ¿Por ser una persona mayor? Sí, y si tiene alguna duda al respecto, lea el extraordinario libro de Pat Moore, *Disguised: A True Story*.[13] Pat Moore muestra aquí de qué modo las mismas acciones, realizadas por la misma persona, en los mismos escenarios, pero en un caso disfrazada de anciana y en el otro como una mujer joven, provocan respuestas dramáticamente diferentes en personas que probablemente se sentirían horrorizadas si vieran cómo se han comportado. Este libro es similar al de John G. Griffin, de 1962, *Black Like Me*.[14] Griffin utilizó cosméticos para cambiar el color de su piel, de blanco a negro. ¿Y qué ocurrió? ¡Sorpresa! Se le trató de manera diferente, se le trató mucho peor que cuando era blanco.

¿Le gustaría parecer más joven? La mayoría de las personas responderían que sí, sin dudarlo. Gran cantidad de productos y de servicios caros afirman que le pueden mantener a usted joven, o que incluso pueden invertir el proceso de envejecimiento. Nunca criticaríamos a nadie por utilizar métodos clínicamente probados, desde protectores solares hasta

---

13. *Disfrazado: una historia real.* No existe traducción aún al castellano. *(N. del T.)*
14. *Negro, como yo.* Tampoco hay traducción al castellano. *(N. del T.)*

reafirmantes faciales, para retardar los indicios de la edad. Es asunto suyo. Pero, recuerde: usted *tiene* la edad que tiene. Si tiene usted prejuicios contra sí misma o contra los demás por parecer mayores, terminará sintiendo repugnancia de sí misma, por muchos reafirmantes faciales que se compre. Sería más feliz y se preocuparía menos por la edad si usted proyectara al exterior una actitud vigorosa, interesada e interesante. Probablemente, incluso, pasaría también por más joven de lo que es. Y probablemente ocurra lo mismo si usted discute las creencias irracionales más habituales del edadismo, entre las que destacan: «DEBO *ser* joven o, al menos, *parecer* joven para estar bien y ser feliz» y «Mi vida ya no tiene sentido si soy vieja. No sirvo para nada».

Los mitos de la edad y sus creencias irracionales subyacentes

¿Cuáles son los mitos más comunes y dañinos acerca de la edad? Es probable que muchos de nuestros lectores sean *baby boomers* nacidos entre 1946 y 1965. Si es usted uno de ellos, piense, mientras lee estos mitos, de qué modo se le podrían aplicar a usted algún día. ¡En un futuro no muy distante! Hemos trascrito estos mitos en la primera columna de la siguiente hoja de trabajo (páginas 102-103). Le dejamos espacio libre para que usted añada otros mitos. Cada mito puede ser, o bien falso, como «los ancianos no pueden cambiar», o bien una simple cuestión de opinión. Un ejemplo de esto sería «la gente joven tiene mejor aspecto; la gente mayor no es agradable de ver». Un par de esos mitos son sentencias de «debería», como «las personas deberían comportarse según su edad». Analice cada uno de estos mitos.

Luego, en la columna dos, piense en las creencias irracionales que, según usted, subyacen a cada mito o empeoran sus efectos, y anótelas. Creencias irracionales son las que:

1. perjudican a largo plazo,
2. no se corresponden con los hechos y
3. son ilógicas.

Recuerde que las creencias irracionales tendrán un «debería», un «tendría que», un «habría que» o una «necesidad absoluta» en su núcleo. También pueden tener «terribles», «no puedo soportarlos» y condenas a uno mismo, a los demás y a las circunstancias.

Mitos de la edad	Posibles creencias irracionales	Refutaciones racionales
Ser joven es mejor que ser mayor.		
Los viejos no pueden cambiar.		
Los jóvenes son nuestro futuro; los viejos, nuestro pasado.		
La gente joven tiene mejor aspecto; la gente mayor no es agradable de ver.		
La juventud es para aprender; la vejez es para recordar el pasado y olvidar.		
La juventud es excitante; la vejez es aburrida.		
Tú deberías comportarte según tu edad.		
La juventud es el tiempo para la educación, la profesión, el romanticismo, el sexo y la aventura; la vejez es el tiempo de la mecedora.		

Mitos de la edad	Posibles creencias irracionales	Refutaciones racionales
Juventud es salud; vejez es enfermedad.		
Los jóvenes son diferentes; los viejos son todos iguales.		
La juventud es activa, eficaz, confiada, productiva, inteligente; la vejez es pasiva, vacilante, improductiva, estúpida.		
Si no vas a vivir mucho más, no vale la pena intentar hacer algo que haga tu vida mejor.		
Es normal sentirse deprimido cuando se es viejo.		
La vejez no es otra cosa que decadencia.		
El sexo y el romanticismo son embarazosos entre las personas mayores.		

En la columna tres, anote sus refutaciones racionales de cada mito. Estas refutaciones reflejarán las creencias racionales, que son las que le van a resultar más útiles a largo plazo, se corresponden con los hechos y son lógicas. Al final de este capítulo, puede encontrar una muestra de refutaciones racionales. Recuerde que si usted o la sociedad mantienen todavía estos mitos cuando sea usted mayor, se va a encontrar con muchos obstáculos para tener esa vida activa, vigorosa y plena que a usted le gustaría tener.

De modo que convendrá plantearse la posibilidad de hacer algo frente al edadismo. Haga algo si no le gusta la manera en que se trata a veces a las personas mayores, *y* si se da cuenta de que esta forma de tratar a las personas no va a desaparecer por sí sola. De hecho, la discriminación puede ser incluso peor, porque los prejuicios contra las minorías suelen incrementarse a medida que se incrementa su número. Si usted sabe que no le va a gustar que le discriminen, entonces convendrá que se plantee el actuar por su propio interés.

Hacer o no hacer algo frente al edadismo

¿Cuáles son las opciones de las que usted dispone? Puede mostrarse asertivo, y puede organizar un grupo de intereses comunes, o unirse a uno de ellos, como la American Association of Retired People (AARP).[15] Otras opciones pueden pasar por la protesta, el boicot y el apoyo selectivo a partidos políticos o empresas con antecedentes favorables. También puede emprender acciones legales, o plantearse incluso la militancia, como la que llevan a cabo los Panteras Grises (Gray Panthers). Existen ya algunas leyes contra prácticas de empleo mojigatas. Las personas mayores han empezado a organizarse en interés propio. La AARP tiene más de 32 millones de miembros, y aboga por aquellos que no tienen planeado morirse jóvenes y que quieren igualdad de oportunidades en la vida, con independencia de la edad. Existen otras organizaciones, como el National Council on Aging, la Older Women's League (OWL), la National Alliance of Senior Citizens y el National Council of Senior Citizens. Todas

15. Asociación estadounidense de personas jubiladas. En España existen también organizaciones similares, como la Confederación española de organizaciones de mayores (CEOMA) o la Federación de organizaciones andaluzas de mayores (FOAM), así como el Consejo Nacional de personas mayores. *(N. del T.)*

estas organizaciones abogan por las personas mayores a niveles legislativos y sociales.

Parte importante de la respuesta a los prejuicios que existen contra las personas mayores estriba en el desarrollo de un marco de trabajo para la toma de decisiones acerca de qué quiere hacer usted, si desea hacer algo, en aquellas situaciones que reflejen el edadismo. Una forma de hacerlo es anticipando sistemáticamente los pros y los contras de posibles acciones, y los pros y los contras de las inacciones. Un método concreto para llevarlo a cabo es rellenando el siguiente Análisis de costes y beneficios (página siguiente).

¿Demandarles?

No es éste un manual de pleitos para consumidores, ni un listado de palabras de ánimo para personas mayores que se enfrentan a la discriminación. El mostrarle, por ejemplo, cómo combatir la discriminación en el puesto de trabajo a través de la acción legal es muy importante, pero se escapa a nuestro cometido. Llame a los organismos correspondientes de acciones legales o a las asociaciones locales de abogados. Para nosotros, es más importante encontrar la fortaleza y desarrollar el espíritu de lucha necesarios para buscar los ángulos legales de acción frente a la discriminación, si usted se decide a hacerlo. Oh, sí, tenemos que admitir que, si usted les demanda por discriminación por razones de edad, puede que no les haga cambiar de opinión de inmediato… o puede que nunca. ¡Pero les hará cambiar su manera de proceder! Usted puede aprender a enfrentarse psicológicamente a los prejuicios, vengan de donde vengan, del Gobierno, de las empresas, de la familia, de los servicios públicos o, incluso, del lugar más importante de todos: de dentro de usted mismo.

Hablando de acciones legales, ¿en qué terminó el asunto legal de Carl, con el que comenzamos este capítulo? Carl ganó el caso. Además de los daños y perjuicios, el juez le exigió a la empresa que instituyera un programa de orientación para los empleados, para todos los empleados, referente a la discriminación por razón de edad. También le exigió que en sus anuncios de empleo dijeran que la empresa agradecería especialmente las solicitudes de personas mayores. En las sesiones de orientación para los nuevos empleados se tendría que hablar de la discriminación por motivo de edad. El manual del empleado afirmaba que las siguientes prácticas eran ilegales:

Análisis de costes y beneficios
Ventajas/Beneficios de la *opción 1*

Ventajas a corto plazo

Para usted	Para los demás
1. _______________	1. _______________
2. _______________	2. _______________
3. _______________	3. _______________
4. _______________	4. _______________
5. _______________	5. _______________

Ventajas a largo plazo

Para usted	Para los demás
1. _______________	1. _______________
2. _______________	2. _______________
3. _______________	3. _______________
4. _______________	4. _______________
5. _______________	5. _______________

Desventajas/Costes de la *opción 1*

Desventajas a corto plazo

Para usted	Para los demás
1. _______________	1. _______________
2. _______________	2. _______________
3. _______________	3. _______________
4. _______________	4. _______________
5. _______________	5. _______________

Desventajas a largo plazo

Para usted	Para los demás
1. _______________	1. _______________
2. _______________	2. _______________
3. _______________	3. _______________
4. _______________	4. _______________
5. _______________	5. _______________

Análisis de costes y beneficios
Ventajas/Beneficios de la *opción 2*

Ventajas a corto plazo

Para usted

1. _______________________________
2. _______________________________
3. _______________________________
4. _______________________________
5. _______________________________

Para los demás

1. _______________________________
2. _______________________________
3. _______________________________
4. _______________________________
5. _______________________________

Ventajas a largo plazo

Para usted

1. _______________________________
2. _______________________________
3. _______________________________
4. _______________________________
5. _______________________________

Para los demás

1. _______________________________
2. _______________________________
3. _______________________________
4. _______________________________
5. _______________________________

Desventajas/Costes de la *opción 2*

Desventajas a corto plazo

Para usted

1. _______________________________
2. _______________________________
3. _______________________________
4. _______________________________
5. _______________________________

Para los demás

1. _______________________________
2. _______________________________
3. _______________________________
4. _______________________________
5. _______________________________

Desventajas a largo plazo

Para usted

1. _______________________________
2. _______________________________
3. _______________________________
4. _______________________________
5. _______________________________

Para los demás

1. _______________________________
2. _______________________________
3. _______________________________
4. _______________________________
5. _______________________________

- La jubilación obligatoria.
- La discriminación por motivo de edad en los contratos y en los ascensos.
- La desigualdad por razones de edad en las oportunidades de formación y en los programas de desarrollo acelerados.

A medida que se aproxime a la edad en la cual pasará a depender de la Seguridad Social, no se quede con la idea de que ya no tiene nada más que hacer ni que aprender, o de que ya no le quedan más desafíos que afrontar. Esta idea le impedirá hacer uso de la ley para que ésta le proteja ante un posible estado estacionario en su profesión. Le puede dejar sin reciclaje, y llevarle al punto en que sus modos de trabajo queden obsoletos. Puede proporcionarle un cálido apretón de manos, cuando lo que usted desee es un ascenso.

Lo que va, vuelve

Veamos ahora una de las clases de la baja autoestima, a saber, la que tiene que ver con los *propios* prejuicios acerca de la edad, de su edad. Es el prejuicio de la persona contra sí misma *por* hacerse mayor y *por* mostrar los efectos visibles de hacerse mayor. Esta actitud negativa (el edadismo) es la responsable de los miedos y del rechazo que muchas personas sienten cuando piensan que se harán mayores algún día. El peor tipo de edadismo es el edadismo de las personas mayores, el edadismo autoinfligido, la animadversión contra la propia vejez; una actitud que, habitualmente, la persona ya mostraba hacia el envejecimiento y hacia las personas mayores cuando era joven. Y lo que va, vuelve. Eleanor Roosevelt comentó: «Nadie puede hacer que te sientas inferior sin tu consentimiento». Bien, pues no lo consienta. ¿Disfrutará usted más de la vida si se acepta y no alberga prejuicios contra su futuro? Sí. No hay mucho que discutir aquí, pero *¿cómo se hace esto?*

Muchas terapias y libros de autoayuda aconsejan, como método para elevar su autoestima, que haga usted una larga lista con sus características positivas. Esto puede ser de ayuda, pero normalmente no le va a proteger durante mucho tiempo de la sensación de sentirse un gusano. ¿Por qué no? Porque su *sistema de valoración* sigue estando donde estaba. Tanto si sus características son verdaderamente negativas como si sólo son negativas porque la sociedad las *define* como tales, ¿qué ocurre cuando usted deja de anotar características positivas y vuelve a tomar conciencia de las «negativas»? Pues que puede volver a sentirse de nuevo en un inútil.

Nuestro colega Hank Robb afirma contundentemente: «*Si* Little Jack Horner se sentó en un rincón a comerse su tarta de Navidad; y *si*, plantándole el pulgar, sacó una ciruela, y dijo: "¡Qué bueno que soy!", ¿qué dirá Jack, si sigue esta lógica, cuando saque uno de los muchos limones de la vida?».[16]

El siguiente ejemplo de edadismo, en el que tenemos tanto el menosprecio *propio* como el menosprecio *de los demás*, nos muestra cómo utilizar el modelo ABC para discutir las viejas creencias y consolidar las nuevas. Vamos con Jennifer, una mujer de 47 años que prefirió no tintar sus canas. Aquí no sólo haremos uso de la A, la B y la C de la terapia racional emotiva conductual, sino también la D, la E y la F.

- A. *Acontecimiento activador o adversidad.* El chico que está en la caja en la tienda de comestibles le preguntó a Jennifer si tenía la tarjeta de descuento de personas mayores (que la disfrutan las personas con más de 60 años de edad). Jennifer pensó: «¡Esto significa que parezco mucho más mayor de lo que soy!».
- B. *Creencias autoderrotistas.* ¡Yo NO DEBERÍA parecer vieja! ¡Es *horrible!* Indica que voy cuesta abajo. Este *mocoso tal y tal,* ¿cómo se atreve a decirme algo así, delante de todo el mundo?
- C. *Consecuencias.* Reacciones negativas malsanas. Vergüenza, ira, depresión.
- D. *Discusión.* ¿Acaso DEBO parecer más joven? Aunque las canas me hagan parecer mayor, ¿es eso de verdad *horrible?* ¿Acaso mi edad y mi apariencia me hacen *menos digna* como persona? Y este chico, ¿es realmente un *canalla* por cometer un error?

16. Para que el lector hispano entienda esta cita, hay que tener en cuenta que Hank Robb se basa en una rima popular inglesa, que dice: *«Little Jack Horner/Sat in the corner/Eating a Christmas pie/He put in his thumb/And pulled out a plum/And said,/What a good boy am I»* (Little Jack Horner/se sentó en un rincón/a comerse una tarta de Navidad/Le plantó el pulgar/y sacó una ciruela/Y dijo/¡Qué bueno que soy!). Little Jack Horner es un personaje de leyenda, un pícaro ladrón y sinvergüenza, de los tiempos de Enrique VIII. Según la leyenda, el obispo de Glastonbury envió a su ayudante, Jack Horner, al rey Enrique VIII con un regalo de Navidad, una tarta en la cual estaban ocultas las escrituras de doce fincas señoriales. (El esconder objetos en tartas era una práctica habitual en aquellos tiempos.) Pero, de camino, Jack abrió la tarta y robó la escritura de la casa solariega de Mells, una finca señorial que era una ciruela en dulce. La familia Horner ha vivido allí hasta nuestros días. *(N. del T.)*

E. *Nuevo pensamiento efectivo.* Me *gustaría* que las personas no pensaran que soy más mayor de lo que soy, ¡pero no hay ninguna ley del universo que les *exija* que no se equivoquen acerca de mi edad o que piensen que soy más joven de lo que soy! Lo único que ha ocurrido es que el chico de la caja ha intentado beneficiarme, y se ha equivocado con mi edad. ¡Eso no es un delito capital! Soy yo la que he decidido no tintarme mis prematuras canas, así que será mejor que acepte que va a haber personas que van a pensar que tengo más edad de la que tengo en realidad. ¡También convendrá que me esfuerce por aceptarme *a mí misma,* por muy mayor que parezca *o* por muy mayor que sea!

F. *Nuevos sentimientos.* Calma, regocijo, enfado menor ocasional, pero no depresión por tener canas.

La batalla de las creencias

Flora sabía que sus dos hijas tenían graves problemas; una porque estaba casada con un alcohólico; y la otra porque tenía un hijo adolescente proclive al robo. Flora también tenía dos creencias que competían entre sí. Una era la que utilizaba de boca para afuera. La otra tenía unas raíces más profundas y solía gobernar más sus actividades y sus emociones. Flora se decía racionalmente que sus hijas ya tenían suficientes problemas, y que no podía esperar que estuvieran más pendientes de ella, a pesar de haber perdido recientemente a su segundo marido y de no tener otros familiares cercanos aparte de ellas. Así que, en un nivel, aceptaba que no se acordaran demasiado de ella. Pero esta aceptación era superficial, no era algo que sintiera en lo más profundo. En el fondo, Flora se aferraba a la creencia irracional de que sus hijas DEBERÍAN ir a verla más y DEBERÍAN pasarse las horas al teléfono con ella. Por otra parte, las veía como unas *niñas desagradecidas y perversas* cuando no se comportaban así. Flora siguió diciéndose de vez en cuando, aunque sin mucha fuerza, que el comportamiento de sus hijas era bastante comprensible, a la vista de sus propios problemas. Pero, con mucha más fuerza y contundencia, se decía: «¿Cómo *pueden* tratarme de esta manera? Estoy NECESITANDO su apoyo, y ni siquiera muestran una pizca de interés. ¡Qué ingratas! ¡No me *merezco* este trato tan *horrible!*».

La creencias irracionales de Flora no tardaron en ganar la batalla y en llevarla al resentimiento con sus hijas por tratarla de forma tan cruel. Fue entonces cuando la ayudé (Albert Ellis) a enfrentarse, con fuerza y con insistencia, a sus creencias irracionales; y, cuando transformó las exigencias en preferencias, Flora fue capaz de aceptar de verdad el comportamiento de sus hijas. Entonces pudo comprender realmente sus «desatenciones» y dar encima su apoyo a una, con un marido alcohólico, y a la otra, con un adolescente delincuente. Y, de hecho, se sintió mejor al poder ayudarlas. Cuanta más ayuda les prestaba, más reconstruía su vida y mejor llevaba su viudedad.

Una de las tareas para casa que le asigné a Flora fue la del uso del DIBS, un sistema para discutir las creencias irracionales y para transformarlas en creencias racionales. Flora rellenaba una hoja del DIBS cada día con cada una de sus creencias autoderrotistas clave:

- *No puedo soportar* que me desatiendan.
- Esta desatención es absolutamente *horrible*.
- Mis hijas son unas *desagradecidas*, por tratarme de este modo tan *horrible*.

Con el DIBS, usted anota sus respuestas a las preguntas que vienen a continuación. Una vez haya escrito lo que le parezca que son respuestas efectivas, repítaselas varias veces enérgicamente. El decir las respuestas emocionales en voz alta puede ayudar a fortalecer su convicción. (Si la vergüenza y la timidez son también un problema para usted, puede hacer este ejercicio, en voz alta, en público.) Abajo hay una muestra de la hoja de trabajo del DIBS, tal como la rellenó Flora.

El DIBS: la discusión de las creencias irracionales
Pregunta 1: *¿Qué creencia irracional quiero discutir y someter?*

No puedo soportar el hecho de que mis hijas no me traten de la manera que yo quiero.

Pregunta 2: *Esta creencia ¿me ayuda o me perjudica?*

Me hace daño, me frustra y hace que me sienta desdichada. Me lleva al resentimiento y casi hace que odie a las personas. Yo quiero a mis hijas, que tienen sus propios problemas, y que podrían aprovecharse del apoyo de su madre.

Pregunta 3: *¿Se basa en la realidad esta creencia? ¿Hay evidencias en contra de ella?*

No. Obviamente, puedo soportarlo, ¡y aún no me he muerto por ello! Decididamente, no me gusta, y desearía que las cosas fueran de otra manera. De modo que puedo soportarlo. De hecho, en el trabajo, yo tampoco cumplo con mis obligaciones en todo momento, por ejemplo cuando mi jefe cancela nuestra hora semanal de supervisión, que es una pérdida de tiempo. Y el caso es que me siento feliz de no cumplir con mis obligaciones en ese caso.

Pregunta 4: *¿Qué creencias racionales alternativas y eficaces encajarían con las evidencias reales?*

Bueno, sí que <u>puedo</u> soportar esta desatención, aunque no me guste, y tampoco se puede decir que sea terrible. Si mis hijas no se ocupan de mí, pues no se ocupan; ¡es tonto por mi parte pretender que eso no puede ser, cuando en realidad es! Y mis hijas son seres humanos, con muchas, muchas buenas cualidades; no son para nada unas hijas detestables. Aunque debo admitir que tampoco son perfectas.

Pregunta 5: *¿Qué es lo peor que me puede pasar de continuar esta situación adversa?*

Bueno, si mis hijas siguen sin ocuparse de mí, me veré privada del contacto con ellas... Bueno, del contacto iniciado por ellas. Sería yo la única en hacer llamadas de larga distancia para hablar con ellas, un gasto y un inconveniente menores. Su prolongada desatención significaría que siguen ocupándose de sus problemas, lo cual sería de lo más desafortunado.

Pregunta 6: *¿Qué puedo hacer de constructivo, si la situación adversa continúa?*

Puedo implicarme en otras actividades, en vez de centrarme en la ausencia de contacto con mis hijas. Yo puedo contactar con ellas (en vez de fijarme en la manera en que me tratan) y puedo ofrecerles mi cariño y mi comprensión; y, si lo piden, también puedo darles mi consejo.

Nuestra cultura está un poco loca

Muchas, probablemente la mayoría, de las creencias irracionales edadistas *personales* que usted sostiene, también las sostienen otras personas. Entonces, ¿qué ocurre con las expectativas *culturales* acerca de la edad, especialmente con las expectativas que no son demasiado luminosas? Las expectativas negativas y los estereotipos culturales acerca de la edad tienen efectos muy poderosos. Durante una investigación, se expuso sutilmente a unas personas mayores ante una serie de palabras ligerísimamente negativas acerca de la vejez, palabras que iban entremetidas dentro de una lista más grande de palabras. Pues bien, fue sorprendente que muchos de los sujetos (después del experimento) se comportaran de maneras que reflejaban los estereotipos sociales acerca de las personas mayores, como, por ejemplo, el caminar lentamente. Grupos similares de personas mayores fueron expuestos a listas parecidas de palabras de las que se habían extraído las palabras negativas relacionadas con la vejez. Estas personas no mostraron los comportamientos asociados con la «edad».

Los estereotipos negativos relacionados con la edad (si cree usted en ellos, claro) pueden *contribuir* a su decadencia. El sostener firmemente estereotipos negativos sobre nosotros mismos, sobre los demás o sobre cualquier otra cosa puede:

- Impedir que nos percatemos de las evidencias contradictorias. Por ejemplo, si usted cree de sí mismo que es «un fracasado en la vida», puede que ni siquiera se dé cuenta de sus logros.
- Llevarnos a descartar las evidencias contradictorias. También aquí, si usted «es» un fracasado en la vida, puede que atribuya sus logros a la suerte o a alguna otra persona que sintió lástima de usted.
- Llevarnos a *buscar* evidencias negativas adicionales. De nuevo, como un «fracasado», quizás admita algunos éxitos, pero añadiendo: «Sí, bueno, pero fallé en…».
- Generar evidencias que den apoyo a las mismas creencias negativas. Por ejemplo, si usted «es» un fracasado, no valdrá la pena intentarlo. Si no lo intenta, por ejemplo, en un curso al que esté asistiendo, se las apañará para hacerlo realmente mal. Y, *¡voilá!* Las evidencias, dirá usted, *demuestran* que es usted ciertamente un fracasado.

Nuestra sociedad alimenta muchos mitos acerca de la edad que la investigación ha desmentido. Si observa usted a las personas sanas en sus propias comunidades, y no en una residencia de ancianos, y si las estudia durante algún tiempo, se puede llevar una sorpresa. No encontrará el marcado deterioro de capacidades mentales y físicas que se encontraron en anteriores estudios de *muestras representativas* de norteamericanos de diferentes edades. El deterioro de nuestras capacidades no es un «debería» biológico. Las investigaciones han demostrado que la retirada de la sociedad y el declive en actividades sociales era algo anormal en la gente mayor, en lugar de un patrón normal de comportamiento, como se creía hasta entonces.

Una de las tareas que conviene que emprenda todo aquel que no espere morir joven, y que quiera disfrutar de esa larga vida que la mayoría vamos a vivir, es la de enfrentarse a sus creencias. Abórdelas, tanto si son exclusivamente suyas como si las fomentan desde la televisión, los periódicos, el cine o el Gobierno. Y, luego, cree un mapa mental nuevo, constructivo, para las aventuras que puede tener a lo largo de su vida a medida que envejece.

Modos emotivos y conductuales para cambiarse a uno mismo

Hemos estado resaltando los modos «cognitivos» (de pensamiento) de cambio para sus sentimientos perturbados y autosaboteadores, que constituyen probablemente la mejor manera de abordarlos para la mayoría de las personas. ¿Por qué? Porque, como ya hemos explicado, usted genera la mayor parte de sus sentimientos malsanos ante la perspectiva o la realidad de envejecer mediante sus ostentosas y poco realistas exigencias.

- DEBO necesariamente hacer bien las cosas.
- DEBO hacer que los demás me traten correctamente.
- NO DEBERÍA tener que esforzarme demasiado para que las circunstancias sean como yo las quiero.

Estas exigencias son ilógicas, pues por el hecho de que usted quiera mucho algo, no se deduce lógicamente que tenga automáticamente todo el derecho del mundo de conseguirlo. Si usted renuncia a estas exigencias ilógicas, reducirá considerablemente sus perturbaciones emocionales y estará más dispuesto a pasárselo bien, con independencia de cualquier limitación o inconveniente real que padezca por causa de la edad.

Sin embargo, la TREC sostiene que los pensamientos, los sentimientos y las conductas están estrechamente relacionados. Normalmente, no existen de forma aislada, y se influyen fuertemente entre sí. Yo (Albert Ellis) expuse esto con toda claridad en el primer artículo que, sobre la TREC, presenté en la convención anual de la American Psychological Association en Chicago, en 1956. Desde el principio, por tanto, la TREC ha estado en la vanguardia de la terapia cognitiva, y abrió el camino para la revolución cognitivo-conductual que tuvo lugar en la psicoterapia en la década de 1970. La TREC es también multimodal, por utilizar el acertado término de Arnold Lazarus.[17] Utiliza una amplia variedad de métodos dirigidos al pensamiento, los sentimientos y la conducta, y es claramente integradora.

Para hacerla más fácil de enseñar, y también más práctica, optamos por simplificar sus planteamientos en el modelo ABC. Con ello, quizás

17. Destacado psicólogo de la corriente cognitiva-conductual, creador de la terapia multimodal. *(N. del T.)*

dimos la impresión de que acontecimientos, pensamientos y sentimientos/conductas eran cosas completamente separadas entre sí. En realidad, no lo son. Los procesos psicológicos del modelo ABC, incluyendo los acontecimientos, están complejamente interrelacionados. Si usted cambia sus acciones, por ejemplo, conduciéndose *como si* usted creyera algo o sintiera algo, esto le llevará a cambios *reales,* no intencionados, en sus acciones, sentimientos y pensamientos. Si usted cambia sus sentimientos con fármacos, su manera de pensar puede verse claramente influenciada. Y, si cambia su pensamiento, modificará (lo sepa o no) la bioquímica de su organismo que, a su vez, llevará a otros cambios en sus acciones.

El ajedrez ilustra muy bien la interacción entre pensamientos, emociones y conductas. Los *pensamientos o evaluaciones* (veo esto como un buen movimiento de ajedrez, un movimiento que me gusta) van casi invariablemente acompañados de *sentimientos* (la felicidad o el regocijo al considerar o al haber hecho ese «buen» movimiento), con los cuales interactúan. Los pensamientos y las evaluaciones también van acompañados e interactúan con las *acciones* (el inicio del movimiento muscular, la realización del movimiento en el tablero, el aumento o el descenso del ritmo respiratorio o cardíaco). De igual modo, los sentimientos (el placer por pensar y llevar a cabo este «buen» movimiento) lleva a los pensamientos (¡qué buen jugador soy!), y también a las acciones (prepararse para continuar ese movimiento con otros «buenos» movimientos). Y también las acciones (hacer el movimiento de ajedrez) llevan a los pensamientos (¡qué buena jugada!, ¡qué bien lo he hecho!) y a los sentimientos (placer o regocijo). Si usted cambia sus pensamientos evaluativos acerca de ese movimiento de ajedrez, cambiarán también sus sentimientos. Si usted cree firmemente que TIENE QUE hacer, necesariamente, el mejor movimiento posible, se sentirá de un modo diferente, al anticipar el movimiento y también después del movimiento (en función de la respuesta del otro jugador), que si usted sólo *prefiriera* hacer el mejor movimiento.

Los acontecimientos activadores, la llamada realidad objetiva, dependen también de cómo pensamos, sentimos y actuamos. El modo en que usted, como individuo, piensa, le llevará a percibir, observar, recordar y predecir la realidad de un modo diferente a como lo hacen otras personas. Su singular manera de pensar influirá en su manera de sentir y de actuar, una manera diferente al del resto del mundo. Sus emociones y su estado de humor influirán también en el modo en que percibe la realidad. Además, cuando sus creencias y sus emociones cambian, su percepción de la realidad también puede cambiar. Incluso se pueden recordar de forma diferente los acontecimientos activadores en función de las diferencias en el estado de humor. Por ejemplo, si usted piensa que tiene una necesidad imperiosa de amor y de apoyo por parte de los demás, el recuerdo de sucesos acaecidos en su infancia puede diferir marcadamente del recuerdo de un hermano suyo (tratado del mismo modo) al que no le preocupaba demasiado el amor y el apoyo.

La TREC no da por hecho que las conductas y las emociones perturbadas «vienen» simplemente del modo en que usted piensa. Más bien, supone que, para la mayoría de las personas, lo más fácil de aprender y la forma más eficaz de cambiar sus sentimientos y sus actos perturbados es cambiando primero su manera de pensar. No obstante, desde su mismo comienzo, la TREC ha utilizado ejercicios para realizar en casa con el fin de ayudar a las personas a desarrollar sus habilidades sociales. La TREC también ha insistido siempre en métodos enérgicos y vigorosos, entre los que habría que incluir las prácticas en situaciones de la vida real, el permanecer en situaciones incómodas hasta que la incomodidad disminuye, la asunción de riesgos y los ejercicios de ataque a la vergüenza, la representación de roles y, cómo no, el humor (con canciones racionales cargadas de buen humor).

Para combatir las creencias irracionales y los mitos edadistas, puede utilizar usted distintos métodos emotivos y conductuales de la TREC, que le van a permitir complementar y respaldar los ejercicios de cambio de pensamiento. Uno de los más eficaces de estos métodos consiste en una combinación de pensamiento, sentimiento y acción: el método de la imaginación racional emotiva (IRE).

La imaginación racional emotiva

Vamos a tomar el caso de Joseph, de 75 años, que había sido un excelente deportista durante la mayor parte de su vida y ahora se veía limitado por la edad. Jubilado de su trabajo como contable y disponiendo de mucho más tiempo que nunca, como para darse el gusto de jugar al golf, al tenis y a otros deportes, estaba (según pensaba él) trágicamente incapacitado para estos desempeños. Sus incapacidades se centraban en sus problemas de espalda, en una afección cardiaca y en una propensión a cansarse con facilidad que nunca antes había experimentado. Joseph albergaba unos profundos prejuicios contra sí mismo por su «débil» estado. Cuando, por cansancio, tenía que detenerse en su partido de golf después de recorrer nueve hoyos, o cuando se veía obligado a sentarse después de estar jugando una hora al tenis, decía de sí mismo que era un «lastimoso viejo», justificándose ante amigos y familiares con la cantinela de que él había sido mucho más activo en los deportes de lo que era ahora.

Yo (Albert Ellis) le dije a Joseph:

—Es cierto. Con la edad, la gente pierde normalmente la capacidad física para el ejercicio y para otras actividades. Sin embargo, la mayoría de las personas se deja llevar por un modo de vida sedentario cuando alcanza una edad madura. Después de décadas de inactividad, no es sorprendente que no puedan hacer lo que antes, cuando estaban más activas, les resultaba fácil de hacer. De modo —proseguí— que quizás pueda usted elevar poco a poco su nivel de actividad física; muy poco a poco, para reducir riesgos médicos. Entonces, quizás pueda recuperar parte del vigor físico perdido.

Joseph me dijo que nada de esto se le podía aplicar a él en modo alguno, dado que había permanecido activo a medida que iba envejeciendo. Dijo que en el golf era donde más estaba notando la mengua, que había jugado mucho al golf durante años, y que ahora jugaba cada vez peor. De manera que su problema se debía a la edad, no a la falta de práctica, me dijo. Pero, para empeorar aún más las cosas (mucho más), Joseph se enorgullecía de haber sido capaz de mantener unas fuertes erecciones. Ahora, aunque su mujer, Madeline, quince años más joven que él, seguía estando tan interesada como siempre en la vida sexual, Joseph sólo mantenía relaciones sexuales con ella una vez al mes. Se sentía avergonzado de no poder mantener relaciones sexuales dos o tres veces por semana, como había venido haciendo durante los últimos años. Joseph no aceptaba el hecho de su declive sexual, de lo cual hablaremos en el capítulo 12. Y resulta difícil saber qué era peor para él, si su decadencia deportiva o su decadencia sexual. Ambas le tenían profundamente preocupado, si bien se sentía mucho más avergonzado de sus «fallos» sexuales. Recientemente le habían hecho una revisión física completa, y los resultados habían sido los normales para su edad. Pero no le había dicho ni una palabra al médico sobre sus problemas de erección.

No nos costó demasiado descubrir las principales creencias autoderrotistas de Joseph, las que le llevaban a albergar prejuicios edadistas contra sí mismo. Joseph creía firmemente que él DEBERÍA ser tan bueno, tanto en los deportes como en la cama, como lo había sido durante sus últimos años, y creía que era terrible perder estas capacidades. También pensaba en la vergüenza que le podía suponer que sus amigos se enteraran de que ya no era capaz de llevar a cabo las proezas sexuales y atléticas de antaño, y pensaba que tenía que hacer todo lo posible por ocultarlo.

Joseph se sentía molesto con algunos de sus amigos, que se habían cuidado menos que él físicamente, pero que, por algún motivo, se desenvolvían mucho mejor que él en lo deportivo. No hacía más que quejarse y despotricar de lo *espantosa* y lo injusta que era la vejez, que le postraba en aquella debilidad, cuando él DEBERÍA seguir funcionando como cualquier hombre joven, a pesar de su edad. ¿Por qué le ocurría esto? ¡Con lo que él se había cuidado! Pero Joseph tenía los tres principales «debería» y las tres principales exigencias que hacen que una persona se horrorice de envejecer:

- Yo DEBERÍA desenvolverme mejor en el golf y en el sexo.
- Los demás NO DEBERÍAN aventajarme o reírse de mí por mis deficiencias.
- Las circunstancias de la vida DEBERÍAN permitirme conseguir fácilmente lo que quiero y lo que solía ser capaz de conseguir.

Haciendo uso de las tres preguntas clave y de otros métodos, Joseph discutió sus creencias irracionales y logró reducirlas hasta cierto punto. Pareció aceptar sus limitaciones deportivas y sexuales, y comenzó a perturbarse menos por ello. Sin embargo, cada vez que veía a alguien más joven desenvolviéndose tan bien en los deportes como él se había desenvuelto en el pasado (y, probablemente, desenvolviéndose mucho mejor que él en las relaciones sexuales), sus avances se disipaban. Y cuando veía que no podía seguir ese ritmo, recurría nuevamente a sus creencias perturbadas y volvía a deprimirse.

Particularmente, en la fiesta de su 76.º cumpleaños, Joseph se disgustó profundamente al sentirse cansado después de bailar unos minutos. Tuvo que descansar un rato, cuando todos los demás, hombre más jóvenes pero también hombres mayores que él, parecían capaces de estar bailando durante horas. Luego, aquella misma noche, Madeline le dijo que estaba deseando vivamente hacer el amor con él, pero Joseph no fue capaz de conseguir la erección. ¡Eso sí que fue doloroso! ¡La vejez era un problema miserable, y nunca, nunca se acostumbraría a ella ni podría sobrellevarla!

Para enseñarle a Joseph a utilizar la imaginación racional emotiva, le di las instrucciones típicas. En la IRE, en vez de pensar en cosas positivas y de utilizar imágenes positivas, uno tiene que hacer todo lo contrario. Se comienza imaginando algo bastante negativo.

—Cierre los ojos —le dije a Joseph—, e imagine vívidamente que está intentando recorrer los dieciocho hoyos del campo de golf un domingo por la tarde, pero que a duras penas puede llegar hasta el hoyo número 9.

De hecho, hacia el sexto y séptimo hoyos, usted está ya agotado, le duelen las piernas y se está quedando sin aliento. Los amigos con los que está jugando le dicen que se le ve cansado y que no hace más que jadear. Le gastan bromas acerca del hecho de que usted ya no es el que era, y de que también está jugando peor al tenis. Le dicen que quizás debería dejar el deporte y descansar más en su vejez. ¿Puede imaginar vívidamente todo esto, que a usted no se le está dando bien el partido y que sus amigos le hacen comentarios que le duelen sobre lo mal que juega últimamente al golf y a otros deportes? Imagínelo vívidamente, y avíseme cuándo lo vea con nitidez.

—Bueno, puedo imaginarlo fácilmente —dijo Joseph—. ¡Siempre lo hago! Ocurre a menudo.

—Estupendo. Mantenga la imagen en mente con toda nitidez, y dígame cómo se siente. ¿Qué le hace sentir, honestamente, su pobre desempeño deportivo y los comentarios jocosos y negativos sobre usted?

—Me siento mal. En realidad, me siento por los suelos; deprimido. Me he hecho viejo, y nunca volveré a ser tan hábil en los deportes, ni en casi ninguna otra cosa, como lo fui en el pasado.

—¡Bien! Se siente deprimido. Está por los suelos, hundido. Entre en contacto con estos sentimientos. Siéntase tan deprimido, abatido y hundido como le resulte posible. ¡Siéntalo, siéntalo, siéntalo! ¡Profundamente deprimido!

—De acuerdo. Estoy en ello. Me siento muy deprimido.

—Estupendo. Mantenga el contacto con eso. Siéntalo. Siéntase deprimido, deprimido, muy deprimido. Y ahora, ahora que de verdad lo está sintiendo, mantenga la misma imagen. No cambie la imagen. Siga imaginando lo mal que está jugando al golf; siga imaginando que no puede hacer lo que con tanta facilidad hacía cuando era más joven, y que los demás se dan cuenta y lo comentan. Véalo con claridad. Sumérjase en lo que siente.

—De acuerdo. Estoy ahí. Lo siento.

—Bien. *Ahora*, hágase sentir, con la misma imagen en mente, *sólo* apenado y decepcionado por lo que está haciendo; triste y decepcionado, simplemente apenado y decepcionado por lo que está haciendo. Pero no deprimido, no deprimido en realidad. Simplemente, apenado y decepcionado. Usted puede cambiar sus sentimientos. Usted controla sus sentimientos. Puede cambiarlos y hacerse sentir, con la misma imagen, pena y decepción, una pena y una decepción muy grandes por lo que está ocurriendo, pero no deprimido. ¿De acuerdo? Hágalo. Cambie sus sentimientos.

Joseph se aplicó de lleno a sus sentimientos y los transformó, pero al principio le costó bastante. Seguí animándolo, diciéndole que realmente podía transformarlos y, al cabo de dos minutos, dijo que lo había conseguido.

—¿Se siente usted ahora realmente apenado y decepcionado? ¿No deprimido, sino solamente apenado y decepcionado, que son sentimientos saludables, pero no deprimido, que es un sentimiento malsano?

—Sí, creo que lo he conseguido. Lo he logrado.

—¡Estupendo! Abra los ojos. ¿Cómo lo consiguió? ¿Qué hizo usted para cambiar sus sentimientos desde la depresión hasta sentir sólo pena y decepción por lo que estaba ocurriendo?

—Bueno, me he dicho a mí mismo que la situación era realmente mala, que estaba jugando mal y que sus comentarios me dolían. Que era un mal asunto ser mayor y sentirme menos capaz. Pero que eso no significa que sea una piltrafa humana. *La situación* era mala, pero *yo* no era malo. He pensado que era lamentable jugar así, pero que yo podía vivir con eso y seguir disfrutando del golf.

—¡Magnífico! Lo ha hecho muy bien. Usted ha visto, acertadamente, que la situación no era buena, que estaba jugando mal, pero que usted no era un despojo humano por jugar mal. Que la situación era mala, pero no terrible.

—Sí. Me he dado cuenta de que no era horroroso y definitivo, que podía seguir jugando, aunque se rían de mí; que podía aceptarlo y seguir jugando.

—Excelente. Ahora le funcionará. Lo que hizo le funcionará para que se sienta apenado y decepcionado, pero no deprimido. Ahora podrá utilizar esas creencias racionales y seguirá sintiéndose mal, pero sólo saludablemente mal.

—Sí, me siento mal.

—Bien. Ahora quiero que practique en casa la imaginación racional emotiva. Es un proceso que requiere entrenamiento. Me gustaría que lo hiciera todos los días durante los próximos veinte o treinta días. Sólo le va a llevar un par de minutos hacerlo y, cuando lo haga, se estará entrenando para sentirse saludablemente apenado y decepcionado, pero no malsanamente deprimido. Así pues, imagine esto mismo todos los días, durante veinte o treinta días. Déjese llevar, al principio, si realmente lo siente; y siéntase deprimido, muy deprimido, tal como ha hecho ahora. Pero sólo durante unos segundos. Luego, aborde sus sentimientos de depresión y transfórmelos, hasta que sienta únicamente pena y decepción.

»Utilice las mismas afirmaciones que ha utilizado ahora para transformar sus sentimientos, o bien utilice otras afirmaciones similares que se le puedan ocurrir, como: «¡Qué *mala suerte* que no pueda jugar al golf o al tenis como solía hacerlo, pero no es el fin del mundo!». O bien: «Quizás no juegue al golf o al tenis tan bien como lo hacía antes pero, aun así, puedo seguir disfrutando de ello, aunque puede que no tanto como lo hacía antes». Y «Aun cuando se me dé mal *todo,* eso no va a impedir que me acepte y que disfrute de la vida todo lo que pueda». Utilice afirmaciones como éstas o similares y entrénese para sentirse saludablemente apenado y decepcionado, todos los días, hasta que comience automáticamente a sentirse de ese modo cuando imagine este «grave» acontecimiento. Al cabo de diez, quince o veinte días, puede que se sienta automáticamente apenado y decepcionado, pero no deprimido, si sigue haciendo regularmente la imaginación racional emotiva.

A Joseph le pareció que sería una buena idea intentarlo.

—Sí, la mayoría de las personas terminan teniendo sentimientos negativos saludables de forma automática después de un tiempo. Se entrenan a diario para ello. Y luego, cuando se imaginan ese acontecimiento negativo, o cuando ocurre en la vida real, tienen esos saludables sentimientos de pesar y decepción, pero no el sentimiento malsano de la depresión. ¿Hará esto una vez al día, durante uno o dos minutos, para entrenarse?

Joseph dijo que lo haría.

—Por si acaso se le olvida hacerlo o se va demorando en hacerlo, le vamos a dar un refuerzo.

—¿Un refuerzo?

—Sí. ¿Qué hay que le guste hacer, algún placer del que disfrute mucho, y que lo haga casi todos los días de la semana?

—Déjeme pensar. Bueno…, sí. Leer el periódico de la mañana.

—Estupendo. A partir de ahora, durante los próximos veinte o treinta días, sólo va a poder leer el periódico *después* de que haya hecho su ejercicio de imaginación y haya transformado sus sentimientos. Haga que la lectura del periódico sea *contingente,* es decir, que esté supeditada a la realización del ejercicio de imaginación. ¿De acuerdo?

Joseph se echó a reír, y dijo que no pensaba retrasarse demasiado en la lectura del periódico.

—Magnífico. Y si, aun con todo, sigue teniendo dificultades para hacerlo, puede ponerse un castigo por cada día que no haga el ejercicio de imaginación.

—¿Un castigo? No se me ocurre ninguno.

—¡A mí sí! Por ejemplo, si llega el momento de irse a la cama un día y no ha hecho su ejercicio de imaginación racional emotiva y no ha cambiado sus sentimientos, ¿qué castigo puede ponerse? ¿Qué cosa desagradable podría hacer que normalmente evite hacer? Una cosa que no le guste.

—Bueno, ¿qué tal poner orden en la habitación? Normalmente, la tengo hecha un lío, porque no me apetece nada tomarme unos minutos para arreglarlo todo.

—Estupendo. Si un día, cuando llega el momento de irse a dormir, no ha hecho su ejercicio de imaginación, tendrá que seguir despierto una hora más y tendrá que poner en orden la habitación. Y si la habitación está más o menos ordenada, tendrá que poner en orden la habitación de su esposa, ¡o ir de puerta en puerta en su complejo de apartamentos!

—Está bien. Lo haré —accedió Joseph entre risas.

Joseph practicó la imaginación racional emotiva sobre sus sentimientos depresivos acerca del golf y el tenis durante quince días, y descubrió que, automáticamente, comenzaba a sentirse apenado y decepcionado, en vez de deprimido, en cuanto a sus limitaciones deportivas; y también redujo enormemente los prejuicios que albergaba contra sí mismo por sufrir estas limitaciones. Utilizamos el mismo método con Joseph para que superara sus sentimientos perturbados en lo relativo a sus erecciones y, una vez logró dejar de sentirse perturbado y avergonzado por el problema, accedió a hacerle una visita al urólogo para que le hiciera un examen y le revisara la medicación, como le había sugerido yo en un principio.

Usted puede practicar la imaginación racional emotiva por sí solo, si sigue el siguiente método. Tome uno de los puntos que más le angustien (como pueden ser las limitaciones de la edad y los prejuicios asociados a ella) e imagine vívidamente que le ocurre algo desagradable a este respecto. Imagínese limitado por el proceso de envejecimiento. Imagínese devaluado por los demás por el hecho de ser mayor. Imagine cualquier otra ocurrencia desagradable y desafortunada que haya sufrido o que *pudiera* sufrir. Imagine vívidamente que eso ocurre en realidad, y añádale algunos detalles escabrosos, detalles que normalmente contribuirían a que se sintiera deprimido, aterrorizado o furioso, o que le llevarían a compadecerse de sí mismo. Siga imaginando esta situación desagradable hasta que se sienta realmente angustiado con ella. Entre en contacto con ese sentimiento perturbado: permítase sentirlo, siéntalo, siéntalo, hasta que le domine. Y, luego, cuando se sienta profundamente afectado, transforme ese sentimiento en un sentimiento negativo *saludable*, como la pena, la decepción, la frustración, la tristeza, el remordimiento, el desagrado o la determinación. Asegúrese de que el sentimiento negativo *saludable* es muy pronunciado, y de que supera al sentimiento derrotista perturbado.

Luego, pregúntese cómo transformó el sentimiento malsano por el sentimiento saludable. Normalmente, la respuesta será que usted transformó sus creencias acerca de ese descorazonador acontecimiento, que cambió las creencias irracionales por creencias racionales; que fue desde un «debería» o una exigencia hasta una *preferencia;* que usted utilizó una afirmación racional en lugar de una irracional y perturbadora. También podría relajarse, o meditar, y así distraerse de su sentimiento derrotista. Sin embargo, este tipo de distracción no le va a aportar el sentimiento negativo saludable. Cuando le suceden a uno cosas desagradables, o piensa que pueden ocurrir, convendrá que tenga sentimientos. Convendrá que no sólo se distraiga, mediante la relajación o con algún otro método. Pues, cuando usted tiene un sentimiento negativo saludable acerca de algo desagradable, dispone de mayores posibilidades para cambiar la situación o enfrentarse a ella. Esos sentimientos son los que le van a dar la motivación para que haga algo constructivo. Por tanto, convendrá que sienta, incluso que sienta con intensidad, cuando ocurra algo desagradable, y no sólo que aparte o que apague por completo sus sentimientos.

Si usted utiliza la imaginación racional emotiva y trabaja de verdad con ella durante diez, veinte o treinta días, lo más probable es que haga importantes progresos, como le ocurrió a Joseph. Es muy probable que comience usted por sentirse automáticamente apenado y decepcionado acerca de un acontecimiento real o posible, en vez de sentirse desolado, deprimido y desesperanzado con ello. Junto con su nuevo sentimiento negativo saludable, comenzará a interiorizar y a desarrollar una filosofía vital mejor, una filosofía racional para vivir con plenitud.

La superación de los prejuicios contra uno mismo por causa de la edad tiene dos ventajas más. La primera, que usted aprende a dejar de medir su valía como persona bajo *ningún* criterio, y desarrolla una valiosa aceptación incondicional de sí mismo, una habilidad crucial para ser feliz. La segunda, que, una vez se acepta a sí mismo y se valora, con sus achaques y con todo, puede abordar de forma más constructiva los prejuicios que la sociedad y que algunas personas tienen contra la gente que se hace mayor.

Dispone usted ahora de multitud de herramientas para vivir con plenitud, para enfrentarse al edadismo, tanto si parte de usted como si parte de los demás. Si utiliza usted de forma continuada estas herramientas, dispondrá de más tiempo, energía y sabiduría para abordar y minimizar algunas de las *otras* muchas molestias de la edad.

Veamos ahora algunas respuestas de muestra para los mitos perjudiciales acerca de la vejez que parecen en las páginas 102-103. Piense en ellas, compárelas con sus propias respuestas, y revise sus respuestas allá donde vea que puede ser útil hacerlo.

Mitos de la edad	Posibles creencias irracionales	Refutaciones racionales
Ser joven es mejor que ser mayor.	¡TENGO QUE ser joven! Es *terrible* envejecer ¡Es mejor estar vivo!	La clave de la felicidad a cualquier edad estriba en la actitud.
Los viejos no pueden cambiar.	Los viejos TIENEN QUE actuar exactamente como los jóvenes. TIENEN QUE ser jóvenes.	Cualquier persona puede cambiarse a sí misma, si lo desea, y a cualquier edad.
Los jóvenes son nuestro futuro; los viejos, nuestro pasado.	HAS DE ser joven para tener futuro	Puedes aprender más del pasado que del futuro.
La gente joven tiene mejor aspecto; la gente mayor no es agradable de ver.	Tú DEBES tener un buen aspecto.	La belleza está en la mirada que la contempla.
La juventud es para aprender; la vejez es para recordar el pasado y olvidar.	Si quieres aprender, HAS DE ser joven.	Lo que se utiliza no se pierde. La gente puede aprender a cualquier edad.
La juventud es excitante; la vejez es aburrida.	Yo NECESITO cosas excitantes.	Muchas investigaciones han demostrado que las personas mayores son más felices, por término medio, que las jóvenes. ¡Eso sí que es excitante!
Tú deberías comportarte según tu edad.	Es *terrible* no hacerlo y pasar por un viejo chiflado.	Me comportaré en función de mis intereses.
La juventud es el tiempo para la educación, la profesión, el romanticismo, el sexo y la aventura; la vejez es el tiempo de la mecedora.	Todas las actividades importantes de la vida DEBERÍAN hacerse cuando se es joven.	Ésa es una forma trasnochada de pensar. Puedes hacer todo eso mientras estés vivo.

Mitos de la edad	Posibles creencias irracionales	Refutaciones racionales
Juventud es salud; vejez es enfermedad.	Todo en la vejez es *horrible*.	Las personas mayores responden a las atenciones médicas igual que las jóvenes. En las empresas, los empleados de mayor edad faltan menos días al trabajo por motivos de salud que los empleados jóvenes.
Los jóvenes son diferentes; los viejos son todos iguales	TIENES QUE ser joven para no pasar desapercibido y para que te tengan en cuenta.	Es más probable que una persona mayor se salga de la masa. Es el joven el que intenta adaptarse y conformarse a los demás.
La juventud es activa, eficaz, confiada, productiva, inteligente; la vejez es pasiva, vacilante, improductiva, estúpida.	HAS DE mantenerte juvenil, o de lo contrario…	La edad es lo que tú haces que sea. El modo en que actúes dependerá de tus actitudes.
Si no vas a vivir mucho más, no vale la pena intentar hacer algo que haga tu vida mejor.	HE DE tener un largo futuro por delante para que mi vida tenga sentido.	Aunque supiera que iba a morir la semana que viene, seguiría dándole sentido a mi vida, puesto que la vida es más divertida así.
Es normal sentirse deprimido cuando se es viejo.	Ser viejo es *terrible*.	La depresión procede del propio sistema de creencias y de otros factores que se pueden cambiar.
La vejez no es otra cosa que decadencia.	No DEBO cambiar, o entraré en decadencia.	Si caigo en la decadencia, me adaptaré a ella.
El sexo y el romanticismo son embarazosos entre las personas mayores.	El sexo y el romanticismo HAY QUE descartarlos a partir de cierta edad.	Puede que sea embarazoso para usted, pero yo sigo disfrutando mucho de esto.

7

La aceptación incondicional de uno mismo

Errar es humano, pero se te antoja divino.

Observaciones de Mae West

Bueno, sí, nosotros, los autores, también hemos pasado por los estragos que supone hacerse mayor. El doctor Ellis, que pasa de los 85 años, tiene un poco menos de excusa que la mayoría de nosotros, entre los que se encuentra, claro está, su seguro servidor (Emmett Velten) Sin embargo, yo fui prematuro con las irracionalidades de la edad, en las que prácticamente me metí yo solo a una tierna edad. ¡Qué lástima que este libro no estuviera ya en las librerías por entonces!

La calvicie de Emmett

Mi padre era calvo, pero aquello no me preocupó demasiado hasta que cumplí los 17 años. Me acuerdo de un día en que alguien que se sentaba detrás de mí en la clase de último curso de instituto dijo: «¡Emmett se está quedando calvo!». Yo fingí no oírlo. Pero sí, yo ya me *había* dado cuenta de la tendencia de mi frente de irse hacia arriba, ¡pero no sabía que me clareaba también la coronilla! Aquella noche, espejo en mano y encerrado en el baño, inspeccioné la retaguardia. Había un claro bien definido. «¡Oh, Dios mío!», pensé. «¡Oh, Dios mío!», recé.

Lo intenté con diversos remedios primitivos, y soporté los «horrores» que cabía esperar, algunos de los cuales eran un poco graciosos, pero sólo un poco… incluso en aquella época.

- Alguien me dijo que la calvicie se podía detener con compresas de yodo aplicadas en el cuero cabelludo.
- A los diecisiete años, cuando ingresé en el *primer* curso de carrera en la Universidad de Chicago, me encontré con un punto divisorio en el gimnasio, donde los alumnos veteranos separaban a las «cabras» de las «ovejas». Me miraron y dijeron: «¡Los alumnos *repetidores* por allí!». Respondí que era mi primer curso en la universidad, y no pude dejar de ver la incredulidad que se reflejaba en sus rostros. Casi podía imaginarme lo que se preguntaban: «¿¡Qué aspecto tendrá dentro de *cuatro años!?*».
- Otro día, mientras estaba echado en el sillón del dentista, la higienista dental me preguntó cuántos años tenía. Le dije que 20. Y, aunque intentó reprimir brevemente el deseo, terminó por echar un vistazo al nacimiento de mi cabello.

Yo estaba horrorizado con mi calvicie prematura. Mi padre me dijo que los hombres calvos tenían más hormonas masculinas. ¡Bah! ¡Qué me importaba a mí aquello! Yo quería tener más pelo, no más hormonas. Me citó a Betty Grable (creo que era ella), la famosa actriz de cine y chica 10, que dijo en un acto benéfico durante la Segunda Guerra Mundial que los calvos besaban mejor. ¡Puaj! ¡Yo quería pelo! Mi minusvalía no sólo era *horrible,* sino también desternillante. Pero no para mí; sólo para los demás, unos «demás» brutos, bastos y con pelo. Las pullas que me lanzaban, lo supe décadas después, no solían llevar mala intención. Lo más probable es que hubieran dejado de meterse conmigo si yo hubiera dejado pasar la broma con elegancia, en vez de comportarme como si me estuvieran cortando a trocitos con un hacha. Eso era en el instituto. En la universidad, en un escenario mucho más civilizado, no me fue demasiado mal. Una vez, en 1960, otro calvo, Adlai Stevenson,[18] dio una charla en el campus. Repitió la broma que ya había contado en otra ocasión de que los jóvenes con pelo (refiriéndose al presidente John F. Kennedy) eran aptos para alcanzar la cima del poder. ¡Si hubiera tenido la edad suficiente para votar, le habría votado siempre a Stevenson!

Cuando al fin alcancé la edad en la que *algunos* hombres son calvos, mi horror comenzó a remitir. Pero, evidentemente, esto se debió al hecho de que hubiera cambiado el contexto de los acontecimientos activadores. Ya no era el único calvo de mi edad. El cambio en A, en lugar de un cam-

---

18. Político norteamericano que destacó por sus maneras intelectuales y por abogar por causas liberales dentro del Partido Demócrata. *(N. del T.)*

bio filosófico en B, me llevó a sentirme menos horrorizado en C. Si yo hubiera sabido en aquella época cómo discutir las creencias irracionales que propone la TREC, podría haberme cuestionado la utilidad de esas creencias *acerca de* A. Podría haberme cuestionado hasta qué punto se basaban en hechos reales y hasta qué punto eran lógicas. Podría haber cambiado mis creencias irracionales en racionales, como: «Me estoy volviendo loco diciéndome lo *espantoso* y lo *terrible* que es ser calvo. Sería mejor creer, creer de verdad, que ser calvo es puñeteramente molesto, pero en modo alguno *terrible e intolerable*. Y simplemente no es cierto que *no pueda soportarlo*. ¡Demonios, lo he estado soportando durante años!».

La sordera de Albert

Suponga que se hace usted mayor y que su audición disminuye lo suficiente como para que pueda hacer uso de un audífono. Supongamos incluso que usted *necesita* un audífono, como me ocurre a mí (Albert Ellis). Y suponga que le desagradan en gran medida los inconvenientes que supone llevar ese audífono, como me pasa a mí. ¿De acuerdo? Ahora bien, si únicamente me *desagradaran* esos inconvenientes y *deseara* no tener que someterme al audífono para poder oír mejor, ¿cómo cree usted que me *sentiría* por llevar el audífono? ¿Cómo me comportaría? ¿Me compraría ese maldito aparato y me lo pondría, o no?

Lo más probable es que, si a mí no me gustara llevar un audífono (que no me gusta), pero sí que *me gustara más oír con claridad*, me compraría el audífono y me lo pondría. Sentiría cierto *disgusto* por oír mal y por tener que llevar el audífono, pero aceptaría la realidad y me lo pondría. Ni mi mujer, ni mis amigos, ni tirios ni troyanos tendrían que azuzarme para que me pusiera ese puñetero aparatito.

Pero supongamos que usted *desestima* por completo ponerse el audífono. Usted piensa que es *terrible*, que *no puede soportar* llevarlo. Cree que tener que llevar un audífono demuestra que usted tiene defectos que NO DEBERÍA tener. Y supongamos que usted piensa que, si ciertas personas (personas más jóvenes, por ejemplo) le ven con un audífono, no van a querer hablar con usted, lo cual puede reducir sus posibilidades de conversación. ¿Cómo cree que se sentiría usted llevando el audífono en *estos* casos? ¡Correcto! ¡Como un pulpo en un garaje! Y no querrá llevarlo. Hará lo que pueda por simular que oye, aunque se pierda gran parte de la conversación con ello.

Yo llevo audífono desde hace ocho años. No me da ninguna vergüenza que me vean con él, ni tampoco me da vergüenza pedir en ocasiones a la gente que hablen más alto para poder oírles. Renuncié a la vergüenza hace muchos años, cuando utilizaba la filosofía y mis primitivos métodos de TREC para superarla. Cuando hago alguna estupidez o cuando los demás me ven hacerlas, lo lamento; pero no me avergüenzo ni me martirizo por ello.

Así pues, no tengo ninguna vergüenza en lo relativo a mi audición. Tampoco me da ninguna vergüenza llevar veinte años quedándome sin pelo; ni tener tantas arrugas en el rostro; ni me avergüenzo de mi andar vacilante; ni de algunas otras características más propias de una persona mayor. Lamento tener todo esto, pero no me avergüenzo de ello en absoluto.

Sin embargo, la audición sigue siendo un problema para mí, debido a la baja tolerancia a la frustración que aún me queda. Los audífonos que tengo (he probado varios de ellos) no acaban de funcionar bien. Mejoran mi audición, desde luego, y lo pasaría mal sin ellos, sobre todo con aquellos clientes que hablan en voz muy baja. Pero, aun así, tengo dificultades para poder oír bien, y también tengo problemas con los audífonos en sí. Pitan, tienen defectos, hay que ajustarlos regularmente, las pilas se les agotan misteriosamente cuando acabas de ponerlas, etc. En cierta ocasión, incluso, perdí unos costosos audífonos en el aeropuerto de Barcelona, cuando los guardas del control de seguridad me los retiraron y, sin saber cómo, ya no volvieron a mis bolsillos.

Así pues, los audífonos me causan también muchos problemas. Detesto perder el tiempo con ellos, y eso me disgusta enormemente. Pero entonces me obligo a recordar los problemas que tendría, problemas *mucho mayores,* si tuviera que vivir sin audífonos. Soporto lo más elegantemente que puedo los inconvenientes del audífono para poder cosechar los beneficios reales de este aparatito. En conclusión, el audífono es un fastidio; un verdadero incordio. Pero no es algo terrible.

Estos ejemplos personales puede que no sean particularmente impresionantes, pero son algunas de esas cosas que aterrorizan a la gente ante el hecho de hacerse mayor. Ahora que le hemos mostrado un par de ejemplos de autoderrota (y autoayuda) relacionados con la edad, volvamos a usted. ¿Qué alternativas realistas tiene *usted,* si no quiere evaluarse a sí mismo y deprimirse?

¡Huya de la trampa de la autoestima!

Veamos ahora cómo huir de la trampa de la baja autoestima y de los sentimientos de inferioridad y de inutilidad, tanto si guardan relación con la edad como con cualquier otra cosa. «Pero ¿no se supone que hemos de tener una alta autoestima?», quizás se pregunte usted. Respuesta: no, porque, si usted tiene una alta autoestima, es probable que tenga también una baja autoestima. ¿Con cuánta frecuencia se siente usted receloso, ansioso, deprimido y furioso? ¿No le convence?

El problema clave con la autoestima estriba en que, si usted se evalúa a sí mismo, más pronto o más tarde terminará *regañándose* a sí mismo. El perfeccionismo (o DEBERIAidad acerca del logro y la aprobación social) lleva a una baja autoestima. La autoestima baja no debe confundirse con la autocompasión. Esta última proviene de una actitud lacrimosa ante el hecho de que los demás o las circunstancias de la vida son injustas con el pobre de usted, pobrecito mártir incomprendido de usted.

¿Por qué es tan negativo evaluarse uno a sí mismo bajo cualquier criterio que no sea el de estar vivo? Porque, al evaluarnos en función de algún otro criterio, criterios que normalmente tienen que ver con los logros conseguidos y con la aprobación social, la mayoría de nosotros, meros mortales, terminamos frustrando nuestros objetivos. Si es usted falible e imperfecto, como cualquier otro ser humano, no va a destacar en la mayoría de las cosas. Su rendimiento quizás sea mediocre, o incluso malo, en algunas de ellas. Por tanto, si hace usted depender su valoración del hecho de cómo hace las cosas, terminará *deprimiéndose* normalmente consigo mismo. O bien, adoptando una actitud defensiva, quizás insista en estar haciendo bien las cosas, cuando las está haciendo mal. Y lo mismo podemos decir si usted establece su valía en función de lo que los demás piensen de usted, porque siempre habrá personas a las que *no* les va a caer bien. Evaluarse uno a sí mismo suele traer multitud de consecuencias indeseables, entre las cuales se pueden destacar generosas raciones de ansiedad, depresión, recelo, culpabilización de los demás, negativa a aceptar la responsabilidad de los propios actos y miedo a la asunción de riesgos y a la experimentación de cosas nuevas.

Ni siquiera se va a sentir seguro en el caso de que lo haga casi todo bien y la gente le adore. ¿Por qué? Porque puede patinar. Se puede encontrar usted con alguien que haga las cosas *mejor* que usted, quitando importancia así a sus logros, que pueden terminar en el cubo de la basura de la historia. Las mismas personas que le idolatran ahora pueden prescindir de usted al cabo de un tiempo. Esto me ocurrió a mí (Emmett Velten) cuando llegué a la universidad, donde no era más que un estudiante medio. Mi «valía», que se basaba en gran medida en mis éxitos académicos en el instituto, cayó en la vulgaridad dentro del entorno universitario.

Hay varias maneras de dejar de lado el juego de evaluarse a sí mismo y de ir más allá de la autoestima para llegar a la aceptación incondicional de uno mismo. En primer lugar, puede usted darse cuenta de que la propia evaluación lleva a que uno se sienta perdedor, además de dar pobres resultados, puesto que es poco práctica. La aceptación incondicional de uno mismo funciona mejor. Si usted piensa, por ejemplo, que se convertirá en un inútil cuando el cuerpo se le venga abajo por causa de la edad, se va a sentir cada vez más ansioso, más deprimido y más amenazado a medida que vaya entrando en años. Quizás tema hacer ejercicio en público, por ejemplo, por miedo a que los demás le vean viejo y decrépito.

En segundo lugar, quizás usted deje de evaluarse a sí mismo en su integridad como persona, pero puede ocurrir que siga evaluando sus *rasgos* y sus *actos* en función de si le resultan beneficiosos o si le causan problemas, viendo que la propia valía se da por definición. Debido a esto, y dado que usted sustenta esa definición ahora (no importa de dónde proceda), usted *podría* redefinir su valía sin condición alguna, sin ningún compromiso. Con la aceptación incondicional de uno mismo, usted puede sentirse mejor y disfrutar más de la vida. Para darse cuenta de que la propia valoración es una definición, piense en alguna persona, de entre las que conoce bien, que caiga bien a todo el mundo y que, sin embargo, no se valore a sí misma. ¡Hay cientos de personas así! Y piense también en Adolf Hitler, una persona cuyo comportamiento fue excepcionalmente despreciable, pero que con toda probabilidad tenía una buena opinión de sí mismo.

En tercer lugar, puede dejar de evaluarse y de condenarse si se da cuenta de que es imposible conocer y sopesar adecuadamente *todas* sus características, si lo que pretende es obtener una visión de conjunto de sí mismo. Además, aun cuando pudiera obtener una precisa visión de sí mismo, todo en el universo, incluido usted, se transforma y cambia. En un par de horas, tendría usted que volver a evaluarse de nuevo, y tendría que estar haciéndolo una y otra vez. Le quedaría poco tiempo para cualquier otra cosa.

En cuarto lugar, puede ver usted que la «propia valoración» es una sobregeneralización que se basa únicamente en *algunos* de sus rasgos, de entre los innumerables que tiene. De modo que una evaluación basada en sólo *algunos* rasgos no dejaría de ser una decisión arbitraria. Es una decisión que puede llevarle a uno a deprimirse y a perder ocasiones de mejora en el rendimiento. Además, puede que usted no sea muy preciso en la evaluación de los rasgos en cuestión. Usted puede ser, por ejemplo, bastante roñoso y, no obstante, darse palmaditas en la espalda a sí mismo pensando que es generoso.

Podemos resumir algunos de estos puntos sobre la aceptación incondicional de uno mismo en la duodécima regla para vivir con plenitud:

Regla n.º 12: ACÉPTESE Y PERDÓNESE INCONDICIONALMENTE

Las personas sanas están normalmente encantadas de estar vivas, y se aceptan a sí mismas simplemente porque están vivas y disponen de alguna capacidad que les permite pasárselo bien. Se niegan a medir su valor intrínseco en función de sus logros extrínsecos o por lo que los demás puedan pensar de ellas. Han optado francamente por aceptarse incondicionalmente a sí mismas. Intentan evitar por todos los medios evaluarse (en su integridad, en su ser), e intentan no ponerse etiquetas. Pretenden disfrutar de la vida, más que demostrarse algo.

Ejercicios de ataque a la vergüenza

Audrey era un excelente ejemplo de elevada autoestima, pero su autoestima era condicional. El tener una alta autoestima *suena* bien. Son muchos los artículos y los libros que le dicen a uno cómo ganar autoestima, pero son peligrosos y engañosos. Pues la autoestima, o aceptación condicional de uno mismo, es uno de los mayores trastornos que puede tener una mujer o un hombre.

Audrey lo tenía todo, pues, desde la adolescencia, había sido una joven hermosa e inteligente, que se desenvolvía bien en las relaciones sociales y destacaba en el deporte. Estaba en la cima de su clase en casi todos los aspectos. Era popular entre ambos sexos, y sus padres y su familia estaban orgullosos de sus logros. Era eficiente, y sabía que destacaba en los desempeños más importantes, tanto dentro como fuera del instituto. Y, además, confiaba en sí misma y en sus posibilidades.

Desgraciadamente, la aceptación de sí misma de Audrey no era *incondicional. Se aceptaba y se gustaba a sí misma sólo *porque* lo hacía casi todo bien, y porque caía bien a casi todo el mundo. Esta forma condicional de aceptación propia hacía que se sintiera bien la mayor parte del tiempo, pero no en los momentos de verdadera crisis. A pesar de la confianza que tenía en sí misma y de su buen historial en logros y en popularidad, Audrey temía no poder mantenerse en su posición, y sufrió varios ataques de pánico. Padeció unas graves crisis de ansiedad cuando a punto estuvo de no conseguir el nombramiento para pronunciar el discurso final de su clase en el instituto. Y el mismo pánico la embargó, junto con sendos brotes depresivos, cuando perdió el campeonato de tenis de su club y cuando se prescindió de ella en un importante ascenso en su puesto de trabajo.

Audrey era muy atractiva, y sabía que podía contar con sus encantos para deslumbrar a cualquiera. Pero hasta sus encantos podían fallarle, debido a su creencia en que TENÍA QUE estar más hermosa que ninguna otra chica. En cierta ocasión, durante una gala a beneficio de los enfermos de sida, en un hotel de cinco estrellas, y después de arreglarse primorosamente y de ponerse un vestido despampanante, Audrey se sintió molesta y herida por el hecho de que nadie se percatara de su gran entrada. ¡Y es que Diana Ross acababa de cruzar el vestíbulo del hotel! Así pues, no olvide que, por muy bien que lo haga y por muy atractivo que sea su aspecto, siempre habrá alguien que destaque más que usted. Si su autoestima es contingente, su ego saldrá herido, pues se sentirá usted un gusano. Además, a medida que destaque, irá ascendiendo puestos, se le dará formación avanzada y asistirá a eventos de relumbrón, como hizo Audrey, donde la competencia se le hará más dura y ya no destacará tanto.

Sin embargo, en general, Audrey sobrevivió, se convirtió en una brillante profesora, se casó con el hombre más atractivo y de mayor éxito de su círculo social, y tuvo dos hermosos e inteligentes hijos. Es decir, que no era precisamente tonta.

Pero, cuando Audrey llegó a los 50 años de edad, las cosas se le pusieron más difíciles. Aunque seguía siendo tan hermosa como lo había sido siempre, aceptó el culto de nuestra cultura por la juventud, de manera que se sintió fea. La artritis de su rodilla la obligó a dejar el tenis. Aceptó un empleo administrativo con su sistema de escuela, y lamentó tener que dejar a sus alumnos, que la adoraban, así como al director, que siempre la había llevado en bandeja. Su amoroso marido tuvo un lío con su secretaria, 20 años más joven que ella, y a punto estuvo de divorciarse de Audrey.

Toda la aceptación condicional que tenía Audrey de sí misma se desvaneció, y se sumió en una profunda depresión. Ella había basado su valía como persona en sus encantos y en sus logros de juventud, y ahora casi todo aquello se había esfumado. Seguía teniendo el amor de sus hijos, pero ambos se habían casado, tenían sus propias familias y vivían lejos. Ya no la «necesitaban».

La aceptación condicional de Audrey no siempre le había funcionado tan bien, ni siquiera cuando era joven y tenía éxito; y ahora, entrada en edad y con menos logros, no le funcionaba como ella creía que DEBERÍA funcionar… para sentirse valiosa. Audrey se había evaluado como «buena» debido a que era mejor que la mayoría de las personas en la mayoría de las cosas. Pero, cuando algo ponía en peligro sus logros, se sentía atenazada por el pánico.

Yo (Albert Ellis) me las vi y me las deseé para hacer que Audrey entendiera la idea de la aceptación *in*condicional. Audrey decía que se daba cuenta de sus virtudes, pero volvía una y otra vez sobre el «hecho» de que ella tenía que ser una esposa, madre, administradora, e incluso tenista, modelo. También tenía que aparentar no más de 40 años, como máximo. Sólo así podría aceptarse a sí misma. Los miembros de su grupo de terapia y yo intentamos ayudarla para que se aceptara a sí misma simplemente por ser una persona, un ser humano, y no por sus logros, pero en un principio fracasó lastimosamente. La historia de su vida, junto con lo que nuestra cultura le había enseñado, la había llevado a aceptarse a sí misma sólo condicionalmente. Cuando las circunstancias de su vida la llevaron a tener menos logros, menos éxito y menos elogios, la vida se le complicó enormemente.

Finalmente, utilicé con Audrey mis famosos ejercicios de ataque a la vergüenza, que le provocaron una profunda impresión y la ayudaron a optar por la aceptación incondicional. Estos ejercicios los diseñé en la década de 1960. Me había dado cuenta de que la vergüenza, lo embarazoso, o los sentimientos de humillación estaban en la base de muchos trastornos humanos, y en particular de los trastornos depresivos. Cuando una persona realiza un acto «vergonzoso», y en especial si se trata de un acto que los demás van a criticar duramente, la persona se dice a sí misma, en primer lugar: «Estoy haciendo algo equivocado, y eso es malo». Lo cual *podría* ser cierto.

También se dice a sí misma: «He cometido un error, y la gente me rechaza por ello. La verdad es que soy una persona *despreciable*. No soy buena. *No valgo nada*». En otras palabras, la persona no sólo desprecia su comportamiento, que puede ser lo mejor que puede hacer en su grupo social, sino que también se desprecia a sí misma y se condena íntegramente como persona. Más tarde, el sentimiento de desprecio y de odio contra sí misma hará más probable que repita el acto «vergonzoso», pues ¿cómo va a comportarse bien y a ganarse el aprecio de los demás una «persona despreciable»?

Los ejercicios de ataque a la vergüenza animan a la persona para que detenga el curso de esos pensamientos derrotistas y para que se acepte a sí misma plenamente, aun cuando su comportamiento sea malo y le comporte el rechazo de los que la rodean. Para hacer este ejercicio, piense en algo que considere vergonzoso, estúpido, ridículo o embarazoso, y luego haga esa cosa *deliberadamente* en público. Sí, al principio usted se permite sentir brevemente la vergüenza que le genera ese acto «vergonzoso», pero luego (pues este ejercicio tiene dos partes), usted *se esfuerza* por cambiar su pensamiento para *no* sentirse avergonzado.

¡Pero, cuidado! ¡Espere un minuto! No haga algo «vergonzoso» que le vaya a meter en problemas o que pueda provocarle algún daño. Por ejemplo, no haga algo idiota en el trabajo, ni se pasee desnudo por la calle, ni toque el claxon sin parar cuando se encuentre detrás de una pandilla de moteros de mal aspecto. No haga algo que pueda ser perjudicial para los demás, como darle una bofetada a alguien en la cara o registrarle los bolsillos. Más bien, haga (sí, haga) algo que usted considere vergonzoso y que la mayoría de la gente considere también vergonzoso, algo que pueda llevar a los demás a mirarle por encima del hombro. Por ejemplo, puede usted anunciar a gritos las paradas en el metro, el autobús o el tren, y seguir sentado en su asiento. Puede decir la hora a voz en grito en unos grandes almacenes o en un supermercado. Puede ponerse un zapato negro y otro marrón. Puede sacar a pasear una banana atada a una correa, y darle de comer con otra banana. Puede preguntarle a un extraño dónde está Broadway estando ya en Broadway. Puede decirle a un extraño: «Acabo de salir del hospital psiquiátrico. ¿En qué mes estamos?». O bien puede ponerse los calzoncillos en la cabeza.

La clave de estos ejercicios de ataque a la vergüenza es hacer algo disparatado, loco y embarazoso… y *no* sentirse ridículo, disparatado, loco y avergonzado. Está bien sentir pena y remordimiento por el hecho de que las personas que le vean piensen que no está bien o que está loco. Pero no se culpe, decididamente no se culpe a sí mismo ni se regañe por hacer algo «vergonzoso». Nadie puede rebajarle a usted sin su consentimiento. Lo único que pueden hacer es intentarlo.

En la TREC, hemos aplicado los ejercicios de ataque a la vergüenza con miles de personas de todo el mundo. Normalmente, al principio, se sienten avergonzadas o humilladas. Pero, si siguen haciéndolos, terminan perdiendo todo sentido de la vergüenza, e incluso acaban disfrutando del proceso.

Esto es lo que le ocurrió a Audrey. Al principio, le daba miedo realizar los ejercicios de ataque a la vergüenza. Los demás participantes de la terapia de grupo los habían hecho, y la conclusión general era que les había beneficiado mucho llevarlos a cabo. Audrey tenía miedo de que, aun cuando hiciera estos ejercicios ante extraños, terminaran enterándose sus amigos y su familia. La mayor parte de su familia la constituían personas convencionales, y probablemente la habrían mirado por encima del hombro. «¡Eso estaría bien! —le dijeron los miembros del grupo—. ¡Deja que se horroricen al verte! Lo que queremos es que te des cuenta de que en realidad no importa mucho lo que los demás piensen de ti. Así que deja que piensen que estás idiota. Tú no tienes por qué darles la razón. Ésa es la clave del ejercicio.»

Ni caso. Audrey seguía negándose a hacer el ejercicio de ataque a la vergüenza. Sostenía firmemente la creencia irracional de que sólo podría ser una buena persona si tenía éxito en algún proyecto, o si complacía a los demás. Al menos, según Audrey, NO DEBÍA fracasar NI DEBÍA ser rechazada por los demás. Mientras tanto, su pánico iba creciendo ante la idea de que, ahora que era mayor, ya no podría destacar como había destacado entre los demás durante toda su vida. De ahí que pensara que ya no podría elevar de nuevo su autoestima. Ella creía en la teoría de la TREC, pero sólo un poco y superficialmente, pues casi no la había puesto en práctica.

Finalmente, el asunto de su marido con la secretaria volvió a emerger, y aquello terminó por desquiciarla, haciéndoselo saber a todo el mundo. La práctica totalidad de sus compañeros de oficina estaban al tanto del tema, y Audrey sentía pánico ante la posibilidad de que su madre, con 90 años, se enterara del asunto y le reprochara haber aguantado aquello durante más de un año. Audrey decía que, si su madre se enteraba, no podría soportarlo; que sería capaz de morirse. Estaba paralizada de terror.

En aquel momento, sus compañeros del grupo de terapia insistieron más que nunca en que hiciera algunos ejercicios de ataque a la vergüenza. Le demostraron lo ridículo que era que se horrorizara ante la idea de que su madre o cualquier otra persona la rechazaran, e insistieron en que desafiara su antigua manera de pensar. Para quitárselos de encima, Audrey accedió finalmente a ir a Bloomingdale's,[19] que se encuentra cerca de nuestro instituto, para vociferar entre la gente: «¡Las diez en punto y sereno!». Lo intentó en dos ocasiones, y no se atrevió, pero al tercer intento se las arregló para vocear la hora en la tienda. Para su sorpresa, casi nadie prestó atención a su disparatado proceder, y uno de los guardas, incluso, le

19. Unos famosos grandes almacenes de Nueva York. (*N. del T.*)

sonrió de manera amigable. Y eso que Audrey había pensado que el guarda se horrorizaría y la sacaría de la tienda.

Al ver que no ocurría nada, Audrey hizo acopio de coraje para vocear la hora en otras dos secciones de los grandes almacenes. Y vociferó también unas cuantas paradas en el metro. Se dio cuenta de que, al hacer esto, no ocurría nada terrible. Aunque algunas personas probablemente pensaron que estaba loca, evitando el contacto visual con ella y alejándose claramente de ella, Audrey fue capaz de asumir sus actitudes críticas y de no menospreciarse a sí misma por ello.

A las pocas semanas, Audrey hizo algunos ejercicios más de ataque a la vergüenza y vivió las mejores semanas de su vida. Se dio cuenta de que era ella misma la que les daba el poder a los demás, un enorme poder, y entendió que no tenía por qué hacerlo. Finalmente, se licenció en el ejercicio de ataque a la vergüenza entre extraños para contar a algunas amigas, y por último también a su madre, el asunto que su marido tenía con su secretaria. Entonces se percató de que casi todos ellos culpaban a su marido y no a ella, y se habituó a afirmarse en sí misma y a imponerse, aun cuando fuera probable que alguien la criticara por hacerlo.

Los ejercicios de ataque a la vergüenza impactaron fuertemente a Audrey, al darse cuenta de que su estima hacia sí misma no dependía de circunstancias como el éxito y la aceptación social. Y, para consolidar su compromiso con la aceptación incondicional de sí misma, se ofreció voluntaria para dar clases a adolescentes en un centro comunitario de su zona. Les enseñó habilidades sociales, y llegó incluso a enseñarles algunos de los principios de la TREC, como el de la aceptación incondicional de uno mismo. Al hacer esto, arraigaron más y más profundamente estas ideas en su cabeza y en su corazón.

—Me doy cuenta —reflexionaba Audrey— de que evaluar el *modo* en que hago las cosas que son importantes para mí es el camino. Aún podría terminar sintiéndome mal, supongo, pero *convendrá* que no me sienta bien cuando mis acciones no estén a la altura de mis objetivos y de mis valores, ¿no?

—Sí. Los sentimientos negativos, en este caso, serían saludables. Siempre y cuando esos sentimientos le motiven a usted a cambiar lo que pueda cambiar y a aceptar lo que no pueda cambiar.

—Inclusive la edad que tengo. Si me valoro poco a mí mismo por causa de mi edad, me voy a estar haciendo daño innecesariamente. Aunque haya personas que alberguen prejuicios contra las personas mayores, yo no tengo por qué compartir sus mezquinos puntos de vista.

—¡Exactamente! Usted puede incluso cuestionar las expectativas y los estereotipos negativos acerca de la edad que muchas veces tenemos sin ser conscientes de ello. Así, si usted se decía a sí misma que no valía nada porque era vieja y con canas, o vieja y con arrugas, o vieja y jubilada, ¿qué podía hacer usted?

—Convendrá que empiece a creer esto: «Me aceptaré y me valoraré *a pesar de todo;* para mí misma, siempre valdré lo mismo».

—Eso es la aceptación incondicional de uno mismo.

Nos duele la cabeza esta noche

Marylou y Matt, de 55 y 58 años de edad respectivamente, presentaban un caso doble de desvalorización propia. Ambos estaban felizmente casados, después de sendos primeros matrimonios desdichados y fracasados. El primer marido de Marylou la criticaba por todo, pero ella había seguido con él durante 22 años, hasta que sus dos hijos terminaros sus estudios en la universidad. Matt, que era empleado de la Administración pública, nunca había tenido el dinero ni el estatus suficiente como para complacer a su primera esposa, Judy. Él había seguido con ella más que nada porque Judy era una belleza a la que le encantaba el sexo, pero había terminado dejándola cuando el impulso sexual de Matt decreció y cuando los reproches de Judy aumentaron. En lo relativo a su divorcio, a Matt le gustaba parafrasear el viejo dicho de que el amor que le daba ya no merecía la pena a cambio del placer que le daba. De manera que Matt se emparejó con Marylou, que nunca había sido demasiado atractiva, pero que había sido buena amiga suya desde los tiempos de la universidad. Marylou, a su vez, encontró en Matt a un hombre tolerante y poco crítico, y durante dos años habían llevado una relación maravillosa de apoyo mutuo… salvo en su vida sexual, de la que ambos se avergonzaban.

Marylou, que había conocido a Judy, la primera esposa de Matt, sabía que su cuerpo no se podía comparar con el de ésta, y estaba convencida de que nunca podría satisfacer a Matt en la cama como Judy lo había hecho. Aunque a sus 55 años no era una mujer envejecida, Marylou se sentía inferior, porque no podía compararse a Judy en belleza ni en sexualidad, y se sentía particularmente avergonzada de sus pechos, un poco caídos, y de sus voluminosos muslos. En cierta ocasión, había considerado la posibilidad de la cirugía estética, pero finalmente decidió que sería mejor resignarse y vivir con su cuerpo tal como era. El ardor sexual y la capacidad orgásmica de Marylou no eran deficientes en modo alguno, pero tampoco aquí podría igualarse jamás a Judy (por lo que había sabido por Matt). Marylou estaba avergonzada de su cuerpo, y estaba avergonzada de su «mediocre» sexualidad.

Por su parte, Matt había sufrido una disminución del impulso sexual ya en los últimos años de su matrimonio con Judy, en parte debido a los reproches de ella y en parte debido a sus problemas de próstata, y se había sentido feliz con el poco sexo y con los muchos abrazos y cariño de Marylou. Pero él sabía que ella se sentía mal por no dar la talla de Judy en belleza y en sexualidad. De ahí que Matt se culpara por no haber sabido demostrarle a Marylou que su carencia de interés sexual por ella no tenía nada que ver con ningún defecto que ella pudiera tener. Había intentado convencerla de que sus insuficiencias masculinas, a su edad y en su estado físico, se habrían dado prácticamente igual con cualquier otra mujer. Una y otra vez, intentaba tranquilizar a Marylou diciéndole que sus «deficiencias» eran un problema suyo, de él, y que no eran fruto de carencia alguna por parte de ella. Pero Marylou no dejaba de culparse de aquello, por lo que ignoraba las palabras tranquilizadoras de Matt.

La determinación de Matt por demostrarle a Marylou que era lo suficientemente hermosa y sexy como para excitarle más y mejor llegó a ser tan grande que las exigencias a las que se sometía a sí mismo se volvieron en su contra. Las creencias irracionales básicas de Matt eran: «¡DEBO demostrarle a Marylou que la quiero de verdad, teniendo erecciones mejores y más firmes!», «¡TENGO QUE demostrarle que es lo suficientemente atractiva como para ponerme caliente!». Con estas exigencias, Matt no hacía otra cosa que espiar el estado de su pene y su capacidad para endurecerse y mantenerse duro; y, como era de esperar, ¡su pene terminó sufriendo de miedo escénico! Las ansiedades sexuales de Matt terminaron por interferir aún más su desempeño de lo que lo habría hecho la disminución natural del impulso sexual.

Como suele ocurrir con los hombres que tienen un problema eréctil, Matt entró en un círculo vicioso. Cuanto más ansioso estaba, más le aterrorizaba mantener relaciones sexuales con Marylou. Cuanto más ansioso estaba, peor le iba. Cuanto peor le iba, más ansioso se ponía en la siguiente ocasión. ¿Por qué? Porque seguía diciéndose a sí mismo lo *terrible* y lo *intolerable* que sería fracasar, y que no podría ser un hombre de verdad si fracasaba.

Si se hubiera dejado llevar por sus inclinaciones naturales, Matt habría mantenido relaciones sexuales con Marylou una vez cada dos semanas, y habría disfrutado plenamente del acto. Sin embargo, la ansiedad que le causaba su DEBERmanía le hizo difícilmente capaz de conseguir siquiera una erección. Cuando, ocasionalmente, tenía una, se obsesionaba tanto en que durara lo suficiente como para que Marylou llegara al orgasmo (cosa en la que nunca había tenido problemas con Judy), que terminaba eyaculando rápido, sin disfrutar casi de la relación. Y, tras estos «fracasos», como sería de esperar, Matt se reprochaba a sí mismo su mal desempeño. Empezó a detestar la idea de tener que intentarlo de nuevo al cabo de una o dos semanas, y no tardaron en pasar meses antes de hacer un nuevo intento en la cama.

Marylou, mientras tanto, seguía dando por hecho que ella era la causa (por culpa de sus pechos caídos y de su sobrepeso) de los problemas y de la retirada sexual de Matt, y terminó por sentirse tan aliviada como Matt en la evitación del sexo, por miedo a «demostrar» lo terrible que era como pareja, en especial si se la comparaba con Judy. Aunque ambos seguían ofreciéndose cariño, calor y abrazos, las relaciones sexuales entre ellos se interrumpieron definitivamente. Una amiga de Marylou le insistió a ella para que acudieran a terapia sexual, y la American Association for Sex Education, Counseling and Therapy[20] me los remitió a mí (Albert Ellis). Cuando se enteraron de que yo había escrito alrededor de veinte libros sobre sexo, superaron sus reticencias y vinieron a verme.

No me llevó demasiado tiempo demostrar a Marylou y a Matt que su doble ansiedad ante el peligro de la relación sexual provenía del modo en que se desvalorizaban. Marylou había interiorizado las cáusticas críticas de su primer marido y se había convertido en una experta (¡una de las mejores!) en condenarse *a sí misma*. Por otra parte, los años pasados viendo películas y televisión la habían llevado a creer ciegamente que, cuando un hombre se excita sexualmente con una mujer, lo hace casi enteramente por su juventud, su belleza y su atractivo sexy, que es lo que despierta su ardor. Las ideas de Marylou acerca de la anterior vida sexual de Matt y de Judy confirmaban por completo este punto de vista. Sin poder siquiera equipararse a Judy en su talle esbelto y en su capacidad para incitar al sexo, Marylou no se veía a sí misma como una mujer de verdad. Y si su capacidad orgásmica estaba simplemente bien, pero no era sensacional, como persona se veía menos que bien.

En cuanto a Matt, él creía que su condición física no era excusa para sus fracasos sexuales (eréctiles). Con su anterior esposa, Judy, había perdido gran parte de su deseo sexual, porque ¿quién quiere irse a la cama

20. Asociación estadounidense de educación, orientación y terapia sexual. (*N. del T.*)

con una barracuda? Pero él amaba de verdad a Marylou y quería satisfacerla sexualmente, al tiempo que se satisfacía él. Cuanto más intentaba que se le levantara y se le mantuviera firme, menos le dejaba su ansiedad lograr sus objetivos. De ahí que se desvalorizara a sí mismo, en primer lugar por su «inadecuación» sexual, y en segundo lugar por su ansiedad. Un «hombre de verdad» DEBERÍA ser sexualmente potente, y debería estar libre de ansiedades, y él mostraba su insuficiencia en estos dos aspectos «cruciales».

Utilicé varias técnicas sexuales habituales con Marylou y con Matt. En primer lugar, les hice ver que sexo no es igual a coito. Hay otras muchas formas de disfrutar del sexo, a menudo más satisfactorias y eficaces, entre las que estarían los métodos de enfoque sensorio, relajación y distracción, así como la utilización de la imaginación para excitarse. Les expliqué los métodos que podrían utilizar para comunicarse entre sí y para exponer sus deseos sexuales. Les animé a hacer uso de lo que Masters y Johnson llaman *enfoque sensorio*, que consiste en olvidarse del coito por un tiempo y darse placer mutuamente hasta llegar al orgasmo de diversas maneras que no involucren la penetración. Les hice ver que no tenían por qué alcanzar el clímax juntos, sino que podían llegar a él primero uno y luego el otro, sin tener que preocuparse al mismo tiempo por el placer de la pareja. Les animé a que utilizaran sin sentimiento de culpabilidad alguno las técnicas imaginativas y de estimulación que les habían funcionado bien para masturbarse, pero que pensaban que eran «demasiado egoístas» en una relación sexual mutua. Y también le expliqué a Matt que la inserción del pene fláccido en la vagina lleva a muchos hombres a conseguir la erección.

Estos métodos personalizados de terapia sexual ayudaron considerablemente. Y lo que parece que les ayudó especialmente a Matt y a Marylou fue el poder disfrutar, sin avergonzarse, de distintas técnicas sexuales que les permitían excitarse plenamente y concentrarse individualmente en alcanzar el clímax. Marylou no tardó en conseguir niveles de excitación como nunca antes había conseguido, llegando a veces al clímax tres veces por semana. Matt nunca llegó hasta ese punto, pero pudo conseguir una erección plena y un orgasmo una vez a la semana, centrándose en los métodos «egoístas» del sexo. Matt disfrutaba particularmente de que Marylou le hiciera sexo oral durante diez minutos, mientras él se concentraba plenamente en su propio placer. Luego, Matt la satisfacía a ella con una combinación de manipulación del clítoris y penetración vaginal con los dedos. Aliviado de la carga de tener que llevar a Marylou al orgasmo con su sagrado pene, Matt disfrutaba plenamente concentrándose en su propio placer durante diez minutos y luego se concentraba otros diez minutos en llevarla a ella al orgasmo. El método del placer «egoísta» por turnos incrementó enormemente el placer sexual que ambos se daban mutuamente. Primero uno y luego el otro se concentraban totalmente en que el otro disfrutara. Y Matt estaba feliz de haber podido llevar a Marylou a unas cotas de placer como nunca antes había experimentado ella.

Sin embargo, por encima de todo, enseñarles la aceptación incondicional de sí mismos fue sumamente importante para que pudieran calmar sus ansiedades sexuales mutuas. Cuando Marylou pudo aceptarse a sí misma con su no muy perfecto cuerpo y su «mediocre» excitabilidad sexual, que eran claramente inferiores a los de Judy, perdió gran parte del miedo a exhibir sus «deficiencias» ante Matt. Luego, pudo concentrarse en darse placer y darle placer a Matt hasta un grado mucho mayor de lo que hubiera experimentado jamás. Su cuerpo, sorprendentemente, respondía, a medida que su ansiedad decrecía, y mediados los cincuenta descubrió que era cada vez más excitable, anhelando incluso las relaciones sexuales.

Matt también se aceptó incondicionalmente con su algo envejecida sexualidad y sus problemas de próstata. Cuando ya no pensó que tenía que ser un don Juan para demostrarse su «masculinidad» a sí mismo y a Marylou, logró erradicar la ansiedad como nunca antes lo había logrado. No se convirtió en un atleta sexual, pero sí que se hizo notablemente más sexy. Las técnicas cognitivo-conductuales utilizadas en la TREC mejoraron enormemente su vida sexual, pero el método profundamente filosófico de la aceptación incondicional de uno mismo le ayudó aún más, tanto a él como a Marylou. Sus relaciones sexuales habían mejorado mucho, ciertamente, pero el poder vivir sin desvalorizarse y sin ansiedad fue la mayor consecución de sus vidas, ahora que se aproximaban a la vejez.

8

Familias y economía

—En términos generales, preferiría ser huérfana —dijo Claudia con un suspiro de pesar, imitando cómicamente la voz de W. C. Fields[21] en su ocurrencia; «En términos generales, preferiría estar en Filadelfia».

Claudia no estaba muy contenta con varios miembros de su familia, pero ahora ya no se alteraba con ellos. Sólo tres semanas antes, Claudia se había sentido herida y se había enfadado con el pésimo proceder de sus familiares. En aquella ocasión, colérica y herida, había dicho: «Me gustaría no tener familia».

—Sí —concordé yo (Emmett Velten) en nuestra primera sesión—, pero, recuerde, las personas que no tienen familia, los huérfanos por ejemplo, pueden sentirse afectados por *no* tener familia. ¡Y las personas con familias perfectas pueden ver terribles *otras* cosas! No son los acontecimientos activadores en sí (en su caso, esos miembros de su familia conflictivos) los que nos perturban…

—Ya sé, ya sé —respondió Claudia con rapidez—. Son nuestros juicios acerca de ellos.

Claudia había entrado en la web del Instituto Albert Ellis (http://www.rebt.org), por donde había venido hasta mí, para trabajar los problemas que tenía con su familia. Había leído también diversos folletos

---

21. Actor y cómico estadounidense, 1879-1946. *(N. del T.)*

sobre la TREC que le había enviado yo antes de concertar hora para nuestra primera sesión.

—¿Y qué juicio es el que le perturba a usted en este caso?

Claudia lo meditó durante unos instantes y respondió:

—¡Mi hermano, mi cuñada y mi marido NO DEBERÍAN ser como son! De hecho, me enfado yo sola con ellos aunque no los tenga ante mi vista. De modo que no son ellos, soy yo.

—Correcto —coincidí—. Aunque ellos hacen lo que pueden, comportándose como se comportan, por *ayudarla* a que usted se disguste.

Claudia se rió con acritud y aceptó que su hermano y su cuñada eran muy competentes en eso, y que a su marido tampoco se le daba mal. ¿Qué habían hecho?

Claudia y su hermano, José, venían alternándose en la celebración del familiar Día de Acción de Gracias; un año en casa de ella y al año siguiente en casa de José. Había otras hermanas y hermanos, pero Claudia y José eran los mayores, y ahora que sus padres habían pasado a mejor vida, eran ellos los que encabezaban la familia. Ambos tenían casas grandes y espaciosas. La cena de Acción de Gracias era una importante tradición para tan gran familia, a la que asistían 40 o 50 personas, aportando cada uno de ellos distintos platos. Claudia y José vivían a casi 200 kilómetros de distancia, una en Tucson y el otro en Phoenix, y lo mismo ocurría con la mayor parte de la familia. Y así había funcionado todo hasta el Día de Acción de Gracias del último año. El marido de Claudia, Rubén, había comentado irónicamente que Luann, la esposa de José, se había equivocado con él. En los meses siguientes, aquello había llevado a distintos comentarios e incidentes por parte de Luann que, devolviéndole la pelota a Rubén, le decía que se había equivocado con ella. Los comentarios fueron y vinieron, como pelotas de tenis, hasta que llegó el momento de concretar la próxima cena de Acción de Gracias, que tenía que celebrarse en casa de Claudia y de Rubén.

Una nueva fase de hostilidades se había desatado en el *picnic* de la familia del Día del Trabajo, que no era una celebración tan importante como el Día de Acción de Gracias. La cuñada de Claudia, Luann, había dejado caer que ya no se sentía bien recibida, ni tampoco cómoda, en casa de Claudia y de Rubén. Y el comentario no tardó en llegar a oídos de estos últimos. Por su parte, Rubén no perdió el tiempo en difundir la voz de que no quería en su casa a nadie que no se sintiera cómodo… ¡y que no supiera aguantar bromas! José, el marido de Luann, interpretó el comentario de «no saber aguantar bromas» de Rubén como un insulto. Telefoneó a Claudia y a Rubén y dejó un mensaje en el contestador automático, diciendo que Luann y él se merecían una disculpa, y que, de no disculparse, cortarían todo contacto con ellos. José telefoneó también a otros miembros de la familia para darles su versión (y la de Luann) de los hechos, así como algunas interpretaciones poco elogiosas sobre los motivos de Rubén para insultar a Luann, y sobre los motivos de Claudia para no ponerle freno a Rubén. Y cuando *esos* miembros de la familia le relataron aquello, vivamente, a Claudia y a Rubén, Rubén retiró la invitación del Día de Acción de Gracias a José y a Luann. Claudia pensó que su marido había ido demasiado lejos al retirarles la invitación, pero entendía su punto de vista. Y entonces llegó la conmoción. ¡José y Luann hicieron pública una invitación paralela para el Día de Acción de Gracias en la que se invitaba a toda la familia salvo a Claudia y a Rubén! El mismo día y a la misma hora, de manera que todos y cada uno de los invitados sólo podría asistir a una, y sólo una, celebración.

Ésa había sido la adversidad familiar de Claudia. En C, como consecuencia emocional, Claudia se sentía enfadada y herida. ¿Cuáles eran sus creencias irracionales relevantes en este caso? Las principales eran:

- ¿Cómo puede (traducido: NO DEBERÍA) el idiota de mi hermano permitir que esto ocurra? ¿Cómo puede hacernos esto a nosotros, a su familia?
- ¡Después de todo lo que he hecho por Luann, no puedo creer que ella me haga esto a mí, personalmente! (traducido: ella NO DEBERÍA hacerme esto a mí)
- ¡Y mi marido! ¿Por qué tenía que decirles (es decir, NO DEBERÍA) que no estaban invitados? Tenía que haberlo dejado pasar todo.

Esto es lo que dio de sí la primera de nuestras cuatro sesiones. Claudia estaba enfadada, herida y resentida. Sin embargo, deseaba ardientemente recobrar los buenos términos con su hermano y su cuñada, y sanar la ruptura. También tenía la esperanza de que los contendientes, incluida ella misma, pudieran aprender a comportarse de un modo un poco más saludable y tolerante en el futuro. De manera que trabajó sobre sí misma y sobre su parte en la disputa familiar, con la esperanza de mostrarse lo suficientemente tolerante y racional como para hacer lo que estuviera en su mano para alcanzar un tratado de paz. ¿Y qué pasaría si no había sido capaz de conseguirlo para cuando llegara el Día de Acción de Gracias? Bueno, al menos podría aceptar, sin horrorizarse, el desalentador cariz que habían tomado las cosas. También podría continuar con sus esfuerzos por influir en todos para que perdonaran, olvidaran y enterraran el hacha de guerra.

Para cuando llegó la cuarta sesión, Claudia había discutido eficazmente sus «debería». Como consecuencia de ello, se sentía apesadumbrada por lo sucedido. Había conseguido ver el asunto con perspectiva, incluso con una cómica perspectiva, como demostraba su comentario a lo W. C. Fields. Claudia aceptaba que las familias, y los componentes de las familias, tienen sus desavenencias y sus rasgos negativos, así como sus virtudes. Había aceptado incondicionalmente a su hermano, a su marido, a su cuñada e incluso a sí misma, como personas sumamente falibles, con defectos, ¡además de sumamente divertidas! Como por una inspiración, había telefoneado a su hermano y a su cuñada en varias ocasiones, y había tenido algún que otro cara a cara, de corazón a corazón, con su marido.

Sin embargo, se hicieron dos celebraciones de Acción de Gracias, con la rama de la familia que estaba en Tucson en casa de Claudia y de Rubén, y la rama de la familia que estaba en Phoenix en casa de José y de Luann. Para sorpresa de Claudia, muy pocos miembros de la familia dijeron que preferían la doble celebración en vez de la antigua costumbre alternativa por el hecho de que no tuvieran que desplazarse tan lejos. Por lo último que supe, parecía que al año siguiente se iba a dar una variación de *Historia de dos ciudades*, ¡con la comida de Acción de Gracias en una ciudad y la cena en la otra! Según Claudia, los directores de la disputa familiar parecen reírse ahora del hecho de haberse tomado tan en serio unos a otros.

La negativa a tomarse en serio cosas *tan* serias es importante para una buena salud mental. El tomarse a risa asuntos familiares tan serios puede ser todo un desafío, pero merece la pena intentarlo, si sus familiares tienen la cuota normal de rasgos redentores. Entre las adversidades familiares habituales que también pueden guardar relación con la edad se encuentran:

- El enajenamiento de miembros de la familia.
- El tener hijos, u otros miembros de la familia, que resultan problemáticos.
- Los miembros de la familia negligentes o abusivos.
- El no tener ya una familia con vínculos fuertes.

¿Qué es una familia?

Las familias tradicionales siguen vivitas y coleando; no se están extinguiendo, como algunos informes de los medios de comunicación de masas pretenden hacernos creer. Lo que sí es innegable es que las familias han cambiado considerablemente en nuestros tiempos. Muchos lectores podrán recordar aún los tiempos en que los divorcios y las madres que trabajaban eran rarezas, por no hablar de las familias monoparentales. Los tiempos han cambiado, y existen diversas tendencias que siguen cambiando las características de lo que la gente considera una «familia». Por ejemplo, el 20 por ciento de los *baby boomers* no tiene hijos, y otro 25 por ciento tiene sólo un hijo. En general, la gente tiene pocos hijos. Un gran número de personas están alcanzando su mediana edad, y se harán mayores, sin hijos en los que apoyarse. Las personas viven ahora más tiempo de lo que vivían hace varias generaciones, y la tasa de mortalidad entre bebés y niños pequeños es muy baja. Así pues, ¡una ola gigante de gente mayor avanza inexorablemente! La gente se desplaza más ahora de lo que se desplazaba hace una generación. Si tiene usted hijos u otros parientes biológicos, lo más probable es que estén repartidos por el país o, incluso, por medio mundo.

Por otra parte, ahora existe el divorcio y el segundo matrimonio. ¡Muchas parejas tienen en casa a los hijos de él, a los de ella y los de los dos! Y esto se puede complicar aún más cuando se multiplican con varios matrimonios y divorcios. Adultos con hijos adultos se casan, hacen amistad con diversos cuñados y cuñadas (de la pareja y de los hijos de la pareja), y luego los hijos se divorcian. O se divorcian los padres. Y, muy frecuentemente, los lazos emocionales con esos cuñados y cuñadas se mantienen vivos. Se siguen *sintiendo* familia.

Las familias monoparentales, tan comunes hoy en día, fueron en otro tiempo objeto de escándalo y vergüenza. Aquellas jóvenes que se quedaban embarazadas sin estar casadas eran enviadas muchas veces a hogares para madres solteras, o se las embarcaba para que fueran a vivir con una tía en Florencia hasta que tuvieran el niño. También se las expulsaba de los institutos. Incluso una mujer madura como Ingrid Bergman, estrella de cine ya fallecida que ganó varios Oscar, a punto estuvo de ver destruida su carrera por tener un hijo fuera del matrimonio en la década de 1950. ¡Lo que la salvó probablemente fue que era europea, no estadounidense! Aunque los hombres no pueden tener un hijo sin la cooperación de alguien más, cada vez es mayor el número de familias monoparentales en las que el único progenitor es un varón.

Lo que en otro tiempo fuera inimaginable en nuestra sociedad, como el que las parejas de gais y de lesbianas tuvieran hijos, habitualmente adoptados, es cada vez más común en nuestros días. Hasta hace relativamente pocas décadas, el matrimonio interracial iba contra la ley, mientras que ahora tienen lugar gran número de matrimonios mixtos, y cada vez son más los hijos de estas uniones que se niegan a que se les clasifique racialmente para el censo y para otros propósitos.

Así pues, las familias son ahora mucho más variadas de lo que solían ser. Atrás quedan los días en que su familia estaba compuesta únicamente por los parientes biológicos y sus cónyuges, y uno no tiene más elección que el matrimonio y el divorcio.

Actualmente, muchas familias están centradas en los adultos en vez de en los niños. La independencia individual, la menor proporción de personas con hijos y demás tendencias demográficas y económicas, están llevando a la creación de familias más pequeñas y abiertas. Al mismo tiempo, estas tendencias están generando amplias familias compuestas que, en muchos casos, no tienen una mayoría de personas con vínculos biológicos mutuos, o ni siquiera están casadas entre sí. En estas nuevas familias, los valores compartidos y la elección son tan importantes como la biología. Usted puede ahora vincularse con sus pares, con sus iguales, en lugar de con sus parientes, y el compromiso y la elección son más importantes que los lazos de sangre.

¿Puede terminar con usted su familia?

En una palabra, sí. Hay un personaje de una obra de Jean-Paul Sartre que hace un comentario que seguro que suscribiría Claudia: «El infierno son los demás». A veces, es cierto. Nadie es perfecto, pero el rango de imperfección es bastante amplio. Están los demás y *los demás*. Quizás sea usted una de esas almas sin suerte cuyos queridos parientes pueden estar entre los más adversos *demás*. Sí. En A, el acontecimiento activador, alguno de estos seres queridos se comporta de forma deleznable, dándole a usted multitud de oportunidades para que exprese sus creencias irracionales y se perturbe usted solo en C, sus consecuencias emocionales y conductuales. Alguno de estos seres queridos puede ser detestable, negligente, mezquino, necio, traidor, roñoso, guarro o cualquier otra cosa falible e imperfecta. Diga un adjetivo, y algún miembro de su familia o de la familia de su pareja se ajustará a ello. ¿Que no lo han hecho todavía? Deles tiempo. Las posibilidades son infinitas. Aun cuando uno de los miembros de su familia pueda ser un cabeza loca de la peor calaña, cualquiera de ellos le puede proporcionar, sin ningún esfuerzo, multitud de tensiones más comunes. Quizás vivan demasiado lejos, por ejemplo (y se dé el caso de que usted es mayor y ellos son sus hijos). Y, *claro está,* quizás vivan demasiado cerca. Su familia puede ser demasiado grande o demasiado pequeña. Demasiado pegajosa, demasiado inaccesible emocionalmente, demasiado rica, demasiado tacaña… Demasiado esto o lo otro, o lo de más allá.

¿Es usted una persona mayor que ha educado a sus hijos? Si es así, ¿se ha dado cuenta de que siguen mostrando ciertos comportamientos molestos que desarrollaron siendo jóvenes? ¿Le suena familiar? O pudiera ser que sean tipos creativos que dieron inicio a su conducta molesta siendo ya adultos, en tanto que sus antecedentes infantiles fueron inmaculados. Es muy posible. Pero, normalmente, si son humanos, son, o han seguido siendo, *¡muy imperfectos!* Algunos de ellos han resultado ser grandes personas, de acuerdo; otros, no tanto; y algunos, ciertamente, malos tipos; pero hasta el mejor de ellos sigue siendo… *¡muy imperfecto!* Es preferible aceptar esta realidad y no perturbarse uno mismo con ello. De otro modo, puede usted hacer que las relaciones sean desagradables, tanto para usted como para ellos.

Si no acepta las flaquezas e imperfecciones de los demás, y no opta por estar con los demás, ¿qué otras opciones le quedan a usted? Una es la no aceptación, pero estar con los demás. Ésta es, normalmente, una mala elección. Otra opción es convertirse en un ermitaño o un alma solitaria. Incluso aquí, puede ser usted un ermitaño satisfecho o un ermitaño amargado, depende de sus actitudes hacia las personas que ha dejado atrás. Pero la mayoría de las personas, claro está, no tienen el temperamento para vivir como un ermitaño o un alma solitaria. Desean algún contacto con los demás. Eso está bien. Pero, para disfrutar de ese contacto, y no darse a sí mismo un derrame cerebral, convendrá que acepte a los seres humanos con sus deficiencias. Si *puede* usted cambiar sus características negativas, hágalo. Inténtelo. Pero, si no lo consigue, no llore. Más bien, acepte a los demás con sus imperfecciones, al igual (quizás) que ellos le aceptan a usted, con sus imperfecciones.

¡Culpe a los padres!

Una de las ideas dominantes de nuestra cultura es que los padres son totalmente responsables de lo que terminan siendo sus hijos. En especial, si «salen» malos, ¡culpe a los padres! (Cuando nuestros hijos «salgan» muy buenos, podremos aceptar elegantemente gran parte del mérito.) Normalmente, se culpa a la madre severamente, pero al padre también se le culpa por cómo salieron Juanito y Juanita.

Nosotros no estamos de acuerdo con esta idea. En primer lugar, si es 100 por ciento culpa de usted que sus hijos hayan salido como han salido, ¿quién fue el responsable de que *usted* saliera como salió? *Sus* padres, los de usted. Y así, esta línea de razonamiento nos llevaría hasta Adán y Eva, o hasta Pedro y Wilma Picapiedra, presumiblemente. Puede ver que esta línea de pensamiento no lleva a ninguna parte, salvo a un mundo poblado únicamente por víctimas, que no son responsables de nada de lo que hacen. Sería una anarquía amoral.

No estamos diciendo que no sea importante que eduque usted a sus hijos lo mejor que pueda. No estamos diciendo que no hubiera sido preferible que sus padres hubieran hecho un buen trabajo con usted como padres. Sin embargo, su educación es un acontecimiento activador o una posible adversidad. El modo en que usted actúe y sienta, como consecuencia en C, surge directamente de B, *su* actual sistema de creencias, no de A, la educación recibida. Si sus padres no supieron hacerlo, si le dieron mal ejemplo, si fueron demasiado negligentes o demasiado estrictos, eso es ciertamente adverso. Pero no hace que usted haga lo que hace y sienta lo que siente *ahora*. Lo mismo se puede decir si *usted* ha cometido errores a troche y moche en la educación de sus hijos. Evidentemente, en ocasiones, se podría haber hecho algo mejor para corregir una mala paternidad, o para sacar al niño de la casa, si es que se estaba abusando de él. No obstante, las acciones y los sentimientos de las personas son responsabilidad suya, de ellas. Si su hijo, sea ya adulto o sea aún menor de edad, comete un crimen, por ejemplo, fue su hijo el que lo hizo. Él es el responsable de la decisión que tomó, no usted, con independencia de que usted pudiera haber sido un mal padre o una mala madre.

Los hijos crecidos que culpan a sus padres cometen normalmente un gran error. Reflexione en las siguientes ideas. Hijos distintos de la misma familia pueden tomar senderos diferentes en la vida. Uno se convierte en un ciudadano medio, el otro en un asesino, casi con la misma educación. Con una educación paterna excelente, hay niños que se comportan de manera decepcionante, mientras que otros «salen» muy bien a pesar de las experiencias adversas de su infancia. Creemos que nuestra sociedad obtendría mucho mejores resultados si dejara que la gente se responsabilizara de su propia conducta, en vez de caer en historias lacrimosas y diagnósticos psiquiátricos para sacar a alguien de un apuro. Así pues, en este libro, puede usted relajarse y dejar que la naturaleza siga su curso con sus hijos ya crecidos que no están haciendo las cosas tan bien como sería deseable. Ofrézcales su opinión, pero sepa que el modo en que actúen es cosa de ellos.

Sí, algunos de los problemas que muchas personas afrontan a medida que se hacen mayores tienen que ver con sus hijos (aunque también tienen que ver con ellos muchas de sus satisfacciones). Pero otras dificultades (así como ventajas) pueden surgir por el hecho de *no* haber tenido hijos. Si usted no ha tenido hijos, puede esperar de ello resultados buenos, malos e indiferentes. Y lo mismo se puede decir si ha tenido hijos. El tratar con los resultados buenos y con los indiferentes es algo que la mayoría de las personas hacemos bien. Pero ¿qué ocurre con las situaciones malas, o incluso peores? ¿Qué hace usted entonces? Es el momento de hacer un poco de trabajo de detective. Averigüe, y haga pedazos, sus creencias irracionales relativas a esa situación. Entonces, quizás disponga de más fortaleza mental y de más oportunidades para cambiarla y mejorarla. Y, si no lo consigue, siempre puede aceptar esa realidad desafortunada, para luego seguir viviendo la vida lo mejor que pueda.

El árbol genealógico termina aquí

Connie y Mark, una pareja con la que uno de nosotros trabajó recientemente, no tenían problemas entre sí, pero compartían una depresión relacionada con la familia. En A, su adversidad era que ellos no tenían nietos, mientras que la mayoría de sus amigos, si no todos, sí que los tenían. Ellos explicaban con detalle esta adversidad. Su hija, Rebecca, una mujer que había triunfado en su profesión, tenía ya cuarenta y tantos años de edad. Y no sólo es que ni ella ni su marido habían querido tener hijos y eran felices sin ellos, sino que, además, no parecían querer reconocer que estaban «matando» a Connie y a Mark por no tenerlos. Y mucho menos se sentían culpables y hacían algo al respecto. Al menos, podrían haber adoptado uno; pero no. Rebecca y su marido no tenían ningún interés en ello. Menos que ninguno. Lo cual era peor.

El hijo de Connie y Mark, Mark Jr., era gay. Esto nunca les molestó a Connie y a Mark; no, al menos, mientras albergaron la esperanza de que Rebecca tuviera hijos. La mejor situación que se podría dar (en cuanto al tema de tener un nieto), comentaban Connie y Mark malhumorados, era que Mark Jr. pudiera adoptar. Él y su compañero nunca habían manifestado interés alguno en ello, pero él nunca lo había descartado por completo, como habían hecho Rebecca y su marido. Así pues, sin avances significativos en cuanto a la clonación humana, y en pocas palabras, ése era el acontecimiento adverso en A con el que Connie y Mark se debatían y se deprimían (la C, la consecuencia emocional).

Es probable que, a estas alturas, sea usted capaz de adivinar la naturaleza general de B, las creencias irracionales de Connie y Mark *acerca de* A, el no tener nietos. ¿Qué «debería» y qué «tendría qué» podían estar sustentando? ¿Qué cosas consideraban terribles y qué cosas no podían soportar? ¿Se sentían incompletos como personas? ¿Estarían desvalorizando a sus hijos? Vamos a calcularlo, de A a F.

A. *Acontecimiento activador, adversidad:* el no tener nietos ni tener perspectivas de tenerlos.

B. *Creencias derrotistas:* nosotros NECESITAMOS tener nietos, como todo el mundo, para poder ser felices. Es *terrible* que no tengamos nietos. Especialmente cuando todos los demás nos enseñan fotografías de sus nietos o hablan de ellos, y nosotros nos sentimos como si no fuéramos *nadie*.

C. *Consecuencias, reacciones negativas malsanas:* depresión, vergüenza, intentos (sin éxito) de poner zancadillas culpabilizadoras a los hijos.

D. *Discusión:* ¿de verdad que NECESITAMOS nietos para ser felices? ¿Adónde nos lleva la creencia de que «*no podemos soportar* el no tener nietos»? ¿Cómo puede hacernos *incompletos* el hecho de que nuestros hijos no tengan hijos?

E. *Pensamiento eficaz nuevo:* probablemente disfrutaríamos teniendo nietos, y quizás seríamos más felices, pero no existen evidencias que demuestren que nosotros HEMOS DE tener nietos. Tenemos dos buenos y cariñosos hijos de los que nos sentimos orgullosos, ¡y eso es mucho más de lo que pueden decir algunos de nuestros amigos que tienen nietos! Aunque el hecho de no tener nietos mina nuestras esperanzas y es decepcionante, no es en modo alguno horrible ni terrible. Es completamente ilógico pensar que nuestra valía como seres humanos depende de si tenemos nietos o no. Convendrá que nos esforcemos en aceptarnos incondicionalmente a nosotros mismos y a nuestros hijos, y convendrá que aceptemos incondicionalmente la situación de no tener nietos.

F. *Nuevos sentimientos*: melancolía ocasional por no tener nietos, algo de decepción, pero no depresión, ni resentimiento, ni zancadillas culpabilizadoras.

He aquí dos ejemplos más de problemas relacionados con la familia, el de Meg y el de John. Cuando los examine, vea si se le ocurre algún argumento más *contra* las creencias irracionales relevantes.

Ejercicio de autoayuda de Meg

A. *Adversidad:* el hijo de Meg cometió un crimen del que se ha hablado mucho en los medios de comunicación.

B. *Creencias irracionales:* ¡la gente pensará que es culpa mía! ¡No voy a poder soportar que la gente me vea cuando se enteren! ¡Se me va a caer la cara de vergüenza!

C. *Consecuencias emocionales indeseables:* vergüenza, ostracismo.

D. *Discusión:* ¿dónde está escrito que soy yo la responsable de las acciones de mi hijo? ¿De verdad NECESITO a los demás para pensar de mí lo que es «correcto»?

E. *Pensamiento eficaz nuevo:* lo que ha hecho mi hijo es trágico, pero la responsabilidad es suya. Yo no soy él, soy otra persona. Si alguien piensa mal de mí, allá él.

F. *Nuevo sentimiento:* pesar.

Ejercicio de autoayuda de John

A. *Adversidad:* la hija de John nunca le llama, y le pide que no la llame más de una vez al mes, cuando tanto ha hecho él por ayudarla.

B. *Creencias irracionales:* después de todo lo que he hecho por ella, ¿cómo puede tratarme así?

C. *Consecuencias emocionales indeseables:* herida profunda, angustia.

D. *Discusión:* ¿es cierto que ella NO DEBA comportarse de forma injusta conmigo, aun cuando yo la haya tratado tan bien?

E. *Pensamiento eficaz nuevo:* ella es libre de comportarse como quiera y, por tanto, puede equivocarse. Me gustaría que nuestra relación fuera mejor, pero puedo seguir adelante con mi vida tal cual es. Me mostraré con ella cariñoso y positivo cuando hablemos.

F. *Nuevo sentimiento:* tristeza, resolución de disfrutar de otras cosas en la vida.

Las afirmaciones racionales competitivas

Además de utilizar el formulario de autoayuda, también puede hacer uso de lo que llamamos «afirmaciones racionales competitivas». Estudie estas afirmaciones y repítalas para sí mismo muchas veces, hasta que se le fijen en la cabeza. Por ejemplo, en uno de los ejemplos del formulario de autoayuda de arriba, John llegó al pensamiento eficaz nuevo de «Mi hija es libre de comportarse como quiera y, por tanto, puede equivocarse. Me gustaría que nuestra relación fuera mejor, pero puedo seguir adelante con mi vida tal cual es. Me mostraré con ella cariñoso y positivo cuando hablemos». Usted puede reforzar este pensamiento diciéndoselo en voz alta, con rotundidad, una y otra vez. También puede resultarle beneficioso escribirlo, o bien grabar en un dispositivo de audio diversas afirmaciones racionales competidoras más, como éstas:

- La gente, entre quienes se encuentra mi hija, NO TIENE POR QUÉ comportarse de forma justa, con independencia de lo bien que les haya tratado.
- Hasta las personas buenas, como mi hija, están en su derecho de no acordarse de mí y de estar ocupadas con sus cosas. Si no fuera así, no serían *capaces* de actuar del modo en que lo hacen.
- El hecho de que mi hija no me llame no significa necesariamente que tenga algo personal conmigo.
- Quizás hice algo equivocado con mi hija y ésa sea la razón por la que no quiere que la llame más a menudo. Si es así, podría averiguar lo que hice y corregirlo. Y si no puedo arreglarlo, ¡mala suerte! Las cosas son como son.
- NO soy un mal padre, y en modo alguno soy una persona despreciable, aun cuando hiciera algo que la molestara. En todo caso, no sería más que una persona que comete errores.
- No me gusta que mi hija pase de mí de esta manera, pero puedo aceptarla, incluso con eso. NO es una *mala persona*, sino simplemente *una persona que se comporta mal a este respecto*.

Si usted no deja de repetirse estas afirmaciones competitivas es muy probable que deje de lado esos sentimientos de dolor y de angustia ante el abandono de su hijo o hija, o de cualquier otra persona a la que haya ayudado durante años y que ahora prescinde de usted.

En la discusión de las creencias irracionales y en la construcción de las afirmaciones racionales competitivas acerca de asuntos relacionados con su familia, también puede intentar aplicar una de las técnicas emotivas de la TREC. Una de esas opciones emotivas es ésta: puede usted elaborar diversas afirmaciones racionales competitivas, como las que acabamos de listar, y luego repetirlas para sí mismo muchas veces con *mucha* fuerza y vehemencia. Puede usted hacer esto para demostrarse que son correctas y que funcionarán. Lo hace también para demostrarse que, si las repite una y otra vez y con verdadera intención, estas afirmaciones se impondrán a las creencias irracionales que pueda usted albergar todavía respecto a ese hijo o hija que no se acuerda de usted o respecto a cualquier otra persona. Recuerde que la TREC es enormemente emotiva, así como cognitiva, y que utiliza con frecuencia métodos evocativo-expresivos para complementar la discusión de las creencias irracionales.

Así, si tiene usted un hijo o una hija que no se acuerda de usted y usted se siente molesto, herido y angustiado por ello, puede usted utilizar estas potentes afirmaciones racionales competitivas. El uso repetido y contundente de estas afirmaciones le ayudará a minimizar su perturbación por el comportamiento de su hijo o hija:

- Sí, es cierto, mi hija no se acuerda de mí. Y a mí me parece inaudito e injusto, en especial cuando tanto he hecho por ella en tantas cosas. Así pues, ¡es inaudito! Pero ¿por qué demonios ella TIENE QUE actuar normalmente? ¡Y es injusto! Pero ¿por qué narices TIENE QUE ser justo?
- La verdad es que no me gusta que se me trate de esta forma tan injusta, no me gusta nada. Pero puedo soportarlo y no disgustarme por ello.
- Si hice algo que la molestó…, bueno, ya está hecho. Aun así, ella podría decirme qué hice para ofenderla, y probablemente yo corregiría mi error. Pero ella no TIENE POR QUÉ hacerme saber lo que hice. ¡Ella no TIENE POR QUÉ decirme nada! Ella es como es, y haré bien en aceptar la cruda realidad. ¡Es una pena! ¡Una verdadera pena! Pero ella es así, y quizás yo no pueda cambiarla jamás.
- Así pues, quizás no pueda cambiarla. Si no puedo, no puedo. ¡Pero, aun con todo, puedo tomar la determinación, la fuerte determinación, de ser feliz, con independencia de lo que ella haga o de si se acuerda o no de mí!

Para resumir: si está usted verdaderamente molesto por el modo en que le trata algún miembro de su familia, de su propia familia, o de la familia de su pareja, inténtelo con esto:

1. Encuentre sus «debería», «tendría que» y demás exigencias que le están generando el disgusto.
2. Discuta esas creencias irracionales en su cabeza, o preferiblemente en un formulario de autoayuda.
3. Elabore un pensamiento eficaz nuevo como resultado de su discusión y exprésalo en afirmaciones racionales competitivas.
4. Repita estas afirmaciones muchas veces, y con rotundidad, hasta que se las crea de verdad y las sustente.

Ahora que ha aprendido distintas maneras de dejar de hacerse desdichado innecesariamente por asuntos familiares (y por adversidades relacionadas con la edad), veamos un poco más de cerca otro problema al que se enfrentan muchas personas mayores: el del dinero, que, normalmente, es escaso. Aunque, de cuando en cuando, puede haber demasiado (y también son demasiadas las manos que piden).

La economía

Sería estupendo tener un montón de dinero para cuando uno sea mayor, si uno opta por jubilarse. ¿No le parece? Sí, sería estupendo, pero a la mayoría de nosotros no nos va a tocar la lotería, por lo que convendrá *trabajar;* es decir, trabajar mucho para conseguir ese dinero y ahorrarlo. Este libro no trata de inversiones ni de planes de ahorro, que podrían dejarle el dinero suficiente como para que no termine siendo un anciano sin hogar. Hay muchos de esos planes por todas partes, y probablemente pocos de ellos funcionen bien… si se ponen en práctica. ¡Pero ése es el problema! La gente suele optar por los placeres a corto plazo y no suele planificar su futuro. Es la naturaleza humana. Y también es humano aprender de los errores, planificar prudentemente y actuar en interés propio a largo plazo. Puede usted cultivar actitudes que le ayuden a ahorrar o a invertir prudentemente su dinero y no malgastarlo. Puede desarrollar una filosofía que le permita preparar su futuro sin el espectro de ser un mendigo algún día.

Debido a la jubilación y a las rentas fijas, los temas monetarios afectan de forma desproporcionada a las personas mayores. Echaremos un vistazo al tema de la jubilación en un capítulo posterior. Aunque la jubilación ya no es obligatoria, y aunque los modelos de jubilación están cambiando, de modo que hay personas que se jubilan varias veces en varios empleos, y otros nunca se jubilan, la jubilación sigue siendo algo habitual, y seguirá siéndolo. De hecho, se está haciendo más habitual. En vez de seguir trabajando en empleos sin futuro, muchas personas están optando por la jubilación anticipada; y esto supone en muchos casos unos ingresos menores y fijos. Vivir con lo justo sin llegar a la bancarrota es el tema monetario clave para muchas personas mayores.

Entre los problemas económicos adicionales que puede tener usted en lo relativo a la vejez están éstos: ¿cuánto dinero convendría ahorrar? ¿Cuánto convendría gastar? ¿En qué? ¿Y con *quiénes*? ¿En usted solo o en alguien más? ¿En sus hijos o nietos, por ejemplo? Sí, usted tiene la cuestión de la disposición de sus bienes. Y algunas de estas cuestiones pueden dar lugar a conflictos y culpabilidades. ¿Qué creencias erróneas podrían causar conflictos y culpabilidades?

Angela y Ed son un buen ejemplo de personas que no se permitieron el lujo de sentirse culpables. Recién jubilados, vendieron el hogar familiar en los suburbios de San Francisco y compraron un *loft* en el centro de la ciudad, en la zona de los teatros. Su hija Grace, que vivía en Houston, recibió la noticia con frialdad. Luego, llegó una breve nota suya en la que decía que no iba a poder ir a verles en Navidad. Más tarde, Angela y Ed se enteraron, por su otra hija, de que Grace estaba enfadada porque ellos habían «despilfarrado» parte de la herencia que ella creía que «se merecía». Ed y Angela se mostraron en desacuerdo con aquella opinión y no pensaron que NECESITABAN decididamente la aprobación de Grace. Lamentaron que ella se sintiera así, pero siguieron sin sentirse culpables y siguieron ilusionados con las oportunidades que les ofrecía el vivir en el centro de la ciudad. No se dijeron a sí mismos que eran malos y egoístas por lo que habían hecho, a pesar del desagrado de su hija y de su inmadura manera de demostrarlo.

La regla sensata para vivir con plenitud a pesar de los problemas económicos es que primero conviene aprender a *des*perturbarse en relación con el problema práctico: normalmente, la falta de dinero. ¿Por qué? Porque si usted lo hace, dispondrá de más energía para hacer algo productivo acerca de sus problemas económicos, o bien para disfrutar todo lo que pueda, sea cual sea su situación económica.

Y, por encima de todo, tenga en cuenta que el pensamiento irracional *genera* muchos problemas económicos. Si usted pretende aplicar los principios de la TREC a las cuestiones económicas, pregúntese cuáles son las razones neuróticas por las cuales las personas mayores (y no digamos los jóvenes) tienen problemas con el dinero. Las dos razones más importantes son los problemas de evaluación de uno mismo y la baja tolerancia a la frustración. Echemos un vistazo a estas dos cuestiones emocionales, para ver cómo ayudan a generar y mantener los problemas económicos. Una vez más, conviene que le recordemos que, en este libro, no le estamos dando consejos financieros o de inversiones. Lo que sí hacemos es mostrarle el modo de detectar y de contrarrestar esos pensamientos irracionales que pueden estar contribuyendo a generar sus problemas monetarios.

Para sentirme valioso, NO TENGO QUE ser menos que el vecino… y, si puedo, HE DE ser más que él

Si usted cree que, para sentirse valioso, DEBERÍA tener un montón de dinero, así como las cosas que con el dinero se pueden comprar, no dude de que va a tener problemas. ¿Por qué? En primer lugar, supongamos que usted tiene la cantidad de dinero que usted cree que DEBERÍA tener. Puede que, aun así, se sienta ansioso. ¿Por qué? Porque podría perder el dinero en un mal negocio, o por una bajada en los mercados. Podría encontrarse con otros que tienen mucho más dinero que usted. ¿Qué ocurriría entonces con su valía personal? ¡Pues que se sentiría nuevamente como un gusano! ¿Qué ocurre cuando usted tiene *menos* dinero que el vecino? Quizás se deprima, se sienta inútil o se muera de envidia. Su ego se sentirá herido. Usted se desvalorizará, y sólo se aceptará a sí mismo siempre y cuando se desenvuelva bien económicamente y los demás le admiren y le acepten. Y se condenará sin misericordia cuando no obtenga logros y no sea popular. La evaluación de uno mismo, el darse valor en función del éxito y de la popularidad alcanzados, puede generarle una larga lista de problemas emocionales y económicos.

Veamos de qué modo se aplican concretamente estas ideas a las personas mayores. Las personas mayores suelen caer en la exigencia de que ellas DEBERÍAN haber hecho más dinero durante su vida y DEBERÍAN haber ahorrado más. Creen que, por el mero hecho de haber conocido el mundo durante unos cuantos años, DEBERÍAN estar tan bien económicamente como las demás personas que conocen. Además, todo el mundo DEBERÍA respetarlas y sus amigos y familiares DEBERÍAN mirarlas con admiración por la sustancial cantidad de dinero y de propiedades que tienen. Pero, si no se desenvuelven tan bien como DEBERÍAN en alguno o en todos estos aspectos, se fustigan a sí mismas sin misericordia alguna. Y puede que lo hagan, incluso, aun disponiendo de un grado razonable de seguridad económica, y es probable que sigan fustigándose hasta que se mueran. Muchas (probablemente millones) personas mayores en nuestra cultura se detestan a sí mismas por causa de sus «dificultades» económicas. Sí, incluso cuando tienen pocas dificultades en la realidad.

Además, la tendencia a equiparar su propia valía con su nivel económico es una de las principales razones por las que las personas mayores quizás tengan menos dinero del que creen que DEBERÍAN tener. Las personas suelen tasar su valor humano en función de si son menos, igual o más que el vecino. En vez de ahorrar una cantidad decente de dinero para cuando sean mayores, hay multitud de personas que se gastan demasiado dinero durante la vida por «tener» (por *decidir* tener) más que el vecino. Para no ser menos que ese vecino fabuloso y seguir el ritmo de las tendencias y las modas, ¿qué puede hacer usted? Se compra un automóvil caro o vive en un lujoso apartamento, para demostrar a sus amigos y vecinos lo «bueno» que es usted. Se toma unas vacaciones de ensueño, se compra lo último en equipos estéreo o en ordenadores y ha de vestir según los últimos estilos de la moda…, todo ello para no ser menos que el vecino. ¡Incluso para ser más que el vecino! Obliga a sus hijos a ir a caros colegios e institutos privados, cuando los colegios y los institutos públicos le van a enseñar a su hijo igual de bien. Toma un reactor a Las Vegas para disfrutar de la ciudad en el hotel más colosal, cuando a lo mejor usted disfruta más yendo de acampada. ¿Tan divertido como Las Vegas? Probablemente no. Pero cuando llegue el mañana, y el mañana de mañana, y esté usted sin blanca, quizás deseará haber ido de acampada *entonces*, para no tener que ir involuntariamente de acampada (sin hogar) *ahora*.

El *pick-up* de 30.000 dólares

Hablando de Las Vegas… Jon vino a terapia, remitido por su mujer, Kathy, debido a un problema con el juego. A mitad de nuestra primera entrevista, yo (Emmett Velten) me percaté de que Jon no tenía en realidad un problema con el juego. El juego no era el resultado de un comportamiento compulsivo, y muy pocos de los ingresos de Jon y de Kathy iban a parar al juego. Lo que le pasaba era que gastaba más de la cuenta. En los últimos meses, había hecho una escapada de pesca de altura con unos amigos, de los que decía que eran «peces gordos», y había hecho dos viajes a Las Vegas (con Kathy). Luego, se había comprado una camioneta *pick-up* por valor de 30.000 dólares y un ordenador portátil de 7.000 dólares, que utilizaba muy de cuando en cuando. Kathy y él eran socios del club de campo más elegante de la ciudad, vivían en una urbanización de clase muy alta, con guardias de seguridad en la entrada. Quizás piense usted: «Bueno, si tienen tanto dinero, mejor para ellos. Que lo disfruten». Pero ellos no tenían tanto dinero. Lo que tenían era una importante deuda, debido a que Jon gastaba más de la cuenta. Reconocía que aquél era su problema, pero decía que no se veía capaz de parar.

Me centré en el *pick-up* de 30.000 dólares. Kathy me había contado por teléfono que Jon no utilizaba el *pick-up* para trabajar (era contratista) porque tenía miedo de que se abollara o se ensuciara. Lo llevaba para ir y volver del trabajo, pero en el trabajo utilizaba otro vehículo. Ni a su mujer ni a su hijo les dejaba conducir el *pick-up*, también por miedo a que el vehículo pudiera deslucirse. Jon aceptó que en realidad no necesitaba el *pick-up*, como dijo él, «en el sentido de poder darle realmente uso». De modo que le pregunté qué se había dicho a sí mismo para convencerse de comprar el *pick-up* o para justificar su compra.

—Oh, supongo que sentí que no quería ser menos que el vecino —explicó Jon, apuntando de inmediato al más que probable «debería».

—¿Y por qué DEBE usted no ser menos que el vecino?

Después de discutirlo un rato, Jon dijo:

—Me deprimo si no lo hago.

—Porque ¿*qué* cosa se dice usted respecto a ser menos que el vecino, por ejemplo, por comprar el *pick-up* de 30.000 dólares?

—Nada —respondió Jon.

Tras una breve discusión, Jon dijo que seguía creyendo que no se decía nada para deprimirse. Le pregunté si estaría dispuesto a probar uno de los métodos de imaginación de la TREC, y accedió.

—Cierre los ojos, e imagínese en la escena que le voy a describir, una escena en la que usted *no* posee el *pick-up* de 30.000 dólares. Imagine que está usted en una obra, y que su amigo, Randy, es el dueño de ese *pick-up*, e imagine que él se detiene junto a la obra por algún motivo. Usted tiene una vieja camioneta, abollada y un poco oxidada. ¿De acuerdo? Y ambas camionetas están juntas, estacionadas una junto a la otra. Es la hora de la comida, y todos los trabajadores están admirando la camioneta de Randy ¿Tiene usted esa imagen en mente?

Jon asintió.

—¿Qué siente al ver esa imagen? ¿Qué siente ahí dentro?

Después de una pausa, Jon dijo:

—Es embarazoso para mí. Me siento avergonzado. Supongo que deprimido.

—¿Y qué pensamiento acompaña a esos sentimientos?

Tras una pausa un poco más larga, dijo:

—Randy es mejor que yo.

—Eso, según su sistema de creencias, ¡el suyo! Usted *define* su valía como ser humano basándose en lo que posee, en lo que tiene. Y ese tipo de sistema de creencias puede llevarle a la bancarrota.

En terapia, Jon se esforzó por aprender la aceptación incondicional de sí mismo. Hizo uso de la discusión en la vida real, por ejemplo, hablando con un par de sus «peces gordos» amigos y declinando su participación en una inminente y suntuosa expedición de pesca. «No me lo puedo permitir» fue la frase clave en sus tareas para casa. La primera vez que ensayó esa llamada telefónica, durante una sesión, a duras penas consiguió que le salieran las palabras de la boca. Pero no tardó mucho en conseguir que esas palabras salieran sin alterarse. Canceló también otros costosos viajes que tenía planeados, incluido uno a Las Vegas. Y cuando le indiqué que podría ir a jugar, si lo deseaba, a uno de los casinos de las reservas indias cercanas a Tucson, dijo que pasaba, que nunca había tenido un verdadero interés por el juego. ¿Que qué ocurrió con su precioso *pick-up*? Por lo último que supe, Jon, muy a su pesar, terminó vendiéndolo. Y parece que sacó muy buen precio por él, ¡dado que casi no había sido mancillado por mano humana!

No es malo que, en la fase final de la vida, uno desee lo que podría haber ahorrado a lo largo de su juventud y madurez. El deseo le va a generar cierto remordimiento, y le va a motivar para que haga algo respecto a su escasez o carencia de ahorros, como, por ejemplo, empezar a ahorrar ahora. Si tiene usted unos ingresos menores por causa de la jubilación, quizás no pueda ahorrar mucho. O puede que no quiera ahorrar. Tampoco es malo lamentarse por las acciones u omisiones del pasado, aunque es ya demasiado tarde para hacer algo, si es que se puede hacer algo, para corregir esa situación en concreto. Lamentarse por los propios pecados de omisión o de comisión del pasado le puede ayudar aún a hacer todo lo que pueda en el presente. ¿Cómo? ¡Dándose cuenta de que, si usted se centra en vivir de forma racional justo ahora, mañana tendrá menos razones para lamentarse por lo que hizo o no hizo hoy!

Usted se sentirá bien siempre y cuando no convierta sus deseos en exigencias. Pues si usted se exige por dentro que DEBERÍA haber ahorrado más dinero en los años previos, puede trastornarse y deprimirse. El deseo de haber hecho las cosas de otra manera en el pasado, y el remordimiento por no haberlas hecho de otro modo, no significa que usted cometiera un error. Simplemente, estará echando la vista atrás con la sabiduría habitual del que contempla las cosas con perspectiva. Si usted llega a una edad avanzada con menos dinero del que habría tenido si hubiera estado ahorrando tenazmente todos esos años, puede que sufra algunas privaciones y frustraciones, debido al hecho de haber optado por gastar más que por ahorrar. Quizás ni siquiera pueda conseguir un préstamo a corto plazo por no tener una garantía subsidiaria, pero ¿significa eso que tenga usted que mortificarse por el pasado? No necesariamente. Lamentarse no es lo mismo que equivocarse, y ni los lamentos ni los errores nos deprimen. Son nuestras creencias irracionales las que nos deprimen.

Lo quiero. Por tanto, ¡lo NECESITO!

La primera creencia irracional que puede provocarle problemas económicos es la que da por hecho que su valía personal es equivalente a su dinero, sus posesiones y su estilo de vida. Ya hablamos de esto antes, en el caso de Jon y su *pick-up* de 30.000 dólares. Pero hay otra creencia irracional clave que puede generarle problemas económicos, y que se les aplica en particular a aquellas personas mayores que tienen mucho menos dinero del que podrían haber tenido si hubieran llevado sus asuntos de una manera más sensata. Ese problema emocional es el de la baja tolerancia a la frustración. Surge del tercer «debería», a saber: «Yo DEBERÍA tener lo que quiero y cuando lo quiero». Traducido al área económica, es la filosofía de la búsqueda del placer a corto plazo. Es la pérdida de una perspectiva de futuro, la negativa a ahorrar (porque es «demasiado difícil») un porcentaje comparativamente pequeño de sus ingresos, aun a sabiendas de que puede suponer una gran diferencia para cuando sea mayor.

En esta sociedad de promoción de productos en particular, a todo el mundo se le insta a que compre automóviles, electrodomésticos, ropa, alimentos gastronómicos y cien cosas más que en realidad no necesitamos. Y quizás usted siga estas recomendaciones a menudo. Usted quiere esas cosas porque siente una inclinación natural hacia ellas, y la publicidad le da el empujoncito que le falta para que se las compre. Y no es que eso esté mal. Los empresarios que venden sus servicios y productos tienen derecho a ganarse la vida. Pero usted también *puede* echar todos esos catálogos de venta por correo a la basura, *puede* comer en casa, *puede* ahorrar dinero… Nadie le obliga a comprarse lo que desea. Sólo se obliga usted.

Usted se convence de que NECESITA imperiosamente lo que quiere, aun cuando no sea así. Usted puede vivir confortablemente bien sin eso, pero hace muchas compras que difícilmente puede permitirse. Porque usted DEBE tener, o piensa que DEBERÍA tener, lo que atrae su atención y le atormenta. ¿Qué ocurre realmente? Usted compra más cosas, o al menos cosas más caras, de lo que se puede permitir su presupuesto, especialmente cuando lo puede hacer a crédito. Los publicistas nos dicen lo «necesarias» que son muchas cosas innecesarias. No les culpemos a ellos, pues ellos lo único que hacen es utilizar los deseos de usted para hacer una venta. *Es usted* quien intensifica sus deseos y los convierte en necesidades imperiosas, y es usted quien se vende *a sí mismo* a ellos.

Esto nos lleva a la decimotercera regla para vivir con plenitud:

Regla n.º 13: VIVA PARA EL PRESENTE Y PARA EL FUTURO

Las personas bien integradas tienen la tendencia a buscar tanto los placeres del presente como los del futuro, y no suelen buscarse un sufrimiento futuro a cambio de un beneficio presente. Buscan la felicidad y evitan el dolor, pero dan por hecho que probablemente van a vivir bastantes años y que convendrá pensar tanto en el hoy como en el mañana, y no obsesionarse con gratificaciones inmediatas.

En los zapatos de Charmaine

Charmaine decía que tenía un armario lleno de ropa de última moda de los últimos años. Y que también lo tenía lleno de zapatos. Sus amigas decían que aquélla era la habitación de Imelda Marcos. Pero, a diferencia de la señora Marcos, Charmaine tenía una enorme deuda y no tenía ahorros; de ahí que viniera en busca de terapia, intentando averiguar por qué se gastaba tanto dinero en ropa y calzado. «¿Será que no me querían lo suficiente siendo niña?», preguntó.

Yo (Emmett Velten) le expliqué los puntos básicos del modelo ABC, haciéndole hincapié en que este modelo se centra en el aquí y el ahora, no en el pasado. Charmaine, que era la directora de una gran organización, coincidió en que esto le encajaba más con su manera de ver las cosas.

—Pero —dije yo— supongamos lo peor. Supongamos que sus padres no la querían a usted, que sus hermanastras lo tenían todo, y que lo único que tenía usted eran agujas, cenizas y harapos, como Cenicienta. ¿De acuerdo? Si esto fue así, ése pudo ser el origen de su fuerte impulso por vestirse a la última moda y dar la impresión de que tenía un millón de dólares. Pero, aunque así sea, ¿qué se dice a sí misma *ahora*, cuando ve un conjunto que le sienta bien, para terminar comprándoselo? ¿Qué se dice usted a sí misma, cuando ha superado el límite de muchas de sus tarjetas de crédito?

—Me digo: «Lo quiero» —replicó Charmaine sin vacilar.

—Querer está bien. Pero, si sólo fuera eso, no estaría usted haciendo méritos para terminar en el asilo de pobres. Usted se podría decir, por ejemplo: «Lo quiero, pero es demasiado caro. Es una lástima, pero las cosas son como son». Se sentiría decepcionada, pero seguiría su camino sin más contratiempos. De hecho, con el tiempo, usted establecería el hábito automático de saber que no puede permitirse esas cosas, y ni siquiera perdería el tiempo ni la energía atormentándose y decepcionándose ante los escaparates. De modo que usted puede que se esté diciendo a sí misma algo más que sólo «Lo quiero». «Lo quiero»…, y ¿qué? ¿Ahí hay un «debería»?

—¡HE DE tenerlo! ¡Lo NECESITO para alguna ocasión especial!

—¡Exacto! Pero, las necesidades *de verdad* son las que nos permiten seguir vivos. La comida, el agua y todo eso. No la ropa deportiva de diseño ni las botas de *trecking*. Puede que usted se diga que necesita ese conjunto, pero no es verdad. No lo necesita. Y tampoco necesita aumentar sus deudas.

Uno de los métodos que Charmaine y yo utilizamos para que aprendiera decididamente que una querencia no es una necesidad fue el de la «exposición a estímulos».[22] En él, la persona que sufre estos anhelos (en el caso de Charmaine, espléndidas prendas de ropa) se dirige adonde se encuentran las cosas que anhela. Ve los escaparates de las tiendas, se prueba conjuntos, los toca, los tiene entre sus manos, se mira en el espejo con ellos… Hace que su anhelo se intensifique, pero no compra nada. Charmaine discute las creencias irracionales de «HE DE tenerlo» a medida que van surgiendo. Y, en su lugar, se dice con énfasis a sí misma, «Me GUSTARÍA tenerlo, pero no tengo ninguna NECESIDAD de tener lo que quiero, y no me lo puedo permitir».

Una regla básica en estas sesiones de exposición a estímulos consiste en no abandonar la sesión hasta que el nivel de anhelo inicial haya descendido hasta alrededor de un 50 por ciento. Para ello, puede utilizar usted un mecanismo de medida que se suele utilizar en psicología: la SUDS. La SUDS es la «escala de unidades subjetivas de perturbación».[23] Es como un termómetro, en el que el 100 es el valor máximo de la escala. Cien sería, así pues, el máximo de anhelo que usted pueda tener; y cero supon-

---

22. *Cue exposure,* en el original inglés. También se suele traducir en los textos de psicología como «exposición a las señales». *(N. del T.)*

dría la ausencia total de anhelo *mientras se está en presencia de aquello, sea lo que sea, por lo que usted se vuelve loco.* Si usted dispone de sólo 30 minutos para comer, quizás no tenga tiempo suficiente. ¡Planifique sus sesiones de exposición a estímulos y llévelas a cabo como si se tratara de una operación militar!

Charmaine, por ejemplo, se moría por comprarse un elegante impermeable de temporada que había en Neiman-Marcus,[24] pero que «valía un ojo de la cara». Ella tenía un práctico impermeable que no desentonaba en modo alguno ni en la ópera ni en los clubes de jazz de las lluviosas noches de San Francisco. De modo que ni siquiera tuvo que molestarse en buscar racionalizaciones acerca de la «necesidad» de tener el impermeable de Neiman-Marcus. No, no lo NECESITABA, se dijo a sí misma, sólo porque fuera espléndido. Charmaine se había «cruzado» con el impermeable en varias ocasiones durante la hora de la comida, simulando estar ligeramente interesada en un par de impermeables vecinos de aquel otro, pero salivando casi por probarse el objeto de sus deseos. Pero no se lo probó, porque sabía que «¡mi destino estaría sellado!» En términos de la SUDS, Charmaine le dio a aquel momento una puntuación de 90. Con una puntuación mediana, ya en su tercera sesión de exposición a estímulos, en la tienda, con el impermeable, su valor en la SUDS cayó hasta unas 20 unidades.

A la hora de la comida, Charmaine hacía tareas adicionales de terapia, pasando por Saks, Nordstrom's y otras boutiques que hacían que todo lo demás parecieran puntos de venta en un centro comercial. En cada una de estas «exposiciones a estímulos» *sin* compra, Charmaine, utilizando la SUDS, valoró sus anhelos como de agonizantes. Para Charmaine, los resultados pronosticados llegaron tras cinco sesiones de exposición a estímulos. El anhelo de comprar nuevas prendas de ropa cayó hasta un nivel ciertamente suave, muy por debajo del nivel de «no puedo soportarlo» que sentía Charmaine al principio.

—Estaría bien tenerlo —comentó Charmaine refiriéndose al impermeable—, pero no es tan gran cosa. Decididamente, puedo comprarlo o dejarlo. No me lo puedo permitir, y no lo necesito, de manera que el mero hecho de pensar en ello es perder el tiempo.

Posteriormente, informaría de que a veces se sentía aburrida, o incluso levemente repelida, por algunas de las espléndidas prendas por las que solía caérsele la baba y que solía terminar comprando.

23. *Subjective units of discomfort scale,* de ahí SUDS. *(N. del T.)*
24. Una importante cadena de tiendas de moda selecta. *(N. del T.)*

Usted puede convertirse en un buscador de placeres a largo plazo, en vez de a corto plazo. Lo que se gaste ahora, ya no lo tendrá después. Puede tener usted deudas constantemente o ir pasando a duras penas para sobrevivir económicamente, aunque usted y su familia disfruten de unos ingresos superiores a la media. Pero, para empeorar aún más las cosas, quizás caiga también en la tentación de lloriquear por lo *terrible* que es la miseria, ¡la *verdadera* miseria! Quizás se reproche a sí mismo por gastar más de la cuenta; puede que diga de sí mismo que está «completamente loco», en vez de designarse de un modo más adecuado, como de una persona que ha hecho una locura en esta ocasión, pero que no está cometiendo locuras constantemente. No dejará de ser una persona que puede hacer un buen uso de sus tendencias constructivas para actuar de un modo mejor en la próxima ocasión. Si gasta más de la cuenta, se condena a sí mismo por ello y se convence de que eso forma parte de su «naturaleza», no va a encontrar modo alguno de cambiar.

Por razones que están más allá de nuestro control

Existen dos razones emocionales por las cuales (por una de ellas o por ambas) puede usted llegar a una edad avanzada con mucho menos dinero del que podría haber tenido. Estas razones emocionales son (1) la propia valoración, que lleva a un gasto relacionado con el ego (no ser menos que el vecino), y (2) una baja tolerancia a la frustración, que lleva a la búsqueda de placeres a corto plazo y a la privación de placeres a largo plazo. Sin embargo, aun sin estos obstáculos emocionales, puede usted tener problemas económicos debido a diversas razones prácticas. Quizás haya tenido unos ingresos muy ajustados durante una buena parte de su vida; o puede que haya tenido unas necesidades económicas inusuales, como puede ser la de tener que sacar adelante una familia o la de haber tenido que pagarse los estudios en la universidad. O quizás haya padecido unas circunstancias desafortunadas sobre las cuales tenía poco control. Entre éstas, podrían estar la de una reducción de personal en la empresa, una recesión económica o un aumento en los impuestos. Un huracán, un terremoto o una inundación podrían haber echado por tierra la economía local durante un tiempo, llevándole a perder su negocio.

Así pues, los ingresos que usted percibe en su vejez pueden haber quedado mermados, o muy mermados por diversas razones. Pero, una vez más, las dos pesadillas emocionales que acosan a la mayoría de las personas pueden levantar sus feas cabezas. En primer lugar, quizás usted se culpe y se convenza de que, a pesar de las pésimas circunstancias sociales y económicas, usted DEBERÍA haber sido lo suficientemente sensato como para hacer más dinero y ahorrar más. Y, dado que no ha hecho lo que incuestionablemente DEBERÍA haber hecho, ¿en qué le convierte eso? En un *incompetente* y un *inútil.*

De ahí que pueda tener problemas de ego o de valoración de sí mismo, aunque su pobre economía sea en gran medida el resultado de unas circunstancias que estaban más allá de su control.

En segundo lugar, quizás tenga usted una baja tolerancia a la frustración o una incómoda perturbación *por* sus limitaciones económicas, aun cuando fueran casi inevitables y usted poco pudiera haber hecho por impedirlas. Quizás esté pasando usted por estrecheces, especialmente en su vejez, pero sigue pagando el alquiler, come regularmente, se viste dignamente y aún le queda un poco de dinero para el esparcimiento. Sin embargo, puede que usted insista en que, dado que los demás disfrutan de una economía más boyante que la suya y no se ven afectados por algunas de sus limitaciones, usted DEBERÍA tener necesariamente más recursos de los que tiene. Quizás insista usted en que sus limitaciones económicas son *terribles,* y en que *no puede soportar* tanta privación. Y quizás llegue a la conclusión de que el mundo es un *lugar espantoso,* por no cuidar mejor de usted o por ser más duro de lo que DEBERÍA ser. Aunque usted se las vaya apañando sin pasar por grandes apuros monetarios, quizás lloriquee y se lamente pensando que no DEBERÍA sufrir tantas frustraciones como sufre. De ahí que alimente usted cierto resentimiento y horror, en vez de sentirse racionalmente decepcionado por sus escasos medios.

Becky y Tom acababan de jubilarse, y vivían en una acogedora caravana residencial. Estaban cerca de una piscina pública, de un campo de golf y de unas pistas de tenis, de todo lo cual disfrutaban regularmente. La Seguridad Social y sus pequeñas pensiones cubrían sus necesidades básicas, quedándoles algo para su esparcimiento y para algún que otro viaje en autobús con el grupo de su parroquia. Disfrutaban de buena salud para la edad que tenían, pero no se sentían felices. Más bien, estaban deprimidos. Recordaban haber tenido de vez en cuando los mismos sentimientos, aunque menos intensos, en el pasado. Pero, ahora, su infelicidad era intensa, y no parecía ceder.

—¿Puede ser aburrimiento por el hecho de habernos jubilado? —preguntaron cuando vinieron a verme (Emmett Velten).

Mientras hablábamos de sus circunstancias actuales, y me ofrecían algunos ejemplos de cuándo eran más fuertes sus sentimientos de depresión, les expliqué el modelo ABC. Nos pusimos a buscar una adversidad bien definida, y encontramos una muy jugosa, que parecía llevar tanto a Becky como a Tom a la desesperación: la última adquisición de sus vecinos, un «deslumbrante» ordenador personal. Curiosamente, sus vecinos, otra pareja jubilada, les habían mostrado su ordenador a Tom y a Becky, que me comentaban que su ordenador era ya un objeto de museo, que era lento como un caracol y que el módem estaba ya muy anticuado. Sí, podían navegar por Internet, pero con mucha, mucha paciencia. Desgraciadamente, tenían que vivir con lo justo, que era lo que estaban haciendo, aunque no estaban habituados a ello. No creían que la jubilación fuera a ser de aquel modo. Antes, en los tiempos en los que trabajaban, disfrutaban de una economía mucho más holgada. Pero ahora ya no. ¿Cuáles eran las creencias irracionales de Becky y de Tom que les llevaban a estar deprimidos?

El «debería» de Tom era: «Yo DEBERÍA haber hecho mucho más dinero durante mi vida, para haber podido comprarme cosas como un ordenador nuevo». Como consecuencia de esta creencia irracional, Tom llegó a la conclusión de que era un *fracasado en la vida, un inútil.* El «debería» de Becky era diferente. Becky creía: «Es *terrible* tener que pasar sin estas cosas estupendas. DEBERÍAMOS ser capaces de tenerlas, como hacíamos antes». Como consecuencia de sus creencias irracionales, Becky también se sentía deprimida, pero era una depresión en la que se compadecía de sí misma, en lugar de una depresión de desvalorización, como la de su marido.

Tom y Becky habían disfrutado de un alto nivel de vida, un nivel de vida mayor que el de la inmensa mayoría de la población mundial. En modo alguno habían vivido en las calles de Calcuta. Lo que les hacía desdichados no era su nivel de vida, ni tampoco su disgusto por tener que vivir con unos ingresos limitados. Era su DEBERmanía acerca de unas circunstancias restrictivas lo que les había hecho venirse abajo.

Cómo oler más rosas y olerlas mejor

No es que usted cometa un error al comprar las cosas que desea. Sus deseos son sus deseos. Lo cierto es que usted normalmente disfruta de las cosas en las que se gasta su dinero. Cuando se tienen pocos ahorros en la vejez, quizás surja el deseo de haber sido más rico, pero el hecho de sentir remordimiento entonces no significa que usted haya cometido un error. Usted disfrutó del dinero mientras lo tuvo. Si usted *cometió* un error, lo hecho, hecho está.

168

La verdadera cuestión estriba en cómo equilibrar el presente con el futuro. Es racional dar *algo* de peso al aquí y ahora, y descartar un tanto el futuro debido a su incertidumbre. Podríamos estar muertos mañana, ¡y de hecho algunos lo estaremos! Afortunadamente, la mayoría de nosotros seguiremos vivos; incluso, viviremos durante mucho tiempo. ¿Cómo encontrar el equilibrio entonces entre gastar en el presente y ahorrar para el futuro? Una vez más hay que decir que ofrecer una planificación económica es algo que se encuentra más allá de las posibilidades de este libro. Quizás le interese consultar con un profesional del sector; o, al menos, buscar recursos en una biblioteca o en Internet. Eche un vistazo a sus ingresos actuales y a sus gastos. Estudie hasta qué edad pueden llegar a vivir las personas jubiladas, y escoja a algunas de ellas que tengan lo suficiente como para satisfacer sus verdaderas necesidades y aún les sobre un poco para algún capricho. Como Tom y Becky, en el ejemplo de arriba. ¿Cuánto les cuesta vivir de la manera en que viven? Si sigue los consejos que le den sobre planificación económica, es probable que le digan lo que todo el mundo ya sabe: que si ahorra sin desmayo y durante años un pequeño porcentaje de lo que gana, su vejez podrá ser muy diferente. Haga un plan y cíñase a él. Y le será más fácil ceñirse a ese plan si usted:

- Supera la baja tolerancia a la frustración, es decir, la creencia irracional de que usted *no puede soportar* la frustración, la injusticia, las privaciones, las demoras, el saber que otros lo tienen más fácil que usted y la falta de certidumbres.
- Deja de calcular su valía como ser humano, tanto si se compara con un criterio absoluto como si lo hace con el siempre presente vecino del que no quiere ser menos.

¿Qué puede desarrollar usted en el lugar de una baja tolerancia a la frustración y de la constante evaluación de sí mismo? Puede desarrollar y fortalecer unas buenas creencias racionales, como por ejemplo:

- Me GUSTARÍA tenerlo más fácil, pero sí que *puedo soportar* la frustración, las demoras, la injusticia y el no tener nada garantizado.
- Me GUSTARÍA desenvolverme bien económicamente; pero, si no lo consigo, no pasa nada. No está escrito en la Constitución que yo DEBA desenvolverme bien económicamente para poder sentirme bien conmigo mismo. Me aceptaré plenamente y me valoraré a mí mismo con independencia del valor de mis bienes.

A medida que uno se hace mayor, va ganando en eficacia a la hora de obtener placer y satisfacción. Cuando somos jóvenes, nos cuesta más saborear las cosas, y no le dedicamos el tiempo suficiente a la contemplación, de ahí que los placeres se tomen con avidez, sin dejarnos realmente satisfechos. Cuando uno es mayor, dispone de una mayor capacidad para detenerse y oler las rosas, para extraer, sin prisas, las profundas gratificaciones que nos proporcionan las experiencias. De ahí que un dólar ahorrado hoy le dará, si usted sobrevive, más alegrías que un dólar gastado hoy. ¡Y, mientras tanto, habrá generado intereses también!

Bien, si lo que hemos estado diciendo es siquiera parcialmente cierto para usted, la solución a muchos de sus problemas económicos es en realidad la solución a sus problemas emocionales acerca del dinero. En primer lugar, trabájese el ego (o, lo que es lo mismo, la evaluación de sí mismo), y asegúrese de que no se desvaloriza, aunque sus actuales aprietos económicos sean en gran medida el resultado de haber gastado más de la cuenta y de no haber ahorrado en el pasado. Después, aprenda a aceptarse a sí mismo, aun cuando todos los vecinos del mundo sean mucho más que usted. Así pues, usted sabe esto ahora, pero quizás en el pasado no hizo nada al respecto. Quizás se compró cosas muy caras, o bien compró la amistad de otras personas dándoles mucho dinero. De acuerdo, lo hizo; se condujo de forma muy necia en lo referente al dinero. Pero eso no le convierte a usted en una piltrafa ni en un gusano. Sólo en un ser humano que gastó despreocupadamente más de la cuenta, y que, en teoría, podría haber sido más consciente y haber hecho mejor las cosas, pero no fue así. Es una lástima. Perdió usted la oportunidad de tener una vejez económicamente más segura; gastó su dinero de forma insensata y compulsiva. Pero no se mortifique ni se condene por ese comportamiento desordenado. Incluso ahora, está usted a tiempo aún de aprender de ello y de corregirse. Y, tanto si lo hace como si no, su desordenado comportamiento económico no le va a convertir jamás en una mala persona. Métase esta idea en la cabeza, y acéptese incondicionalmente a sí mismo, a pesar de su insensatez con el dinero. Acéptese incondicionalmente aun cuando su vecino se acicale ante sus propias narices. Hágalo, y disipará muchos de los graves problemas que tiene usted con el dinero. Y también podrá empezar a ahorrar. Pues, como es habitual, el problema básico estriba en evaluarse uno mismo, en evaluar su propia esencia, su ser. Con la aceptación incondicional de uno mismo, usted puede superar definitivamente ese problema, y los muchos otros obstáculos que conlleva ese problema.

En segundo lugar, trabájese su tolerancia a la frustración. Sí, es cierto, usted no NECESITABA muchos de los costosos bienes y servicios que usted pensaba que necesitaba mientras gastaba más de la cuenta y dejaba de ahorrar. Usted pensaba que no podía vivir sin aquello, pero estaba equivocado. Bueno, ya es demasiado tarde para corregir eso. Si su situación económica actual es apretada, y si a duras penas puede satisfacer sus necesidades vitales, aun así, usted no TIENE POR QUÉ tener lo que quiere. Las estrecheces económicas no le van a matar. Pero el trastorno extremo que usted se puede provocar con sus estrecheces *puede* dejarle fuera de combate antes de tiempo. ¿Cómo? La preocupación excesiva y la ira pueden debilitar su sistema inmunitario y demás recursos físicos. La preocupación y la ira no le van a proporcionar nada, salvo quizás dolencias y enfermedades innecesarias. De modo que está pasando por estrecheces, y quizás su situación económica sea nefasta para el resto de su vida. Es una lástima. Es duro. Pero no *terrible, fatal* o *espantoso.* Puede usted soportarlo, aunque no llegue a gustarle jamás. Puede reducir sus gastos, e incluso puede ahorrar un poco. Si se niega usted a lamentarse por lo mal que le van las cosas y por el modo en que NO DEBERÍAN ser las cosas, dispondrá de la inventiva y de la creatividad suficientes como para descubrir la manera de hacer más con menos ingresos. Vivir sin algunas de las cosas que usted quiere realmente, y que no se puede permitir, es duro. Pero llorar por sus limitaciones económicas es aún más duro… y no va a mejorar su situación. Haga planes y estudie cómo mejorar su situación económica, y haga todo lo que pueda con sus pequeños ingresos. Increméntelos, si puede, por todos los medios. Pero, si no puede, no le dé más vueltas. Acepte elegantemente lo que no puede cambiar. Si lo hace, se encontrará en mejor posición para sacarle el máximo partido a la vida y, posiblemente, para reducir en parte sus limitaciones monetarias.

Si quiere saber más sobre el enfoque de la TREC en los problemas económicos, lea el libro de Albert Ellis y Patricia Hunter, *Why am I always Broke? How to be Sane about Money.*[25] Este libro discute en profundidad los dos problemas emocionales que llevan a la gente a tener problemas económicos, y tiene un capítulo sobre gestión del dinero y edad.

---

25. *¿Por qué siempre estoy sin blanca? Cómo ser sensato con el dinero. (N. del T.)*

9

Yo no le prendí fuego al mundo[26]

Ningún experimento es nunca un completo fracaso. Siempre puede servir como ejemplo negativo.

El factor de la futilidad

La mayor de nuestras limitaciones como seres humanos consiste en que nuestra vida es finita. Podemos *decir* «Nunca es tarde», pero llega un día en que lo *es*. Podemos *decir* «Siempre hay un mañana», pero llega un día en que *no lo hay*. Cuanto más mayores nos hacemos, en menos disposición estamos de poder decir que, algún día, *haremos* las grandes cosas que pensábamos hacer. Quizás no escribamos ya la gran novela que soñábamos, ni salvemos el mundo, ni nos convirtamos en una estrella del cine y del teatro, ni consigamos una relación completamente satisfactoria y de larga duración. Algún día, quizás eche la vista atrás y se dé cuenta de que no le prendió fuego al mundo, y se dé cuenta de que se quedó sin cerillas y que el viento sigue soplando con fuerza. ¿Cómo abordará estas decepciones?

Por ejemplo, en A, supongamos que usted se da cuenta de que no consiguió todo lo que esperaba en su vida profesional o amorosa. ¿Se deprimirá usted o se montará mil excusas y pretextos a través de sus creencias evaluadoras en B? ¿O aceptará constructivamente sus decepciones, así como a sí mismo por la parte que le corresponde en esas decepciones? Eso es elección suya.

26. En el mundo anglosajón, «prenderle fuego al mundo» es una expresión que denota un gran éxito, un gran logro o consecución en la vida. *(N. del T.)*

Analicemos su tendencia a desvalorizarse por no haber hecho lo que usted pensaba que DEBERÍA haber hecho en la vida y ve que ahora ya no es probable, o incluso posible, hacerlo (debido a la existencia de tanta imperfección humana y a no disponer ya de tiempo). Entre sus muchos logros «imposibles» pueden estar:

- No haber encontrado el verdadero amor, el éxito en su profesión o la seguridad económica.
- No haber tenido hijos.
- No haber llegado a hacer uso realmente de sus talentos y de su potencial.
- No haber viajado.

¿Personalidad tipo A o ausencia de deseos?

Probablemente haya oído hablar de la personalidad tipo A. Las personas con este tipo de personalidad son difíciles de manejar, y suelen mostrarse hostiles, suspicaces y depresivas cuando no consiguen lo que ellas creen que DEBEN conseguir. El «tener» una personalidad tipo A, que significa tener la «necesidad» del logro en lugar de la preferencia del logro, le hace a usted más propenso a todo, desde los ataques al corazón hasta las úlceras o el calambre del escritor. Sin embargo, el *deseo* de logro, se aplique al trabajo, al amor, al esparcimiento o a una afición, no puede generar una perturbación emocional, aun en el caso de que usted no consiga lo que quería. Los deseos no satisfechos causan decepción y pesar (si sustenta usted creencias racionales y preferencias respecto a estos deseos insatisfechos). Es el «debería» el que le hace a usted desdichado, y son las *exigencias* de logro las que caracterizan a la personalidad tipo A. El *deseo* de logro le motivará para seguir esforzándose por lo que quiere, así como a aceptarse a sí mismo y seguir adelante en la vida aunque no consiga lo que quería.

Nuestra cultura está cambiando, y se están dando reacciones no sólo contra la personalidad tipo A, sino también contra las *preferencias* por la consecución o logro. Como suele ocurrir con las personas, en cuanto llegamos a la conclusión de que, por ejemplo, nuestro punto de vista político es incorrecto, nos vamos al otro extremo. En cuanto decidimos que estamos comiendo alimentos equivocados, nos vamos al extremo opuesto y comemos lo que hay que comer, pero de forma compulsiva. Esto es lo que les ha ocurrido a algunas personas en su reacción contra la orientación del logro. ¡En algunos círculos, a cualquiera que *le guste* trabajar duro se le puede tachar de *workaholic!*[27] La reacción contra las *exigencias* de logro de la personalidad tipo A, así como contra las preferencias racionales de logro, pueden haber estimulado el auge de conversiones a las religiones «orientales» en América del Norte y Europa; religiones para las que la ausencia de deseos suele ser su meta espiritual. A medida que el auge vaya a más, será interesante ver si las personas lo llevan hasta el extremo, pues los conversos pueden terminar esforzándose por lograr *más* ausencia de deseos que sus vecinos, ¡con lo cual se volvería a la NECESIDAD del logro! Es decir, pueden convertirse en personas tipo A en la búsqueda de su ausencia de deseos.

Las decepciones forman parte de la vida, a menos que sea usted extremadamente afortunado o que no tenga deseos. Los hijos son una de las muchas decepciones posibles que nos puede traer el vivir hasta una edad avanzada. Si no tuvo usted hijos y hubiera deseado tenerlos (casi uno de cada cinco *baby boomers* no ha sido padre), o los tuvo y hubiera deseado no tenerlos, quizás sienta cierta tristeza por ello. Esto es bastante racional. También puede suceder que usted no haya conseguido (hasta el momento) la relación adecuada que tanto ha buscado, lo cual puede hacer que se sienta decepcionado y apesadumbrado. Esto también es racional. No se supone que usted tenga que sentirse bien con las decepciones.

Con la depresión y la desesperación, sin embargo, abordamos una cuestión diferente a la de la decepción. Puede que usted no haya conseguido escribir la gran novela que soñaba escribir y en la que trabajó durante tantos años. O quizás se dé cuenta ahora de que no va a tener ya el éxito profesional al que aspiraba. Puede que no haya encontrado el amor soñado, que nunca haya viajado o que nunca… lo que sea. A la resolución de estos temas se la denomina a veces la crisis de mitad de la vida. Una crisis de mitad de la vida óptima supondrá la aceptación de la mediocridad de alguna parte, o incluso de muchas partes, de su vida. Pero, luego, usted reanuda la marcha. Le mostraremos a usted, que ha tenido grandes decepciones, cómo enfrentarse a ellas y cómo reanudar la marcha después; cómo sentirse bien consigo mismo, aun cuando se haya quedado lejos de lo que esperaba que podría alcanzar; cómo no caer en la desesperación y cómo dejar de ver su vida como una línea recta, para empezar a percatarse de que estos tiempos son no lineales. El que la vida sea más larga y el hecho de que la salud sea mejor extienden ante usted todo tipo de nuevas posibilidades.

27. Anglicismo que hace referencia a una actitud compulsiva hacia el trabajo. Algo así como un «alcohólico del trabajo». *(N. del T.)*

Un millón de risas

Tras su jubilación, Carol vio en la televisión a una mujer que, muchos años atrás, había visto haciendo monólogos en un club de comedias de la zona. Carol era conocida entre sus amigos por su vis cómica y chistosa, y siempre había querido hacer un intento serio en el mundo de la comedia. Aquello la llevó a deprimirse, al pensar: «Soy demasiado vieja para empezar ahora» y «Para poder hacer algo, DEBERÍA haber comenzado años atrás».

Las exigencias de logro, como la de Carol, como forma de valorarse uno a sí mismo, llevan a un terror exagerado ante la posibilidad de cometer errores; hacen que uno tenga miedo de intentar cosas nuevas y de asumir riesgos. Y esto puede ocurrir especialmente entre las personas mayores. ¿Por qué? Porque las personas mayores «se supone» que son maduras (que están plenamente formadas) y se supone que no pueden ser «viejos locos». Cuanto más TENGA QUE valorarse a sí mismo en función de sus logros, menos posibilidades tendrá de ser feliz y, normalmente, menos posibilidades tendrá de alcanzar esos logros. Se sentirá usted mejor, y hará mejor las cosas, si se ve a sí mismo como una obra falible en proceso de desarrollo, y si se centra en las ventajas y en los placeres del *hacer por hacer*, y no sólo de hacerlo bien.

Carol aprendió a discutir la creencia irracional de que su valor equivalía a su falta de logros en la comedia. Aprendió a discutir la creencia irracional de que ella DEBERÍA haber hecho mejor uso de sus talentos, y de que ahora era un despojo por no haberlo hecho. Aprendió a discutir la idea de que, por el mero hecho de no haber conseguido convertirse en una actriz cómica, ya no podría ser feliz *en modo alguno*. La depresión de Carol remitió una vez se aceptó a sí misma y una vez aceptó la realidad de no ser una actriz cómica de monólogos, cuando quizás pudiera haberlo sido, y fue entonces cuando empezó a pensar que *podría* ser divertido intentarlo. Leyó libros, fue a clases sobre humor en un colegio universitario y actuó varias veces con un rabino de la zona que hacía obras de caridad como cómico.

La exigencia de logros entre las personas mayores no se limita sólo a aquellas personas que no han alcanzado destacadas consecuciones. Muchas personas piensan que no han triunfado en nada cuando, de hecho, han tenido logros inusuales, pero no han hecho nada que, a su parecer, sea «destacable». Esto es lo que le ocurrió a Benjamin. Cuando se jubiló del ejercicio de la abogacía, a la edad de 70 años, Benjamin era todo un triunfador a los ojos de los demás. Había levantado desde la nada una firma de abogados, que había tenido sus inicios como un bufete en el que ejercía un solo abogado, él mismo. Había ganado muchos e importantes casos. Era el presidente de la Iglesia unitaria de la zona, y se había consagrado a su mujer y había cuidado de ella durante varios años antes de morir de cáncer. Había visto crecer a sus tres hijos, dos varones y una mujer, que se habían hecho abogados como él y dirigían ahora su firma. Había escrito un importante libro de texto y se le reverenciaba como profesor de la Facultad de Derecho, donde había estado enseñando durante 30 años. Ciertamente, no era un mal historial; un historial del que cualquiera hubiera dicho que Benjamin podía sentirse muy orgulloso.

Pero no se sentía orgulloso en modo alguno. Desde su punto de vista, había fracasado lamentablemente por no haber conseguido algo que él sí que consideraba *destacadable:* ser juez del Tribunal Supremo de su estado. O bien algo *muy* destacable, ¡ser designado para el Tribunal Supremo de los Estados Unidos! Lo máximo que había conseguido, según sus propias palabras, había sido que se le designara para algunos juzgados menores, cosa que el consideraba prácticamente un insulto, cargos que había ostentado durante breves períodos de tiempo. En lo que de verdad le importaba, su objetivo principal en la vida, había fallado; y todos sus logros, a la vista de esta pérdida, carecían de importancia.

Benjamin no tardó en comprender los principios de la TREC, y en utilizarlos eficazmente en su vida. En cierta ocasión, en que uno de sus hijos fue arrestado por conducir embriagado, Benjamin se sintió, en un primer momento, muy avergonzado, porque pensaba que había fracasado en la educación de su hijo. Pero luego hizo uso de la TREC para convencerse de que, en primer lugar, él no era del todo responsable del comportamiento de su hijo; y, en segundo lugar, de que, aún en el caso de que fuera parcialmente responsable de ello, eso no le convertía en un mal padre y en una mala persona. Fueron muchos los que criticaron duramente a Benjamin cuando su hijo fue arrestado, pero Benjamin se dio cuenta de que esas personas le envilecían por lo que su hijo había hecho, que era injustificable. Se dio cuenta de que, con independencia de lo que pudieran pensar de él, era capaz de aceptar sus críticas y de no martirizarse duramente a sí mismo por ellas.

Benjamin aún sustentaba las creencias irracionales de: «Realmente no he hecho nada destacable; he hecho algunas cosas, pero no soy una persona verdaderamente digna y respetable. No lo he hecho mal, pero tampoco lo he hecho muy bien, como sin duda alguna debería haber hecho». Se dio cuenta de que había cometido varios errores políticos graves, y que eso era lo que le había impedido ser designado para un buen juzgado, y se negaba a perdonarse a sí mismo por haber «metido la pata de forma tan idiota». Benjamin intentó discutir sus creencias irracionales: «DEBERÍA haber dedicado mucho más tiempo y energía a conseguir un puesto en el Tribunal Supremo. Ciertamente, he desperdiciado una buena parte de mi vida en pos de otros objetivos infinitamente menores. He dejado ir por el desagüe mi vida. Nunca podré perdonarme por ello». Al discutir estas creencias, Benjamin no tuvo dificultades en elaborar las respuestas correctas. Pero no arraigaban en él, simplemente porque no se las creía.

Yo (Albert Ellis) logré finalmente ayudar a Benjamin con una técnica emotiva, la de representación de papeles invertidos.[28] En la TREC, solemos utilizar el juego de roles, la representación de papeles, para mostrarle a las personas cómo conducirse asertivamente con personas difíciles, cómo responder en una entrevista de trabajo o cómo hacer otras cosas que encuentran difíciles de hacer. Estas personas interpretan su propio papel, y uno de sus amigos o familiares hace el papel de la persona difícil o el del entrevistador para el puesto de trabajo. Con esto, aprenden de forma práctica cómo representar el tipo de papel que quieren representar, además de darles más posibilidades de obtención de buenos resultados. La representación de papeles suele ser útil, por cuanto la persona puede practicar su comportamiento antes de enfrentarse a la situación real, y de ahí que se desenvuelva mejor cuando tiene lugar el encuentro o la entrevista real.

La mejor defensa contra las creencias irracionales es un buen ataque

La representación de papeles tiene muchas variaciones. La variación que Benjamin pensó que le funcionaría mejor a él precisa de dos actores, y recibe el nombre de representación de papeles invertidos. El papel de uno de los actores consiste en expresar las creencias irracionales y aferrarse a ellas. En este caso, este actor (el fiscal) se aferró a las creencias irracionales de Benjamin, que eran éstas:

28. Tradicionalmente, en los textos psicológicos, la técnica terapéutica de *role-playing* se ha traducido como «juego de roles». Pero, en los últimos años, este término ha adquirido notoriedad para identificar un juego de carácter lúdico al que se entregan muchos jóvenes y no tan jóvenes. De ahí que haya optado por traducir la técnica terapéutica de *role-playing* como «representación de papeles», que, en última instancia, es una traducción más apropiada del término inglés. *(N. del T.)*

- Yo DEBERÍA haber destacado.
- Yo DEBERÍA haber sido designado para el Tribunal Supremo.
- Es *terrible* e *intolerable* no haber destacado en mi profesión, y no haber sido designado para el Tribunal Supremo.
- Ciertamente, soy un *fracasado*, porque no conseguí en la vida lo que DEBERÍA haber conseguido.

El fiscal manifiesta también, y defiende, los pensamientos distorsionados y derrotistas añadidos (también de Benjamin) que se derivan o se infieren *del* núcleo de las creencias irracionales. Entre las inferencias derrotistas de Benjamin, había pensamientos automáticos negativos, como éstos:

- No hago nada bien.
- He fracasado en todo.
- Todo lo que haga será cometer errores.
- Soy un farsante, como abogado y como persona.
- Todos pueden ver que soy un fracasado.
- La única razón por la que tuve éxito en algunas cosas fue porque a las personas les gusta mi voz.
- Estoy muy deprimido. Eso demuestra que fracasé, ¿no?
- Cuando mis amigos abogados comentan algo referente al Tribunal Supremo, lo que pretenden es hurgar en la herida.

El papel del segundo actor (el defensor) es ofrecer encarnizados argumentos contra esas mismas creencias irracionales y pensamientos derrotistas. Como podrá adivinar, Benjamin no precisó de ninguna práctica adicional para pensar irracionalmente. Venía practicando desde hacía años. Por tanto, la tarea de Benjamin en la representación de papeles invertidos consistió en representar al defensor, ¡en lugar de su habitual papel como fiscal de sí mismo! Benjamin pensó que esta técnica le sería más útil si le ayudaba un amigo suyo, Paul, que si hacía yo el papel de fiscal durante la sesión. Y dado que Paul era también un abogado perfectamente capaz y conocía muchos de los detalles de la vida de Benjamin, resultaba el actor idóneo para representar el papel del Benjamin «fiscal».

Con anterioridad al primero de los grandes debates, Benjamin y yo preparamos una lista con sus creencias irracionales y otra con sus pensamientos automáticos negativos, que son las que se exponen arriba. Luego, preparamos una serie de vías a través de las cuales Benjamin podría discutir y ofrecer argumentos frente a sus propias creencias irracionales y pensamientos automáticos negativos. He aquí las líneas maestras que

Benjamin, el defensor, iba a utilizar en el gran debate contra Benjamin, el fiscal (representado por Paul):

- Esta creencia o este pensamiento, ¿me ayuda o me perjudica?
- Si me perjudica, ¿qué creencia o pensamiento podría serme de ayuda?
- Esta creencia o este pensamiento, ¿se corresponde con los hechos? ¿Hay alguna evidencia que la/lo sustente?
- ¿Qué alternativa, creencia racional eficaz o pensamiento se corresponde mejor con las evidencias reales, basadas en los hechos?
- ¿Es lógica esta creencia o pensamiento?
- Si no lo es, ¿qué creencia o pensamiento tendría un mayor sentido lógico?

Naturalmente, en su papel de defensor, Benjamin haría todo lo que pudiera para persuadir a Paul, el fiscal, de que renunciara a las creencias irracionales y a los pensamientos automáticos negativos.

En los dos primeros debates que sostuvieron Benjamin y Paul, hubo elementos de un debate formal y de un juicio criminal, con Benjamin como defensor y Paul como fiscal malvado. El fiscal, Paul, empezó con una punzante acusación contra Benjamin, apelando a las propias ideas irracionales de éste. Prosiguió en un tono acusatorio, dando detalles del fracaso de Benjamin a la hora de destacar en su campo, y concluyendo que era un inútil, un fracasado que merecía sufrir. Paul le dijo a Benjamin que no había logrado nada realmente destacable en su vida, y que no había sido capaz de convertirse en aquello que más había querido ser, juez del Tribunal Supremo, de ahí que fuera una persona sin valor alguno.

Paul hizo un excelente trabajo sustentando las creencias irracionales de Benjamin. Mientras que éste se defendería intentando demostrar que sí que había hecho cosas buenas, a pesar del hecho de no haber sido designado juez del Tribunal Supremo.

—Además —tronó Benjamin en un par de ocasiones—, ¿dónde está la ley que dice que no tengo ningún valor como persona, por el mero hecho de no haberle prendido fuego al mundo?

Como fiscal, Paul también arrimó el ascua a su hoguera. Cuando le llegó el turno de réplica, Paul sostuvo vehementemente la drástica visión negativa que de sí mismo tenía Benjamin, y se negó a dejarse persuadir.

—¡Escoria! —exclamó Paul—. ¡No haces más que dar excusas tontas! ¡Eres un don nadie, un farsante! ¡Eres culpable! ¡Eres un fracasado! Y tú sabes que lo eres.

Cuando Benjamin me contó lo sucedido en el «juicio», me dijo que el corazón se le había desbocado, y que se había puesto a sudar mientras ponía todo su empeño en buscar lagunas y errores en los argumentos del fiscal. Ciertamente, tuvo que esforzarse para convencer al jurado de que podía aceptarse a sí mismo, aunque no hubiera logrado algo grande en su vida. El fiscal se mantuvo en sus trece, y se negó a hacer concesiones en su acusación: que Benjamin era culpable y no merecía que se le compadeciera.

Estos simulacros de juicio le dieron a Benjamin la práctica necesaria para discutir firmemente sus creencias irracionales. Después de varios de esos debates con Paul, los argumentos de Benjamin *contra* su propia visión derrotista de las cosas se hicieron más convincentes. Sus creencias racionales parecían más potentes. Se dio cuenta de que había hecho algunas estupideces yendo en pos del puesto que anhelaba, pero que su valía como ser humano no sufría menoscabo alguno por estos actos. En modo alguno demostraban que fuera un cero a la izquierda.

En gran medida como resultado de estos debates racionales de papeles invertidos, Benjamin reconocería finalmente que podía aceptarse incondicionalmente a sí mismo, a pesar incluso de haberse comportado de una forma bastante necia en uno de los objetivos más importantes de su vida.

Usted también puede utilizar el método emocional-cognitivo de la TREC si tiene alguna creencia irracional acerca de algo que no haya hecho bien o lo suficientemente bien durante su vida, y sigue desollándose vivo por ese desliz. Tome sus creencias irracionales a este respecto y expóngaselas claramente a un amigo, amiga o familiar hasta que se familiarice con sus irracionalidades y comprenda plenamente de qué modo se culpa usted a sí mismo. También puede hacer una lista de sus creencias irracionales para que las utilice «el fiscal».

Dedique tiempo a preparar su defensa. Recuerde: la mejor defensa es un buen ataque. Búsquele la yugular. Piense en todas las maneras posibles de demostrar que las creencias irracionales que utiliza el fiscal contra usted no tienen fundamento. Luego, deje que la otra persona, el fiscal, se aferre con fuerza, con firmeza, a las creencias irracionales de usted, mientras usted intenta desmontárselas. Deje que su amigo en la representación de papeles insista en su obstinación defendiendo sus puntos de vista irracionales, al tiempo que usted insiste en discutírselos. Si obtiene la práctica suficiente con esto, empezará a ver lo ridículas que son sus creencias irracionales, y verá el modo de atacarlas cuando su compañero de representación de papeles no esté presente. Inténtelo, si lo desea, con varios amigos diferentes. Deje que se aferren firmemente a sus propias irracionalidades, y luego haga lo que pueda por desmontarles estas creencias derrotistas. Cuando lleve un tiempo practicando esta técnica, se sorprenderá de lo poco que le convencen ya sus propias ideas absurdas.

En cuanto deje de desvalorizarse por la falta de logros destacados, podrá adoptar una actitud más útil con respecto a sí mismo, una actitud que vendrá sustentada por la idea de que las personas no son productos terminados, y que no dejan de crecer y desarrollarse, sea cual se su edad. Se trata de una actitud que le va a permitir seguir creando y creciendo a lo largo de toda su vida, para alcanzar una mayor sabiduría y para descubrir nuevos entretenimientos y aventuras.

Muchas de las personas que hoy conocemos por sus grandes logros las conocemos por lo que hicieron en la última fase de su vida. Evidentemente, hay excepciones, como Judy Garland, Bobby Fischer, Mozart y Mendelssohn, que fueron niños prodigio. Un actor muy conocido del público, por su interpretación en *Casablanca*, es Sidney Greenstreet, que hizo su primera película, *El halcón maltés*, cuanto contaba 61 años. Y hay otros muchos ejemplos sorprendentes, como el suyo. En particular, hay muchos casos de «falsos comienzos», de personas cuyos primeros esfuerzos no tuvieron una relevancia especial, y cuya fama proviene de lo que hicieron en la última fase de su vida. Un ejemplo es el de George Bernard Shaw, que se inició como novelista. Nadie lee sus novelas hoy en día, y muy pocos las leyeron en su época. Lo que lee mucha gente son sus obras de teatro, que vinieron después. Gandhi y la madre Teresa cambiaron la orientación de su vida a una mediana edad, y se hicieron mundialmente famosos. Julio César fue, durante gran parte de su vida, un político de segunda fila en Roma, donde organizaba fiestas salvajes. En cierta ocasión se maldijo a sí mismo porque, a la edad en que Alejandro Magno ya había conquistado el mundo, él no había hecho nada importante. Sus enemigos políticos, para liberarse de él, intrigaron para que se le enviara a la Galia, la actual Francia, como comandante en jefe de las tropas romanas. La Galia había sido la tumba de muchos generales romanos, que habían perdido allí su reputación, con sus fracasos. Pero César destacó como general, y terminó gobernando Roma. Dwight Eisenhower fue el *último* de su graduación en la academia militar de West Point, y sin embargo dirigiría a las fuerzas aliadas en la Segunda Guerra Mundial y se convertiría en presidente de los Estados Unidos. La historia nos habla de muchas personas que destacaron y de las cuales podríamos decir que, «si hubieran muerto antes de los 40 años (o los 50, o los 60), no merecerían ahora ni una nota a pie de página». Así pues, aquellos que terminaron prendiéndole fuego al mundo lo hicieron, en muchos casos, en una fase tardía de su vida. Como es natural, no estamos diciendo aquí que usted TENGA QUE hacer algo espectacular en una fase tardía de su vida. Pero sí que le decimos que su vida no ha terminado todavía.

No es éste más que un aspecto de un problema general, a saber, que muchas veces no valoramos aquellas cosas en las que realmente nos desenvolvemos bien, o no valoramos lo bueno que tiene aquello que hacemos. Y, sin embargo, con el paso de los años, tenemos más probabilidades de descubrir el campo donde podemos hacer nuestras mejores contribuciones.

Existen actividades en las que un comienzo tardío es poco probable que dé lugar a un logro destacado. Entre estas actividades se encuentran la interpretación musical, los trabajos originales en matemáticas, el ajedrez (si lo que usted espera es convertirse en un gran maestro de ajedrez), la física y la informática. Sin embargo, hay muchos campos en los que un comienzo tardío es perfectamente factible, además de tener sus ventajas: cualquier escrito literario o creativo (novelas, cuentos, guiones de cine, producción de revistas), los negocios (como puede ser montar un restaurante), la fotografía, la enseñanza o la divulgación. Se trata de campos donde la sabiduría de la experiencia acumulada es importante. Aparte de estas áreas, en las que se podría esperar que fuera usted capaz de dejar huella, hay otras muchas áreas en las que usted puede obtener una profunda satisfacción, aun sin llegar a ser alguien conocido. Puede usted convertirse en un buen cocinero o jardinero, un experto en la historia de la localidad donde usted vive, o bien desenvolverse bien y disfrutar mucho en cualquiera de los muchos cientos de actividades posibles.

Aparte de «prenderle fuego al mundo», hay muchas cosas que quizás le guste hacer, o que quizás le hubiera gustado hacer en algún momento de su vida, cosas que usted *puede* hacer en la madurez o con una avanzada edad. Por ejemplo, puede usted leer las mejores novelas, puede comprarse discos de las mejores obras musicales o puede visitar aquel lugar del mundo que tanto deseó visitar. Si hace usted una lista de aquellas cosas que hubiera deseado hacer a lo largo de su vida, se sorprenderá al ver cuántas de ellas puede hacer todavía. El ser mayor puede proporcionarle la ventaja de un enfoque más claro: hacer las cosas que más desea hacer en lo que le queda de vida, en vez de ocuparse en lo primero que le llame la atención.

Pero, además, este asunto tiene otro aspecto. Si ha estado usted leyendo grandes obras literarias, quizás decida que ha llegado el momento de leer exactamente aquellos libros que le van a hacer disfrutar más (las obras de misterio de Joan Hess, Ngaio Marsh, Kinky Friedman o Joyce Porter, por ejemplo). Si usted ha estado yendo religiosamente a todos los conciertos sobre obras de Bach o de Beethoven, quizás quiera disfrutar ahora de la música cajun, del *blues* o del sonido *big band*. Si usted se ha vestido siempre a la última moda, quizás decida vestir a partir de ahora buscando solamente la comodidad, o en parte la comodidad y en parte sus propios gustos personales. Yo (Emmett Velten) conocí en cierta ocasión a una mujer de aspecto ciertamente serio, y que estaba aproximándose a los 70 años, que me dijo que, antes de cumplir los 70, iba a tener una experiencia de paracaidismo y caída libre. Cuando la volví a ver, ¡pude ver el vídeo de su caída libre desde un avión!

Mi amiga, Ava Wolfe, médica jubilada, escribió: «La vida puede comenzar a los 40, pero también a los 50 o a los 65, cuando comienza la Seguridad Social, o a los 70, cuando una se vuelve a casar. Siempre existe la posibilidad de un nuevo comienzo. Yo tengo la sensación de haber vivido varias vidas, algunas casi inconexas, como si se tratara de varias personas diferentes. Parte de lo divertido que tiene ser mayor es echar la vista atrás y ver cómo se conectaron entre sí, qué extrajo cada una de esas épocas de las épocas anteriores, y cómo fueron anticipando las siguientes».

El tiempo vuela

A medida que se ganan años, *da la impresión* de que el tiempo va más rápido. El tiempo también vuela cuando uno se lo pasa bien, y pasa más despacio cuando no se lo pasa bien. Pero hay otros factores que afectan a la percepción que tenemos del tiempo. Entre estos factores no sólo está el número de cosas que *quiere* hacer usted, sino también:

- Lo bien que usted se dice a sí mismo que DEBERÍA hacerlo.
- Si cree que DEBE terminar en determinado plazo de tiempo.
- Si cree que la tarea DEBERÍA ser más fácil de lo que es.

Cuanto más mayor se haga, menos tiempo le va a quedar de vida. Ésta es una verdad de Perogrullo, aunque no sea de nuestro agrado. Muchas personas consideran como una decidida adversidad el hecho de que el paso de los años les deje menos tiempo para disfrutar de la vida y para hacer cosas. Una creencia derrotista típica que quizás se diga usted a sí mismo a medida que acumula años es que le queda poco tiempo (y que DEBERÍA poder disponer de más), y que es *inútil* seguir viviendo plenamente. Con estas creencias irracionales, usted va a terminar desmoralizándose o deprimiéndose, en C. Esta línea de pensamiento irracional puede llevar a que la persona diga «es demasiado tarde», cuando en realidad no es demasiado tarde.

Jonelle era una mujer jubilada extraordinariamente activa y con «muy poco» tiempo. Tenía muchos compromisos, de los que disfrutaba, pero que creía que TENÍA QUE llevar a término. En ocasiones, sentía pánico al darse cuenta que le iba a resultar imposible hacer algo, cuando pensaba en que cada vez le quedaban menos años de estancia en este planeta. ¿Miedo a la muerte? De ninguna manera. La creencia irracional de Jonelle era que ella TENÍA QUE terminar todos sus cometidos, algo que era ciertamente imposible, en tanto en cuanto iba asumiendo otros nuevos. Si ella hubiera pensado «Quiero terminar todo esto, pero no TENGO QUE terminarlo necesariamente», probablemente no se habría generado los ataques de pánico y habría disfrutado más de lo que lo hacía.

Jonelle alternaba los ataques de pánico con una depresión y un letargo profundos. Creía que, dado que algún día moriría y todos sus proyectos quedarían sin terminar (al menos, no los terminaría ella), lo cual le parecía *terrible,* entonces «¿para qué intentarlo?». A veces dudaba, y se sumergía en la depresión y la inactividad cuando pensaba «De cualquier manera, voy a morir. Y *eso* significa que no voy a conseguir terminarlo todo» (racional), «de manera que nada importa» (irracional). Muchas personas se zambullen en distintas variaciones sobre el tema del «debería» que sustentaba Jonelle. Hay personas que creen: «Yo DEBERÍA tenerlo todo controlado, y asegurarme de que no va a suceder nada malo». En el caso de Jonelle, aquí se incluían los asuntos por terminar. Otras personas quizás se digan que tienen que asegurarse de que nada malo va a ocurrir en campos de probabilidades y de azar como éstos: los reveses económicos, la muerte de un ser querido, las relaciones, los atracos, la incapacidad para seguir conduciendo el automóvil y las dificultades de acceso a los transportes públicos.

Durante la terapia, yo (Emmett Velten) le mostré a Jonelle cómo hacerse las tres preguntas clave de sus creencias:

1. «¿Adónde me lleva la exigencia de terminar todo lo que he empezado?», se preguntó Jonelle. Respuesta: a la depresión y a una vida frenética.
2. «Pero ¿es verdad eso de que todo lo que se empieza HAY QUE terminarlo?» Respuesta: evidentemente, no. Si fuera verdad que todo lo que se comienza hay que terminarlo, habría una ley del universo a tal efecto, ¡y no tendría que preocuparme para nada de este tema!

3. «¿Y es lógico pensar que, por el hecho de que sería bonito ver cómo concluyen todos mis proyectos, TENGO necesariamente que hacerlo así?» Respuesta: evidentemente, no. Del hecho de que yo prefiera algo no se sigue lógicamente una necesidad.

Jonelle se dio cuenta de que era mucho más feliz si disponía de metas, de objetivos y de cosas por hacer; pero que era mucho más desdichada si se decía a sí misma que TENÍA QUE llevar a cabo todas esas cosas. La única manera de poder terminar la mayor parte de los cometidos que llevaba entre manos era negándose a tomar nuevos cometidos, o bien dejando de lado aquellos que tuvieran menos prioridad. Pero no quería hacer esto. Se sentía más feliz cuando estaba ocupada y sumergida en actividades. De modo que decidió concentrarse en el hecho de que era más feliz cuando estaba ocupada en actividades importantes. Si acababa desplomándose, cosa que algún día terminaría por suceder, ¡lástima! «Fue divertido, y disfruté de ello mientras duró», como diría Jonelle. También decía que en algún sitio había leído algo que se le aplicaba muy bien a ella, que era mejor vivir cada uno de los días de tu vida con una mezcla de dos ideas: 1. Éste va a ser tu último día. 2. Vas a vivir para siempre. Bien dicho.

Pero, ¿y qué pasa con el *otro* extremo, que vas a vivir mucho tiempo? También esto puede ser una adversidad. Hay personas que, tras jubilarse y liberarse de la responsabilidad de los hijos, desperdician su tiempo miserablemente sin hacer nada. Tienen demasiado tiempo a mano para las cosas que quieren hacer *durante* las horas disponibles. Si se sienten felices así, estupendo; ¡no hace falta ninguna autoayuda aquí! Pero si se sienten aburridos, insatisfechos, inútiles o algo peor, ¿qué hacemos entonces? ¿Cuál es la respuesta? ¿Qué les impide hacer más cosas?

Si tiene usted la tendencia a perder el tiempo sin hacer nada, y cree que sería más feliz si no perdiera el tiempo, ¿qué derrotistas creencias pueden estar llevándole a desperdiciar el tiempo? El problema puede ser, simplemente, un malentendido. Quizás sustente usted la idea equivocada de que las personas son más felices cuando no tienen nada que hacer. Puede ser cierto, pero sólo durante un tiempo o cuando se necesita de verdad un descanso. Pero su cuerpo está hecho para que esté ocupado, y su cerebro para resolver problemas.

Trabajar y trabajar

Albert Ellis: Hasta los treinta y cinco años, tuve una neurosis relacionada con el tiempo. Era consciente de que mis días en la tierra estaban contados, y quería sacar el máximo partido de ellos, especialmente como escritor. Yo había publicado ya varios artículos y había escrito veinte (sí, veinte) extensos manuscritos de libros, ninguno de los cuales se había llegado a publicar. Yo pensaba que escribiría muchos más artículos y libros, y quería tener terminados tantos de ellos como me fuera posible para cuando me llegara la muerte. De modo que trabajé asiduamente en mis investigaciones y en mis escritos, de hecho llevaba dos o tres artículos al mismo tiempo, y rara vez perdía el tiempo.

Pero me di cuenta de que mi plan de trabajo era bastante compulsivo, y se lo comenté a mi psicoanalista. Era un buen analista, y no era especialmente freudiano, de ahí que confiara mucho en él y obtuviera algunas buenas ideas por su parte. Sin embargo, su método básico de psicoterapia era el análisis clásico, con mucha escucha y poca charla; y, aunque sus interpretaciones parecían suficientemente fiables, no me ayudaban a superar mi neurosis con el tiempo. De manera que me puse a pensar en ello, le apliqué algo de filosofía práctica y salí con mi propia solución. Llegué a la conclusión de que mi vida iba a tener una duración razonablemente normal, y que habría publicado un buen número de artículos y probablemente varios libros para cuando muriera. También llegué a la conclusión de que, aun con una vida muy larga, tendría *aún* unos 50 libros proyectados y dispuestos, pero sin terminar. Sí, cincuenta libros sin terminar. Cuanto más pensaba en ello, más me percataba de que, por mucho que viviera, aunque llegara a ser la persona más vieja de la historia del mundo, siempre quedaría algo que me hubiera gustado hacer y que quizás pudiera haber hecho. Me di cuenta de que nunca terminaría todos mis proyectos.

Bueno, ¿y qué tenía eso de malo? ¡Esos malditos libros se quedarían sin terminar! Pero seguiría llevando una vida feliz y productiva, y terminaría lo que pudiera. Me podría absorber vitalmente en mis escritos y en otros proyectos, y me lo pasaría bien con ellos, tanto si los terminaba como si no. El mundo no dejaría de dar vueltas por culpa de esos cincuenta libros no nacidos. Además, ya me habría muerto, ¡de modo que difícilmente me daría la neura por ellos!

Esta vía de pensamiento racional me libró pronto de mi neurosis con el tiempo. Yo seguía esforzándome por hacer todo lo que pudiera hacer, y seguía disfrutando de las investigaciones, de mis escritos y del trabajo clínico que llevaba a cabo por entonces… pero ya no lo hacía compulsivamente. Renuncié a mi *exigencia,* y volví a la *preferencia.* Esto ocurrió antes de que desarrollara los fundamentos de la TREC y me diera cuenta del gran valor de las preferencias y del poco valor de las exigencias. Vi claramente la diferencia, y la plasmé en la TREC casi una década más tarde. Así pues, vi con claridad que, por *deseable* que me resultara escribir, y por mucho que pudiera beneficiarse la gente que leyera mis escritos, *en modo alguno* era absolutamente necesario que yo escribiera. No era necesario que escribiera intensivamente ni buscando la perfección. Haría lo que pudiera (que, de hecho, era todo lo que yo podía hacer), y dejaría caer mis miguitas donde pudiera. Si, como pronostiqué a los 35 años, tenía 50 libros o más en mi cabeza para cuando me llegara la muerte, que así fuera. Simplemente, se quedarían sin terminar, o incluso sin comenzar. Sería una lástima, pero el mundo sobreviviría sin ellos.

A medida que fui avanzando más y más en edad (pues tengo ahora 84 años, y he publicado alrededor de 70 libros), me fui aferrando cada vez con más fuerza a esta conclusión de juventud acerca de mi obra. Trabajo todos los días de la semana, incluso los domingos, llevo a cabo terapias a nivel individual y en grupo, y tengo algunas obligaciones como presidente del Instituto Albert Ellis de Terapia Racional Emotiva Conductual. Sigo recorriendo los Estados Unidos y medio mundo para dar conferencias, talleres y demás presentaciones. Escribo e investigo. Pero dejé a un lado la desesperación que tenía a los 35 años. Ya no soy obsesivo-compulsivo con mi trabajo. No me sumerjo frenéticamente en el trabajo. Me absorbo en él, lo disfruto plenamente, y en ocasiones tengo que darme prisa para cumplir con los plazos que he acordado previamente. Terminar los trabajos no es necesario, sólo altamente *deseable.* Terminar *todos* mis trabajos sería ciertamente imposible. ¿Por qué? En primer lugar, porque me gusta aceptar nuevos trabajos y nuevos retos. El *proceso* de vivir, de amar, de trabajar es, al menos, tan importante como los resultados. De modo que, con esa filosofía, sigo siendo bastante productivo y, según creo, bastante creativo, a pesar de mi avanzada edad, en gran medida porque no me desespero.

Por otra parte, a medida que se acerca la *verdadera* vejez, me doy más cuenta que nunca de que difícilmente duraré más de unos pocos años, en especial desde que tengo diabetes, la tensión arterial un poco alta, osteoartritis y varias dolencias menores más. No obstante, cada vez estoy más convencido de que no hay razón para que yo TENGA QUE conseguir algo, y menos algo grande. No *creo* que yo tenga que finalizar necesariamente mis proyectos en un plazo de tiempo concreto. Y, decididamente, no creo que mi labor TENGA QUE ser más fácil de lo que es. Esta manera de pensar me ha hecho más libre que nunca de mis «deberías» y «tendría ques» absolutos. Me hace libre para seguir y seguir trabajando, sin compulsión alguna.

No importa la edad que tenga usted; si está usted leyendo este libro, podemos estar seguros de que su vida aún no ha terminado. Tiene usted todo el derecho del mundo para hacer cosas nuevas, para asumir nuevos riesgos, para enfrentarse a nuevos retos y para experimentar nuevas emociones. ¿Quién le da a usted ese derecho?, quizás se pregunte. Respuesta: Es usted mismo el que se lo da. Usted puede ejercer ese derecho en cualquier momento, mientras viva; y si lo ejerce, probablemente se va a divertir más que si no lo ejerce.

10

Los intereses vitales absorbentes:
la clave para una larga vida, y para
la felicidad en el trabajo y en la jubilación

Cuanto más estudies para el examen, menos seguro estarás de cuál es la respuesta que te piden.

Ley Básica de los Exámenes

Las personas somos criaturas de propósitos. Pensamos mejor, actuamos mejor y sentimos mejor cuando vamos en pos de metas y objetivos que nos preocupan. Aquellos que «ponen la marcha atrás», que se retiran de toda actividad, y «se toman las cosas con calma», suelen encontrarse con que esa manera de vivir deja mucho que desear. Tienen la sensación de que se están perdiendo algo. ¡Y es que se lo están perdiendo! En ocasiones, pueden tener la sensación de que la vida no tiene sentido. Pero no se dan cuenta de que es uno mismo el que *crea* el sentido de la vida. Quizás digan que sus días son aburridos, y esperan a que la vida les entretenga y les saque del estancamiento. En cambio, harían bien en darse cuenta, y en actuar en función de esa constatación, de que uno saca de la vida aquello que le pone. Si usted no le pone nada en *in*, no obtendrá nada en *out* (por utilizar los términos de la informática): si entra basura, sale basura. Así pues, ¿qué ocurre con la jubilación? ¿Debería o no debería jubilarse? Y si lo hace, o no, ¿cómo puede gozar de la vida, en la medida de lo posible?

Las personas pueden solucionar problemas en la misma medida en que los generan. El modelo ABC es una herramienta que le puede ayudar a resolver problemas…, pero problemas *relacionados* con sus metas y sus objetivos. Sus metas y objetivos singulares *definen* sus acciones, que pue-

189

den serle de ayuda o pueden llevarle a la derrota. Sus propósitos en la vida *definen* su pensamiento como racional o irracional. Sus motivaciones y deseos personales *definen* sus emociones como saludables o malsanas. ¿Lleva realmente a la felicidad la ausencia de deseos, como dicen los que abogan por las filosofías orientales? Nosotros no pensamos igual. Si usted no tiene deseos, evidentemente, no tendrá exigencias. Es del todo cierto que usted no va a tener DEBERmanía alguna si no tiene deseos. Pero tampoco tendrá diversión, entusiasmo, aventuras, amor, cariño o (sí, va todo en el mismo lote) frustración, tristeza y pesar. Esto nos lleva a la decimocuarta regla para vivir con plenitud:

Regla n.º 14: COMPROMÉTASE

La mayoría de las personas tienden a estar más sanas y a ser más felices cuando se absorben vitalmente en algo externo a ellas mismas, y preferiblemente cuando tienen al menos un interés creativo potente, así como alguna implicación humana importante. Esas personas consideran tan importantes estos compromisos que estructuran una buena parte de su existencia diaria en función de ellos.

Interésese en algo

Los intereses vitales absorbentes no sólo contribuyen a generar felicidad y a distraernos de las preocupaciones y del dolor, sino que también favorecen nuestra salud y prolongan la vida. Las investigaciones de Erdman Palmore demuestran que la satisfacción laboral es el factor general que mejor predice la longevidad. Éste es uno de los motivos por el cual la jubilación, cuando supone una renuncia a los intereses y a los contactos sociales, puede acortar la vida de la persona. Aquellos propósitos en función de los cuales organiza usted su existencia y le generan vínculos sociales son los factores principales de una vida larga. La mayoría de las personas que dan cuenta de una mayor satisfacción vital lo hacen en la medida en que se sienten satisfechos con su trabajo. También se da una mayor satisfacción vital cuanto más ocupada está la persona (dentro de unos límites, claro está) con propósitos y tareas complejos que libremente han elegido llevar a cabo. En otras palabras, las personas se sienten más satisfechas cuando tienen compromisos vitales absorbentes. Y será más fácil tener intereses vitales absorbentes y mantener un estilo de vida independiente, hasta donde sea posible, si usted se ve a sí mismo como una persona aceptable, útil y valiosa, independientemente de la edad que tenga. Tendrá más probabilidades de estar sano, tanto mental como físicamente. Pero nada de todo esto será posible a menos que se enfrente usted a la antigua visión de la vejez como enfermedad. Entonces, podrá usted ejercer sus opciones y generar una nueva imagen a su elección: el anciano como alguien divertido, productivo, romántico, vitalista y sabio.

¿Qué actitudes y creencias puede cultivar usted para implicarse y comprometerse? ¿Cómo puede identificar y *fomentar* pensamientos y creencias que le ayuden en la búsqueda de intereses vitales absorbentes? ¿Qué puede hacer usted para *mitigar* los pensamientos y las creencias que obstaculizan esa búsqueda de felicidad? Veamos algunas respuestas a estas preguntas.

Albert Ellis: No me ha costado mucho centrarme en diversos intereses vitales absorbentes durante casi ocho décadas. Me he absorbido en una lectura voraz (principalmente literatura, pero también en libros de cualquier otra cosa bajo el sol) desde que tenía cinco años y medio. Luego, me absorbí en el béisbol y en las estadísticas del béisbol. A los doce años, tomé la determinación de ser escritor; escribía ensayos, cuentos, poemas, letras de canciones y cosas por el estilo. A los 28 años, había terminado no menos de 20 manuscritos de libros, ¡ninguno de los cuales, ay, se publicó! Sin acobardarme, seguí escribiendo, escribiendo, escribiendo hasta hoy en día, que tengo publicados más de 800 artículos y 70 libros.

A los 19, me absorbí en actividades revolucionarias, y fui un revolucionario de pro durante un tiempo (miembro en secreto de un pequeño grupo de revolucionarios). Éramos colectivistas, y queríamos una revolución mundial, pero nos oponíamos firmemente al Partido Comunista estadounidense y a los comunistas dictatoriales de dirigían la Unión Soviética. Pero, viendo lo que pasaba con el comunismo en Rusia y con el nazismo en Alemania, renuncié a mis actividades revolucionarias al cabo de pocos años. En cambio, me consagré a la libertad de pensamiento y a la libertad de expresión, sin las cuales muchas de mis primeras publicaciones en psicología no habrían llegado a existir; porque, a partir de mis actividades políticas revolucionarias, me interesé en el sexo y me convertí en uno de los líderes de la revolución sexual de las décadas de 1950 y 1960.

A los 25 años, me absorbí en el amor, en las relaciones matrimoniales y en el sexo, y me convertí en uno de los principales sexólogos del mundo y, con el tiempo, en el primer presidente de la Sociedad para el Estudio Científico del Sexo. A los 30, inicié una vida de verdadera devoción a la teoría y a la práctica de la psicoterapia. A los 43, creé la primera de las terapias cognitivo-conductuales, la terapia racional emotiva conductual, y desde entonces vengo desarrollando y revisando su teoría y su práctica. Ah, claro… casi me olvido: desde los 15 años he compuesto centenares de canciones y de letras de canciones, entre las que hay más de 200 canciones «racional-humorísticas».

De acuerdo, lo confieso: los intereses vitales absorbentes me llegan de forma natural y, la verdad, no va a poder nadie alejarme de ellos. Pero, aunque yo me involucro en ellos espontáneamente, he podido aprender algo importante del compromiso. Cuando era niño, yo padecía de inflamaciones renales, por lo que tuvieron que hospitalizarme nueve veces entre los cinco y los siete años. Mi interés vital absorbente en la lectura me ayudó considerablemente a concentrarme en cosas más placenteras que en mi enfermedad. Durante la última fase de mi infancia y primera parte de mi adolescencia, padecía regularmente de fuertes dolores de cabeza, y la escritura me ayudó mucho para sobrellevar mi malestar. Durante la Gran Depresión, el crac económico de 1929, mi familia estuvo a punto de ir a parar al subsidio de la Seguridad Social, y mis escritos y mis actividades revolucionarias me mantuvieron a flote. A la edad de 40 años, la diabetes se cebó conmigo y me hizo dependiente de la insulina. Una vez más, mi trabajo como terapeuta y mis obras (ahora publicadas) me ayudaron a superar los trastornos de la enfermedad. Finalmente, desde los 43 años, la devoción que siento por la teoría, la práctica y la enseñanza de la terapia racional emotiva conductual, a la que vengo dedicando alrededor de 80 horas a la semana, me ayudó a enfrentarme a muchas adversidades de la vida. Y ahora me ayuda a manejar los inconvenientes de mi avanzada edad.

No sólo tuve los beneficios de mis intereses vitales absorbentes desde la infancia, sino que también me interesé en la psicología de la felicidad humana cuando contaba con algo más de veinte años. Me di cuenta de que, normalmente, hacían falta dos cosas para que las personas pudieran ser verdaderamente felices y pudieran sentirse realizadas:

1. La mayoría de las personas se siente más feliz, se realiza más y reduce sus innecesarias desdichas cuando detienen sus pensamientos irracionales.
2. La mayoría de las personas se sienten mucho más felices y soportan los inevitables contratiempos de la vida con más facilidad cuando se sumergen en intereses vitales absorbentes acerca de cosas que consideran importantes. Y cuando las personas dedican un tiempo

y una energía considerables a este interés durante muchas horas a la semana, tienden a disfrutar de la vida aún más.

Cuando me di cuenta de lo importante que era el poder disponer de un interés vital absorbente para toda la vida, hablé de ello en *Una nueva guía para una vida racional,* libro que escribí en 1961 junto con Robert A. Harper.[29] Los lectores de este libro me enviaron centenares de cartas llenas de entusiasmo, detallándome de qué modo habían aplicado este objetivo en su vida. Y ahora me doy cuenta de que los intereses vitales absorbentes son aún más importantes, y en muchos más aspectos, para las personas mayores; pues las personas mayores se enfrentan a más limitaciones, dolencias e incapacidades de las que afrontaban cuando eran más jóvenes. Si usted se siente vitalmente involucrado en algún proyecto, afición, causa o meta activa y absorbente, el tedio, el aburrimiento y las restricciones de su edad se desvanecerán casi como por arte de magia. Bueno, no ocurre por arte de magia. Ocurre porque los seres humanos nacemos y nos educamos de tal modo que, cuando uno va en pos de sus propósitos y sus objetivos, especialmente sobre una base a largo plazo, uno se suele sentir intensamente involucrado y comprometido. Estos sentimientos de intensa implicación hacen que sus problemas parezcan menores y sus placeres mayores.

¡Búsquese la vida!

Si no tiene usted ahora un interés vitalmente absorbente, el mejor consejo que le podemos dar es que se busque uno. Tome una (o más) de las cosas de las que disfruta y poténciela. Tómela *activamente* y póngala de relieve, amplíela. Por ejemplo, si le gusta a usted leer cosas acerca de la historia, tome alguna faceta de la historia, por ejemplo, la guerra civil norteamericana, y concéntrese en ella. Lea cosas sobre este tema. Escriba un ensayo (o quizás un libro) sobre él. Vincúlelo con algo más que le interese; quizás con el personaje de Abraham Lincoln, con Ulysses S. Grant o con la emancipación de los esclavos. Conviértase en una autoridad en algunos aspectos de este tema. Entrevístese con historiadores que estén especializados en él. Hable de ello en clubes y grupos. Conviértalo en parte destacada de su vida. Conozca a otras personas que también estén

29. Publicado en castellano por Ediciones Obelisco, Barcelona, 2003.

interesadas en el tema, sea en persona o por Internet. En casi todas las grandes ciudades de los Estados Unidos existen clubes o mesas redondas sobre la guerra civil. En Internet, puede encontrar webs o chats sobre la guerra civil norteamericana, donde puede conocer a otras personas con su mismo interés, y donde puede aprender más acerca de ello.

Lo mismo se puede decir, de un modo u otro, acerca de cualquier interés que tenga usted o que pueda haber tenido en el pasado y quizás quiera reavivar ahora (la jardinería, el cultivo de orquídeas, la restauración de muebles antiguos, la elaboración de vidrieras, la cría de perros o gatos, la investigación de su árbol genealógico, el tratamiento de enfermedades específicas, la afición por la ópera, la música *country* o los ovnis. Piense en cualquier cosa, y verá que siempre hay recursos acerca de ese tema. Inspeccione la biblioteca más cercana a su casa. Además de libros y periódicos, la mayoría de las grandes bibliotecas disponen ahora de centros de trabajo con ordenadores. El personal de las bibliotecas le mostrará cómo puede utilizar el ordenador para llevar a cabo cualquier indagación o investigación. La mayoría de los periódicos dispone de una cartelera diaria o semanal en la que se da cuenta de conciertos, lecturas de poesía, exposiciones de piedras y gemas, y otras muchas cosas más. Búsquese un interés vital propio, y amplíelo. Céntrese una parte especial de ese tema y desarróllelo. O búsquese un interés de otra clase, de una clase nueva para usted, y sumérjase en él. Puede aprender usted todo lo que se pueda saber (o quiera saber) y luego dejarlo a un lado. O puede quedarse enganchado a ese interés y mantenerlo hasta el final de sus días. Inténtelo. Experimente con ello. Puede convertirse en una parte gozosa e intrigante de su vida.

Si es usted una de esas personas a las que se les da bien todo lo verbal, siga leyendo y amplíe su volumen de lecturas. Pruebe con otros tipos de literatura que no haya saboreado antes. Si su carácter se acerca más al del pensador científico, siga resolviendo problemas y haciéndose preguntas. Si le gusta jugar a las cartas, dese una vuelta por un club de *bridge*, o por un salón de póquer u otros sitios similares.

Y, claro está, tenemos Internet, sí, Internet. El mero hecho de tener un ordenador personal y de estar conectado a la red puede transformar por completo su jubilación. Si cree que es usted «demasiado viejo» para un ordenador y, no obstante, puede usted permitirse tener uno, está perdiendo una gran ocasión. Puede usted comunicarse con personas de todo el mundo sin tener que pagar las tarifas telefónicas de una llamada de larga distancia. Puede acceder a inmensas reservas de conocimientos. Puede comprarse cualquier cosa (automóviles, casas, ropa, apartamentos, comestibles, libros, antigüedades, reservas de hotel, entradas de conciertos o cines), y puede hacer amigos o conocer a potenciales parejas. Puede encontrar sin grandes dificultades las tarifas de vuelos más baratas, las rutas de carretera más directas o las más seguras, o bien las que atraviesan paisajes más espectaculares. Puede leer, y escribir, reseñas de libros o de películas. También puede buscar cosas más triviales, puede buscar juegos o puede hacer apuestas. Puede diseñar e imprimir sus propias tarjetas de felicitación. Puede encontrar webs que investigan temas de su interés. Puede hacer uso de los buscadores para obtener información de personas, lugares o de cualquier otra cosa que le interese. Puede usted hojear, puede navegar, puede desplazarse por la red, y siempre encontrará ideas estimulantes. Puede hacerse su propia web para dar publicidad a sus intereses, sus negocios o incluso para darse publicidad a sí mismo. Puede ahorrarse una buena cantidad de dinero comunicándose con sus amigos a través del correo electrónico en vez de utilizar el correo normal o el teléfono.

Si no ha utilizado usted nunca un ordenador, no se deje intimidar por ello. Los ordenadores son mucho más fáciles de utilizar y tienen un manejo más sencillo de lo que era la norma hace unos cuantos años. Son divertidos y le abren a todo un mundo de posibilidades de información y de comunicación. Y no necesita tener conocimientos técnicos, ni adiestrarse en el vocabulario informático, y ni siquiera precisa tener de habilidades mecanográficas para comenzar. En cuanto vea lo divertido que puede ser utilizar un ordenador, se va a quedar enganchado a él. Con la adecuada motivación aprenderá con rapidez, a poco que insista.

El compromiso es terapia

En muchos aspectos, el tener un interés vital absorbente le aísla a usted de algunos de los pesares y de las tribulaciones de la vida, como el de saber que no va a estar uno aquí para siempre o el de tener enfermedades o incapacidades dificultosas. El *compromiso* concentra su pensamiento, sus sentimientos y sus acciones, y le ayudará para que su existencia sea apasionada y con sentido. Los intereses absorbentes que le exigen un compromiso pueden también ser abstractos, como ocurre con las teorías políticas. Pueden guardar relación con la familia, los hijos, la profesión, las aficiones, los juegos, los deportes, las artes, la artesanía u otros proyectos. Pueden ser tradicionales, no tradicionales, corrientes o únicos. Depende enteramente de usted, de sus valores, de sus intereses.

A veces ocurren accidentes

A veces, por accidente (incluso accidentes inoportunos, *verdaderos* accidentes), puede usted descubrir intereses que no sabía que tenía. Puede surgir en usted un interés por cierto tema, quizás para su sorpresa, a pesar del desagrado inicial. Eso me ocurrió a mí (Emmett Velten) con mi interés por el tema de la adicción. Hace casi veinte años, me mudé a San Francisco con el fin de trabajar en un centro de terapia que, según pude saber al cabo de un mes, estaba casi en la bancarrota. Tenía muchos clientes, sí, pero tenía aún más gastos. Para cuando el centro se vino abajo, unos nueve meses después, ¡lo único que había recibido por mi trabajo eran 100 dólares! ¿Había comprobado yo su hoja de balances antes de dejar atrás mi empleo y mi vida anteriores, que eran mucho más seguros? No. ¿Había cometido un gran error, un error estúpido? Sí. ¿Era yo un ser humano falible? Desgraciadamente, sí. De inmediato me puse a buscar empleo.

Al principio, estuve buscando un trabajo adecuado para uno de mis grandes y diversos talentos, el educativo, un trabajo en el que se precisara una amplia experiencia. Pero mi búsqueda fue infructuosa. (Las grandes visiones del yo no son nada si no las comparten los demás, sobre todo si esos «demás» son los que te emplean.) Después, con el transcurso de las semanas, me conformé con buscar cualquier trabajo como psicólogo que pudiera impedir que terminara viviendo en las calles de San Francisco. Haciendo frías llamadas telefónicas, conseguí al menos unas cuantas entrevistas de información. Una de aquellas entrevistas me llevó a conocer a alguien que había oído hablar de un empleo en una clínica de metadona. Yo tenía poca experiencia en el trabajo con adictos, lo cual no me incomodaba. El tema de las adicciones me aburría. El interés que podía tener yo en trabajar con adictos no era de cero, sino que estaba muy por debajo de cero. Pero como lo mismo le ocurría a mi bolsillo, hice la solicitud para el trabajo. Después de todo, seguía interesado en comer.

Y poco después estaba yo allí, con mi traje y mi corbata, sentado en el vestíbulo de una clínica de metadona, esperando mi entrevista de trabajo. La clínica estaba en los lindes del peor barrio de la ciudad, del barrio más peligroso, parte del cual había tenido que recorrer a pie para ir a la entrevista. Teniendo en cuenta lo que vi cuando entré en la clínica, me di cuenta de que estaba decididamente en una comunidad clínica. En el vestíbulo había un gran alboroto. Estaban a punto de cerrar, y los clientes se arremolinaban, llamándose a gritos entre sí, esperando ruidosamente en fila, y todo ello aderezado con los gritos de los bebés. Algunas personas habían llegado a la clínica demasiado tarde para los exámenes médicos que determinarían si podían comenzar el programa, y se dirigían a gritos a los miembros del personal, que a su vez les contestaban a gritos. Me hice rápidamente una composición de lugar con el fin de irme de allí apresuradamente, pero sin que se me notara. Me puse de pie e hice una buena imitación de alguien que estuviera leyendo los carteles y los letreros de advertencia que había en las paredes, como el de «No traer armas a la clínica», mientras me iba acercando poco a poco a la puerta. Pero, antes de que pudiera escapar, el director de la clínica salió de su oficina para buscarme. Tenía el empleo.

En ningún momento dejé de buscar trabajo. Trabajar en una clínica de tratamientos para el abuso de sustancias era aún peor de lo que yo esperaba. Algunos de los compañeros del personal se mostraban conformes, y también algunos de los clientes, pero la experiencia en general estaba muy próxima a la calificación de «espantosa». Ciertamente, muy próxima. Durante los primeros meses, estuve buscando trabajo con una ferviente determinación. Pero, en algún momento a lo largo del camino, para mi más absoluta sorpresa, comencé a interesarme en la psicología de las adicciones. Al cabo de un año y medio, estaba leyendo ávidamente todo lo que caía en mis manos sobre la adicción, las teorías de la adicción, la historia del tratamiento de la adicción y la eficacia de los distintos tratamientos.

Me interesé profundamente en la psicología y el tratamiento de la adicción, hasta el punto de implicarme profesionalmente hasta el extremo. Y sucedió por accidente. Si no hubiera sido por aquel enorme y estúpido error mío, jamás habría tenido la oportunidad de desarrollar lo que terminaría siendo uno de mis más importantes intereses. Quizás no habría sido capaz de aprender, de primera mano, que uno no tiene por qué estar seguro de que no va a cometer un error. Porque, evidentemente, uno nunca puede estar completamente seguro antes de tiempo. Pero también se puede aprender de los errores. Los errores le pueden proporcionar a usted una nueva e inesperada experiencia, una experiencia que le puede llevar a crecer como persona. Para estar seguro, evite cometer errores siempre que pueda; pero, *si* los comete (que los cometerá), aprenda de ellos y manténgase abierto a las experiencias que le vayan saliendo al paso.

Los pasivos pueden convertirse activos

En ocasiones, puede usted combinar un interés vital absorbente con una fuente de ingresos complementaria, matando así dos pájaros de un tiro.

Quizás pueda trabajar fuera de casa, lo cual puede resultarle difícil de sobrellevar, debido a que tiene que desplazarse a diario. Pero no era éste el caso de Rosa, que se pasaba en casa la mayor parte del tiempo, no por estar jubilada, sino por una incapacidad. Padecía una esclerosis múltiple, una enfermedad que genera una espantosa debilidad. Rosa no podía dejar de ser consciente de los enormes inconvenientes que le generaba su estado. Sin embargo, se puso a investigar y a escribir un libro que trataba de relatos de primera mano de personas que se encontraban en aprietos similares al suyo. Leyó también *So Desperate the Fight*,[30] el relato en primera persona de Warren Johnson acerca de su lucha con una enfermedad sumamente desagradable y dolorosa que terminaría siendo fatal. Rosa escribió un libro acerca de su propia lucha con la esclerosis múltiple y, casi por sorpresa, el libro se vendió bastante bien. ¡Rosa había entrado en el mundo de los negocios! Su editor le pidió que hiciera una serie de libritos, cada uno de los cuales iría dirigido a una enfermedad que provocara graves discapacidades. El dinero que consiguió en anticipos y en derechos de autoría de estos proyectos empequeñeció los ingresos que percibía de la Seguridad Social por motivo de su discapacidad. Pero, más importante aún que esos nuevos ingresos, Rosa obtuvo una profunda satisfacción con su implicación en esos proyectos editoriales, así como por alimentar las esperanzas de otras personas que se enfrentan a situaciones médicas muy adversas. ¿A qué esperanzas nos referimos? A las que se generan por saber que, a través del compromiso, uno puede darle sentido a su vida y a sus experiencias. Usted puede aminorar sus sufrimientos concentrándose en sus propósitos y en sus metas, y luego puede ir en pos de ellos en la medida que pueda. A lo largo del camino, hasta puede que obtenga algún ingreso más con ello.

Más trabajos, más jubilaciones

El trabajo es, junto con las relaciones interpersonales, una de las principales fuentes de problemas para las personas, sea cual sea su edad. Pero las adversidades que puede generar el trabajo pueden ser especialmente significativas para las personas mayores, puesto que éstas pueden tener tensiones en el trabajo que otras personas más jóvenes no tienen, como puede ser la discriminación por la edad en la contratación, en los ascensos y en los despidos. Hay empresarios que se desembarazan de los trabajado-

30. *Una lucha desesperada.* No existe traducción en castellano. *(N. del T.)*

res que tienen los salarios más elevados (es decir, los que llevan más tiempo en la empresa y que, normalmente, son los de mayor edad) para contratar después empleados más jóvenes, a los que les pagan menos. Los empresarios que hacen esto demuestran tener muy poco juicio, al optar por mano de obra barata en vez de optar por el *verdadero* coste-efectividad de la experiencia acumulada, del buen juicio en situaciones complejas y de un menor número de días de baja por enfermedad. (Sí, los trabajadores más jóvenes se toman más días de baja por enfermedad que los trabajadores más mayores.) Y así, las personas mayores tienen problemas prácticos en el trabajo y por el trabajo.

Sin embargo, las creencias irracionales son la principal causa de problemas emocionales acerca de estos problemas prácticos. Por ejemplo, si usted NECESITA tener éxito (darse «valor» a sí mismo), se va a generar por sí solo problemas en el trabajo, por el trabajo y cuando considere la posibilidad de la jubilación. Esa misma «necesidad» puede afectar adversamente sus posibilidades para disfrutar de la jubilación y de ocuparse en nuevas actividades después de la jubilación. Y lo mismo ocurre si usted define su valía en función de los cuidados que usted les da a sus hijos; pues, cuando se van de casa, se llevan consigo su ego y su autoestima. Y usted puede prolongar su agonía (y la de ellos) intentando retenerlos o cuidando de ellos a pesar de todo; algo que, una vez crecidos, no puede hacer otra cosa que perjudicarles.

La jubilación es una idea y una costumbre relativamente recientes en nuestra sociedad. En otro tiempo, la visión general en la sociedad era que las personas mayores eran las que *mejor* conocían su trabajo. Eran los «viejos maestros», que tenían la sabiduría y los conocimientos reales de lo que era importante y lo que no. Ellos podían apartar lo innecesario, obtener respuestas y producir. El presidente Franklin D. Roosevelt se inventó la jubilación en los Estados Unidos durante la Gran Depresión, en parte para quitar de en medio a las personas mayores de las listas de desempleo, y para que los jóvenes pudieran acceder más fácilmente a un puesto de trabajo. Ahora, el misterio de la edad en nuestra cultura lleva a que las personas no sólo *quieran* jubilarse, lo cual suele ser cierto, sino también a que NECESITEN jubilarse (para obtener un bien merecido descanso), mientras caminan vacilantes hacia la senilidad. La decadencia se inicia en serio a los 65. Pero no era así en el pasado, y no tiene por qué serlo ahora. ¿Qué ha ocurrido?

En primer lugar, usted elimina arbitrariamente a las personas de más de 65 años de las fuerzas laborales productivas. Sin nada productivo que hacer, y careciendo de estímulos y retos, se convierten en necios aburridos. Siendo como son seres humanos, pueden aferrarse fácilmente a la mentalidad de «soy demasiado viejo para trabajar». Y entran en decadencia porque se supone que tienen que hacerlo, en su papel de jubilados. Esa decadencia vinculada al papel de jubilados «demuestra» entonces que «necesitan» jubilarse y que «no pueden» seguir trabajando. Las expectativas edadistas se pueden convertir en profecías que se cumplen por sí mismas.

Y, sin embargo, muchas personas anhelan la jubilación y esperan jubilarse algún día, aunque se les ve menos entusiasmados a medida que se acercan a ese punto. Si anhelan la jubilación, se desenvuelven bien en ella. De hecho, las investigaciones sobre la jubilación no demuestran que ésta suponga una crisis, ni las personas jubiladas tampoco parecen estar menos satisfechas con la vida que la mayoría de las personas, ni se deprimen tras la jubilación. Y lo mismo se puede decir del «nido vacío». Varios estudios sugieren que las mujeres, en promedio, son más felices *después* de la partida de los hijos.

Las personas que quieren jubilarse puede que estén deseando escapar de un trabajo aburrido. Quizás estén deseando tener oportunidades para hacer algo nuevo, como iniciar una nueva profesión o dedicarse a sus aficiones e intereses. Quizás esperan nuevas oportunidades para divertirse, ocuparse en otras cosas y viajar. Sin embargo, las personas a las que les gusta su profesión tienen sentimientos ambivalentes con respecto a la jubilación. Por otra parte, también está el oscuro sentimiento oculto de las expectativas acerca de la jubilación. Hay personas que se van al otro barrio poco después de jubilarse. ¿Será porque ya no tienen ningún propósito en la vida? ¿Qué ocurre aquí?

Aquellas personas que tienen más probabilidades de pasarlo mal en la jubilación y cuya salud es más probable que se resienta son las que no están anhelando la jubilación y, aún así, se jubilan. Son aquellas personas que equiparan su valía con su empleo: mi trabajo = mi valía; por tanto, no trabajo = no valía. Otros que tienen problemas con la jubilación son los que no se buscan placeres y compromisos alternativos tras, o antes de, la jubilación. Y lo mismo ocurre cuando se vacía el nido. Las personas que lo pasan mal en este momento son aquellas que tienen una visión superespecializada de sí mismas, en el sentido de que creen tener un único papel importante, y sólo uno, la paternidad o maternidad.

Si es usted una persona mayor y cree que DEBERÍA evitar cometer errores y que DEBERÍA lograr sentirse valioso y feliz, esos «debería» le van a traer problemas en el trabajo y en su profesión, del mismo modo que se los dieron cuando era usted joven. Esos «debería» también pueden generarle problemas en lo relativo a su paternidad/maternidad y a los trabajos del hogar. En definitiva, pueden generarle problemas en casi todo. En la jubilación, por ejemplo, o en el síndrome del nido vacío. ¿Y cómo es eso?, quizás se pregunte usted. Puede suceder que usted crea que, si se jubila y si sus hijos abandonan la casa, se quede usted descolgado, en tanto en cuanto se desvalorice por falta de logros. ¡Nada de eso! Con tiempo a su disposición, usted puede desvalorizarse *más aún* que cuando estaba ocupado. Puede tener usted miedo de jubilarse o de ver que sus hijos abandonan el hogar familiar porque la jubilación puede suponer una desesperanza absoluta de logros. Si usted se ha jubilado, y si sus hijos han dejado por fin el hogar, quizás no lo pase demasiado bien por causa de esos mismos «debería». Si, como otras muchas personas, usted desea jubilarse para poder consagrarse a otras actividades, esos «debería» pueden torcerle los planes. Quizás tenga miedo de intentar cosas nuevas, porque podría fracasar y, si ese «debería» no se ha jubilado, eso sería *espantoso.*

¿Debería o no debería jubilarme? ¿Y qué pasa si no me gusta la jubilación?

Greg tenía sentimientos encontrados acerca de la jubilación, porque consideraba que su valía provenía de su trabajo. Estaba obsesionado con la pregunta de sí tomar la jubilación anticipada o no. A los 62 años, recibiría cada mes el 75 por ciento de lo que hubiera recibido si se esperara hasta los 65 años. No dejaba de pensar: «¿Y si no me gusta la jubilación?» Pero, en vez de responderse racionalmente, como terminaría haciendo tras la terapia, «Bueno, si no me gusta, pues no me gusta. Ya me buscaré alguna otra cosa que hacer», Greg llegó a la siguiente conclusión: «¡Habría arrojado estúpidamente a la basura el 25 por ciento de mi pensión! ¡Qué locura!».

Aun con estas irracionalidades, Greg podría haber cambiado su manera de ver las cosas con el tiempo si el dinero hubiera sido el único factor, en parte porque su esposa tenía un buen sueldo. Pero el motivo principal por el cual no podía decidirse era una cuestión que llevaba implícita una autoevaluación: «Si ya no tengo mi profesión, ¿quién soy yo?». Con la ayuda de algunas creencias irracionales, esta pregunta le llevó a la terrorífica respuesta de: «¡Nadie!». Más tarde, mucho más tarde, Greg pudo llegar a una respuesta más útil, una respuesta que se basaba en los hechos reales: «Soy una persona que se jubiló de su profesión».

La clave del éxito de la terapia que se le aplicó a Greg fue el persuadirle de que, si se jubilaba y no le gustaba, sería una persona cuyo «experimento» no habría funcionado, no un idiota que se había dirigido por sí solo a una catástrofe. Al principio, no dejaba de darle vueltas a la cabeza pensando en lo terrible que sería hacer algo que, más tarde, podría demostrarse haber sido un error. Con el tiempo, Greg combatió su autoevaluación, y se aceptó incondicionalmente a sí mismo, con errores y todo. Hizo unas listas de sus opciones y de los pasos que podría seguir para llevarlas a cabo en caso de que *no* le gustara la jubilación y deseara no haberla tomado. Empezó a sentirse mucho mejor pero, aún así, no se mostraba muy contento ante la decisión que tenía en perspectiva.

Las encuestas solicitadas por la Asociación estadounidense de personas jubiladas y por el Consejo Nacional de la vejez han demostrado que dos de cada cinco personas jubiladas preferirían estar trabajando. Y cuanto más se acercan las personas a los 65 años, más preferencias muestran por seguir trabajando. La mayoría de las personas, incluidas las personas mayores, no quieren dejar de trabajar. Prefieren encontrar cierto equilibrio entre el trabajo y el tiempo libre. Si usted prefiere, o cree que preferiría, trabajar a tiempo completo, a tiempo parcial, a todas horas o por temporadas, ¿qué o quién le impide probarlo? Si a usted le gustaría trabajar hasta donde se lo permitan sus condiciones físicas, ¿quién se lo impide? Usted puede tomar estas decisiones y poner a prueba esas posibilidades, basándose en lo que usted cree que podría ser más satisfactorio para usted. Puede hacer lo que crea que le va a dar un mayor control sobre su vida. Puede hacer lo que crea que le va a permitir aportarle más a la sociedad y a sí mismo. Las opciones son casi ilimitadas. A la mayoría de las personas les gustaría poder decidir si se jubilan o no, cuándo jubilarse y con qué frecuencia hacerlo. Para la mayoría de las personas, el disponer de opciones y la sensación de que uno controla su propia vida incrementan el grado de satisfacción en la vida y colaboran en el mantenimiento de la salud.

Según algunos futuristas, como Ken Dychtwald, en su libro *Age Wave,* en el siglo XXI se hará mucho más habitual una nueva versión de la jubilación. Las personas podrán jubilarse varias veces de varios trabajos, o no jubilarse nunca, y no sólo se hará esto en la última fase de la vida, sino en cualquier momento durante su transcurso. Basándose en las tendencias que se van apuntando, Dychtwald predice que se hará más habitual el tomarse tiempo libre en el trabajo (para viajar, para volver a los estudios, para cambiar de profesión, para comenzar un nuevo negocio o una nueva familia).

Hay personas, como Bertrand Russell, que ganó el Premio Nobel de Literatura, que tienen varias profesiones. Russell era matemático y filósofo. Sus escritos filosóficos comenzaron a transformarse en escritos de crítica social, sobre temas matrimoniales y morales, sistemas políticos y económicos, religión, educación y trato de los niños, y otros muchos temas. Políticamente activo, Russell se convirtió en un ardiente activista que se opuso a las armas nucleares. Y en la última fase de su vida, escribió un par de recopilaciones de divertidos cuentos que tuvieron mucho éxito. Nunca se jubiló. Trabajó por las causas por las que se decantó hasta su muerte, cuando contaba casi con 100 años de edad.

Muchos campos de los empeños humanos son lo suficientemente amplios como para que usted pueda desarrollar varias profesiones dentro del mismo campo, si ésa es su elección. La cantante Linda Ronstadt, por ejemplo, cantó primero con un grupo de *rock* con matices *folk*. Luego, hizo un *rock* más clásico, e hizo nuevas versiones de antiguos éxitos del *rock'n roll*. Más tarde, pasó por las operetas de Gilbert y Sullivan, por la música mariachi mexicana, por el *blues* y por las corrientes populares. En el mundo del espectáculo, puede ser arriesgado intentar algo nuevo cuando tus fans esperan algo que les resulte familiar. Pero, en cada caso, Ronstadt tuvo bastante éxito en sus nuevas empresas. Semijubilada de la música en la actualidad, Linda Ronstadt adoptó hijos y está estudiando fotografía. Y no le pierda usted el rastro a esta mujer, pues seguirá dándonos sorpresas.

No todos los riesgos ni toda nueva empresa salen bien, evidentemente. Pero sus esfuerzos no tienen por qué tener éxito para que usted obtenga satisfacción con ellos. Y, decididamente, tampoco hay por qué llevarlos a término. Con noventa y tantos años, Russell seguía trabajando por la paz mundial y por el desarme nuclear. Para él, se trataba de una actividad plena de sentido, y se sumergió en ella a pesar de saber que no viviría para siempre y que jamás vería el resultado de sus esfuerzos. Esto nos lleva a la decimoquinta regla para vivir con plenitud:

Regla n.º 15: ASUMA RIESGOS

Las personas emocionalmente sanas tienden a asumir un buen número de riesgos, e intentan hacer lo que desean hacer, aun cuando existan evidentes posibilidades de que les salga mal. Suelen ser osados, pero no temerarios.

El cambio de profesión

El mundo del trabajo ha cambiado dramáticamente en los últimos quince años. Muy pocos son los jóvenes que se plantean encontrar trabajo en una empresa y seguir en ella hasta su jubilación, y son muchas las personas que no tienen ninguna intención de quedarse encapsuladas en una única profesión. Y tanto los empresarios como las empresas se han adaptado hasta cierto punto a la nueva situación, permitiendo variaciones en los métodos y los estilos de trabajo, con el fin de seducir o retener a aquellos trabajadores que consideran valiosos. Existen ya nuevas versiones de trabajo, entre las cuales se encuentra la de trabajar en casa y enviar el trabajo a la empresa a través de los sistemas de comunicación. También está el trabajo en casa a la antigua usanza. Por otra parte, se dan también fórmulas como las del horario flexible, el empleo compartido, la semana laboral corta, los bancos por horas, la jubilación a prueba, los contratos por horas anuales o de año flexible, los años sabáticos, los trabajos orientados a proyectos y el contrato de trabajo temporal. Naturalmente, sigue habiendo viejas fórmulas, como el trabajo a tiempo parcial, el trabajo estacional, el trabajo temporero y el reciclaje en el empleo. Estas opciones, y otras que usted pueda inventarse, pueden darle mucha más satisfacción que la anticuada rutina de trabajar hasta los 65 años para luego jubilarse definitivamente.

El estilo de vida no lineal se empieza a aplicar ya tanto al trabajo como a la jubilación, y se irá haciendo más popular a medida que haya más personas, jóvenes y mayores, que opten por elegir nuevas direcciones y nuevos retos muchas veces a lo largo de su vida. ¿DEBE usted aferrarse a la idea tradicional de estudiar mientras se es joven, trabajar y crear una familia en la etapa adulta, para terminar en una decadente jubilación? ¿Le resulta atractivo este nuevo estilo de trabajo y de jubilación? ¿Quién o qué le impide poner a prueba un nuevo estilo? Echemos un vistazo a lo que se lo impedía a Ariana, una de mis clientes (de Albert Ellis).

Ariana tenía un doble problema ante la perspectiva de cambiar de profesión a la edad de 52 años. Se había esforzado mucho para ser podóloga, título que consiguió a sus 40 años de edad. Había pasado por la escuela de podología trabajando como profesora sustituta, y durante doce años se había desenvuelto razonablemente bien en su campo. Sus amigos y su familia admiraban el estatus que había alcanzado dentro del campo médico, y el estatus era sumamente importante para ella. Pero ahora había demasiados podólogos en su región, y había rumores de que Medicare[31] iba a recortar y a dejar de pagar muchos de los servicios por los que las personas mayores iban a su consulta. Pero, para empeorar aún más las cosas, la medicina en su región se iba a poner bajo el sistema de atención médica dirigida.[32] La atención médica dirigida obligaba a los médicos que evaluaban los casos a escatimar autorizaciones, por lo que Ariana era consciente de que le iban a remitir menos casos de pacientes. Ante estas perspectivas, no parecía buena la idea de mantener la independencia en el ejercicio de su profesión.

Afortunadamente, Ariana gozaba también de habilidades en la gestión de redes informáticas y, matriculándose en algunos cursos, podría mejorar sus habilidades y desempeñarse bien en este campo. Para ello, sin embargo, tendría que volver a estudiar, algo que estaba cansada de hacer a su edad. Después de todo, ella ya había sido adiestrada como profesora, y luego como podóloga, y no quería pasar por las penurias de tener que pasarse otros dos años más de formación. Si había que tener en cuenta la seguridad en el empleo, como experta en informática podría trabajar durante otros 25 años. Cuando vino a terapia, sin embargo, se aferraba a varias ideas. En primer lugar, pensaba que era injusto que tuviera que llegar a dominar un nuevo campo a su edad. En segundo lugar, también pensaba que era injusto que hubiera tantos podólogos en su región. De por sí, estas ideas no eran mortales. Lo que las hacía mortales e irracionales era el «debería» subyacente de Ariana, que era: «¡Esto NO DEBERÍA ser tan injusto!». De ahí que se sintiera furiosa con estas injustas circunstancias y le costara decidirse acerca de qué hacer con su vida.

Además, Ariana tenía cierto estatus profesional en su localidad, porque un podólogo era casi un médico, y sus amigos y su familia la respetaban por este motivo. Como especialista en informática, temía perder el estatus alcanzado, disminuyendo así la valoración que tenía de sí misma. ¡Y eso habría sido *terrible!* ¡Perder el estatus que había alcanzado en los últimos diez años!

Las creencias irracionales de Ariana se hicieron evidentes a las pocas sesiones de TREC. Ella creía que NO DEBERÍA tener que pasar por los inconvenientes de iniciarse en una nueva profesión. También creía que NO DEBERÍA perder el estatus del que se había beneficiado durante los

---

31. Ayuda médica estatal para ancianos en los Estados Unidos. *(N. del T.)*

32. *Managed care* en el original inglés. Es un plan o sistema de salud que busca controlar los costes mediante la contratación de una red de proveedores y mediante el requisito de autorización para las visitas a especialistas. *(N. del T.)*

últimos años. Sí, sería difícil para ella adiestrarse en una nueva profesión, pero ella lo veía *demasiado difícil*. Y sí, sería desventajoso perder algo de estatus profesional (si es que eso ocurría), pero para ella suponía sentirse *menos* como persona. Ariana creía que sus amigos y su familia dejarían de verla del modo en que ella creía NECESARIO que la vieran.

También creía que el sistema de atención médica dirigida y demás atrocidades la estaban *obligando* a buscar una nueva profesión. Cuanto más pensaba en lo *terrible* y lo indignante que era, más se sacaba de quicio. Pero la verdad es que nada ni nadie la estaban obligando a nada. Sí, la podología iba cuesta abajo, pero podía optar por reducir sus gastos. Podía optar por tratar con el aburrimiento de forma productiva, y por añadir algo de entusiasmo a su profesión como podóloga.

Ariana empezó a discutir estas creencias irracionales, pero iba a tener algunas dificultades para ello. Había sido una persona con un gran sentido del humor, algo que utilizaba frecuentemente para divertir a sus amigos y a sus familiares. Pero había perdido el sentido del humor por completo, como suele ocurrir cuando las personas se ponen neuróticas, al contemplar algunos de sus propios problemas personales. Así que hice uso de una de las principales técnicas de la TREC: el humor. Si usted contempla la vida con sentido del humor y ve el lado cómico de las cosas, le resultará más fácil superar sus creencias irracionales, al igual que ocurrió con Ariana. En el caso de Ariana, el humor la ayudó a convencerse de que los problemas en su profesión y su posible pérdida de estatus ante los demás eran *hasta cierto punto* importantes, pero que era ella la que los estaba convirtiendo en un desastre doble. Le mostré que podía ver su posible cambio de profesión como algo ciertamente inconveniente, pero no como algo horroroso.

Ariana pudo ver (aunque no muy convencida) las posibles ventajas de buscar soluciones a los problemas informáticos con los que se encontraría en su posible nueva profesión. También pudo ver (aunque no muy convencida) que una profesión nueva podía ser más divertida o entretenida que los agotadores problemas que suponía tener que lidiar con el sistema de atención médica dirigida y con pacientes gruñones. Pero entonces se escabulló con que los atractivos del trabajo informático no eran *tan* seductores, y que los inconvenientes de su trabajo como podóloga no eran tan enormes. «¿Por qué DEBERÍAN serlo?», le pregunté. Más tarde, Ariana vería el absurdo de su respuesta. Con el tiempo, sin embargo, se la tomó muy en serio: «¡Porque si yo odiara la podología y estuviera segura de que el trabajo informático iba a ser la elección correcta, me resultaría más fácil decidirme!».

También le hice ver a Ariana lo irónico y lo divertido de la posibilidad de seguir trabajando como podóloga para mantener bien alimentado su ego. Ariana se dio cuenta de que podría vivir sin la alta estima de los demás, pero también se dio cuenta (irónicamente) de que los demás ni siquiera le tenían estima. Ella les caía bien por su *profesión,* más que porque les gustara y la aceptaran como persona. Al final, Ariana se echó a reír, cuando le hice ver que en realidad no quería ejercer como podóloga, salvo por el hecho de que le proporcionaba la valoración de pacientes y amigos, unos pacientes y amigos que en realidad no se interesaban en ella, sino en la «noble» profesión médica de la que ella formaba parte.

Utilicé con Ariana algunas canciones «racional-humorísticas» de las que suelo darles a mis clientes. Cantarse estas canciones para uno mismo puede ser muy útil para discutir con fuerza las creencias irracionales. Por ejemplo, usted puede elegir, o incluso componer, canciones «racional-humorísticas» que le puedan a ayudar a superar el exceso de gravedad con que se toma el asunto del dinero, el que le acepten a uno los demás o el tránsito por alguna de las inevitables incomodidades de la vida. La terapia racional emotiva conductual utiliza estas canciones para que la gente vea de qué forma más tonta e innecesaria se disgusta. Las canciones funcionan porque interrumpen su forma rutinaria de pensar acerca de sí mismo, de los demás y de las circunstancias de la vida. Y dado que cantar precisa de cierto esfuerzo físico, el uso de las canciones le obliga en la práctica a poner algo de energía en sus esfuerzos por cambiar sus patrones de pensamiento. Puede usted cantar para sí algunas de estas canciones, o bien puede cantarlas con otras personas para superar sus creencias irracionales. Estas canciones funcionan muy bien en reuniones públicas, como por ejemplo en los talleres. Muchas de ellas, compuestas a partir de melodías populares, las puede encontrar en casete o en partitura en el Instituto Albert Ellis de Terapia Racional Emotiva Conductual. ¿Que dice usted que no puede cantar? ¡Pues aún me lo pone mejor! Las canciones le darán una gran oportunidad para atacar cualquier creencia irracional que pueda tener usted respecto a que usted DEBERÍA cantar bien y recibir el aplauso y la admiración de los demás. Como dijo Oscar Wilde en cierta ocasión, «Cualquier cosa digna de hacerse también es digna de hacerse mal».

Para combatir su baja tolerancia a la frustración, Ariana se cantaba estas dos canciones «racional-humorísticas»:

OH, CÓMO DETESTO LEVANTARME
(«Oh, how I hate yo get up in the morning», de Irving Berlin)

¡Oh, cómo detesto levantarme!
¡Cuánto detesto ponerme en marcha!
Lo más duro para mí
es el toque del silbato.
«¡Levántate ya, levántate ya,
levántate ya, que eres un ganso!»
Un día de éstos me pondré en marcha,
algún día, ¡pero no va a ser hoy!
Lo dejaré para después,
no voy a mover el culo,
¡déjalo todo para después!

LLORA, LLORA, LLORA
(«Yale Whiffenpoof Song», de Guy Scull [uno de Harvard])

No puedo cumplir con mis deseos.
¡Llora, llora, llora!
No puedo aplacar mis frustraciones.
¡Llora, llora, llora!
La vida me debe cuanto quiero,
me debe el destino dicha eterna,
no puedo conformarme con menos,
¡Llora, llora, llora!

Más tarde, para contrarrestar su «necesidad» de estatus y de aceptación, Ariana utilizó esta canción racional-humorística:

ADORO LA FORMA EN LA QUE TÚ ME ADORAS
(«Canción del toreador», de *Carmen,* de Georges Bizet)

¡Adoro la forma en la que tú me adoras!
¡Me haces feliz! ¡Me eres tan fiel!
¡Tu aplauso me eleva hasta las alturas,
y me llena de emoción!
¡Se hincha mi vanidad, y sin dudar,
hasta mi mierda es Chanel!

Por si se daba el caso de que Ariana se pasara de la raya en sus esfuerzos por discutir sus creencias irracionales y por fijar en su lugar las creencias racionales, le asigné la siguiente canción, que ilustra claramente que la racionalidad es una norma deseable, pero que, si usted cae en la DEBERmanía del que pretende ser racional hasta la perfección, terminará perturbándose también. La racionalidad es un buen objetivo, pero no se exija alcanzarla en un sentido absoluto, porque no lo conseguirá.

PERFECCIÓN Y RACIONALIDAD
(«Funiculi Funicula», de Luigi Denza)

Hay quien piensa que el mundo ha de ser justo,
¡yo también! ¡Y yo también!
Y hay quien con el más pequeño fallo
ya no está a gusto, ya no está a gusto.
¡Pues yo tengo que demostrar que soy
un supermán! ¡Un supermán!
¡Hacer ver que tengo un seso milagroso,
y que he de estar en un altar!
¡Perfección y racionalidad,
es sin duda la única verdad!
¡No sé cómo puedes pensar que en algo pueda yo fallar!
¡La racionalidad tiene que ser perfecta en mí!

Utilizando estas canciones «racional-humorísticas», Ariana empezó a ver cómica su exigencia de que la vida fuera fácil para ella, haciéndola así mucho más dura de lo que correspondía. Y dado que había hecho de su búsqueda de estatus la razón de ser y el fin de su existencia, no se había centrado en lo que realmente quería hacer con su vida. Cuando se centró en esto, empezó a pensar que no debería haber dicho nada a nadie sobre su idea de ponerse a estudiar y cambiar de profesión. Por otra parte, era un reto *demasiado difícil.* Ariana se dio cuenta de la ironía que suponía todo esto, y recorrió un largo camino para vencer su baja tolerancia a la frustración y su necesidad extrema de estatus. Se puso a estudiar para obtener la formación adecuada como asesora informática, y descubrió que disfrutaba mucho más con aquello de lo que lo había hecho nunca con la podología. También se puso a hacer otras cosas en la vida, simplemente porque deseaba hacerlas, y no porque quisiera que la gente la tuviera en alta consideración por hacerlas. Al final, terminó riéndose de algunas de sus antiguas creencias irracionales ya desaparecidas.

Ariana se desprendió también de la idea implícita de que, en la madurez de sus 52 años, era demasiado tarde para cambiar de profesión porque pensara que ya no le quedaba tiempo suficiente. Al principio de la terapia, hablamos brevemente de lo derrotista que es pensar que, *debido* a que queda menos tiempo, es inútil o imposible hacer cambios en la vida o probar cosas nuevas. Sin embargo, no llegamos a trabajar específicamente este tema. Ariana cambió sus ideas a este respecto como parte de los otros cambios que estaba haciendo en la terapia.

El tiempo tiene una relevancia especial para cualquier persona en la medida en que se va haciendo mayor. Sin embargo, la edad que usted tiene, por muchos o por pocos años que le queden, no tiene una conexión directa con lo feliz que pueda ser usted en algo, inclusive con su edad. La infelicidad y la desesperación por la edad y por los pocos años que le quedan a uno de vida surgen de sus creencias irracionales, no del hecho de que su existencia sea finita y tenga que terminar algún día. El futuro no existe, de modo que el futuro, en sí mismo, no puede «hacerle» sentir ni hacer nada. Es su sistema de creencias el que lo hace. Habitualmente, las creencias irracionales más relevantes en este tipo de problema siguen estas líneas: «Yo no DEBERÍA morir, y DEBERÍA ser capaz de hacer todo lo quiero hacer antes de morir». Algo difícil, como usted bien sabe... si lo mira desde un punto de vista racional. Pero, irracionalmente, usted piensa que DEBERÍA. Esta DEBERmanía se cebará en usted en sus años de declive, llevándole a ver como terrible su declive e impidiéndole que disfrute de esos años. Si usted cae en la DEBERmanía acerca del tiempo que le queda y de lo *terrible* que es que no vaya a salvar al mundo, no va a disfrutar todo lo que *podría* disfrutar ahora. Si usted desea tener una vida de satisfacciones, lo mejor que puede hacer es comprometerse e involucrarse en actividades y proyectos que tengan sentido para usted, y meterse de lleno en ellos ahora.

La jubilación ya no es lo que era. No obstante, usted puede que sienta su atracción, con independencia de lo interesado que pueda estar usted en su trabajo, su profesión, sus ideas, su familia, su salud, sus aficiones o sus distracciones, y puede conseguir el impulso que necesita para alejarse del lugar donde ha quedado anclado. Echemos un vistazo ahora a un subgrupo de preocupaciones y de cuestiones relacionadas con la jubilación, a saber: ¿convendrá que se *vaya* a vivir a algún otro sitio cuando se jubile, o bien para comenzar una nueva profesión? Y, si es así, ¿adónde? Pongamos en consideración ahora estos oportunos temas;

pero, primero, veamos la pregunta: ¿Florida, Arizona, California, Nevada o Tejas?[33]

¿Un sitio bajo el sol?

Es éste un problema habitual en las sociedades libres, donde muchas personas disponen de medios para cambiar su lugar de residencia; un problema que es especialmente urgente entre las personas mayores. ¿Dónde vivir? Literalmente, podría ser un sitio bajo el sol (una casa transportable en Sun City o en alguna otra población donde se agolpen las personas mayores, o un apartamento en primera línea de la playa en Florida). Podría ser una casa pequeña cerca de donde viven sus hijos, un *loft* en el centro de la ciudad, o quince hectáreas en el campo. También puede quedarse donde está. Las posibilidades son muchas. La mudanza cuesta dinero, y normalmente precisa de mucha fuerza, trabajo y resistencia para llevarla a cabo. Afrontémoslo, mudarse puede ser un verdadero dolor de cabeza.

Lo más habitual, cuando la gente piensa en jubilarse y reubicarse, es que se piense en Florida, California, Arizona, Nevada o Tejas. De aquellas personas que se trasladan, cada vez son más las que se mudan a lugares que han visitado o de los que han disfrutado en sus vacaciones (lugares que no están en la franja del sol), como el lago de los Ozarks, la costa de Jersey, las Rocosas o la costa de Maine. La belleza y la comodidad, sea por razones climáticas o por otras razones, dirigen las decisiones de las personas.

Las personas más jóvenes pueden afrontar también mudanzas como éstas. Pero, con las personas mayores, la decisión puede tomar un cariz diferente. ¿Por qué diferente? Porque, en primer lugar, hay un factor temporal implícito para las personas mayores. La jubilación, unos ingresos fijos y unas expectativas de vida más cortas pueden formar parte del cuadro. Aunque también le pueden empujar para que tome una decisión. Muchísimas personas piensan también que «Ésta es mi última mudanza», una sobria consideración que puede ser cierta o no. (Yo —Emmett Velten—, he tenido ya mi «última» mudanza tres veces, y estoy empezando a fantasear con otra; de modo que las cosas no se acaban hasta que no se acaban.)

33. El autor cita aquí los estados a los que un buen número de jubilados estadounidenses trasladan su residencia cuando se jubilan. *(N. del T.)*

El traslado, aunque agotador y económicamente costoso, puede revitalizarle. Si usted se queda en el mismo sitio pero se jubila, quizás le venga bien renovar sus propósitos, hacer nuevos amigos, asumir nuevos retos. La estimulación y el cambio pueden ayudarle a mantener en forma su mente, su cuerpo y su espíritu.

Consideraciones prácticas y psicológicas del traslado

Si cree usted que quizás algún día tenga el deseo de trasladarse de domicilio, sea para jubilarse o para comenzar de nuevo, convendrá que tenga en cuenta todas sus preferencias, así como todos los factores que pueda evaluar. ¿De cuánto dinero dispondrá cada mes para vivir? ¿Cuánto dinero le hace falta para mantener un estilo de vida realista? Convendría que le diera a esto la importancia que merece, pues puede limitar muchas de sus opciones. Si usted desea enormemente vivir cerca de determinados miembros de su familia, eso, evidentemente, va a limitar también sus opciones. Quizás piense usted que sería mejor vivir cerca de sus hijos. Puede ser. A menos que vivan ya en el mismo sitio, claro. Quizás piense usted que ellos van a cuidar mejor de usted que cualquier otra persona. Pero, ¿qué ocurre si usted no tiene familia? ¿O qué pasaría si ellos cuentan con *usted* para que cuide *usted* de *ellos*?

Haga una lista de las cualidades que le gustaría que tuviera su nuevo lugar de residencia. En las librerías, en las bibliotecas y en Internet puede encontrar información pertinente. Existen libros (que no son difíciles de encontrar) que analizan las distintas poblaciones de los Estados Unidos y que las valoran en función de diversos criterios. Uno de estos libros, uno bueno y actualizado, que recoge todas las poblaciones de entre 15.000 y 50.000 habitantes es *The New Rating Guide to Life in America's Small Cities* (1997), de Kevin Heubusch. Información como la que se recoge en este libro puede servirle de estímulo para pensar en nuevas posibilidades, además de ayudarle a resolver decisiones difíciles.

El clima y la belleza del entorno son factores claves para la mayoría de las personas a la hora de reubicarse (que no tiene por qué ser necesariamente permanente). La corriente del *Niño* da lugar a sitios soleados y secos, pero también nubosos y húmedos; pero un excesivo desarrollo de la zona puede arruinar su belleza natural. No obstante, son pocas las personas que están dispuestas a irse a vivir a un lugar feo y con un clima pésimo, a menos que haya otros factores de peso en su mente, como la posibilidad de un empleo, la familia, las actividades culturales, unos transportes públicos accesibles, el acceso a otros servicios, etc. Si tiene usted problemas de corazón, va a precisar de frecuentes monitorizaciones, por lo que convendrá que no se vaya a vivir a una caravana en medio de la nada.

Lo más habitual es que la gente, sea cual sea su edad, pero especialmente si se trata de personas mayores, busque climas cálidos y soleados. La emigración de ciudadanos estadounidenses a las zonas soleadas de los Estados Unidos se debe a diversos factores, pero el clima es el principal. En climas más fríos y de nieve, existen más probabilidades de que se tenga que quedar en casa por causa del tiempo que, pongamos, en Florida. Pero, evidentemente, en Florida tendrá usted más probabilidades de salir volando en un huracán de las que tendría en otros lugares. Piense en ello detenidamente. Mírese el almanaque, pida información a las cámaras de comercio, y vaya a visitar los lugares finalistas de su concurso.

Hay personas que desean volver al lugar de sus raíces cuando se jubilan, volver al sitio de donde vinieron décadas atrás. Pero no olvide que esos lugares no existen ya tal como usted los recuerda. Vaya de visita antes de trasladarse. Puede ocurrir que sea usted un extraño para la gente de allí, y puede que se decepcione al ver que las cosas no son como usted las recordaba. Hay personas que prefieren mudarse a ciudades pequeñas. Si no ha vivido usted en una ciudad pequeña, el cambio de la gran ciudad puede resultarle dramático, y puede verse de pronto echando de menos el estrépito del tráfico o las prisas de la multitud. Pruebe y vea. Si se reubica usted en una ciudad pequeña, está muy bien, pero tenga en cuenta que, si usted quiere irse allí, otras personas querrán ir también. Su pequeña ciudad quizás no siga siendo tan pequeña. En sociedades cooperativas y en algunas situaciones de vida compartida, usted *puede* elegir a sus nuevos vecinos. Pero en la mayor parte de los Estados Unidos no es posible cerrar la puerta detrás de usted y dejar a los demás afuera; salvo, claro está, en una urbanización cercada. Los índices de criminalidad en las comunidades cercadas y en las comunidades donde viven predominantemente ancianos son maravillosamente bajos, siempre y cuando estas comunidades estén separadas, geográficamente o de alguna otra manera, del resto del mundo. Por ejemplo, Sun City, en Arizona, tiene unos índices de criminalidad extremadamente bajos. Sin embargo, Arizona, en su conjunto, tiene la dudosa distinción de ser el estado con los índices de criminalidad más altos de los Estados Unidos. Vamos con el segundo lugar: Florida. Si quiere usted el grado más elevado de seguridad personal, y si quiere vivir en la sociedad en general y no en un lugar plagado de gente mayor, investigue un poco sobre ciudades en concreto, barrios y disposiciones de vida.

Puede usted aplicar el modelo ABC para reducir las perturbaciones emocionales innecesarias que se pueden desencadenar mientras se considera la posibilidad de mudarse o quedarse. Y dado que a la mayoría nos gustaría tomar buenas decisiones que nos faciliten la consecución de nuestros objetivos, ¿qué nos los impide? ¿Qué se dice la gente concretamente para que les resulte tan difícil o imposible tomar una decisión? ¿Qué se dicen para que, pasado el tiempo, juzguen a posteriori sus decisiones? ¿Cuáles son las creencias derrotistas que pueden dificultarle la toma de decisiones (en este caso acerca de dónde vivir) o que le impiden abordar de forma productiva los resultados de sus decisiones, sean los que sean?

Aceptar que no haya garantías

Lo primero que puede llevarle a subirse por las paredes con respecto a una decisión es sustentar la creencia irracional de que usted no DEBERÍA cometer un error. Y, si comete un error, será *terrible* e *intolerable*, y usted será *un majadero de primer orden* por haber hecho lo que NO DEBERÍA haber hecho, a saber, cometer un error. Para combatir ese «debería», convendrá, en primer lugar, que acepte la idea de que, incluso la mejor de las decisiones, con la información de la que usted dispone en ese momento, puede no ser afortunada. Por tanto, es inútil volverse loco *antes de tiempo* con exigencias de un resultado perfecto o libre de errores.

Si usted cree que no DEBERÍA cometer un error, puede llegar a obsesionarse con ello, además de atormentar a sus amigos preguntándoles qué harían *ellos.* Luego, como suele ocurrir, y si sus amigos son lo suficientemente necios como para hacerle una recomendación firme, usted no va a seguir sus consejos. Más tarde, cuando se dé cuenta de que hubiera hecho bien siguiendo sus consejos, quizás se lamente usted llorándoles en el hombro y diciéndoles que tendrían que haber insistido más en sus opiniones. Evidentemente, si usted sigue sus consejos y no le va bien, les reprochará lo poco acertado de sus sugerencias. ¡Las posibilidades son casi interminables! Puede que se ponga usted ansioso o que le entré pánico y se aterrorice ante la inminente fatalidad de una posible decisión «equivocada». Puede volverse loco entre dos (o más) opciones, cada una con sus propios pros y contras. Y cuando está a punto de tomar la decisión «final», confiado en los pros que contempla, ¿qué ocurre entonces? Que los *contras* comienzan a florecer en su cabeza, y usted da marcha atrás y se aferra a la otra opción, cuyos pros parecen ahora más grandes y obvios, y

214

cuyos contras parecen, de momento, bastante aceptables. Y cuando usted se mueve en esa dirección, sus contras empiezan a hacérsele más grandes. Y así sucesivamente, de aquí para allá sin parar. Estos «conflictos de doble aproximación-evitación», como los llamamos en psicología, pueden convertirse en un infierno; y surgen, en parte, del perfeccionismo: ¡No DEBO cometer un error!

Aun cuando usted crea que alguna de las opciones es realmente perfecta, el perfeccionismo le puede dar la vuelta. Usted se menospreciará cuando, con posterioridad, se dé cuenta de las desventajas de la opción, unas desventajas que quizás no valoró; o cuando aparezcan puntos negativos que no estaban ahí cuando usted hizo su elección «perfecta». La mayor parte de las elecciones complejas no pueden ser perfectas. Y, más adelante, en las elecciones importantes que usted hace (traslado, empleo, pareja, etc.), el perfeccionismo le puede llevar a ver los rasgos desafortunados, aunque normales, como *terribles*. El razonamiento que usted emplea es: «Si no es perfecto (como DEBERÍA de ser), entonces es *terrible*».

Negarse a lloriquear

De acuerdo, supongamos que usted ha superado su perfeccionismo en buena medida y que tiene que hacer una elección. Usted decide mudarse a la costa de Jersey en vez de a Florida. Ha aceptado la realidad de que cualquier elección compleja tiene sus contras, e incluso que tiene contras que usted no anticipó o no pudo anticipar. Es usted un ser humano falible. No tiene usted una bola de cristal que le impida hacer una idiotez. Usted se acepta a sí mismo, aun en el caso de que su elección resulte no ser buena. Hasta aquí, todo bien. Pero será una buena idea que conserve su lista de posibles contras de vivir en la costa de Jersey, pues puede que la vaya a necesitar, si sustenta usted mucho la filosofía tremendista de «no puedo soportarlo». El DEBERÍA subyacente a esa filosofía es: «Las personas y las cosas (en este caso, la costa de Jersey, que es A, el acontecimiento activador) DEBERÍAN conducirse y ser como yo quiero que sean. ¡De lo contrario, será *terrible* y *no podré soportarlo,* y la vida será un asco!». Luego, su DEBERmanía y su tremendismo en B le llevarán a la consecuencia emocional en C de lloriquear. Se puede decir de una forma más suave, pero quejarse, gemir, lamentarse y compadecerse de sí mismo vienen a ser distintas variantes de lloriquear. No es muy atractivo. No es nada productivo. Es bastante común. Si usted lloriquea por los aspectos negativos (adversidades) de vivir en la costa de Jersey, va a mermar poderosamente su capacidad para disfrutar de los aspectos positivos. Entre los aspectos negativos de lo que usted ha elegido (es decir, de vivir en la costa de Jersey) puede estar incluso el hecho de que la costa de Jersey no es Florida. Si toma usted conciencia de que está dándole carácter de terrible a una decisión que ha tomado, discuta las creencias irracionales relevantes y desarrolle más creencias racionales.

He aquí otra forma de contrarrestar la tendencia derrotista a obsesionarse con una decisión antes de tiempo, y a lloriquear por los aspectos negativos después de tomada la decisión. Haga una lista de refutaciones a las creencias irracionales que puedan surgirle en caso de que las cosas salgan *mal.* Sí, no espere simplemente que las cosas no vayan a salir mal. *Podrían* salir mal. Si de verdad *no pueden* salir mal, entonces no le habría estado dando tantas vueltas. ¿Ha estado preocupado recientemente con la posibilidad de que la gravedad falle y se vaya usted flotando al espacio? No es probable que se haya preocupado por esto. Así pues, enfréntese a la posibilidad de antemano, pensando con todo detalle cómo planificaría y qué podría hacer en caso de que las cosas salieran *mal.* De esta manera, si salen mal, estará mucho más preparado para abordar la situación de una forma productiva. Y, también aquí, si tiene usted la tendencia a obsesionarse, conserve una copia escrita para poder consultarla posteriormente.

¿Cuán verde era su valle?

Cuando yo (Emmett Velten) conocí a Bev y a Warren, una pareja jubilada, llevaban viviendo casi toda su vida en los suburbios de Filadelfia. Su hijo y su familia vivían en una ciudad en la que muchas personas estarían dispuestas a vivir después de su jubilación: Tucson, Arizona. Bev y Warren querían vivir cerca de ellos, de modo que, después de mucho pensárselo y de buscar consejo en la familia, decidieron mudarse a una ciudad del sur de Tucson, Green Valley.[34] Las cosas fueron bien durante unos meses, hasta que su hijo recibió una oferta del banco en el que trabajaba, una oferta que no pudo rechazar, siendo transferido a Delaware (¡a menos de 60 kilómetros de donde habían vivido Bev y Warren hasta entonces!) Bev y Warren pasaron por un largo período de depresión, martirizándose por la «estúpida» decisión de mudarse a Green Valley. Se sentían perdidos sin sus amigos de siempre *y* sin su hijo, su nuera y su nieta. ¿Deberían volver

---

34. *Green Valley,* significa Valle Verde, de ahí el título de esta sección. *(N. del T.)*

216

a la región de Filadelfia? Habían vendido su casa allí, y se habían comprado otra en Green Valley. Si se mudaban de nuevo, ¿deberían vender su casa en Green Valley (el auge de la construcción en la zona les obligaría a perder dinero en la venta) o deberían alquilarla (con los consiguientes embrollos de tener un alquiler tan lejos)? ¿O bien debían renunciar a estar cerca de su hijo? Eso era tentador.

Al cabo de unas cuantas sesiones, Bev y Warren empezaron por poner en tela de juicio lo terrible de estar «clavados» en Green Valley. También pusieron en tela de juicio la idea de que los suburbios de Filadelfia habían sido el cielo en la tierra, y que habían sido increíblemente idiotas al irse de allí. También aceptaron, la aceptaron de verdad, la decisión de su hijo de irse de Tucson. Al principio no la habían aceptado, aun cuando le habían dicho una y otra vez que no pasaba nada, y que estaban encantados con su ascenso. Y al final decidieron que sería factible y divertido pasar el verano en una urbanización de la playa en Delaware, cerca de los chicos. Bev y Warren empezaron a hacer amigos en Green Valley. Warren se hizo voluntario en el Museo de Cohetes Titán, y Bev hizo un curso de formación como docente en el Museo del Desierto de Sonora-Arizona. Lo último que supe fue que eran un poco más felices en su nuevo emplazamiento (aunque no tanto como para echar cohetes).

La toma de cualquier decisión, en especial si es importante, le pone a usted peligrosamente cerca de dos problemas emocionales muy comunes que acosan a la especie humana: el perfeccionismo y el tremendismo. Y el trasladar la residencia cuando se es mayor, y el decidir dónde va a estar su hogar «definitivo», conlleva ambos problemas.

En primer lugar, ¿qué hay del perfeccionismo? Claro está que usted puede ser (y es muy posible que haya sido antes) perfeccionista con respecto a casi todo. Como lo habían sido May y Abe la mayor parte de su vida. Quizás fuera esa la razón por la que se casaron, cuando ya estaban rozando los 30, y por la que llevaban juntos 35 años. Ambos tenían que hacer las cosas a la perfección: nunca llegaban tarde al trabajo, hacían su trabajo extraordinariamente bien, preparaban unas comidas soberbias, encontraban las mejores gangas en sus compras, y así todo. Si uno de ellos no hubiera sido perfeccionista, el otro se habría vuelto loco. Por suerte, los dos se exigían la perfección, de ahí que se comprendieran y se toleraran bien.

Pero, tras la jubilación, cuando llegó el momento de buscar un hogar «definitivo», se sumieron en la perplejidad. El dinero no les sobraba, y tenían gustos caros. May prefería un clima cálido y húmedo, y no quería viajar demasiado. Era muy de estar en casa, y quería que compraran algo y se quedaran allí. Además, tenía un poco de artritis, y no le venía bien caminar, y mucho menos esquiar. Pero Abe era un entusiasta del esquí, y le encantaban los espacios abiertos. Ambos querían estar cerca de sus hijos y nietos, que vivían en Nueva York, pero tanto ellos como sus hijos no tenían demasiado dinero como para andar con viajes. Ni Abe ni May querían vivir en Nueva York. ¿Cómo resolver (resolver a la perfección) estos problemas y estas diferencias, con lo bien que lo habían resuelto todo siendo más jóvenes? Pero, en esta ocasión, ¡no iban a poder resolverlo a la perfección!

Los perfeccionistas suelen tener también el otro problema emocional común: el tremendismo y una baja tolerancia a la frustración. May y Abe se las habían apañado bastante bien durante sus años de vida laboral, dado que ambos tenían buenos empleos (él era contable y ella enfermera) y habían tenido dos hijos que no les habían supuesto demasiados gastos. De modo que comían fuera de casa con frecuencia, asistían a espectáculos caros e invitaban a sus amigos a cenar (unas cenas perfectas). Ahora, con sus pensiones y con los ingresos de la Seguridad Social tenían cierta seguridad, pero no les sobraba mucho, por lo que se veían obligados a llevar una vida más sobria y a buscar un sitio donde vivir que no les resultara demasiado costoso. ¡Y eso no era nada fácil para ellos! Más bien, les suponía muchas restricciones. De modo que, por muchas vueltas que le dieran al asunto, no encontraban la forma de hacer casar un hogar confortable y un alquiler razonable. Iban pasando los meses sin acumular deudas, pero tenían que esforzarse mucho.

De modo que, por vez primera en sus muchos años de matrimonio, May y Abe se llevaban a matar. Lo primero que hice yo (Albert Ellis) fue hacerles trabajar sobre su perfeccionismo. Hice que se preguntaran por qué TENÍAN QUE tener un hogar definitivo perfecto. Sería estupendo que encontraran un hogar así pero, teniendo en cuenta las diferencias de gustos y de «necesidades», ¿por qué DEBERÍAN encontrarlo, por qué se obligaban a encontrarlo? Respuesta: podrían tener un hogar *imperfecto*, un hogar que fuera satisfactorio, *en parte*, para ambos. Pregunta: ¿por qué TENÍA QUE ser definitiva esa vivienda? Respuesta: no tenía por qué serlo. Podían experimentar; alquilar un apartamento durante, por ejemplo, seis meses o un año, probar y, si no era el adecuado, probar otra cosa durante otro año. De hecho, ¿por qué no probar un apartamento diferente cada año o cada dos años, y no tener nunca una vivienda definitiva? Podían hacerlo así.

¿Por qué, otra vez, TENÍAN QUE conseguir *un* hogar definitivo? Quizás podrían tener dos apartamentos, por ejemplo, uno para el verano y otro para el invierno. Podían alquilar el apartamento de verano cuando llegara el invierno, y el del invierno cuando llegara el verano. O bien, en invierno, durante dos o tres meses, Abe podía convertirse en algo así como un habitante de las pistas de esquí, mientras que May se quedaba en su habitual lugar de veraneo, dándose así una inusuales vacaciones el uno al otro.

Les propuse (e hice que se propusieran) varias soluciones alternativas *imperfectas.* Una vez hubieron discutido sus creencias irracionales, sus exigencias de una solución perfecta, y una vez hubieron aceptado la posibilidad de varias soluciones imperfectas, se concentraron en hacer factible alguna de ellas.

Esto suponía trabajarse su baja tolerancia a la frustración. Les hice ver que ningún acuerdo sobre cómo podrían vivir iba a ser absolutamente no frustrante para ninguno de los dos. Si Abe se iba a esquiar con cierta frecuencia, por ejemplo, eso les iba a suponer unos gastos, y May se vería privada de su presencia, o bien sufriría, a su lado, un clima frío. Por otra parte, Abe vería poco a sus hijos. ¡A quién no le gusta esquiar y vivir al mismo tiempo en Nueva York! Si May pasaba la mayor parte del tiempo en un clima cálido y húmedo, como el de Florida, ella tampoco podría ver demasiado a sus hijos y nietos, y tendría que cargar con un Abe refunfuñón, que rara vez podría ir a esquiar. Así que, de un modo u otro, ambos se verían obligados a privarse de algo, si cada uno por su parte conseguía su sitio «ideal» para vivir (y también tendrían que sufrir *sus* restricciones). Lástima… pero en el lote iba a haber necesariamente cierto grado de frustración.

Un *inconveniente,* les dije a May y a Abe, no es un *horror…* salvo por definición, salvo si se ve como tal. A Abe no le iba a gustar el no poder ir a esquiar todo lo que quisiera, pero podría soportarlo. May habría preferido un clima cálido y húmedo, además de ver a sus hijos y nietos de forma regular; pero no tenía por qué tener las dos cosas, y podría seguir siendo feliz sin una de ellas.

Cuando conseguí hacerles ver que no NECESITABAN lo que querían, incluidas las soluciones perfectas, May y Abe se relajaron, tomaron la decisión de su mudanza «definitiva» con cierta dosis de humor y se pusieron a trabajar *imperfectamente* el asunto. Se pasaron dos años probando en tres lugares distintos, y no quedaron plenamente satisfechos con ninguno de ellos. No obstante, no se sintieron «horriblemente limitados». Al final, se pusieron a vivir en Las Vegas, que era lo suficientemente cálido para May, aunque seco, y que estaba cerca de las montañas donde Abe podría ir a esquiar con cierta frecuencia. Y también podían conseguir vuelos baratos a Nueva York. Ninguno era perfectamente feliz con sus circunstancias vitales, en especial con los gastos que tenían y con el hecho de ver muy de cuando en cuando a sus hijos y nietos; pero consiguieron aumentar su tolerancia a la frustración, y siguieron trabajando con ella, lo cual les permitió ir arreglándoselas satisfactoriamente.

Las comunidades de ancianos

¿Y qué podemos decir de las comunidades de ancianos? ¿Cuáles son sus pros y sus contras? Una de sus ventajas estriba en que usted no tendrá que sufrir demasiado la discriminación por la edad, aunque no hay que subestimar la habilidad que tienen algunas personas para encontrar la forma de sentirse superiores a sus semejantes. Entre las ventajas más fiables de las comunidades de ancianos se encuentra la de las facilidades en el diseño de las instalaciones, que se hace teniendo en mente a las personas mayores. También se puede confiar en la seguridad que supone el hecho de que haya tantas personas mayores en el vecindario. En las ciudades o comunidades de jubilados, como Sun City, los índices de criminalidad son normalmente muy bajos. En Sun City, por ejemplo, hay vigilancia vecinal. Los residentes detectan de inmediato a las personas que no viven en su zona y les preguntan que hacen allí. Las personas mayores son mucho menos proclives a perpetrar crímenes que las personas jóvenes. En algunas categorías, como la del crimen violento, los índices de criminalidad de las personas mayores son tremendamente bajos, si los comparamos con los de la población en general. Hay comunidades de jubilados que están valladas, lo cual proporciona una mayor seguridad, y lo mismo se puede decir de los edificios de jubilados con guardias de seguridad.

Las comunidades grandes de jubilados se benefician enormemente de tener una amplia población de personas mayores. Si es usted una persona mayor con mucho tiempo a su disposición, puede proporcionar un gran surtido de habilidades útiles y de sabiduría a su comunidad. Cuando una persona traslada su residencia, suele suceder que se inicie en nuevas profesiones, aficiones y actividades de tiempo libre. Cuanto más se involucre en estas cosas, mejor, porque le permitirá conservar lo que tiene (física y mentalmente), y quizás recupere algo de lo que perdió en los años previos a la jubilación, unos años más sedentarios. Ahora bien, un problema habitual en Florida es el de las tensiones que supone la adaptación de las comunidades a sus especialidades médicas y a los servicios sociales que prestan a la población mayor. Por otra parte, los médicos especialistas y los proveedores de otros servicios en tales comunidades tienen más experiencia con las personas mayores, con lo cual obtendrá usted un servicio mejor en estos aspectos.

Pero el vivir en una comunidad de ancianos también tiene sus desventajas. Para muchas personas, una de las más importantes es que el hecho de vivir en una población o en un edificio de apartamentos para ancianos le limita el acceso a un amplio rango de edad de amigos y conocidos del mundo exterior. ¿Por qué es tan importante esto? Diversos estudios indican que las personas se sienten más felices y se encuentran más sanas si, como persona mayor que es, se codea con personas de diferentes tipos y edades. Muchas personas mayores consideran que el tener algunos amigos jóvenes es importante para su salud y para su vitalidad mental. Hay personas mayores que prefieren tratar únicamente con personas como ellas. En los estudios de investigación, estas personas se muestran menos activas, más solas, menos seguras de sí mismas, menos satisfechas e incluso con menos salud que las personas mayores que prefieren mantener relaciones sociales con personas de todas las edades. Si es usted una persona mayor y se aísla del resto del mundo, es posible que esto dé lugar a percepciones edadistas, como la que sugiere que las personas de edad son muy diferentes de las demás. De modo que, si vive en una comunidad de ancianos, convendrá que intente mantener un círculo social lo más amplio posible.

Hay otra importante desventaja que es mucho más común para aquellos que viven en una comunidad de ancianos que para los que viven en una comunidad más amplia, y es que los que viven en una comunidad de ancianos van a experimentar la muerte de amigos y vecinos con más frecuencia. Esto puede resultar bastante duro de afrontar. De todas formas, se puede pasar por la misma experiencia viviendo en el mundo exterior, si usted se relaciona única o principalmente con personas mayores. En cualquiera de los dos casos, convendrá que considere la posibilidad de ampliar su círculo de amigos a personas de todas las edades. De ese modo, quizás tenga que afrontar menos la experiencia de la muerte en cualquier momento. Sentir tristeza ante una pérdida, y lamentarlo profundamente, es perfectamente racional. Refleja la importancia que usted les da a las personas en su vida. Lo que la TREC puede ofrecerle, si tiene que pasar a menudo por la experiencia de la muerte de amigos y vecinos, son formas para discutir sus creencias irracionales. ¿Es de verdad *terrible,* es decir, 100 o 101 por ciento malo, que un amigo muera? ¿Y son su tristeza y su dolor 100 por ciento *insoportables?* ¿Significa esa pérdida que su propia vida ha terminado? Recuerde, sus esfuerzos racionales para abordar el problema de la muerte reconocen plenamente que la pérdida es muy mala. Cuando se pierde a alguien importante, tu vida nunca vuelve a ser la misma. Pero, ¿qué se puede hacer?

Algunas personas mayores, que viven en entornos de ancianos y que experimentan una concentración de muertes mayor que el resto de la gente, optan por otra vía: la de retirarse en la medida de lo posible de toda actividad social, del contacto humano. Por tentador que pueda parecer el no querer conocer a más gente porque pueden morir algún día, presumiblemente antes que usted, ésa no es la solución para sus incómodos sentimientos relativos a la muerte y la pérdida. En el capítulo 15, hablaremos más en profundidad de la muerte y de temas relacionados con la muerte. Por ahora, remarquemos simplemente que esa retirada suele llevar a la depresión, y puede favorecer la decadencia física y mental. Apartarse de amigos gravemente enfermos no es algo *horrible* ni *espantoso,* y claro está que no hay motivo alguno por el cual usted no DEBIERA hacerlo. No obstante, si usted se retira, se aparta de ellos, estará haciendo a otros lo que a usted no le gustaría que le hicieran, y mucho menos alguien querido. El mundo se puede hacer frío y extraño, si usted se aparta de amigos y vecinos enfermos que pueden morir, simplemente porque usted *no puede soportar* la posibilidad de tener esos sentimientos de dolor y de tristeza. Por otra parte, la gente puede llegar a sentir su retirada de ellos, y pueden saber por intuición lo que está ocurriendo. ¿Por qué no compartir lo que piensa y lo que teme, y por qué no escucharles a ellos? Afrontar estos sentimientos requiere de un gran coraje y de una gran madurez, pero eso es algo que usted puede cultivar. Es una habilidad que puede resultar especialmente práctica, si vive usted en una comunidad de ancianos.

11

Afírmese

En un mercado laboral con excedentes, a la rue-
da que chirría no se le pone grasa, se la cambia.

MÁXIMA DE MILLER

Hay cosas que quizás le gustaría preguntar o hacer, pero teme que su petición sea rechazada, o que se le rechace a usted personalmente. De modo
que no pregunta, y se echa atrás. Quizás haya ideas o sentimientos que le
gustaría expresar pero, una vez más, se reprime. O quizás haya momentos en que le gustaría decir «no», pero de pronto se descubre diciendo
«sí». Y, luego, se tortura por no haberse mantenido firme, por no afirmarse a sí mismo, por no ser asertivo. ¿Qué es exactamente la asertividad?

La asertividad es muy diferente de la no asertividad, de la cual existen
tres tipos: la pasividad, la agresividad y la agresividad pasiva. Veamos en
primer lugar la pasividad. Pasividad significa no pedir lo que se desea, o no
rehusar o negar lo que no se quiere. Significa dejar pasar las cosas o mostrarse de acuerdo con ellas cuando uno no las quiere en modo alguno.
Cuando uno se conduce de forma pasiva, refrena la expresión de sus preferencias, sus deseos, sus querencias, tanto si es por algo que se quiere,
como si es por algo que no se quiere. Si es usted pasivo y no quiere serlo,
terminará albergando resentimiento contra las personas que «se aprove-
chan» de usted... cuando, en realidad, usted ha hecho muy poco por
evitarlo.

El segundo patrón no asertivo es la agresividad, que es muy diferente
de la asertividad. La agresividad, tal como utilizamos el término aquí, significa conducirse de forma ofensiva y brusca. Significa ser insensible a los
deseos y los sentimientos de los demás, hasta el punto de tratarles sin con-

templaciones. Agresividad significa que usted exige enérgicamente sus «derechos», a menudo con una actitud iracunda, agresiva y mezquina. Usted se conduce sin consideración alguna, e incluso puede perder los estribos. Mediante la agresividad, usted puede pedir algo o rehusar algo, pero lo hace de manera ofensiva, rebajando a la otra persona, subiéndosele no sólo a las barbas, sino incluso (metafóricamente, esperemos) encima de la cabeza. Por «agresividad», tal como la entendemos aquí, no nos referimos a la agresión física. El recurso a la embestida y a la intimidación física no se encuentra dentro de la categoría «no asertiva».

Quizás haya escuchado usted el término «agresivo-pasivo». Hace referencia a ese patrón insidioso de manifestar la ira y el deseo de independencia de un modo que combina elementos tanto de pasividad como de agresividad. ¡Lo peor de ambos mundos! Aunque, en su interior, la persona se siente furiosa y resentida, se conduce no obstante de una manera agresivo-pasiva, es decir, que no muestra abiertamente su agresividad. Si usted se comporta así, se resistirá y obstaculizará indirectamente las peticiones razonables de los demás, se trate de su jefe o de su pareja. Intentará hacer retroceder a la gente, pero de forma poco limpia, por bajo mano. Pospondrá la realización de cosas que otros le pidan que haga, afirmando que se ha olvidado de sus indicaciones, o bien perderá cosas, remoloneará, se enfurruñará o hará las cosas mal o con lentitud, o empleará cualquier otro tipo de sabotaje. ¡No se trata precisamente de un comportamiento racional y de autoayuda!

Existe una cuarta estrategia, que es mucho más eficaz que las tres primeras. De hecho, será normalmente la mejor estrategia posible. Se trata de la asertividad, cómo no. En la asertividad, usted pide algo o rehúsa algo, pero lo hace sin violentar los derechos de los demás. Si es usted asertivo, expresará sus deseos con calma, fría y coherentemente, sin mostrar (ni sentir) ira, y sin provocar resentimiento alguno. A muchos de nosotros, la asertividad no nos llega de forma natural. Tenemos que hacer un esfuerzo por adquirir esta habilidad.

Roger y Gloria comenzaron dando una respuesta pasiva que, la mayoría de las veces, aunque no todas, se convertía en agresividad; pero terminaron mostrándose asertivos. Le habían prestado 10.000 dólares a su hijo mayor, Sean, para que diera la entrada de su primera casa. Había quedado claro que se trataba de un préstamo y, de hecho, Roger, Gloria y Sean habían firmado una nota formal de devolución en la que se estipulaba un plan de reintegros. Pero no hubo ningún reintegro, y tampoco hubo mención alguna acerca del préstamo, al menos no por parte de Sean, ni, en un principio, por parte de Roger ni de Gloria. Cuando lo «mencionaron», lo hicieron de un modo tan indirecto, que Sean no captó el mensaje.

Gloria, por ejemplo, comentó que había que cambiar la valla trasera de la casa. ¿Captó usted la indirecta? Sean tampoco. Roger comentó que lo único que deseaba era poder comprar una lujosa moqueta que había visto a la venta en Macy's. Pero Sean tampoco captó esta indirecta. Más tarde, Sean consiguió un importante aumento de sueldo en su trabajo, y Roger y Gloria pensaron que Sean empezaría a devolverles el dinero, probablemente incluso doblaría la cantidad de cada uno de los reintegros. ¡Suposiciones de nuevo! Pasaron los meses, y se fueron sucediendo otros incidentes similares. Pero lo que más encendió a Roger y a Gloria y les aproximó peligrosamente al reproche iracundo fue el anuncio de Sean de que su mujer y él iban a hacer un largo viaje a Jordania para visitar a los padres de ella. ¡Pero, de paso, irían a París, Roma, El Cairo y Jerusalén! ¡Cuando Roger y Gloria habían tenido que pasar una semana de vacaciones en un camping en Yosemite! La mujer de Sean comentó que tenía miedo de que sus lujosas maletas quedaran maltrechas tras su facturación en los aeropuertos, y les preguntó a Roger y a Gloria si les prestarían sus destartaladas maletas.

Por decirlo en pocas palabras, Roger y Gloria estaban queriendo ver la cabeza de su hijo, y la de su mujer, clavadas en sendas estacas, aunque sólo fuera un rato. Pero, afortunadamente, en vez de eso, sucedió que vieron un anuncio de un taller mío (de Emmett Velten) de dos días de duración sobre asertividad. El resto de los participantes del taller se involucraron para ayudar a Roger y a Gloria a detectar las creencias irracionales que les impedían hablar de aquella situación con Sean. ¿Y cuáles cree usted que eran sus creencias irracionales? En general, seguían estas líneas: «Nosotros NO DEBERÍAMOS tener que mencionarle esto a ese *canalla!*», «Si nos quisiera, nos devolvería el dinero sin tener que pedírselo», «Para nosotros, sería *muy violento* tener que sacar a relucir el tema. ¿Imagínate tener que hacer eso?». Además de discutir sus creencias irracionales y de ejercitarse en unas creencias racionales más útiles, Gloria y Roger estuvieron ensayando algunas tácticas razonables de conversación asertiva. Ensayaron con otros miembros del taller, que hacían el papel de Sean.

El segundo día del taller tuvo lugar una semana más tarde, y Roger y Gloria dieron cuenta del trabajo que se habían comprometido a llevar a cabo en casa. Para su más absoluta sorpresa, Sean se sorprendió y se sintió profundamente avergonzado, por cuanto, según dijo, él creía que el dinero que le habían dado no era un préstamo sino un regalo. De inmediato, extendió un talón por la mitad del importe que le habían prestado y dijo que se atendría estrictamente al plan de devolución concertado. ¡Y también les preguntó a sus padres por qué no habían sacado el tema a colación antes! Buena pregunta.

¿Qué creencias irracionales le llevan a *usted* a decir «sí» cuando está queriendo decir «no»? ¿O le hacen sentirse culpable cuando se las arregla para decir que «no»? ¿O hacen que le hierva la sangre por no haber pedido algo o por no haber denegado una petición, y la otra persona no le había leído el pensamiento para averiguar cuáles eran sus deseos? ¿Qué creencias irracionales le impiden poner límites? Si usted, gustosamente, ha hecho un *auténtico* préstamo (es decir, que espera de verdad que le devuelvan el dinero), ¿qué creencias irracionales podrían impedir que usted presionara a sus hijos (o a otra persona) para que se atuvieran al plan de devolución fijado? Usted *puede* aprender a negarse a sentirse culpable. Usted *puede* poner límites, si ése es su deseo.

Las habilidades asertivas no sólo van a favorecer su salud psicológica y su cartera, sino que, muy posiblemente, van a favorecer también su salud física. Las investigaciones realizadas sobre las funciones inmunológicas indican que la depresión, la indefensión, la desesperanza y la desesperación, que pueden guardar relación con una falta de asertividad, correlacionan fuertemente con un declive en el sistema inmunitario. Por otra parte, el incremento en las funciones inmunológicas parece correlacionar con cierto sentido de control y con la capacidad para expresarse asertivamente.

Los tres patrones de la no asertividad

El modelo ABC le ayudará a analizar situaciones en las que puede ser sensato afirmarse, mostrarse asertivo. En vez de afirmarse, no obstante, usted se conduce de forma pasiva o agresiva. O de ambas formas. El patrón agresivo-pasivo combina elementos de pasividad y de agresividad. Es una forma pasiva de expresar la agresividad.

La pasividad

Echemos un vistazo primero a las creencias irracionales y a los pensamientos automáticos negativos que subyacen a la pasividad. Su adversidad (A) puede ser una situación en la que a usted le *gustaría* afirmarse o, al menos, *desearía* haberlo hecho. Sin embargo, en C, no lo hace, o «no puede». Quizás a usted se lo llevaron los demonios, pero simuló que no le importaba, cuando *sí* que le importaba, y mucho.

¿Qué le impidió afirmarse cuando, probablemente, ya era consciente de que hubiera sido lo preferible? ¿Qué se dijo a sí mismo en B para frustrar sus objetivos? Éstas son algunas de las posibilidades:

- DEBERÍA ser más fácil afirmarse.
- Me da reparo afirmarme.
- Hace falta mucha energía.
- Es demasiado violento.
- En realidad, no tengo derecho a defenderme.
- No soy nadie, y nadie me va a escuchar.
- ¿De qué sirve pedir?
- A mi edad, ¿qué importa ya? De todas formas, estaré muerto en unos cuantos años.
- Quizás esté siendo egoísta y puntilloso.
- Es mejor no removerlo.
- Soy demasiado viejo para cambiar. Cuando era joven, podría haber aprendido a defenderme mejor, pero ahora es demasiado tarde. No le puedes enseñar trucos nuevos a un perro viejo.
- No le voy a caer bien a la gente si me afirmo. Pensarán que no soy más que un viejo cascarrabias.
- Quizás hiera sus sentimientos.
- Quizás dejen de quererme si les digo lo que pienso.

La agresividad

Veamos ahora algunas de las creencias irracionales y de los pensamientos automáticos negativos que subyacen a la agresividad. Su adversidad (A) es la misma que antes. Es una situación en la que le hubiera *gustado* afirmarse o hubiera *deseado* haberlo hecho. Esta vez, sin embargo, en C, usted reacciona desmesuradamente, con ira o reivindicativamente. Quizás se ha dirigido con dureza a la otra persona diciéndole que se vaya. ¿Qué se dijo a sí mismo en B que le llevó a comportarse de forma tan desmedida? Algunas de las posibilidades son éstas:

- ¡Esos imbéciles hijos de tal! ¿Cómo se atreven a vulnerar mis derechos?
- Las personas que no hacen lo que yo quiero son unos hijos de…

- Voy a salirme con la mía.
- Los demás me lo deben.
- Tengo yo más derecho que ellos a esto.
- Quiero eso porque me lo merezco, y he de TENERLO como sea.
- Los sentimientos de los demás no cuentan. ¡Que se jodan!

Una de las canciones «racional-humorísticas» que yo (Emmett Velten) suelo recomendar a las personas que tienen inclinaciones agresivas en el trabajo o en cualquier otro entorno es ésta:

¡VETE AL CUERNO!
(«Jingle Bells»)

Si tú te liberas
y dejas ir tu ira,
perturbar la paz,
gritar y vociferar.
Haz lo que haga falta
que sepan bien quién manda,
enséñales los dientes,
¡hasta el día en que te maten!

¡Pim! ¡Pam! ¡Pum!
¡Pim! ¡Pam! ¡Pum!
¡Aporréalos!
¡Oh, qué divertido es
machacar a quien te jode!
¡Mec! ¡Mec! ¡Mec!
¡Toc! ¡Toc! ¡Toc!
Aúlla, ulula y grita.
¡Y todos de ti huirán
y hasta el fin te odiarán!

¡Grrr! ¡Grrr! ¡Grrr!
¡Grúñeles!
Si amenazas, ve.
Y déjate
caer también
en profunda depresión.
¡Glu! ¡Glu! ¡Glu!

Bebe y llora
tu destino cruel.
¡No bajes la guardia
pues hay mucho que odiar!

La agresividad pasiva

Veamos ahora algunas de las creencias irracionales y pensamientos automáticos negativos que subyacen a la noasertividad de la variedad agresivo-pasiva. Una vez más, su adversidad (A) puede ser una situación en la que le habría *gustado* afirmarse o habría *deseado* haberlo hecho. Sin embargo, en C, no lo hace. *Da la impresión* de estar de acuerdo con lo que se le pide, pero por dentro está resentido y amargado. Se demora en el trabajo, llama a la oficina diciendo que está enfermo justo el día en que hay que terminar el gran proyecto, y se queja a troche y moche por las condiciones laborales. ¿Qué se dijo a sí mismo en B para hacer todo esto? Éstas son algunas de las posibilidades:

- No saben lo que hacen. Esto no me lo pueden hacer a mí. ¿Cómo se atreven?
- Yo NO DEBERÍA tener que tragar con todo esto. Si me valoraran, no me harían hacer esto.
- Se la devolveré.
- El jefe no tiene derecho a pedirme que haga esto, pero me da miedo hablarle de ello.
- Me tienen amargado con lo poco que me pagan. ¡Después del tiempo que llevo trabajando aquí!

Una de las canciones «racional-humorísticas» que yo (Emmett Velten) suelo recomendar a las personas con inclinaciones agresivo-pasivas en el trabajo es ésta:

GANDULEAR
(«Summertime» de la ópera *Porgy and Bess,* de George Gershwin)

Gandulear, lloriqueando y gimiendo,
llanto y pis, toda la jornada.
Tu jefa es una bruja,

y el encargado un rufián,
Así que llora, pequeña, toda la jornada.
Uno de estos días,
despertarás sonriendo.
Sábado al fin, vas a estar en el cielo.
Pero, hasta entonces,
nada habrá que te calme;
así que llora, pequeña,
toda la jornada.

Probablemente no haga falta decirlo pero, si es usted un terapeuta, *¡no utilice esta canción con un cliente hasta que haya establecido una buena relación de trabajo con él!* Y asegúrese de que el cliente comprende bien la lógica de alejar la depre cantando.

Afírmese, por muy enclenque que se haya quedado

La asertividad tiene más importancia a medida que aumenta la edad. Vamos a tomar en consideración algunas de las razones que hacen más fácil que una persona mayor no se comporte asertivamente. Entre ellas estarían:

- Hay un vínculo claro entre estatus social y asertividad, y las personas mayores tienen un estatus más bajo.
- A medida que se va haciendo mayor, la persona va perdiendo volumen corporal, y le resulta más difícil imponer su voz.
- Las personas mayores suelen tener menos dinero que las personas jóvenes.

Cualquiera de estos factores, o todos ellos juntos, más todos los que se le puedan ocurrir a usted, pueden facilitar los problemas de asertividad que algunas personas mayores pueden sufrir.

Una amiga nuestra, Ella, decía que se había dado cuenta de que, pasados los 65 años, la gente le prestaba menos atención. «Parece que se me vea menos.» Decía que, más allá de la mediana edad, parecía hacerse cada vez más invisible para los demás. Y, concretamente, se la hacía más manifiesto cuando iba a comprar. Estando ante el mostrador, Ella se había percatado de que los vendedores solían atender primero a las personas más jóvenes, con independencia de quién estuviera primero. Y esto le iba ocurriendo cada vez más, a medida que iba haciéndose mayor. Fueran cuales fueran las causas, cuando veía que la iban a relegar al final de la cola, Ella decía en voz alta: «Perdone, creo que estaba yo primero»; y me comentó que, dado que no había nadie más que pareciera estar dispuesto a romper una lanza por ella, aprendió a hacerlo por sí misma.

Existen diversos complejos emocionales que impiden que las personas se afirmen o se defiendan. La mayoría de ellos se pueden situar dentro de las tres categorías principales, y Harriet tenía varios de ellos. A sus 56 años, Harriet no había roto un plato en su vida. Dirigía el departamento de inglés de un prestigioso instituto, y llevaba 30 años casada con un hombre cariñoso y considerado, además de tener un hijo y una hija que estaban terminando sus estudios en la universidad. Llevaba muchos años dirigiendo aquel departamento, pero tenía dificultades para afirmarse ante el director del centro y ante la casi totalidad de los profesores que estaban bajo su mando, a pesar de que la respetaban. Su marido y sus hijos no eran en modo alguno autoritarios ni dominantes, pero Harriet rara vez se afirmaba eficazmente ante ellos. A menudo cedía en cuestiones importantes, en vez de decir lo que pensaba y negociar con ellos.

No lo voy a hacer bien

En primer lugar, como ocurre en muchos casos de falta de asertividad, Harriet tenía miedo de afirmarse a sí misma de un modo inadecuado. Nunca había tenido fluidez verbal, a diferencia de su hermana pequeña, y temía quedarse atascada en mitad de una frase sin saber como acabar lo que había empezado. Le mortificaba la idea de no ser comprendida, y de que la otra persona le pidiera que repitiera sus palabras; o bien se obsesionaba pensando: «¿Qué pasará si la otra persona se ofende y me critica?». De manera que solía quedarse callada, cuando los demás se mostraban locuaces. Tenía mucho que decir, pero tenía miedo de decirlo de un modo inadecuado.

Me van a rechazar

En segundo lugar, Harriet sentía terror ante la idea de que la rechazaran si *pedía* algo y se lo denegaban. Cualquier negativa se la tomaba como algo personal, y nunca pensaba que las personas suelen decir no simplemente porque dicen que no, independientemente de quién sea la persona que les pide algo. En cualquier situación en la que estuviera deseando pedir algo, Harriet partía de la base de que probablemente sería un error pedir el favor. De ahí que su petición la hiciera en tono vacilante y dubitativo, con lo que facilitaba que los demás le negaran lo que pedía. Y, tras encontrarse con la negativa, Harriet quedaba más convencida que nunca de que a otra persona no se lo hubieran negado, y de que los demás la tenían en muy poca consideración (consideración que tampoco sentía ella por sí misma).

No lo merezco

Por último, y debido a que Harriet no se valoraba mucho y veía defectos en sí misma que los demás no veían, llegó a la conclusión de que era una persona de carácter débil, y poco valiosa. Llegó a la conclusión de que realmente no se merecía la mayoría de las cosas que, en un momento determinado, pudiera solicitar. Pensaba que las únicas personas que se merecían algo eran aquellas que tenían importantes logros, y las que eran agradables y simpáticas, y que ella nunca destacaría en ninguno de estos dos aspectos. No era lo *suficientemente* buena, ni tampoco era *suficientemente* agradable y simpática. Harriet estaba convencida de esto, y estaba segura de que los demás también eran conscientes de ello. De ahí que pensara que no merecía nada. Pero, para apoyar este punto de vista, Harriet sabía que tenía miedo a ser asertiva, y esto también hacía que se valorara menos. En resumidas cuentas, Harriet se desenvolvía bastante bien con los demás, aunque ella no lo viera así. Se consideraba inadecuada e insuficiente, y no se consideraba digna de afecto, y mucho menos de que le hicieran regalos.

La aceptación incondicional de uno mismo

Yo (Albert Ellis) tuve grandes dificultades para conseguir que Harriet admitiera la idea de la aceptación incondicional de sí misma, pues evaluaba los merecimientos de una persona como un balance de ganancias y pérdidas. Tú das mucho de tí misma a otras personas y a causas dignas, y obtienes a cambio un poco de lo que quieres, pero no demasiado; porque si recibes demasiado de los demás por el trabajo y por la ayuda que les has prestado, entonces es que eres egoísta, y en realidad no tenías demasiado interés en ayudar a los demás. Y así, una, o al menos Harriet, se siente culpable y se siente más indigna que nunca.

La TREC no tiene nada contra el hecho de ser amable y dedicarse a otras personas, y apoya el principio de la aceptación incondicional de los demás. Según esta filosofía, uno acepta plenamente a las personas e intenta ser amable y considerado con ellas, aunque se comporten mal con uno mismo o con los demás. Así, uno acepta al pecador, pero no el pecado, e intenta hacer del mundo un lugar mejor donde vivir. ¿Por qué? Porque uno desea ser un miembro responsable de la especie humana, y no porque obtenga con ello mérito personal alguno o porque se vaya a convertir en un santo por ser bueno con los demás. Esto nos lleva a la decimosexta regla para vivir con plenitud:

Regla n.º 16: INTERÉSESE EN SÍ MISMO Y EN LOS DEMÁS

Para mantenerse emocionalmente sano, no sólo conviene interesarse en el propio bienestar, sino también en el de los demás. Las personas emocionalmente sanas y sensatas tienden a poner sus propios intereses un poco por encima de los intereses de los demás. Se sacrifican hasta cierto punto por aquellos a los que quieren, pero no se sacrifican de una forma desmesurada o por completo. El interés social es normalmente racional, y obra también en beneficio propio, porque la inmensa mayoría de las personas opta por vivir y disfrutar en un grupo social o en una comunidad. Si usted no se comporta con cierta ética, si no protege los derechos de los demás y no fomenta la supervivencia social, es poco probable que genere el tipo de mundo en el que le gustaría vivir, un mundo en el que se sienta cómodo y feliz.

Harriet disfrutaba sirviendo a los demás, tanto en su casa como en el trabajo, pero seguía pensando que no les ayudaba *lo suficiente*. Pensaba que no era *lo suficientemente* radiante y encantadora como para que la gente quisiera estar en su presencia. Sin embargo, debido a sus buenas acciones (combinadas con su perfeccionismo), Harriet tampoco se consideraba una persona ruin y malvada sino, simplemente, ¡una persona inadecuada, insuficiente! Al principio no podía entender, y mucho menos aplicar, la noción de la aceptación incondicional de sí misma, la idea de que conviene que uno se acepte y se honre a sí mismo siempre, independientemente de su competencia y de sus virtudes. Uno intenta llevarse bien consigo mismo, simplemente porque es un ser humano. Pero Harriet pensaba que tenía que ganarse la aprobación de los demás (y con el ello la valía, el mérito) a través de sus buenas acciones.

Al final, pude demostrarle a Harriet que este plan de aceptación *condicional* de sí misma no funcionaría. A pesar de tener una buena reputación, debido a su productividad y a la consideración con la que trataba a los demás, seguía pensando que no era *suficientemente* buena, dado que pensaba que su reputación no debía ser «buena», sino «excepcional». Aun cuando hubiera momentos en que se sintiera bien consigo misma por su eficacia y por su bondad con los demás, ¿cómo estar segura de que ese buen nivel de eficacia no decaería? ¡Quizás en un futuro empezara a hacer las cosas peor y terminara siendo rechazada por los demás! Y dado que un funcionamiento eficaz y la aprobación de los demás eran sagrados para ella (no sólo importantes, sino sagrados), siempre estaba ansiosa ante la posibilidad de que no pudiera mantener estos objetivos.

Y la prueba de ello era su falta de asertividad. A la gente le caía bien porque ella no les pedía demasiado, pero también la veían débil y poco atrayente. Eran conscientes de que su trabajo era bastante bueno, tanto el de profesora como el de jefa de departamento; pero también eran conscientes de que le faltaba confianza en sí misma, y de ahí que muchos se aprovecharan de ella. Los profesores que estaban a su cargo tardaban en entregar sus informes, y había entre ellos mayor absentismo laboral y mayor relajación en la hora de llegar a las clases que en otros departamentos. Si ella no iba detrás de ellos, el director del centro la hacía responsable *a ella* de la falta de disciplina de su departamento, amenazándola finalmente con desposeerla del cargo.

La falta de asertividad de Harriet era «simpática», pero no funcionaba. Cuanto menos se afirmara Harriet, más le exigirían los profesores que estaban bajo su dirección e incluso su familia. Ellos no seguían el principio de vive y deja vivir, sino el principio de dame y dame más.

A medida que se incrementaban los problemas de Harriet, y a medida que aumentaban también su ansiedad y sus sentimientos de desvalorización, sus actitudes y las acciones (o inacciones) resultantes eran cada vez más ineficaces. Y conseguí demostrárselo. Aunque le costó bastante verlo, finalmente se dio cuenta de que la aceptación incondicional de sí misma era la única solución realista a sus dificultades. Aceptándose incondicionalmente a sí misma podría seguir trabajando intensamente, y podría seguir beneficiándose de la estima de los demás. En vez de permitir que su amabilidad y su buen trabajo la «hicieran» valiosa ante sí misma, Harriet logró aceptarse como ser humano por el sencillo método de decidirlo así. Podía *definirse* a sí misma como una persona valiosa sim-

plemente porque ella, como ser humano que era, optaba por hacerlo así.
Podía aceptarse por el mero hecho de estar viva y de ser una persona única. Luego, tras decidir que iba a ser una persona valiosa simplemente porque existía, Harriet logró aceptarse incondicionalmente a sí misma. Y fue esto lo que le permitió mantener el ritmo de sus consecuciones en el trabajo y llevarse bien con los demás, simplemente porque disfrutaba haciéndolo y porque le reportaba beneficios prácticos.

En otras palabras, Harriet comenzó a darse cuenta de que podía conseguir cosas buenas en la vida, como profesora y como madre, porque se conducía adecuadamente. En este sentido, se merecía todo lo bueno que le sucediera o le llegara. Se dio cuenta de que no tenía que derivar su *valía personal* a partir de nada más, salvo de su mera existencia y de su humanidad; se dio cuenta de que merecía vivir y disfrutar de la vida simplemente porque así lo había decidido.

Harriet pareció captar finalmente el concepto de la aceptación incondicional de sí misma, pero seguía teniendo problemas para aplicar esto a la hora de afirmarse. Llevaba toda una vida conduciéndose de forma pasiva, y le resultaba incómodo, e incluso le daba vergüenza, pedir algo que quería o negarse a hacer algo que no quería hacer. De modo que, al principio, utilizamos uno de los métodos conductuales de la TREC, la representación de papeles. Con esto, Harriet pudo practicar comportamientos de autoafirmación. Yo representaba el papel de su director, de los profesores a los que dirigía y los de su marido e hijos, con todos los cuales se conducía pasivamente. Le enseñé a pedir cosas que, normalmente, nunca hubiera pedido; y luego, cuando había hecho varias representaciones, y se había familiarizado con la asertividad, diseñamos un programa gradual para aplicar estos comportamientos en la vida real.

Aún así, le resultaba difícil hacerlo, aunque deseaba ser asertiva en algunas áreas de su vida. Preparamos una serie de tareas para casa con el fin de que se afirmara ante los demás, pero terminó escurriendo el bulto y no las hizo. De modo que utilizamos otra de las técnicas conductuales de la TREC para ayudarla a dar el paso, la de reforzar o recompensar su conducta con algo que realmente quisiera, pero sólo *después* de haberse obligado a llevar a cabo la misión encomendada. Es decir, que no se permitiría el lujo de hacer esa cosa que tanto le gustaba *hasta después* de haber sido asertiva.

Éste es el aspecto más valioso de la autoayuda. Es difícil hacer cosas que uno teme hacer o que le resulta incómodo hacer. Puede ser muy difícil ser asertivo hasta en las situaciones más sencillas cuando uno se ha comportado de forma pasiva (o agresiva) durante tantos años. A Harriet le resultó muy difícil. De modo que eligió unos cuantos placeres o refor-zadores que le encantaban (como hablar con sus hijos de sus actividades diarias, o relajarse con su marido mientras veían las noticias de la noche), y sólo se consintió disfrutar de ellos después de haber hecho algo aquel día por afirmarse a sí misma ante diversas personas. Si escurría el bulto y no llevaba a cabo la tarea, no podía charlar con sus hijos ni podía sentar-se con su marido a ver las noticias. Sólo cuando se condujera de forma asertiva y adecuada en aquellas situaciones en las que quería ser asertiva, podría disfrutar de estos placeres.

Y esto funcionó muy bien. Harriet se demostró a sí misma que no ha-bía nada malo en hacer lo que quería, aun cuando corriera el riesgo de que alguien la rechazara. Se dio cuenta de que, aunque no llevara a cabo de-terminadas tareas o aunque los demás no la aceptaran del todo, ella seguía siendo una persona aceptable y valiosa. ¿Por qué? Porque había decidido serlo, porque estaba decidida a aceptarse a sí misma sin condición alguna. Cuando alcanzó este estadio de pensamiento, cuando hizo uso de la aser-tividad y se arriesgó a encontrarse con el potencial rechazo de los demás por respaldar su filosofía de la aceptación incondicional de sí misma, de-crecieron enormemente sus niveles de ansiedad y disfrutó más de la vida. Y lo único que ocurrió fue que ganó en eficacia, tanto en sus labores como profesora como en su papel de madre.

Haga su trabajo de detección

Si, al igual que Harriet, es usted pasivo, y no le pide a los demás lo que quiere y duda en rechazar sus peticiones cuando le están pidiendo dema-siado, haga su trabajo de detección.[35] Observe primero lo que se está di-ciendo a sí mismo, qué creencias irracionales son las que están generando su pasividad. Normalmente, usted no sólo estará pensando que es de-cepcionante no conseguir lo que quiere cuando se afirma ante los demás, sino que pensara también que eso tiene un significado respecto a usted, respecto a su persona. Normalmente, usted pensará que la persona que rechaza su petición le valora a usted en poco y que, de algún modo, debe tener razón al valorarla de forma tan deficiente. Entonces, al igual que Harriet, quizás se le ocurra pensar que es usted un imbécil, por no afir-marse ante los demás como los demás se afirman ante usted, y quizás se

---

35. *Do your detective work,* en el original inglés, que ofrece el doble sentido de «trabajo de detección» y «trabajo de detective». *(N. del T.)*

cubra de reproches a sí mismo, a su ser, por esa debilidad, con lo cual se desvalorizará usted doblemente. Luego, puede suceder incluso que vaya usted más allá y piense que, si usted se afirmara ante ellos, quizás lo haría mal. O puede pensar que en verdad no se merece conseguir aquello que quiere. Quizás tenga usted otros pensamientos desvalorizadores, pero la ausencia de aceptación propia suele ser el principal motivo de la pasividad cuando uno desearía comportarse de forma asertiva.

En lo referente a la baja tolerancia a la frustración, puede que piense que es *terrible* pedir algo que se desea y que se lo nieguen a uno. Quizás piense que *no puede soportar* el hecho de no conseguir lo que desea, y puede que le parezca *terriblemente difícil* seguir pidiendo lo que quiere y encontrarse con negativas una y otra vez. Y, más tarde, quizás llore y se lamente por las miserias de ser rechazado, y puede que eso le impida seguir afirmándose hasta que, al menos parcialmente, consiga lo que desea.

Hay veces en que, en la primera ocasión en que se le deniega algo después de ser asertivo, uno puede ponerse muy agresivo. Quizás le insista usted a la otra persona diciéndole que NO DEBERÍA ser tan ruin. Pero esto, evidentemente, no va a hacer otra cosa que enfurecer a la otra persona, que puede entonces negarle deliberadamente todo lo que le pida. ¡Y puede que incluso decida darle, en venganza, lo que usted *no* quiere! Esto le llevará a usted a generar más agresividad, estableciéndose un círculo vicioso difícil de romper. Al final, quizás decida usted dejar de afirmarse y «que haya paz», volviendo así a sus actitudes de pasividad.

Observe, por tanto, las creencias irracionales que le llevan a no ser asertivo. Es muy probable que las creencias irracionales que hemos esbozado más arriba, o bien variaciones sobre los mismos temas, se encuentren en la base de su tipo particular de no asertividad (sea la pasividad, la agresividad o la agresividad pasiva). Después de detectar las creencias irracionales, discútalas de las distintas maneras que le hemos expuesto en este libro.

Pero, además de discutir las creencias irracionales, convendrá que se obligue usted a ser asertivo, aun cuando sea reacio a hacerlo y se sienta incómodo, hasta que consiga por fin sentirse cómodo e incluso disfrute afirmándose ante los demás. Puede comenzar practicando la representación de papeles con un amigo o amiga. Ensaye escenas asertivas breves, una y otra vez; no una vez o dos, sino 15 o 20 veces en cada sesión de práctica. En estas sesiones de representación de papeles, su papel es el del aspirante a ser asertivo, mientras que su amigo o amiga hará el papel de la persona con la que usted quiere mostrarse asertivo. En primer lugar, prepare a su amigo, indicándole cómo debe comportarse en su papel de «objetivo asertivo» de usted. Grabe la representación de papeles con algún dispositivo de audio, o en vídeo, y luego, juntos, hagan una crítica constructiva de lo que escuchen u observen. También puede pedir a otros amigos que presencien sus ensayos y que evalúen sus esfuerzos asertivos. Haga esto hasta que mejore su comportamiento asertivo y pueda sentirse cómodo y eficaz mientras lo hace.

Pero no olvide que, en última instancia, no hay nada como la puesta en práctica real para que pueda sentirse cómodo en su asertividad. Póngalo a prueba en la vida real, con amigos o con miembros de su familia que quizás le nieguen lo que pide, pero que no le vayan a condenar por pedir algo que a lo mejor no quieren darle. Sea muy cuidadoso al ser asertivo con jefes, encargados, policías de tráfico, jueces, atracadores y demás personas que tengan poder sobre usted. Pueden perjudicarle mucho por su asertividad. ¡Póngase en guardia! En estos casos, obedecer, sin ira y sin demora, suele ser el mejor camino a seguir. Practique su asertividad con personas y en circunstancias en las que no le vayan dar un revolcón (literal o figuradamente), y acostúmbrese a hacerlo en situaciones que sean relativamente seguras.

Si, aun así, tiene problemas, puede hacer lo que hizo Harriet. Puede reforzarse con alguna actividad agradable, pero únicamente después de que se haya tomado la molestia de afirmarse con alguna persona con la cual suela mostrarse pasivo y consentidor. Si es necesario, también puede ponerse una penalización, consistente en hacer algo que detesta (como puede ser hablar con un conocido aburrido o comer algo que no le gusta), cada vez que *no* se muestre asertivo en situaciones en las que podría haberlo hecho. Elegir penalizaciones puede ser bastante divertido. Lo que no le va a resultar tan divertido va a ser aplicárselas. Pero no olvide que se supone que tienen que ser castigos. Cuanto más indeseables le resulten, mayor será su motivación para evitarlos. Y es que sólo hay una forma sencilla de evitar los castigos: ¡hacer su trabajo asertivo! Haciendo uso de estos métodos cognitivos y conductuales, puede hacerse usted mucho más asertivo de lo que es, y puede superar malos hábitos no asertivos que pueden haber estado acosándole toda la vida. Y, para eso, no importa la edad.

Rompa las cadenas

Ahora le ha llegado a usted el turno de averiguar lo que alguien, en este caso Abdul, podría estar diciéndose a sí mismo para no ser asertivo. Puede asumir usted el papel del terapeuta, lo cual le ayudará enormemente para aprender el modo de ayudarse a sí mismo. El ejemplo de Abdul tiene más curvas y revueltas que algunos de los que hemos utilizado hasta el momento. Esta vez le mostraremos cómo se hace una cadena de ABC. Mientras lee este ejemplo, piense de qué modo podría ayudarle la cadena de ABC a identificar algunos de sus propios problemas asertivos. ¿Cómo detectaría usted sus propias creencias derrotistas, las que le llevan a no ser asertivo, las que le llevan a ser pasivo, agresivo o agresivo-pasivo? ¿Puede usted discutir eficazmente estas creencias irracionales? ¿Está usted dispuesto a poner en práctica, en la vida real, lo que haya aprendido?

En primer lugar, descomponga el problema de asertividad que haya seleccionado en la A, la B y la C. A, el acontecimiento activador, es su deseo de afirmación propia. C, la consecuencia, es el no satisfacer ese deseo afirmándose ante los demás. En vez de eso, usted se ha conducido de forma no asertiva, la cual, como sabe, ofrece tres posibilidades: (1) pasividad, (2) agresividad y (3) las dos cosas a la vez, agresividad pasiva. A medida que analice el caso de Abdul, reflexione sobre cómo se corresponden los elementos de la respuesta no asertiva que ha seleccionado *usted,* con los elementos de la respuesta no asertiva de Abdul.

He aquí el acontecimiento activador aparente (al menos, el primero) que comentó Abdul. Abdul vivía en un complejo de apartamentos cuyo garaje acababa de ser repintado, y algunas de las plazas de estacionamiento del garaje, incluida la suya, habían sido renumeradas. Su nueva plaza estaba en una zona del garaje en la que los invitados de cualquier otro apartamento solían «parar solamente un minuto», bloqueando así la salida de su automóvil. Abdul quería afirmarse pero, en vez de hacerlo (en C, las consecuencias), se enrabietó y no fue a protestar al presidente de la comunidad. ¿Por qué no lo hizo? ¿Qué se lo impidió? ¿Cuáles cree usted que eran sus creencias irracionales básicas en B? ¿Sería «Yo DEBERÍA conseguir que me devolvieran mi plaza de garaje»? ¿Sería «Yo DEBERÍA tener la aprobación de todos»? ¿Seria «Yo NECESITO que se haga justicia y que me lo pongan fácil»? Si Abdul tenía uno o más de estos «deberías», ¿qué otros pensamientos automáticos negativos se podrían haber derivado de ellos? ¿Cuál es su «debería», *el de usted?* ¿Qué pensamientos automáticos negativos surgen de su «debería», *del de usted?*

Si usted sospecha, como hice yo (Emmett Velten), que Abdul pensó que su petición de que le devolvieran su antigua plaza de garaje NO DEBERÍA ser rechazada (miedo al rechazo o miedo al fracaso), se equivocará.

—¿Qué se dice usted a sí mismo en B que le impide defender su derecho? —le pregunté a Abdul.

—Que podría ponerme nervioso —fue la respuesta de Abdul.

Observe que no hay ningún «debería» aquí. En sí mismo, el mero hecho de ponerse nervioso no sería motivo suficiente como para impedirle defender su derecho a su antigua plaza. De modo que seguimos buscando un «debería».

—¿Y qué pasa si se pone nervioso? ¿Qué importancia tendría eso para usted, para impedirle ir al presidente de la comunidad y pedir que le restituyan su antigua plaza de garaje?

—A mi edad —respondió Abdul—, me pondría en ridículo si me pusiera nervioso por algo así.

Tampoco aquí aparece directamente un «debería», si bien «ridículo» podría significar «persona sin valor» para Abdul.

En ese momento, planteé una hipótesis acerca del «debería». Pero, antes, transferí el «ponerse nervioso» y el «ponerse en ridículo» a la categoría de acontecimiento activador. Es decir, el acontecimiento activador de Abdul no era sólo la situación de la plaza de garaje y su deseo de ir a hablar sobre ello. En su acontecimiento activador, se podría incluir también el ponerse nervioso y el ponerse en ridículo cuando fuera a protestarle al presidente de la comunidad.

—Sí —respondí—, existe la posibilidad que usted se pusiera nervioso y que *quedara* en ridículo. Yo también he quedado en ridículo en muchas ocasiones, y me he puesto nervioso. Pero eso, de por sí, no tiene por qué impedirle defender su derecho a su antigua plaza. ¿Qué pudo decirse usted que le impidió hacerlo? ¿Qué pudo decirse *acerca* de los hechos posibles de que se pusiera nervioso y de que se pusiera en ridículo?

Y, entonces, Abdul salió con un «debería»:

—A mi edad, yo NO DEBERÍA ponerme nervioso. Sería ridículo si me pusiera nervioso —dijo Abdul, especificando un «debería».

En primer lugar, trabajamos sobre la idea de que uno NO DEBERÍA ponerse nervioso, y sobre la de que sería un tipo *ridículo* si se pusiera nervioso a su edad. O a cualquier otra edad. Abdul llegó a la conclusión, después de un rato de conversación, de que sería *preferible* no ponerse nervioso, pero que en modo alguno sería *terrible* o *intolerable*. También llegó a la conclusión de que el nerviosismo no le convertía en un tipo ridículo, sino simplemente en alguien que se pone nervioso.

—¿Y qué cree que podría haber estado diciéndose a sí mismo, en relación con ir a ver al presidente, para que pudiera ponerse nervioso? —le pregunté, esperando que Abdul diría que tenía miedo al rechazo o al fracaso.

—Que, si el presidente rechazaba mi petición, tendría que hacer algo, y no quiero hacer nada.

—¿Por qué tendría que hacer algo?

—Porque me daría mucha vergüenza que alguien supiera que yo quería mi antigua plaza de garaje y no hubiera sido capaz de recuperarla.

Por debajo del sentimiento de vergüenza de Abdul, se hallaba la creencia irracional de «NO DEBERÍA *saberse* que he fracasado». Aunque a Abdul, como a cualquier persona, no le gustaba fracasar, el hecho de fracasar no le hacía que se valorara menos como persona. ¡Lo que le hubiera hecho valorarse menos como persona era el hecho de que alguien *supiera* que había fracasado! Abdul y yo trabajamos entonces sobre la creencia irracional de que sería *horrible* e *insoportable* que alguien supiera que él, Abdul, había sufrido una decepción emocional. Y finalmente pudo ver, creer y sentir que, si alguien se enteraba de su decepción, aquello no iba a ser en modo alguno el fin del mundo.

Abdul y yo examinamos también el sentimiento de rabia que, según él, se le había disparado por no ser asertivo, y no tardamos en detectar el «debería»: «El presidente de la comunidad NO DEBERÍA haberme puesto en la situación de tener que ir a hablar con él y ponerme nervioso, y tener que pasar por el posible bochorno de que rechace mi petición». Abdul resolvió esto dándose cuenta de que el presidente tenía libre albedrío, de que el propietario del edificio de apartamentos tenía libre albedrío y de que el contratista del pintor tenía libre albedrío. Hasta el universo tenía libre albedrío, o al menos no tenía por qué satisfacer los deseos de Abdul. Por tanto, todos ellos podían hacer lo que quisieran, tanto si era en beneficio de Abdul como si no. A medida que iba reflexionando sobre esto y dejaba ir su cólera contra el director, Abdul se acordó de un cotilleo que había escuchado por casualidad junto a la piscina: ¡que la mujer del presidente de la comunidad se había estado quejando de que les hubieran cambiado su plaza de garaje, la de *ellos!*

¿Consiguió recuperar Abdul su antigua plaza de garaje? No. Llevó su petición al propietario del edificio, pero éste la rechazó. Abdul se sintió irritado y molesto, pero no se subió por las paredes. Además, como ejercicio de ataque a la vergüenza, les contó a muchos de sus vecinos lo sucedido, indicando expresamente que habían rechazado su petición.

¿Cuáles son las situaciones en las que le gustaría afirmarse o decir que no y, sin embargo, no lo hace? Haga una lista. Ésos serán los acontecimientos activadores. El *no* afirmarse o decir que no es la C, las consecuencias. ¿Cuáles son sus creencias irracionales, aquellas que le impiden afirmarse o decir que no cuando desearía hacerlo? ¿Puede encontrar los «debería» subyacentes? Cuando haga esto, utilice el formulario de las páginas siguientes, *Los ABC y las tres preguntas clave de la terapia racional*

Formulario de autoayuda de la TREC

$$A \quad \times \quad B \quad = \quad C$$

Acontecimientos activadores	**Creencias**	**Consecuencias**
Cosas: pasadas, presentes y pronosticadas Adversidades Contratiempos	Pensamientos, suposiciones	(emociones y acciones)

Epicteto	«No son las cosas las que perturban a las personas, lo que perturba a las personas es la interpretación que hacen de esas cosas.»
Shakespeare/Hamlet	«No existe nada bueno ni malo, es el pensamiento humano el que lo hace aparecer así.»
John Milton	«La mente es muy suya, y de suyo puede hacer un Cielo del Infierno, o un Infierno del Cielo.»

Creencias básicas útiles

PREFERIRÍA tener éxito y aprobación.
PREFERIRÍA que te comportaras correctamente; y PREFERIRÍA una vida fácil y justa. PERO estas cosas NO SON ABSOLUTAMENTE NECESARIAS.

Creencias básicas derrotistas

TENGO QUE conseguir NECESARIAMENTE el éxito y la aprobación; tú TIENES QUE comportarte correctamente; la vida DEBERÍA ser fácil y justa para mí. ¡Si no consiguiese estas cosas, sería el fin del mundo para mí!

Las tres preguntas clave sobre sus creencias

1. Esta creencia ¿me ayuda o me perjudica a largo plazo?

   El pensamiento racional es, por definición, el que le va a resultar útil a largo plazo. El pensamiento irracional se define como aquel que le perjudica a largo plazo.

   Pregunta complementaria de la pregunta n.º 1: si esta creencia me perjudica, es decir, si es irracional, ¿qué creencia racional me ayudará más para conseguir mis objetivos y para sentirme mejor?

2. ¿Se corresponde esta creencia con los hechos conocidos y con la realidad?

   El pensamiento racional se corresponde con los hechos conocidos. El pensamiento irracional no se corresponde o no tiene fundamento en los hechos conocidos.

   Pregunta complementaria de la pregunta n.º 2: si esta creencia no se corresponde con la realidad, es decir, si es irracional, ¿qué creencia racional se corresponderá mejor con la realidad?

3. ¿Es lógica esta creencia?

   La «lógica» se puede ilustrar con ejemplos. Pongamos que usted tiene una elevada preferencia por tener éxito en algo; ¿se seguirá de ello, lógicamente, que, *por tanto,* HA de tener éxito? No, la *necesidad* del éxito no es la conclusión lógica del hecho de que el éxito sea beneficioso.

	Lógico	Ilógico
Premisa mayor	Todas las personas son mortales	El éxito es bueno
Premisa menor	Elvis es una persona	Me gustaría tener éxito
Conclusión	Elvis es mortal	Por tanto, DEBO tener éxito

Pregunta complementaria de la pregunta n.º 3: si esta creencia es ilógica, ¿qué creencia racional tendría un mayor sentido lógico?

TAREA PARA CASA: analice estas cuatro afirmaciones formulándose las tres preguntas clave, y cambie las afirmaciones irracionales por afirmaciones racionales. (1) Todo lo hago mal. (2) Dado que tuve una infancia muy dura, merezco que se me faciliten las cosas ahora. (3) Llevo demasiado tiempo fumando como para cambiar. (4) Las personas que fracasan son unos completos fracasados como seres humanos.

Haga lo mismo con cuatro de SUS creencias irracionales. CONSEJO: busque creencias que expresen estos tres DEBERÍA: Yo DEBERÍA tener éxito y tener la aprobación de los demás; tú DEBERÍAS comportarte correctamente; las circunstancias DEBERÍAN ser fáciles y justas para mí.

emotiva conductual, para discutir sus creencias irracionales y para elaborar creencias racionales.

Veamos ahora un ejemplo en el que una mujer aprendió habilidades asertivas con el fin de aplicarlas a una situación, y de cómo las aplicó posteriormente en otra frustrante situación relacionada con el servicio médico. Stephanie, de 48 años de edad, buscó ayuda en un principio para sus dos hijos casi adolescentes que, según dijo, estaban «descontrolados», aunque admitió: «¡Yo también!». Stephanie era muy poco consecuente en la manera de tratar a sus hijos. Había unas «normas de casa», pero a los pocos días de imponerlas había relajado su presión para que las cumplieran. ¿Por qué? «Es una lata», dijo. Los hijos no tardaron en darse cuenta de que podían hacer sus obligaciones de cualquier manera o no hacerlas en absoluto, y Stephanie había ido dejando que las cosas fueran a peor... y peor… y peor. Hasta que una infracción en particular «me hizo estallar». Dijo que había «perdido los estribos» y que había «saltado sobre los chicos». No les pegó, pero gritó, se encolerizó y les dijo que eran unos mocosos. Después de cada uno de estos episodios, los chicos iban como la seda durante un par de semanas, haciendo sus obligaciones y todo lo demás. Pero, luego, el ciclo se repetía.

Stephanie estaba muy motivada, y era una mujer inteligente, por lo que no nos costó llegar a sus «debería» básicos. Eran éstos:

1. Yo NO DEBERÍA tener que decirlo más de una vez.
2. Ellos TIENEN QUE obedecerme.
3. Es una lata (es decir, NO DEBERÍA serlo) seguir imponiendo las normas.

El tercer «debería» era el más importante. Después de discutirlo, la creencia eficaz nueva de Stephanie fue: «La verdad es que no es *tan* difícil imponer las normas. Es molesto, sí. ¡Pero es mucho más *molesto* lo que ocurre si no las impongo!». ¿Cómo discutiría usted los dos primeros «debería» de Stephanie?

Más de un año después de haber trabajado con ella, Stephanie me llamó por teléfono (a Emmett Velten) para ponerme al día de sus progresos. La cosas iban bien en general con el comportamiento de los chicos, pero me llamó realmente para contarme lo bien que se había desenvuelto en un acontecimiento activador especialmente frustrante. Al parecer, Stephanie se autoexaminaba regularmente los pechos por si le aparecían bultos, hasta un día en que se encontró uno de ellos. Llamó al servicio de atención médica dirigida, al médico de atención primaria, para pedir cita y, tras pasar por todo el ritual del contestador automático, consiguió dejar al fin un mensaje. Pero no le devolvieron la llamada, por lo que volvió a llamar al cabo de un día o dos. La misma historia, pero al menos el médico auxiliar le devolvió la llamada y le dejó un mensaje en el contestador (cuando ella les había dejado el número de teléfono del trabajo). El médico le decía que pidiera cita para que fuera a que la examinaran. Stephanie llamó, seleccionó la opción de «pedir cita» y tuvo que soportar un largo mensaje de voz que terminaba haciéndole esta pregunta: «¿Se trata de una urgencia?». Tras dudarlo unos instantes, Stephanie pulsó el 2, «no es una urgencia». El sistema del contestador automático le ofreció entonces las opciones acerca de a qué médico o a qué médico auxiliar quería ver, y le ofreció opciones acerca del día y del momento del día. Stephanie no tenía a mano su agenda y, para cuando volvió de nuevo al teléfono, lo único que se escuchaba era música. Al cabo de un minuto o dos, colgó, llamó de nuevo y tuvo que pasar por toda la rutina del contestador otra vez. Para la cita, eligió el día y la hora más próximos de los que le ofrecían, que era para dentro de tres semanas.

Stephanie le estuvo dando vueltas al asunto, y luego volvió a llamar. En esta ocasión, pulsó el 1 de «emergencia», por ver si podía conseguir una cita mucho más pronto. La voz del contestador le dijo que llamara al 911 o que fuera a urgencias del hospital más próximo. Stephanie se sintió irritada con esto, especialmente porque la voz del contestador no le daba ninguna otra opción, como la de pulsar 0 para que la atendiera una persona de carne y hueso. Volvió a llamar, pulsando esta vez el 2 de «no urgencia», que *sí* que le había ofrecido la opción de pulsar 0 para hablar con alguien. Pero, tras pulsar el 0, no se encontró con un operador u operadora, sino que se la remitió al «buzón de mensajes», que le ofrecía la misma serie de opciones acerca de a qué médico o a qué médico auxiliar quería ver y cuándo. Stephanie sufrió todo el menú de opciones de nuevo hasta que pudo dejar un mensaje de voz, un mensaje de voz que fue ciertamente firme.

Stephanie le dio instrucciones a su secretario de que le pasara cualquier llamada de los servicios médicos, y de que la localizara como fuera si no estaba en su oficina. Efectivamente, al cabo de una hora, el secretario le pasó a Stephanie una llamada del mismísimo médico auxiliar. Después de discutir un rato sobre la cita, que se la ofrecían para dentro de tres semanas, Stephanie dijo: «Eso no voy a aceptarlo». El médico le dijo entonces que fuera a urgencias, pero Stephanie se reafirmó en su posición: «Mi caso no es para que me atiendan en urgencias. No creo que a los jefes del equipo de atención médica dirigida les guste que yo ocupe una costosa cama de urgencias. El doctor O'Neill puede ahorrarse mucho dinero y un montón de explicaciones. Quiero una cita para esta semana. No acepto tener que esperar tres semanas».

Stephanie repitió dos o tres veces más la idea básica de que iba a remover cielo y tierra en la oficina de atención médica dirigida, y añadió también calmadamente que sus amigos pensaban que tener que esperar tres semanas, habiendo detectado un bulto en el pecho no dejaba de ser una negligencia. Y, finalmente, Stephanie consiguió que la citaran dos días después. Lamentaba que su servicio médico estuviera en manos de la atención médica dirigida, y se sentía irritada con las molestias que esto le suponía. Hubiera deseado no haber tenido que insistir, y no haber tenido que ser una «llaga» para obtener el servicio que quería. Pero la realidad es la realidad. Hubiera sido deseable que el servicio médico fuera tan bueno como lo era hace diez años, pero no lo era. Y tampoco TENÍA POR QUÉ serlo. Stephanie comentó: «Cuando hablas con la gente de atención médica dirigida, tienes que ser insistente. *Muy* insistente y *muy* firme». Stephanie se había comportado asertivamente. No se había comportado de forma pasiva, ni agresiva, ni agresivamente pasiva; sino serena, firme y asertivamente.

12

El romanticismo, el amor y el sexo no tienen edad

Te das cuenta de que algo ha ido mal cuando has cometido un buen número de errores.

Principio de incertidumbre de Murphy

Zack tenía casi todos los problemas que uno puede tener en los terrenos del amor, del sexo y de la familia. Se enamoró de Zelda cuando él tenía 70 años y ella tenía 48. Muchos de sus amigos no veían bien que, a su edad, se enamorara como un adolescente; y sus tres hijos, que por entonces pasaban de los cuarenta, tampoco veían adecuado que su padre viviera un romance con una mujer que era poco mayor que ellos. Estaban convencidos de que lo que le interesaba a ella era el dinero de Zack, pues se había quedado sin un céntimo tras la prolongada enfermedad de su marido, que había muerto de cáncer tras una larga agonía de cinco años. Zack tenía mucho dinero, la mitad del cual se lo había dejado su mujer, dejándole en herencia la totalidad de sus bienes, y no en fideicomiso para los hijos. Éstos temían que, si Zack se casaba con Zelda y ella le sobrevivía (que era lo más probable), Zack le dejaría a ella la mayor parte de la herencia, incluido el dinero de su madre. De modo que no les entusiasmaba en modo alguno la idea del romántico ardor de Zack por Zelda.

Para empeorar las cosas, los amigos y los familiares cercanos de Zack, a la mayoría de los cuales conocía desde hacía muchos años, también creían que la pasión de éste por Zelda era una locura. Pensaban que, si se casaba con ella, a duras penas sobreviviría un año o dos. «No hay mayor loco que un viejo loco», decían.

Pero, para empeorar aún más las cosas, Zack estaba muy ansioso por satisfacer sexualmente a Zelda. A su mujer le había gustado mucho hacer el amor, pero rara vez llegaba al orgasmo si no era con penetración, y Zack se había sentido ansioso en muchas ocasiones por miedo a no satisfacerla. La mujer murió con poco más de sesenta años (ambos tenían la misma edad), y en aquella época Zack aún conservaba cierta actividad sexual. En aquel entonces, a duras penas podía mantener relaciones sexuales con su mujer una o dos veces por semana pero, ahora, casi diez años después de su muerte, no se sentía tan capaz para conseguir y mantener una erección. De hecho, había dado término a varias aventuras amorosas con otras mujeres por este motivo; y no porque ellas se sintieran insatisfechas con el sexo, pues la mayoría de ellas tenían mucho menos interés en él que Mary, la que fuera esposa de Zack. Pero, o bien no conseguía la erección, o bien obtenía su satisfacción demasiado pronto con ellas, y eso le llevaba a romper la relación al cabo de unos cuantos «contratiempos». Zelda parecía estar tan interesada en las relaciones sexuales como Mary, y no olvidemos que ella tenía sólo 48 años. Zack temía que su amor por él, que era tan tempestuoso en muchos aspectos como el de él por ella, se fuera al traste en cuanto mantuvieran unas relaciones sexuales regulares. De ahí que Zack iniciara el acercamiento sexual sólo ocasionalmente, cuando se sentía especialmente excitado, pero normalmente se mostraba con ella extraordinariamente romántico, aunque sin proposiciones sexuales.

Zelda, que estaba verdaderamente enamorada de Zack, estaba un tanto cansada de la vida en soledad de los últimos años, y estaba ansiando casarse; y no por motivos económicos, como muchas personas pensaban, en especial los hijos de Zack. Ella seguía trabajando como profesora, y ganaba con ello lo suficiente para salir adelante en la vida. Zelda quería casarse porque no había encontrado muchos hombres adecuados, fuera cual fuera su edad, y pensaba que Zack era todo un hallazgo. Sí, tenía 70 años, pero aún se le veía vigoroso y atlético, inteligente y culto, y parecía un excelente compañero. Él procedía de una familia longeva, algo que no ocurría con ella, y bien pudiera ser que él viviera más tiempo que ella. En cuanto al sexo, Zelda lo disfrutaba mucho, pero también podía vivir bien, como había hecho durante años, con un mínimo de relaciones sexuales. Por otra parte, Zelda sabía que podía llegar al orgasmo fácilmente sin penetración, e intentaba convencer a Zack de que con eso le bastaba.

Tras varias sesiones de TREC con Zack, llegamos a la conclusión de que tenía unas cuantas creencias irracionales con las que trabajar:

- Es estupendo estar tan enamorado de Zelda, incluso más de lo que lo estuve de Mary. Pero quizás a mi edad no sea más que un destello en la oscuridad, y puede que no dure mucho. Sería *terrible* si nos casáramos y luego se desvaneciera el amor.

- Mis hijos y muchos de mis amigos piensan que soy demasiado viejo para Zelda, y que seré un *verdadero* anciano mucho antes de que ella sea una anciana. ¿Y si nos casamos y no puedo mantener el ritmo de su joven energía? ¡Sería un *viejo loco!*

- Ya me resultaba difícil satisfacer sexualmente a Mary, y había veces en que lo conseguía a duras penas. Ella tenía la misma edad que yo. Pero Zelda es 22 años más joven que yo y, aunque de vez en cuando disfrutamos de unas magníficas relaciones sexuales, ¿qué pasará dentro de cinco o diez años? Si no pudiera satisfacerla sexualmente, quizás termine despreciándome, y lamente haberse casado conmigo. NECESITO una garantía de que nuestra vida sexual funcionará, y no tengo muchas posibilidades de que eso sea así. La vejez me ha arrebatado parte de las cualidades varoniles de mi juventud, y es evidente que las cosas van a empeorar en pocos años, especialmente en lo relativo al sexo.

- Mis hijos nunca aceptarán a Zelda si me caso con ella, ¡y eso sería *horrible!* Soy consciente de que les preocupa la herencia, y me aseguraré de que reciban lo que tienen que recibir cuando yo muera. Pero, ¿cómo pueden tener la seguridad de que será así? Yo podría cambiar mi testamento en cualquier momento para dejárselo todo a Zelda. Es comprensible que tengan miedo de que yo haga eso. Odiarán a Zelda si me caso con ella, y terminarán odiándome a mí también. ¡Y eso *no podría soportarlo!*

En primer lugar, yo (Albert Ellis) le hice ver a Zack que, si mantenía estas creencias irracionales, se haría más daño que bien a sí mismo (por no hablar de Zelda y de sus hijos). Le propuse que hiciera lo que en la TREC llamamos un cálculo hedonista, algo que inventó a principios del siglo XIX el filósofo inglés Jeremy Bentham. Para realizar este cálculo, usted hace una lista de todas las ventajas que se le ocurra que puede tener llevar adelante determinada decisión, y de todas las desventajas que es posible que tenga el llevarla a cabo. Luego, usted evalúa todas estas ventajas y desventajas entre uno y diez (o uno y cien), dependiendo de lo importante que sea cada una de ellas para usted.

Zack evaluó primero las ventajas de casarse con Zelda. Le puso un diez a su romántica pasión por ella. Le puso un siete al hecho de que

Zelda fuera más joven que él, de que probablemente le sobreviviría y de que podría cuidar de él en caso de que quedara incapacitado de algún modo. Zack también evaluó las desventajas. Le dio un valor de nueve al hecho de que sus hijos no aprobaran su matrimonio con Zelda, y le puso un ocho a la posibilidad de que no fuera capaz de satisfacerla sexualmente todo lo que él hubiera deseado satisfacerla.

Zack hizo una larga lista de ventajas y desventajas para casarse, o no casarse, con Zelda. Tras evaluar cada uno de los elementos de la lista de uno a diez, descubrió que, tanto en su parecer como en sus puntuaciones, las ventajas de casarse superaban con mucho a las desventajas. Por tanto, hubiera sido muy poco sensato dejar que las desventajas (que ciertamente las había) descartaran la idea de casarse con ella. Volviendo sobre las creencias listadas arriba, Zack llegó a darse cuenta de que todas ellas eran irracionales, y de que eran derrotistas, por cuanto no le permitían optar por los pros de aquel matrimonio, aun cuando éstos superaban a los contras.

Zack repasó sus creencias irracionales acerca de las posibles *desventajas* de casarse con Zelda y, revisándolas, llegó a la conclusión de que:

- No sería *terrible,* sino enormemente inconveniente, casarse con Zelda para descubrir después que el amor se desvanecía.
- Sería también enormemente inconveniente que, con el paso de los años, no pudiera mantener el ritmo de su joven energía, pero que podría, aún con todo, seguir viviendo con ella y ser feliz con ella.
- Zelda y él podrían ser felices aunque no pudieran mantener una gran vida sexual; aunque posiblemente serían *más* felices llevando una gran vida sexual.
- No sería *horrible,* sino muy triste, si sus hijos no llegaban a aceptar nunca a Zelda.

Así, redefiniendo estas posibles desventajas como molestias e inconvenientes, en vez de como algo horrible, Zack concluyó de nuevo que casarse con Zelda podría bien tener sus contras, pero que Zelda y él podrían vivir con un grado razonable de felicidad a pesar de todo. También se dio cuenta de que algunos de los inconvenientes que él imaginaba podrían no llegar a ocurrir, si Zelda y él se casaban y vivían juntos.

Zack hizo también una comprobación de realidad para discutir sus creencias irracionales acerca de casarse con Zelda y, al hacerlo, se dio cuenta de que el triste hecho de desenamorarse una vez casado no sería *terrible* ni desastroso. En el peor de los casos, sería un gran inconveniente. También sería desafortunado si no conseguía mantener el ritmo de su energía una vez casados, pero en modo alguno sería el fin del mundo. No había ninguna garantía de que mantuviera unas buenas relaciones sexuales con Zelda después de casarse, pero había unas posibilidades razonablemente buenas de que pudieran funcionar de un modo u otro. Tampoco había motivos para que sus hijos NO DEBIERAN odiar a Zelda y NO DEBIERAN alejarse de él y de ella para siempre si se casaban.

Por último, Zack discutió sus creencias irracionales desde la lógica, y vio que había poca lógica en ellas. Así, no se podía sacar la conclusión lógica de que su amor por Zelda fuera a ser *necesariamente* un destello en la oscuridad, porque también pudiera ser que durara para siempre. Tampoco se podía sacar la conclusión lógica de que, si su amor *fuera* un destello en la oscuridad, eso iba a ser *terrible,* o 100 por ciento malo. De igual modo, tampoco se podía llegar a la conclusión lógica de que su matrimonio con ella no pudiera sobrevivir a su posible desenamoramiento. Y tampoco se concluía necesariamente que, por el hecho de ser mayor que Zelda, él se fuera a convertir en un «verdadero» anciano antes que ella, y que fuera a ser incapaz de mantener el ritmo de su energía. Aun cuando esto ocurriera, no iba a ser un desastre para ambos. Era ilógico suponer que, por el hecho de que su anterior esposa, Mary, no hubiera estado demasiado satisfecha sexualmente, fuera a suceder lo mismo con Zelda. Y era ciertamente ilógico suponer que, aun cuando no pudiera satisfacer sexualmente a Zelda, iba a dejar de ser por ello un hombre. La virilidad y la capacidad para dar satisfacción sexual estaban conectadas simplemente en su cabeza, no en la vida real… a menos que él se inventara la conexión. Era ilógico suponer que sus hijos tendrían que odiar a Zelda debido a su miedo a percibir una herencia menor. Incluso, si llegaban a odiarla eternamente, tampoco se podría extraer la conclusión lógica de que tanto ella como él no podrían soportar su oposición y tendrían que sentirse absolutamente desdichados por ello.

Zack se puso a trabajar de verdad con la TREC, y se demostró a sí mismo que sus creencias sobre lo terrible de casarse con Zelda:

- Eran exageradas y poco realistas.
- También eran ilógicas.
- Eran derrotistas en el sentido en que probablemente habría muchas más ventajas que desventajas.

Por tanto, su tremendismo acerca de las supuestas desventajas le podía traer muchos más males que bienes, y le podía impedir tomar la mejor decisión posible en cuanto a casarse o no con Zelda.

Después de dos meses, en los que se estuvo discutiendo sus creencias irracionales, y una vez visto que no tenían ningún sentido, Zack se comprometió formalmente con Zelda y lo planificaron todo para casarse al cabo de un año. Sin embargo, no tardaron en darse cuenta de que no tenían por qué esperar tanto, y se casaron a las cinco semanas del anuncio de su compromiso. Por lo que yo sé, muy pocas de las sombrías posibilidades que vislumbraba Zack con respecto a casarse con Zelda llegaron siquiera a manifestarse. Zack superó su ansiedad con relación a satisfacer sexualmente a Zelda dejando de lado las creencias irracionales de que, necesariamente, TENÍA QUE satisfacerla, *o de lo contrario,* no sería un hombre de verdad. En cuanto redujo su ansiedad, se desempeñó magníficamente bien en la cama con ella. Llegó a sentirse bastante cómodo llevándola al orgasmo con los dedos o con la boca, cuando no conseguía una erección plena; y, para su sorpresa, ella le comentó que su vida sexual con él era mejor de lo que lo había sido con ningún otro hombre.

Los hijos de Zack se enfadaron por su matrimonio, pero superaron sus escrúpulos y llegaron a aceptar bastante a Zelda. Sus amigos se olvidaron de sus temores acerca de que fuera demasiado viejo para casarse con una mujer más joven, y terminaron reconociendo que se les veía ciertamente compatibles y felices. Zack perdió la mayor parte del resto de sus ansiedades acerca del matrimonio poco después de que ambos anunciaran su compromiso, y comenzó a remitir a sus amigos a TREC cada vez que se enteraba de que alguno de ellos se sentía ansioso con respecto a las relaciones, el trabajo o cualquier otra cosa.

Viejas llamas

El romanticismo, el amor y el sexo, aun siendo importantes en todas las edades, pueden tener una importancia especial para las personas mayores. En el modelo ABC, los acontecimientos (y los *no* acontecimientos) relacionados con la edad en cuestión de amor, romanticismo y sexo son acontecimientos activadores (A), y a menudo adversidades. *Acerca de* estos acontecimientos activadores, las personas mayores pueden albergar diversas creencias derrotistas que les perturban y que generan reacciones derrotistas en C, en sus consecuencias.

Las personas mayores pueden tener los traumas *habituales* que sobre el amor, el sexo y el romanticismo se pueden encontrar las personas de cualquier otra edad (lo cual no reconforta demasiado), pero tienen también otros traumas añadidos, entre ellos:

- Existe la presunción tradicional de que las personas mayores NO DEBERÍAN buscar el amor, el romanticismo y, sobre todo, el sexo, porque es desagradable e impropio de ellos, y eso les convertiría en viejos (o viejas) «verdes».
- A los hijos no les suele entusiasmar la idea de que papá o mamá tengan novia o novio y se vuelvan a casar, por no decir nada de «vivir en pecado» o de que inicien una relación gay o lesbiana.
- Muchos hombres suelen arrojar la toalla, en términos sexuales, cuando se encuentran con problemas de rendimiento a este respecto.
- Los varones mayores son más escasos que las mujeres mayores, y suelen preferir a mujeres más jóvenes.

La mayoría de las personas, jóvenes o mayores, son proclives, qué duda cabe, al amor, al romanticismo y al sexo. La principal diferencia entre estos dos grupos es el prejuicio edadista. Las personas mayores, pero no las personas jóvenes, se ríen por lo bajo avergonzadas cuando van en pos de lo que quieren. Por ejemplo, una mujer podría suponer, equivocadamente (como le ocurrió a Sarah cuando sólo contaba con 50 años), que nunca podría salir con un hombre más joven. Pero, cuando la oportunidad llamó a la puerta de Sarah en la forma de Tim, 24 años más joven que ella, ¿qué hizo? Se escabulló y echó a perder la ocasión sometiéndolo a una incesante cadena de comentarios «ocurrentes» (sarcásticos). Sus creencias irracionales más relevantes eran: «¡Sería *terrible* que la gente pensara que flirteo con un niño!» y «*¡No podría soportar* que un hombre más joven me rechazara, después de salir conmigo durante un tiempo!*». Sarah sustentaba, hasta cierto punto, el tradicional y necio punto de vista de que el hombre tiene que ser mayor que la mujer. ¡Pero qué tontería! Quizás esa costumbre tuviera su importancia hace tiempo, cuando la supervivencia de la especie humana era incierta. Entonces, el emparejamiento entre mujeres jóvenes y fértiles con hombres mayores y con éxito era lo más aconsejable para que el fondo genético se transmitiera y se expandiera. Pero eso es ahora irrelevante. Es en gran medida un convencionalismo la idea de que las mujeres mayores no deberían salir con hombres jóvenes. ¿Por qué no? ¿Se le hace algún mal a alguien?

A lo largo de este capítulo, es posible que se encuentre con alguna de sus propias creencias derrotistas relativas al romanticismo, el amor y el sexo. ¿Cómo han cambiado o como podrían cambiar tales creencias con la edad? ¿Puede usted enfrentarse y discutir las suposiciones derrotistas que podrían interferir a la hora de salir con alguien, de emparejarse y de la vida sexual?

Si es usted viuda o viudo, ¿necesita las bendiciones de sus hijos, por ejemplo, para salir, para vivir o para casarse con otra persona de su elección? ¿Acaso usted, o ellos, piensan que el romanticismo y el sexo son impropios de una persona mayor? El sonsonete de «compórtate según tu edad» *es* edadista, y se les aplica tanto a los niños como a los ancianos. Si quiere disfrutar de su vida los años que le queden, compórtese del modo que desee comportarse, condúzcase en función de sus propios intereses, con independencia de cuál sea su edad.

¿Cuánto tiempo habrá que esperar?

Kevin se quedó viudo a los 50 años, cuando Willa murió de un cáncer cervical. Sus hijos, de 10 y 12 años, se mostraron muy disgustados cuando su padre empezó a salir con otra mujer, sólo cinco meses después de la muerte de Willa. Así, sumido en la culpabilidad, Kevin abandonó aquel inicio de relación. ¿Qué creencias derrotistas pudo sustentar para que le llevaran a renunciar a aquella relación? ¿Cómo podría haber cambiado esas creencias para obtener mejores resultados? ¿Qué podrían haber estado diciéndose a sí mismos los hijos de Kevin para disgustarse de aquel modo?

Kevin albergaba varias creencias irracionales. Entre ellas, estaban:

- Es un completo error hacer algo que disguste a mis hijos, cuando su madre murió hace sólo cinco meses.
- Si sigo saliendo con esa mujer, se van a sentir decididamente mal, y yo seré el causante de su disgusto, y eso me convertiría en un mal padre.
- Y también habrá personas que pensarán que es demasiado pronto para que empiece a salir con otra mujer, y no podría vivir así, sabiendo que la gente tiene esa opinión de mí.

Kevin también comprendía que, desde un punto de vista convencional, un viudo o una viuda deben esperar al menos un año, quizás dos o tres, antes de empezar a salir con alguien. Pero, sin duda, esto no son más que convencionalismos sociales. Sin embargo, Kevin creía también: «Esos puntos de vista son correctos, y yo soy un egoísta y un *indecente* si no me amoldo a ellos».

Kevin, y los demás que piensan como pensaba él, pueden sustentar estos criterios convencionales, si así lo desean. Pero eso puede suponer que se sientan solos, carentes de amor y de satisfacción sexual durante un año o más. Usted puede cuestionarse estos criterios y arriesgarse a la desaprobación social, si quiere empezar a salir con alguien sólo cinco meses después de la muerte de su pareja. O cinco semanas. Así, en el caso de Kevin, él pensó en los problemas que suponía salir con otra mujer y llegó a estas conclusiones para vivir con plenitud:

- Quizás mis hijos no se disgusten demasiado si empiezo a salir con alguien. Puedo hablar con ellos acerca de esto y ver qué pasa. Si se disgustan, puedo explicarles mis razones para intentar mantener una buena relación amorosa con otra mujer. Quizás pueda convencerles de que mis razones son legítimas.
- Si mis hijos se disgustan mucho, habré contribuido a sus sentimientos de disgusto, pero no seré el responsable directo de esos sentimientos. Ellos pueden elegir entre sentirse tristes y decepcionados porque yo salga con otras mujeres tan pronto, o pueden elegir deprimirse y enfadarse. Intentaré ayudarles principalmente para que tengan sentimientos saludables de tristeza y decepción, en lugar de enfurecerse y deprimirse. Les haré ver que la decisión es de ellos. Si, aun así, optan por sentirse muy disgustados, eso no me va a convertir en un padre despreciable ni en una mala persona. Simplemente, seré un padre que, a este respecto, pensó primero en sí mismo, y luego en sus hijos.
- Otras personas pueden pensar también que es demasiado pronto para salir con alguien, aunque probablemente no todos lo vean así. Pero, aunque sean muchos los que piensen de este modo y tengan una mala opinión de mí, podré vivir con su opinión sobre mí y no me sentiré mal conmigo mismo por ello. Después de todo, para mí, es más importante lo que pienso yo que lo que piensen ellos. No tengo por qué estar de acuerdo con ellos en que soy un canalla por salir tan pronto con otra mujer. Quizás tengan razón al pensar que mi comportamiento no es el más convencional o el mejor del mundo. Pero se equivocan si me rebajan como persona por comportarme tan «mal». Puedo razonar sus actitudes negativas, y puedo estar incluso de acuerdo en parte, pero eso no me va a rebajar como persona.
- Sí, los convencionalismos dicen que no debo salir con nadie durante un año o dos después de la muerte de mi esposa. Pero yo no tengo por qué coincidir con este convencionalismo y no tengo por qué seguirlo a pies juntillas. Puedo seguir mi propia opinión a este respecto y las personas convencionales pueden seguir las suyas. No soy demasiado convencional, cuando empiezo a salir con otra mu-

jer tan pronto, pero no soy un egoísta consumado ni un indecente. Puedo aceptar las consecuencias de no complacer a otras muchas personas.

Si los hijos de Kevin se disgustaron por el hecho de que su padre saliera con otra mujer sólo cinco meses después de la muerte de su madre, ¿qué podrían haberse dicho a sí mismos? Podrían haber utilizado tanto creencias racionales como irracionales. Racionalmente, podrían haberse dicho:

- Es muy pronto, a nuestro parecer, para que papá esté saliendo con otra mujer. Preferiríamos que estuviese más tiempo con nosotros y que nos ayudara a aceptar la muerte de nuestra madre, pero NO TIENE POR QUÉ hacerlo, no está obligado a hacerlo. Su muerte también ha sido un golpe muy duro para él, y debe sentirse muy solo sin ella.
- No hay ninguna ley del universo que diga que papá no puede empezar a salir con otra mujer tan pronto, aunque a nosotros nos haya impactado saberlo. Quizás sea un tanto egoísta por hacer esto ahora, pero tiene derecho a equivocarse. En general, es un buen padre, y podría ser peor si no saliera con otra mujer.

Irracionalmente, los hijos de Kevin podrían decirse a sí mismos, *junto con* las creencias racionales de arriba:

- ¡Es *terrible* que papá esté saliendo con otra mujer tan pronto! ¡Cómo puede hacer esto, cuando hace tan poco que murió mamá!
- ¡Papá es cruel y egoísta! No ha pensado en nosotros, ni en cómo nos íbamos a sentir con esto (se trata de un DEBERÍA encubierto).
- ¡Es una *persona* despreciable!
- *¡No podemos soportar* que se comporte así!

Kevin, algún amigo o familiar, o quizás un terapeuta cognitivo conductual, podrían hacer que los chicos vieran que el comportamiento «antinatural» de Kevin, como acontecimiento activador en A, no es la causa de su disgusto, sino que son sus creencias irracionales en B *acerca de* su comportamiento las que provocaron sus sentimientos de disgusto, como consecuencia en C. Y los niños podrían llegar fácilmente a estas conclusiones:

- No es *terrible* que papá esté saliendo con otra mujer tan pronto, aunque preferiríamos que no lo hiciera.
- Puede actuar de la forma en que lo hace, y eso no demuestra que no quisiera a mamá.
- Papá no es un hombre tosco y egoísta, aunque haya cosas en él que no nos gusten.
- Puede que, aún así, piense en nosotros y entienda que estamos disgustados. Pero tiene derecho a decidir lo mejor para él, como es el salir con otra mujer.
- Aunque no nos guste nada que papá salga con otra mujer, decididamente podemos soportarlo y seguir siendo felices.
- En el peor de los casos, papá a veces se comporta mal, incluso puede tener algún comportamiento detestable; pero no es una persona terrible, y en realidad es un buen padre.

Esta situación, con Kevin y con sus hijos, podría sin duda crearles problemas a todos (y también a las mujeres con las que pudiera llegar a salir), así como a sus amigos y a la familia. Pero, si Kevin y sus hijos ven sus ideas desde un punto de vista racional, y si discuten decididamente sus creencias irracionales, esta difícil situación puede muy bien resultar ser sólo eso, una situación difícil y problemática, pero no excepcionalmente perturbadora para Kevin o para sus hijos.

Replantéeselo

Nuestra sugerencia es que la gente joven empiece a hacerse a la idea de que la gente mayor sigue teniendo una vida romántica y una vida sexual. No estamos diciendo que todas sus relaciones y todas las partes de su cuerpo funcionen tan bien como funcionaban cuando era usted un adolescente. ¡A veces funcionan mejor! El amor, el sexo y los afectos son algunas de las cosas buenas de la vida para la mayoría de las personas, incluidas la mayoría de las personas mayores. Envejecer no significa decirle adiós a todo eso. ¿Qué creencias irracionales le llevan a usted a sentir vergüenza, a no dejarle hablar de su propio placer sexual cuando habla con su pareja, con sus amigos o con los médicos? ¿O no le dejan comprar libros con «esa clase» de títulos? ¿O le impiden dejar muerta de vergüenza a la bonita y joven bibliotecaria al preguntarle por un libro sobre sexo?

Lo repetimos, convendría reemplazar la idea común en nuestra cultura de que hay un momento «adecuado» para la educación, para el romanticismo, para el matrimonio, para la educación de los niños, para la profesión y para la jubilación. Sí, hay leyes y normativas sobre la edad de asistencia a la escuela, el matrimonio (pero no para tener hijos o para divorciarse), el empleo a tiempo completo, las cuentas de jubilación, las pensiones, la Seguridad Social y las ganancias de capital. Nuestros propios prejuicios personales y sociales («Soy demasiado viejo para...», «Si pudiera volverlo a hacer, yo...», etc.) nos provocan problemas innecesarios. Existen ideas *acerca de* la realidad social, no leyes inmutables o verdades de la naturaleza. La gente vive mucho más ahora que en antiguamente. No hay ninguna necesidad de embutir la totalidad de los principales «deberes» de la vida (educación, matrimonio, criar a los hijos, trabajar y unos cuantos años de jubilación) en un breve espacio de tiempo. Usted puede hacer las cosas de otra manera, pasando de órdenes. Puede usted volver a algunos de sus temas favoritos. Puede saltarse otros. Puede inventar otros nuevos. Puede tener un par de familias, de profesiones, de jubilaciones y de otras cosas. O puede no tener ninguna.

Así pues, ¿DEBERÍAMOS cumplir con las actividades de la vida tradicionalmente importantes de acuerdo con los antiguos programas? ¿DEBERÍAMOS cumplirlas todas ellas? Claro que no. Usted puede favorecer el desarrollo de una nueva cultura en la cual las personas hagan de manera responsable lo que crean que es correcto para ellas. ¿Por qué no puede usted recuperar su fase educativa varias veces? ¿Por qué no puede tener varias relaciones principales, o tener varias profesiones entremezcladas con jubilaciones? Las tradiciones antiguas surgieron en épocas en que la vida era mucho más corta, y las opciones laborales y familiares eran mucho más limitadas. Aquellos tiempos pasaron, y usted no tiene por qué seguir con las antiguas tradiciones si, haciendo las cosas a su manera, se siente mejor. Es ésta una época para inventar nuevas formas de vida, para los avances, para liberarse de los grilletes de unos viejos modelos que ya no sirven, que no hacen otra cosa que obstaculizar. Son tiempos de experimentación y de aventura. Puede usted generar cambios y desafíos que no hubiera siquiera soñado hace unas cuantas décadas. Esto nos lleva a la decimoséptima regla para vivir con plenitud:

Regla n.º 17: SEA FLEXIBLE

Las personas saludables y maduras suelen ser flexibles en su manera de pensar, abiertas al cambio, tolerantes con los demás. No hacen reglas rígidas, ni para sí mismas ni para los demás.

Un arco iris de estilos de vida

Bien, los casos de Zack y de Kevin, aunque difíciles, podrían haber sido aún peores. Y es que hay personas que lo tienen aún peor que otras. ¿Imagina cómo serían las cosas si esa vida de amor, romanticismo y sexo que usted desea fuera *contra la ley*?

Los últimos años han visto muchos cambios, pero el mundo sigue siendo más duro, más peligroso y menos justo para los gais, las lesbianas y los bisexuales que para las personas «normales». Y las personas mayores pueden aprender algo de las experiencias de las personas gais, lesbianas y bisexuales. ¿Por qué? Porque estas personas han tenido que forjarse su vida con pocas directrices o ninguna. Han tenido que pasar por encima de casi *todo el mundo,* inclusive de padres, familiares, maestros, vecinos, líderes religiosos y autoridades legales y sanitarias de la salud mental. ¿Qué pasaría si *usted* no dispusiera del apoyo de los papeles convencionales del matrimonio, de la paternidad y de la educación de los hijos en la juventud o en la vejez? Para que los gais, las lesbianas y los bisexuales puedan tener una vida apropiada, tienen que creársela por sí solos. Son ellos los que tienen que forjarse su forma de vida. A partir de su dificultosa adversidad, pueden encontrar finalmente algunas ventajas de las que no disfrutan las personas convencionales (aunque, claro está, hubiera sido preferible no pasar por tales adversidades). Y algunas de estas habilidades pueden servirles ciertamente bien a la hora de enfrentarse a los retos adicionales del edadismo y de la vejez.

Las minorías sexuales pueden verse en la tesitura de tener que afrontar diversos aspectos específicos de la vejez o de la perspectiva de envejecer. En primer lugar, se enfrentan al edadismo *y* a la homofobia. Los hombres gais mayores pueden encontrarse con raciones extra de adversidades por parte de los jóvenes gais. ¿Por qué? Porque los hombres, sea cual sea su orientación sexual, suelen sentirse más atraídos que las mujeres por la juventud y por el aspecto físico. Así, los hombres gais mayores y las mujeres convencionales mayores pueden encontrarse con las mismas adversidades. ¡Así es la naturaleza del hombre! Las mujeres, incluidas las lesbianas, suelen dar mayor importancia que los hombres (al menos en principio) al compañerismo, al amor y al hecho de compartir valores. Existe un dicho en orientación matrimonial y en terapia sexual que dice que «las mujeres dan sexo a cambio de amor, y los hombres dan amor a cambio de sexo». Evidentemente, este dicho es una sobregeneralización del tipo «Venus frente a Marte», pero capta algunos aspectos del problema del galanteo y el matrimonio. Cuando las personas que se cortejan y se casan son del mismo sexo, pueden darse variaciones sobre los temas de la vejez.

El amor no es necesario para ser feliz

Jed tenía 52 años, y llevaba viviendo quince años con Rod cuando éste murió de sida, a la edad de 48 años, habiendo sido un hombre muy sano, aunque con una tasa baja de linfocitos T, hasta que desarrolló el linfoma. Rod no tardó en sucumbir, y Jed lloró la pérdida de esta buena relación durante más de un año, pero ahora estaba preparado para comenzar una nueva relación (tal como Rod hubiera deseado que hiciera). Pero, ¿cómo? Jed era de corta estatura, calvo, con sobrepeso y falto de forma; nunca había sido físicamente atractivo, y carecía de sentido alguno para arreglarse y mostrarse atractivo. Jed decía que él era tan diferente del estereotipo de los hombres gais, ¡que muchos gais pensarían que era un hombre convencional! Y decía también que había otros muchos como él en el mismo barco, si bien él no estaba interesado en *ellos*. Había sido muy feliz con Rod, que le admiraba por su inteligencia y por su carácter, y no por su belleza, y para quien había sido una magnífica pareja. Ahora, a los 52 años, estaba más calvo que nunca, estaba más mayor y más barrigón que nunca, y seguía vistiéndose como un empollón marginado. ¡Nada llamativo en un bar de gais! De modo que ¿dónde y cómo encontrar otra pareja que fuera cariñosa y adecuada, una pareja como Rod, que no exigiera atractivos físicos? En ninguna parte, al menos así lo creía.

Yo (Albert Ellis) tuve que admitir que, cuando vino a verme en busca de TREC, la situación de Jed era realmente mala. Lo que deseaba para el resto de su vida, y lo que por suerte había tenido con Rod, no era fácil de encontrar. Quizás estuviera exagerando su *completa* imposibilidad de encontrar pareja, pero las posibilidades de que su edad y su aspecto fueran un importante problema eran ciertamente altas. Y, para mejorar sus posibilidades, pusimos en marcha diversas tareas terapéuticas para hacer en casa.

Jed lo intentó de verdad. Durante meses, fue a reuniones y a bares de gais, e incluso a museos y bibliotecas, con la esperanza de encontrar a alguien. Se leyó mis libros, dirigidos tanto para hombres como para mujeres, sobre cómo conocer gente; e incluso solicitó los servicios de dos casamenteras muy solicitadas: «Si no puedo hacerlo yo, nadie puede hacerlo», era el lema de una de ellas. Y no pudo hacerlo, lo cual no mejoró nada las esperanzas de Jed. Lo intentó contestando a los anuncios personales que aparecían en muchas publicaciones gais, aunque sin suerte en la mayoría de los casos. Los anuncios a los que contestó parecían estar hechos por hermosos y jóvenes gais, más parecidos a sementales que a otra cosa. Buscaban a otros gais parecidos a ellos (si no mejores), abiertos a la posibilidad de una relación a largo plazo o bien a breves encuentros. De vez en cuando, se encontraba con un anuncio en el que se decía que estaban buscando a un gay mayor, de aspecto «paternal», con lo que las esperanzas de Jed se acrecentaban... hasta que llegaba al final de la frase, «de 28 a 35 años de edad». «¿Eso es mayor?», se preguntaba Jed horrorizado. Si el anuncio no especificaba la edad, Jed contestaba de inmediato. Algunos (los pocos que respondieron a su llamada) se mostraron francamente sorprendidos de que Jed hubiera contestado a su anuncio; pero Jed siguió adelante, haciendo el trabajo terapéutico que yo le había encomendado. De vez en cuando, y gracias a que era inteligente y buen conversador, y debido al interés que mostraba siempre por los demás, Jed establecía amistad (pero sólo amistad) con alguno de los hombres a los que contestaba. Pero ninguno como Rod. Finalmente, Jed se planteó seriamente la posibilidad del suicidio, pero rechazó la idea, en parte por razones religiosas. Y en alguna ocasión, incluso, llegó a pensar fugazmente que era una lástima no haber dado positivo en el VIH, pues de ese modo sus desdicha no se hubieran prolongado tanto como parecía que iban a prolongarse.

También él puso anuncios en las publicaciones gais, pero su primer anuncio no obtuvo respuesta. Había pensado que la sinceridad de su texto («mayor, de aspecto normal, con sobrepeso y falto de forma, pero con un corazón de oro») fundiría hasta el corazón más duro, pero no fue así. Respuestas, cero. Se esforzó mucho con el segundo anuncio, en el que destacaba sus cualidades y sus intereses, y en el cual mencionaba también las cualidades que buscaba en una pareja. Esta vez no hubo cero respuestas, pero casi.

Desanimado y deprimido, Jed llegó a la siguiente conclusión irracional: «*¡Nunca* encontraré un compañero cariñoso y duradero, como Rod! ¡Cuando la verdad es que lo NECESITO! Soy demasiado viejo y feo, demasiado gordo para que nadie me acepte! Si tengo que pasarme los próximos veinte o treinta años solo, sin tener lo que tuve con Rod, voy a ser un completo desgraciado. Cada vez se me hará más descorazonador, y no voy a poder soportarlo. Odio la vida. ¡Nadie te quiere cuando te haces viejo y eres gay!».

Para ayudar a Jed a discutir estas creencias irracionales, puse deliberadamente en consideración una de las creencias básicas: la de que NECESITABA perentoriamente una relación amorosa de largo plazo como la que había mantenido con Rod, y que no podría ser feliz *en modo alguno* sin eso. Le demostré que casi con toda seguridad sería *más feliz* si encontraba a otro compañero como Rod, pero que el «hecho» de que no pudiera ser feliz *en modo alguno* era una ficción. Y, creyendo devotamente en esta idea, había convertido esa ficción en un «sentimiento». Sólo la rígida convicción de que, sin una relación amorosa, no habría absolutamente ninguna satisfacción en su vida era lo que le llevaría a sumirse en tan sombrío estado.

¿Por qué estaba yo tan seguro de que la creencia de Jed en la fatalidad de su vejez era la única razón de aquel *sentimiento* de estar condenado? Porque, en primer lugar, pienso que casi cualquier persona razonablemente saludable, como era el caso de Jed, tiene muchas posibilidades placenteras en su vida, aun cuando un placer tan importante como el de tener una prolongada relación de pareja no volviera a darse de nuevo (lo cual no era un hecho demostrado en el caso de Jed). Siempre hay muchas y sólidas oportunidades para disfrutar de la vida.

Jed disponía de muchas cualidades e intereses potenciales. Trabajaba como abogado para un organismo de protección medioambiental, y disfrutaba de su trabajo, demandando a quienes contaminaban o degradaban el medio ambiente. Tenía tres hermanas, con las cuales guardaba un estrecha relación, al igual que con sus hijos. Había escrito varios libros, y seguía albergando la esperanza de escribir una gran novela. Destacaba jugando al *bridge*, y había ganado o había estado a punto de ganar unos cuantos torneos de *bridge*. Y tenía otros muchos intereses y aspiraciones.

—¿Acaso una persona con tantos placeres posibles no va a poder disfrutar de *algo?* —le pregunté a Jed directamente—. Aun cuando el principal objetivo de su vida, el de tener una relación como la que tuvo con Rod, quedara completamente anulada, ¿no podría tener usted otros placeres y satisfacciones sin tener que complicarse mucho la vida? Claro que *podría...* si se lo permite usted. ¡Indudablemente que podría!

Al principio, Jed se mostró un tanto reacio a reconocerlo.

—No —dijo, aferrándose a su convicción de que, ahora que había perdido a su compañero, todo tenía que ser negro y sombrío.

No, él solía disfrutar con su trabajo, con su familia y con algunas otras cosas, pero todo aquello era insignificante, comparado con la enorme pérdida que había sufrido, una pérdida que nunca podría reemplazar.

—No —contestó—. ¿Cómo voy a disfrutar de nada más?

—Ésa es la clave —respondí yo—. Usted se preocupa tanto con lo *terrible* que es no tener a Rod, o al menos un sustituto adecuado de Rod, que está olvidándose de otras muchas cosas de las que puede disfrutar. Usted me está diciendo que realmente no existen esas cosas. Pero sí que existen... si usted permite que existan. Es usted quien opta por enfocarse (y quiero decir enfocarse fuerte y persistentemente) sólo en lo negativo. Y eso lleva de forma natural a que casi todo lo potencialmente positivo quede fuera de su mente, dando así la sensación de que no existe.

Bien, Jed no me lo puso fácil pero, aprovechándonos de su capacidad para pensar de forma eficaz, conseguimos imponernos finalmente.

—Sí —terminaría aceptando—, la muerte de Rod fue una gran pérdida, una pérdida que lamentaré durante el resto de mi vida. Pero usted tiene razón. A mis 52 años, sigo siendo una persona que vale la pena, como lo fui siempre, aun cuando haya personas en el mundo gay que no lo vean así. Procedo de una familia longeva, de modo que quizás me queden todavía 30 o incluso 40 años por delante. *Puedo* disfrutar de muchas cosas, muchas, en todo este tiempo. Sólo conviene que deje de obsesionarme con Rod y con su pérdida. Y con lo que no tengo. Sí, fue una gran pérdida, y es muy posible que nunca pueda volver a encontrar a un hombre como Rod; pero no me perdí a *mí*, y convendrá que no me comporte como si lo hubiera hecho. Estoy vivo y, potencialmente, puedo disfrutar de la vida. Y será mejor que me atenga a eso.

En cuanto llegó a la conclusión de que *sí que podía* recurrir a otros placeres de la vida, Jed recurrió a ellos (especialmente, yendo a visitar a sus hermanas y a sus sobrinos, y trabajando con su novela). Fue ganando en años, pero no en tristeza. La búsqueda de pareja dejó de ser una búsqueda desesperada. Era consciente de que le iba a resultar difícil encontrar pareja, pero ya no pensaba que fuera imposible. A punto estuvo de encontrar una pareja adecuada, pero 4.000 kilómetros de distancia les impidieron vivir juntos, por lo que terminaron viéndose muy de cuando en cuando. Mientras tanto, Jed sigue buscando esperanzado.

Cuando las opciones son escasas

Puede que usted sea gay y ya sea mayor, al igual que le pasaba a Jed, por lo que es posible que esté usted limitado en el número de parejas que pueda encontrar usted deseables y que puedan encontrarle deseable a usted. Pero tenga en cuenta que difícil no equivale a imposible. Tenga en cuenta que un buen aspecto puede atraer a muchas parejas potenciales, pero que no asegura una buena relación, ni tampoco la felicidad. ¡Incluso es posible que una persona con un aspecto no tan bueno resulte ser mejor como pareja! Quizás hayan cultivado más su personalidad y sus habilidades de lo que suelen hacerlo las personas con un buen aspecto. O puede suceder que sea usted heterosexual (especialmente si es mujer), y se vea limitada de algún modo por la edad a la hora de elegir pareja. Indudablemente, a muchas mujeres mayores les resulta más difícil encontrar compañero que cuando tenían diez, veinte o treinta años menos. Pero no se olvide de la enorme libertad que se deriva del hecho de no «tener que» atraer un compañero. Usted podrá vivir su vida más a su manera, aunque sin pareja. Usted no tiene por qué tener pareja, sea cual sea su sexo, para ser feliz. Puede tener amigos y amigas. Puede tener mascotas. Puede tener compañeros de habitación. Puede tener vecinos. Puede vivir en una casa compartida. Y si es posible, le viene al pelo, puede incluso compartir un hombre con alguien más.

En nuestra cultura, los hombres sufren menos que las mujeres la discriminación por causa de la edad debido al aspecto. Sin embargo, un hombre mayor con dolencias e incapacidades puede ver bastante limitadas sus posibilidades de selección por parte de la mujer apropiada. Por ejemplo, yo (Albert Ellis) traté recientemente con un viudo de 60 años de edad que había conocido a tres mujeres diferentes en las que estaba muy interesado, pero que le rechazaron debido a su diabetes y a su dependencia de la insulina, cosa por la que estas mujeres no estaban dispuestas a pasar en una relación de pareja.

Las adversidades de Jed, por tanto, eran quizás más graves debido a que era gay. Sea cual sea su orientación sexual o su sexo, la pérdida de la pareja es un asunto harto difícil. Si ha pasado usted de una mediana edad, una pérdida como ésta puede ser incluso aún más difícil, e inconveniente, debido a los problemas prácticos que supone su sustitución. Millones de personas viudas tienen que enfrentarse al apuro que les supone su enorme deseo de volverse a casar encontrándose en una situación en la que sus oportunidades están limitadas. Si se encuentra usted en esta situación, no renuncie irracionalmente a toda esperanza, y no se deprima. En primer lugar, si se encuentra usted con este problema, convénzase plenamente de que sí, desea usted tener pareja de nuevo (quizás lo desea incluso intensamente), pero que puede ser feliz (sin duda puede ser feliz) de otras muchas maneras, sin pareja. ¡Del mismo modo que fue feliz Jed!

Creyendo en esto, usted puede hacer una lista de diversas cosas: proyectos que va a disfrutar llevando a cabo o metas que pueden generarle grandes satisfacciones en caso de alcanzarlas. Sería estupendo que usted se desempeñara bien en todo esto, pero tampoco es *necesario*. Lo más importante es disfrutar, que *usted* disfrute. Lo que usted quiere hacer es muy importante, y no lo que otras personas, incluidos familiares y amigos, crean que usted debería de hacer. ¡Deje que piensen lo que quieran! Haga una lista de todas esas cosas de las que puede disfrutar, y luego haga lo que pueda por implicarse en ellas y por encontrar verdadero placer en ellas. Efectivamente, ¿qué puede hacer usted para que estos objetivos resulten agradables?

Aunque haya perdido a su pareja, a un familiar o a un amigo, descubrirá que, hasta cierto punto, puede pasárselo bien todavía. En cuanto tome esta determinación, verá que se obsesiona y que piensa mucho menos en su «terrible» pérdida. Esto no supone minimizar la pérdida, pues la pérdida es real, y puede tratarse incluso de una gran pérdida. Si usted centra su atención intensa y decididamente en esa pérdida y se convence una y otra vez de lo *terrible* que es, no hará otra cosa que deprimirse. Se estará haciendo «saber» que su agonía será eterna. Se estará haciendo «sentir» que no hay nada más en la vida, absolutamente nada más, de lo cual pueda disfrutar.

Tómese tiempo para curarse. Por tremenda que sea su pérdida, si deja pasar los meses o los años, se olvidará un poco de ello y recordará otras cosas. Tiene que darse tiempo. Si usted insiste en darle vueltas a la pérdida de un ser querido, o a casi cualquier otro tipo de pérdida, no va a hacer otra cosa que agrandarla y prolongarla, convirtiéndola en algo mucho peor de lo que ya es. Sin embargo, usted puede permitirse el lujo de ver las innumerables posibilidades que le ofrecen otros placeres; sí, aunque sea ya mayor y con el cabello blanco, o incluso gay. Si lo hace, no dejará de sentir intensamente la pérdida de la persona amada (o del objeto amado), pero no sostendrá irracionalmente que esa pérdida NO DEBERÍA haber ocurrido, y que es *devastador* que haya sucedido.

Una vez más, ¡contemple sus metas, sus proyectos y sus placeres potenciales! Lo más habitual es que tenga unos cuantos de ellos. Identifíquelos. Implíquese en ellos. Prepárese mentalmente para disfrutar de la vida, ¡por dura que sea! Si lo hace, descubrirá, como hizo Jed, que comienza a encontrarse con posibilidades románticas aquí y allí.

13

¿Acaso debemos seguir el camino del Imperio romano?

Si se utiliza algo hasta su potencial máximo, se romperá.

Profecía de Poulsen

Hay personas que, como Dave, esperan francamente la decadencia y la caída. No mucho después de su jubilación, le dio por decir: «Estoy viejo». Su esposa, Maribel, le decía: «Serás tan viejo como tú te sientas», y él respondía: «Entonces, ¡estoy *realmente* viejo!». Dave se generó más achaques y dolores, y los mimó «descansando». Cuanto menos hacía, menos le apetecía hacer nada y, en consecuencia, menos podía hacer. ¡Y, entonces, menos le apetecía hacer nada! Tiempo después, Maribel lo convenció para que fuera con ella a hacer ejercicio, y Dave se fue haciendo poco a poco menos reacio al ejercicio, comenzó a sentirse mejor y se fue haciendo más activo.

El abandono y la falta de uso, como el ciclo decadente en el que entró Dave, contribuyen en gran medida a la decadencia que sufren muchas personas mayores en cuestión de movilidad y vigor. Lo que no se usa, se pierde; y se pierde en mayor cantidad y con mucha mayor rapidez que de otro modo. Las personas que siguen teniendo intereses y siguen estando activas disponen de muchas más posibilidades para mantener la movilidad y el vigor. Si no le damos uso a nuestro cuerpo, enfermaremos también con más frecuencia. El ejercicio libera unas sustancias químicas naturales en el cerebro que denominamos endorfinas, unas sustancias que parecen incrementar tanto el número como la actividad de las valiosas células del sistema inmunológico. Y este efecto es mucho más marcado entre las personas mayores que entre las personas jóvenes.

Así pues, he aquí la Decimoctava Regla para Vivir con Plenitud.

Regla n.º 18: UTILÍCELO O PIÉRDALO

Utilice su mente, su cuerpo, sus talentos y su potencial humano, o de lo contrario perderá la oportunidad de vivir con plenitud, y de envejecer con plenitud.

«Utilícelo o piérdalo» es una de esas frases que contienen una gran verdad en sí mismas. ¿Por qué *no* sigue usted más esta indicación? ¿Quién o qué se lo impide? Una de las principales razones por las cuales no utiliza usted sus facultades (y las pierde) se debe al mero hecho de no tener objetivos que le mantengan activo. Y, si tiene usted esos objetivos, es posible que, no obstante, esté bloqueándose a sí mismo para emprender la acción.

La decadencia

Un aspecto importantísimo, desagradable y temido del hecho de hacerse mayor es la decadencia física. En ella, nos encontramos con una cierta disminución de fuerzas, de agudeza visual, de potencia sexual, de agilidad y de belleza. Dando por hecho que esa decadencia avanzará un poquito cada día, ¿se ha preguntado usted alguna vez hasta dónde podrá llegar? ¿Tendrá usted una decadencia suave, como ocurre con algunas personas? ¿O su decadencia será como la del Imperio romano? Bien, sus genes van a tener un importante papel en ese posible futuro. Y no va a poder hacer mucho para cambiar sus genes. Pero su estilo de vida también va a tener un papel importante en el modo en que su cuerpo se desempeñe a lo largo de los años. Coma saludablemente, haga ejercicio a diario, no fume, no se exceda con el alcohol, desarrolle intereses vitales absorbentes, tenga una buena red de relaciones sociales y acepte nuevos retos. Usted ya sabe todo esto. ¡Sería difícil no saberlo! ¿Pero lo hace? Quizás sea aquí donde entra en juego su actitud.

En este capítulo, echaremos un breve vistazo a algunas investigaciones que contradicen la imagen popular de las personas mayores como personas condenadas a la decrepitud. En este capítulo, no le vamos a dar un programa de ejercicios ni una dieta, pues esa información la puede encontrar perfectamente en otros sitios. Lo que vamos a hacer es darle una información muy importante, una información que contradice muchos de los mitos sociales acerca de la vejez. Esta información le mostrará qué hacer para mantener lo que tiene y, en algunos casos, para recuperar lo que quizás haya perdido. También le mostrará en qué medida la decadencia se potencia considerablemente cuando no se utiliza lo que se tiene.

Así pues, el modo en que envejecemos y la rapidez con la que envejecemos dependen en parte de nuestro comportamiento y de nuestras actitudes. No se trata de algo programado biológicamente nada más. Las investigaciones de Alvar Svanborg y de Jim Birren ofrecen potentes evidencias de que la mayoría de las personas mayores no entran mentalmente en decadencia, ni tampoco físicamente, antes de los ochenta años, *siempre y cuando se mantengan activos en sus comunidades.*

Así pues, le mostraremos cómo combatir los *bloqueos psicológicos* internos que quizás le impidan hacer lo que usted probablemente ya sabe que le va a venir bien..., ¡si lo hace, claro! Estos bloqueos le mantienen a usted en el mismo barco que las personas que no dejan de fumar, o que no vigilan su ingestión de grasas y su peso; en el mismo barco que las personas que no consumen fibra suficiente, que no se ponen el cinturón de seguridad en el automóvil ni se ponen condón, que no se hacen chequeos, que no se examinan regularmente los pechos o los testículos.

Dicho todo esto, esperamos que no se quede petrificado porque su destino pueda seguir rápidamente los pasos del Imperio romano. Ahora bien, ¿qué cosas son las que pueden llevarle a la decadencia y a la caída más lentamente... *mucho* más lentamente? ¿Qué puede hacer usted para invertir, aunque no para siempre, esas tendencias de declive que encuentra usted en su camino?

Músculos de acero y abdominales sorprendentes

Cuando llegas a determinada edad, comentó la humorista Bette Midler, tu cuerpo piensa por sí solo. Sí, eso parece que sea verdad, pero vamos a afrontarlo. Esa mente de su cuerpo que «piensa por sí solo» cuando llega a determinada edad tiene algunos ayudantes, como la gravedad, pero también su propio estilo de vida sedentario y su pobre dieta. Afortunadamente, se ha implantado la moda de hacer ejercicio regularmente. En torno a la mitad de los adultos de los Estados Unidos dicen hacer ejercicio regularmente. Es *fácil* ser sedentario; para qué vamos a engañarnos.

A medida que envejecemos, se nos va haciendo *más fácil* dejarnos llevar por la inercia de un nivel de actividad cada vez menor. Pero hay personas que no se dejan caer en el sedentarismo cuando se hacen mayores. ¿Por qué no? ¿Por qué no se dejan caer? Porque han sido sedentarios siempre, pero no les empiezan a ir mal las cosas hasta que llegan a una mediana edad, o más tarde. Aun cuando usted haya sido una persona activa cuando era joven, puede dormirse en los laureles (por decirlo así) a medida que gana años y kilos. La «moda» del ejercicio en nuestra cultura puede que no le afecte ya. Y, entonces, ¿qué hacer?

Comencemos dando base al hecho evidente de que ponerse en forma y mantenerse en forma tiene sus ventajas. Hay investigaciones, por ejemplo, sobre la prevención o incluso la inversión de la pérdida de masa ósea y masa muscular. En un estudio de la Universidad de Tufts, que se realizó con personas de entre 58 y 72 años de edad sometidas a un régimen de ejercicios, su masa muscular y su masa ósea se incrementaron notablemente.

La mayoría de las personas ha podido leer artículos o noticias sobre este asunto, de ahí que sea algo bastante conocido y aceptado. Probablemente, habrá visto usted en los infomerciales de altas horas de la noche a personas mayores *de verdad* con músculos de acero y abdominales sorprendentes. De modo que todos sabemos que eso es posible. Pero, ¿acaso saber esto nos lleva a la mayoría de las personas a asumir y mantener un programa de ejercicios? No. ¿Por qué no? Los «por qué no» son los que hacen que la gente no deje de fumar, de reducir la ingestión de grasas y de hacer ejercicio *¡cuando son jóvenes!*

¿Cuáles son las creencias derrotistas que no le dejan ponerse manos a la obra? Veamos las dos raíces básicas que nos llevan a dejar las cosas «para mañana»: (1) el perfeccionismo y (2) la baja tolerancia a la frustración. Estas dos cosas, juntas, contribuyen enormemente a que usted genere creencias poco realistas, esfuerzos improductivos o impulsivos y, en última instancia, las que le llevan a que usted se rinda.

La obesidad y el perfeccionismo

Nicole pensaba que tenía que estar perfectamente delgada y que debía tener el tono muscular perfecto; pensaba que tenía que tener mejor aspecto que Jane Fonda en sus famosos vídeos de ejercicios físicos; pero, eso sí, ¡sin la disciplina ni el esfuerzo que había empleado Jane Fonda para ello! Así pues, ¿consiguió Nicole alcanzar su objetivo? No. Se deprimió y se sintió avergonzada de sí misma, pensó en quitarse la vida y se privó de alimentos durante unos cuantos días. Se pasaba el tiempo sentada en el sofá, comiendo pasteles de hojaldre y patatas fritas para consolarse, mientras hojeaba revistas y veía culebrones televisivos. Afortunadamente, en una de las revistas, vio uno de mis anuncios (de Emmett Velten) de *coaching* personal y me hizo una llamada de larga distancia para consultarme. Lo primero que hice fue persuadirla para que utilizara a Richard Simmons como modelo.[36] Aunque Richard Simmons no había adelgazado tanto como hubiera deseado un perfeccionista, Nicole se dio cuenta de que Simmons no sólo hacía ejercicio, sino que también irradiaba entusiasmo, así como una marcada compasión hacia las mismas personas obesas que tanto odiaba Nicole..., ¡personas como ella misma! Persuadí a Nicole para que se aceptara, del mismo modo que Richard Simmons la habría aceptado, pero que trabajara, si así lo decidía, para alcanzar sus objetivos en relación con el peso y el estado físico.

¡TIENE QUE haber una forma más fácil!

En tanto que las exigencias de una perfecta delgadez y de un estado físico perfecto perturban a algunas personas y les impiden alcanzar siquiera el aspecto de Richard Simmons, y mucho menos el de Jane Fonda, la baja tolerancia a la frustración afecta y genera problemas a muchas más personas. ¿Qué es la baja tolerancia a la frustración? Es un punto de vista derrotista acerca de la frustración, acerca de las dificultades y del esfuerzo. La filosofía de la baja tolerancia a la frustración dice que lo difícil NO DEBERÍA ser difícil; que las cosas duras NO DEBERÍAN ser duras; y que, al menos, los problemas no deberían traducirse en *este* problema. La filosofía derrotista más habitual, la que nos impide hacer ejercicio o llevar una dieta, es la baja tolerancia a la frustración. «*¡Debería* ser y *tiene que* ser más fácil de lo que es! *¡No puedo* (y, de hecho, no voy a) hacerlo hasta que sea más fácil!»

La peor de las creencias de la baja tolerancia a la frustración, y la más común, es la de «¡Es *demasiado* difícil!». No es que sea difícil, lo cual puede ser cierto, sino *¡demasiado* difícil! Esta creencia irracional propicia el

36. Richard Simmons es una figura mediática, un tanto atípica, en los Estados Unidos. En su juventud llegó a pesar 122 kilos. Pero, tras una fuerte disciplina de adelgazamiento que le hizo perder 56 kilos, ha terminado convirtiéndose en un experto en *fitness* con multitud de vídeos y apariciones en televisión, con una amplia acogida entre personas de mediana edad y mayores. *(N. del T.)*

hecho de que usted aminore la marcha; es la que le impide volver a su patrón normal de actividades después de, por ejemplo, haber estado enfermo o haberse tomado unas vacaciones. Sí, admitamos que, cuando uno se hace mayor, le cuesta más ponerse en forma y mantenerse en forma que cuando era más joven. ¡Lástima! ¡Qué suerte tienen los jóvenes, que, aun estando inactivos, no se vienen abajo en cuanto dejan de hacer ejercicio... como nos ocurre a nosotros!

Hasta que cumplí los 51 años, yo (Emmett Velten) nunca había hecho más de 15 segundos seguidos de ejercicio de manera voluntaria, ¡nunca en mi vida! A diferencia de James Thurber,[37] que una vez comentó que cada vez que sentía el impulso de hacer ejercicio se echaba en el suelo hasta que se le pasaba, yo nunca tuve tales impulsos. A los 51 años, decidí ponerme a hacer ejercicio, mantenerme en el peso adecuado y reducir mi alta tasa de ritmo cardíaco en estado de reposo (100 pulsaciones por minuto estando relajado). Pues bien, el ejercicio no fue *terrible*. ¿Y sabe usted por qué no? Porque, al menos según la noble teoría de la TREC, *nada* en el universo es *terrible*, es decir, 100 por ciento malo o más que 100 por ciento malo. Puedo decir que hacer ejercicio está muy cerca de ser terrible, pero que no es terrible. Yo odiaba hacer ejercicio, y me costaba grandes esfuerzos empujar mi trasero dos veces a la semana para ir a hacer ejercicio. ¡Pero no tardé en tener la brillante idea de utilizar los métodos de la TREC conmigo mismo! Utilicé sin mucha pasión los métodos más suaves de la TREC sin conseguir nada, por lo que me decidí a utilizar penalizaciones, prometiéndoles a mis amigos que, por ejemplo, haría ejercicio tres veces a la semana. ¿Que si lo hice? Terminé teniendo que enviar un cheque de 50 dólares a una organización que defiende una causa que detesto.[38] Y esto funcionó. Iba tres veces a la semana al gimnasio y empleaba unos 15 minutos en cada sesión. Entiéndame, yo era un cliente difícil. Después de aquello, vino una serie de «contratos», cada uno de ellos diseñado por mí mismo, para obligarme a hacer ejercicio con más frecuencia y con más vigor. Mis progresos fueron lentos.

Finalmente, me hice un programa de ejercicio en máquinas de pesas, de nuevo con la ayuda de un contrato que yo mismo diseñé. El instructor no apareció exactamente a la hora fijada, y me fui, habiendo cumplido con

---

37. Humorista y dibujante estadounidense de mediados del siglo xx. *(N. del T.)*

38. Una de las fórmulas que utiliza la TREC para penalizarse por no realizar la tarea a la que uno se ha comprometido mediante contrato consiste en enviar dinero (una cantidad fijada en el contrato) a una organización que uno deteste profundamente. *(N. del T.)*

mi cita, que era lo que especificaba la letra del contrato. El siguiente contrato lo especifiqué mejor. Yo tenía que estar allí, y el instructor también tenía que estar allí. Cuando llegué a la cuarta de las doce máquinas del programa, recuerdo que pensé: «*¡Sabía* que esto iba a ser divertido!*». En el programa se especificaba que debería llevar un registro de mis esfuerzos en cada una de las máquinas, que tenían lucecitas, efectos de sonido y pantallas de lectura. No sé cómo, pero todo aquello me resultó divertido. Acto seguido, yo fui a la Y y estuve haciendo ejercicio durante unos 40 días seguidos, sin contratos, pasándomelo bien. Aquellos hábitos, y lo que disfruté con ello, se han mantenido inalterables, y es raro el día en que no haga ejercicio. ¿Y qué pasó con mi ritmo cardíaco? Pues que se redujo a sesenta y tres latidos por minuto. Quizás usted no se ponga a hacer ejercicio como lo hice yo, bajo coacción. Quizás a usted le resulte más fácil. ¿Quién sabe? El ser humano disfruta haciendo ejercicio, por lo que existen muchas probabilidades de que usted disfrute con ello... si insiste lo suficiente.

Hice un amigo en el gimnasio, Jesse, que comenzó su programa de ejercicios después de jubilarse, a los 65 años, a instancias de su esposa y de su médico. Perdió alrededor de 15 kilos, y obtuvo una forma física bastante buena. Sin embargo, aun con todo, se dio cuenta de que tenía más tripa que las que se veían en las fotos de *«antes»* de aquellos hombres, *mucho* mayores que él, que aparecían en los infomerciales de la máquina de ejercicios para conseguir unos abdominales sorprendentes. Jesse me contó que había pasado por una etapa en la que *no podía soportar* lo abultado de su tripa y, durante algún tiempo, se obsesionó tanto con eso, que se llegó a desmoralizar bastante y empezó a saltarse algunas de sus sesiones de ejercicios físicos. Pero ¿de qué modo recuperó la moral? Jesse me dijo: «Simplemente, decidí calmarme y no darle demasiadas vueltas a eso».

Hace ocho meses, por uno de esos desafortunados giros de mi destino genético, me diagnosticaron un trastorno neurológico degenerativo hereditario. Mi sistema nervioso periférico está muriendo lentamente, haciendo que mueran también los músculos que esos nervios activan; de modo que modifiqué mi programa de ejercicios, aprendiendo a utilizar pesas libres, para concentrarme más en los músculos periféricos más afectados. Intentaré mantener fuertes y flexibles tantos de esos músculos como pueda, durante todo el tiempo que pueda, aun cuando mis nervios y mis músculos sigan debilitándose.

Yo (Albert Ellis) tengo un buen montón de problemas físicos, en parte debido a que tengo 84 años[39] y en parte debido a que llevo 45 años tra-

39. En 1997, cuando se escribió este libro. *(N. del T.)*

tándome de diabetes. Por ejemplo, camino de forma vacilante, y ya no soy el gran caminante que fui, hasta que me diagnosticaron la diabetes. Hasta que cumplí los cuarenta años, estuve entre los mejores y más rápidos andarines de Nueva York. No me costaba nada recorrer varios kilómetros a pie, y lo solía hacer en un tiempo récord. Caminar era uno de mis mayores placeres, y no dudaba en prescindir del autobús para recorrer a pie diez manzanas de edificios o más, llegando a mi destino antes de que lo hiciera el autobús. ¡Me lo pasaba bien caminando… y superando al autobús!

Luego, llegó la diabetes y, casi de inmediato, me vi obligado a dejar mis caminatas. Aún podía caminar bastante rápido, pero no durante mucho tiempo. A la que había recorrido unas pocas manzanas, las piernas me pesaban y me sentía agotado. Terminaron mis largos paseos, e incluso en los aeropuertos tuve que echar mano a veces de los carritos eléctricos, para no tener que recorrer largas distancias a pie. ¡Una verdadera pena! Pero pude soportarlo, y dejé de lamentarme y de llorar por no poder realizar ya mis antiguas proezas caminando.

A cambio, hago mis ejercicios y compenso mis deficiencias lo mejor que puedo. Dedico un rato todos los días a hacer ejercicio; aunque, como Thurber, a duras penas disfruto de ello, y lamento particularmente el tiempo que me lleva hacerlo. Dado que vivo en el mismo edificio en el que se encuentra el instituto, tampoco hago mucho ejercicio desplazándome hasta mi lugar de trabajo. No obstante, casi todos los días subo y bajo escaleras deliberadamente, aun cuando podría tomar el ascensor. Cuando subo o bajo varios pisos con el ascensor, aprovecho para hacer ejercicios de flexión de rodillas, con lo cual me ahorro tiempo y mantengo en forma piernas y pies. Si me dejara llevar, podría vivir sin hacer ningún tipo de ejercicio. Pero no. Me guste o no, hago ejercicio habitualmente, y me mantengo así en mejor forma de lo que me mantendría si no hiciera nada.

Durante muchos años, seguí el famoso comentario de Thurber sobre el ejercicio. Y no es que yo detestara hacer deporte; por ejemplo, siempre me gustó jugar al tenis y al tenis de mesa, y dediqué mucho tiempo a ambas cosas siendo adolescente y hasta que cumplí los treinta años.

Pero no mantuve el hábito después de los treinta. Hasta el tenis y el ping-pong precisan de tiempo, algo de lo que yo rara vez disponía. Sí, son actividades agradables y saludables, pero una vida tan ocupada como la mía no me dejaba mucho tiempo para eso. Desde las 8.30 de la mañana hasta las 12 de la noche, dirijo un instituto de psicoterapia, veo a los clientes, superviso y formo a terapeutas, doy charlas y talleres en Nueva York y en todo el mundo, escribo un artículo tras otro, hago un libro o dos cada año y continúo mi relación con Janet, que dura ya 32 años. ¡Nunca un momento de aburrimiento, ni desocupado!

Así pues, durante muchos años, el ejercicio se fue al garete. En cuanto a la dieta y a cuidar de mi salud... bueno, en eso me desempeño bien. Siendo diabético y dependiente de la insulina desde que tenía 40 años, controlo cuidadosamente mi alimentación, nunca me excedo en la comida, prescindo de la sal y de alimentos grasos, visito a muchos médicos regularmente y me mantengo delgado y en forma. No obstante, cuando pasé de los ochenta, empecé a hacerme mayor. Ahora las piernas me flaquean, camino despacio, la espalda me molesta de vez en cuando, me duelen los pies, tengo la tensión arterial un poco alta, tengo molestias oculares, osteoartritis y unas cuantas dolencias físicas más. Nada grave, si tenemos en cuenta la propensión de los diabéticos a las enfermedades físicas, pero sí doloroso y restrictivo.

Así que, ¡maldita sea, ahora hago ejercicio! A diario, normalmente antes de irme a la cama, hago mis ejercicios de estiramiento, flexión y masajes. Nada me detiene: ni mis constantes viajes, ni mi imposible agenda, ni mi ocasional carencia de sueño (debida normalmente a los retrasos en los vuelos)... nada me detiene. ¿Que si me gusta hacer ejercicio? Pues no, la verdad es que no. ¿Que si me disgusta hacer ejercicio? A diferencia de Emmett, me disgusta con relativa frecuencia. ¿Que si me pongo excusas para dejar de hacer mis ejercicios? A menudo, *pero no cedo ante mis excusas*. A menos que esté enfermo (y rara vez incluso en ese caso), hago ejercicio. Resultado: mi paso es menos vacilante, la espalda rara vez se sale de madre; mi internista está encantado con mi baja tasa de grasas del 95 por ciento; y rara vez me pongo enfermo. Y sí, sigue sin gustarme hacer ejercicio. Pero lo hago sin rechistar.

«Bueno, de acuerdo —quizás piense usted—. Si hago ejercicio y me mantengo en forma, tendré más probabilidades para minimizar la decadencia relacionada con la edad, aunque no tenga unos músculos de acero y unos sorprendentes abdominales. Mi apariencia física y mi psique son una cosa, pero ¿qué pasa con mi decadencia mental? ¿Qué pasa si mi *mente* se va? ¡Eso sí que sería insoportable!»

Una imagen más nítida

Abordemos ahora el pavor que sienten muchas personas cuando piensan en la posibilidad de perder algún día su agudeza mental. Es muy posible que la mayoría de las personas dé por cierto que esta pérdida sucede de forma *automática* con la edad. Las bromas típicas y desagradables de «te está dando el Alzheimer», por ejemplo, son muy comunes, y demuestran hasta qué punto imperan tales temores. Y también es muy común la expectativa de la pérdida de agudeza mental a causa de la edad. Los comentarios que se les hacen a veces a algunas personas mayores, diciendo que tal o cual anciano es «activo», que está muy «despierto», o que es «agudo como un clavo» se tienen por cumplidos, en lugar de como ofensivos comentarios edadistas.

El primer punto de esperanza a este respecto es el que nos aportan las evidencias científicas, que no sustentan en modo alguno la conclusión de que la mente se nos haga más torpe a medida que envejecemos. Al igual que la decadencia física, la decadencia mental se deriva también de la falta de uso. En numerosos estudios se ha demostrado que las personas que permanecen activas física e intelectualmente conservan la alerta mental, viven más tiempo y se mantienen más sanas que las que se retiran de todo tipo de actividad social y dejan de estar activas. El investigador Daniel Ogilvie descubrió que dedicar tiempo a actividades significativas predecía los niveles de felicidad de la persona tres o cuatro veces mejor que la salud. Quizás alguien diga: «Si conservas la salud, lo tienes todo», o algo similar. Pero convendría añadir: «Permanecer activo, física y mentalmente, *promueve* la salud y la felicidad».

El entorno cotidiano en el que se mueven muchas personas mayores no ofrece demasiados estímulos ni desafíos intelectuales; carece de novedad y de complejidad, y lleva, como sería de esperar, a la atrofia de las pequeñas células grises del cerebro, por no hablar del espíritu humano. No obstante, gran parte de las «evidencias» de los graves efectos mentales de la vejez, como la de la supuesta pérdida de 100.000 células cerebrales al día, procede de investigaciones muy mal realizadas que, sin embargo, la gente sostiene como el que sostiene un evangelio, posiblemente debido a sus propios estereotipos edadistas. Estos ejemplos de «todo el mundo lo sabe» no se corresponden con lo que se ha descubierto que ocurre en un proceso de envejecimiento normal.

Nuevas y vitales conexiones cerebrales siguen desarrollándose a cualquier edad, y todo depende de cómo utilicemos el cerebro. La decadencia es posible, pero también es posible el crecimiento. Existen muchas razones por las cuales usted puede dejarse llevar por la decadencia con el paso de los años, razones que surgen de los estereotipos que tenemos acerca de las personas mayores. Por ejemplo, siendo usted joven, ¿intenta hacer amigos mayores? Piense en ello. Si responde que no, ¿por qué no? Los estereotipos negativos acerca de las personas mayores pueden hacer que las personas más jóvenes eviten relacionarse o vincularse con ellas. Si *usted* se sintiera evitado, posiblemente emprendiera también cierta retirada de la sociedad. Quizás tuviera la sensación de controlar menos su vida, y podría empezar a sentirse un tanto indefenso. Más tarde, *comenzaría* a sentirse torpe y a actuar en consonancia. Es importante comprender la conexión que existe entre los acontecimientos activadores, como el que sería que le esquiven a uno, y sus creencias a la hora de generar su torpeza en C. En vez de atribuir la torpeza a los resultados inevitables de la edad, atribúyalo al «úselo o piérdalo». A través de sus acciones, usted puede cuestionarse la creencia que le dice que no puede hacer nada para que la gente deje de evitarle. Vaya usted a la gente. Búsquelos. Dé los pasos oportunos para cultivar nuevas amistades. Y, si no deja de insistir, tendrá amplias posibilidades de conseguirlo.

Mia, de 78 años, daba por cierto que su vida iba cuesta abajo y que era demasiado vieja como para que ninguna persona joven quisiera estar en sus cercanías. Pero yo (Emmett Velten) la persuadí para que hiciera un experimento en su vida. Mia había estado viviendo en el sudoeste de Estados Unidos durante alrededor de 30 años. Y también durante alrededor de 30 años, había estado deseando aprender español. Siempre había pensado que algún día volvería a Minnesota, donde difícilmente podría practicar el castellano; de modo que, ¿para qué molestarse en aprenderlo? No había hecho ningún plan. Como trabajo para casa, en la terapia, y por diversión, accedió a matricularse para recibir clases de castellano en un instituto de la zona.

Mia se encontró con que todos los alumnos de la clase eran más jóvenes que ella. Pero, para su sorpresa, vio que muchos de sus condiscípulos estaban ansiosos por unirse a ella en un grupo de estudio. El formar parte de un grupo de estudio era otra de las tareas de casa que Mia había considerado que podría resultarle especialmente beneficiosa. Pero, en este caso, ¡la tarea se le puso en el camino, sin tener que propiciarla! Hasta aquí, todo iba bien; pero, de pronto, Mia se encontró con otro tipo de problema relacionado con la «edad». Me dijo que, en la semana anterior, había olvidado algo que acababa de escuchar un minuto antes durante la clase de español. Esto la preocupó enormemente, con el habitual pensamiento de «Debo de estar haciéndome vieja».

Le pedí a Mia que averiguara si le podría haber ocurrido lo mismo a alguno de los jóvenes del grupo de estudio en el cual se hallaba. Y, efectivamente, les había ocurrido. Mia se enteró de que Valerie y Chuck, aquellos dos «chiquillos» de su grupo de estudio (que tenían una cuarta parte de los años que tenía ella), hacían el mismo comentario acerca de sí mismos cuando se olvidaban de algo; es decir, ¡que se estaban haciendo viejos! Mia se tranquilizó pero, poco después, y desgraciadamente, volvió de nuevo a las andadas con aquello de que se estaba haciendo vieja. Accedió a buscar sus «debería» y a cuestionarlos. Mia tenía la idea exigente de que «Yo DEBERÍA funcionar a la perfección», pero consiguió discutir su creencia irracional y sustituirla eficazmente por «Me gustaría funcionar a la perfección, pero no TENGO POR QUÉ hacerlo». En lugar de generarse un ataque de pánico, decidió prestar más atención a lo que se le decía, y a lo que escuchaba en clase.

Existen estimulantes estudios que demuestran que las personas mayores obtienen gran provecho de los ejercicios para mejorar la memoria a corto plazo. Gran parte de la decadencia en la memoria a corto plazo procede probablemente del hecho de no utilizarla. Con la edad, las tareas de *elaboración* son diferentes. Los niños y los jóvenes tienen que memorizar y aprender gran cantidad de hechos *nuevos*. Su memoria a corto plazo está muy bien entrenada. Pero no ocurre lo mismo con las personas mayores. La mayor parte de lo que aprendemos como adultos, y más aún cuando nos hacemos mayores, no es en verdad nuevo, sino que guarda relación con otras cosas que ya conocemos. Sin embargo, los tests del tipo IQ[40] exploran las capacidades para aprender materiales nuevos, que es algo de lo cual los jóvenes tienen una gran necesidad y una gran práctica. De ahí que los tests IQ son injustos con las personas mayores. Pero, a pesar de todo, lo cierto es que le va a ser muy conveniente mantener en forma su cerebro si está aprendiendo material nuevo. El aprendizaje de un idioma, que es lo que hizo Mia, es una de las mejores maneras de hacerlo. Otra consiste en aprender a utilizar el ordenador y navegar por la red. La supuesta decadencia mental programada con la edad no tiene lugar si usted sigue utilizando el cerebro para aprender y para llevar a cabo sus propósitos.

La depresión, los fármacos, una dieta inadecuada y la falta de ejercicio son factores adicionales que llevan a una pérdida de capacidad mental que, rápidamente, atribuimos a la edad. La senilidad es una enfermedad social. Si usted se aísla de la gente, sean jóvenes o mayores, no sólo va a perder en sociabilidad, sino también en actividad mental. Esa «pérdida» de inteligencia se debe a su aislamiento, no a un programa que tenga que ver con la edad.

---

40. Tests de CI (cociente intelectual), IQ, *intellectual quotient,* en el original inglés. *(N. del T.)*

La mayoría de los casos de pérdida de capacidad mental tienen lugar con personas muy mayores, no con personas de sesenta y tantos, setenta y tantos u ochenta y pocos. Estas pérdidas no se deben a la edad en sí, sino a la depresión, a las interacciones entre fármacos, a la falta de ejercicio o a otras circunstancias reversibles. Si atacáramos estos problemas con una mayor concienciación pública y con los cuidados precisos, decrecería en gran medida el porcentaje de personas que pierden sus facultades mentales. Si usted, o alguna persona a la que quiere, parece haber perdido capacidades mentales, pregúntese: ¿es debido a la depresión? ¿Se debe a la falta de estimulación, de ejercicio o a una dieta pobre? ¿Qué efectos pueden tener los fármacos que toma habitualmente? Muchas de las personas que trabajan en el campo de la salud carecen de la suficiente información en lo relativo a los efectos de los fármacos en las personas mayores. Y suele ser habitual que, a medida que ganamos años, se nos hagan más y más prescripciones médicas de fármacos. ¿Son necesarios todos esos medicamentos? ¿Se los ha prescrito el mismo médico todos ellos? ¿Ha revisado posteriormente el médico todos los medicamentos que ha prescrito para ese paciente mayor? Hable con su médico. Lleve a cabo una investigación, a través de Internet, de las interacciones que pueden darse entre los distintos medicamentos que está tomando usted. Conviértase en un consumidor bien informado.

Las enseñanzas básicas de la TREC le mostrarán cómo afrontar la posible adversidad de la pérdida de agudeza mental, cómo reducir su temor ante esta eventualidad y cómo reorientarse para conservar e incrementar su vitalidad. ¿Cuáles son las creencias irracionales concretas que pueden estar *fomentando* unas consecuencias malsanas y derrotistas ante la perspectiva de perder la agudeza mental? Una es la baja tolerancia a la frustración. Otra creencia derrotista que puede contribuir a esa inercia guarda relación con la percepción que tienen del tiempo algunas personas mayores. «No vale la pena hacerlo [sea lo que sea], dado que voy a estar criando margaritas dentro de pocos años.» Averigüe lo que las personas *jóvenes,* con actitudes *similares* de baja tolerancia a la frustración, se dicen *a sí mismas.* «Perderé mi inercia algún día». Buena suerte.

Si usted me pregunta (a Albert Ellis) si, a mis 84 años, me he visto afectado por algo de pérdida de memoria, le tendré que contestar francamente que sí, que me he visto afectado por ello. Mis clientes, algunos de los cuales veo durante varios meses o incluso un año, no parecen percatarse de esto, y a veces me felicitan por mi «perfecta» memoria. Pues, cuando han olvidado que quizás odiaban a alguien hace seis meses, por ejemplo, por quien ahora sienten un profundo afecto, yo me encargo de recordarles lo que dijeron meses atrás. Entonces, lo recuerdan bastante bien, y se sorprenden de haber olvidado aquel detalle de su vida que yo ahora les rememoro.

No obstante, hay veces en que me digo a mí mismo: «Dentro de cinco minutos, voy a comer», o voy a hacer una llamada telefónica, o voy a leer un artículo, para, quince minutos más tarde, darme cuenta de que no he hecho todavía lo que pretendía hacer. De modo que mi memoria a corto plazo se encuentra en un estado precario, cosa que no me ocurría hace diez años. Esto resulta fastidioso, pero en modo alguno es una catástrofe. Tengo menos control de mi memoria del que solía tener, pero en ningún momento me valoro en menos por ello. No TENGO POR QUÉ tener una memoria perfecta, como la que tuve en otro tiempo. No hay razón por la cual yo DEBA tener tanta agudeza mental como la que tuve antaño. No es algo bueno (ciertamente, es malo) que mi agudeza esté hasta cierto punto limitada. Pero no es *terrible* ni *espantoso,* y eso no me convierte en un *inútil,* sino simplemente en una persona *con* algunas insuficiencias, unas insuficiencias que no tenía hace algunos años. La pérdida de agudeza tampoco es un hecho *horrible* e *intolerable.* Es un hecho, un hecho inconveniente, ¡pero no es *terrible!*

Así pues, hago lo que buenamente puedo por compensar mis lapsus de memoria. En lugar de esperar cinco minutos para hacer esa llamada telefónica o para leer el artículo, lo hago de inmediato. Así, no me olvido de hacerlo. O bien hago que alguien me recuerde que quiero hacer algo. Le pido a la gente que me llame, en lugar de hacerles esperar hasta que yo les llame. Me pongo mi sándwich de mantequilla de cacahuete bien a la vista en mi mesa de despacho, para no olvidarme de comérmelo. O bien hago uso de otros dispositivos para acordarme de cosas.

También tomo más notas. Antaño, cuando tenía una memoria casi perfecta, no tomaba casi notas sobre los problemas de mis clientes, y rara vez tenía que recurrir a ellas, pues retenía de forma natural lo que comentaban en la consulta y no tenía ningún problema para recuperar la información. Actualmente, hago unas notas mucho más detalladas, y recurro a ellas de buen grado. Si de algo depende mi terapia es de unos recuerdos precisos.

Y lo mismo se puede decir de mis charlas y de mis talleres. Antes, me lo sabía todo de memoria, y utilizaba pocas notas. Ahora, esbozo las charlas y los talleres de antemano y utilizo unas cuantas notas. Las tengo a mano, por si se me olvida mencionar algo importante, mención que quizás haya hecho centenares de veces antes pero que, esta vez, se me ha podido escabullir de la cabeza. Mis notas me impiden estos deslices o, cuando se me ha olvidado algo, me inspiran de inmediato y me sitúan de nuevo en el tema que estoy presentando.

Así pues, si es usted más olvidadizo o descuidado de lo que solía ser, lo primero que conviene que haga es no avergonzarse de ello. Acéptese a sí mismo *con* sus limitaciones. En segundo lugar, reconozca sus frustraciones, pero no se regodee en ellas ni las agrande. Sí, su edad madura tiene algunos fallos que no tenía usted en sus años más jóvenes. Es una lástima, pero puede vivir con ellos siempre y cuando (insisto en ello) no se machaca a sí mismo por tener esos fallos. Y *si* usted no se lamenta y lloriquea por los inconvenientes que le generan. Tenga en cuenta que en su juventud tuvo usted muchos fallos que no tiene ahora, en la vejez. La edad también tiene sus *ventajas.* Ya hablamos de algunas de ellas antes, en este libro, y ahora puede usted añadir algunas más a la lista.

En tercer lugar, una vez se niegue usted a valorarse en menos por sus dolencias, y una vez deje de lloriquear por lo *horrible* que es padecer eso, puede descubrir muchas formas de compensarlas o de reducirlas. Una vez deje de sentirse afectado por ellas, puede compensarlas de diversas maneras, e incluso disfrutar de lo bien que se desenvuelve a pesar de ellas. Entonces, podrá minimizarlas y desempeñarse tan bien como lo hacía usted cuando era joven… ¡o quizás mejor!

—¡Bien! ¡Estupendo!. Entonces, no es inevitable la pérdida de agudeza mental. ¡Gracias, Dios mío!

—Como dijo Mae West, «Dios no tiene nada que ver con eso».

—*En especial,* si utilizo la mente, si permanezco activo y mantengo mi implicación con la vida, y si sigo aprendiendo. Resulta reconfortante saber que ya no tengo que preocuparme de la posibilidad de perder agudeza mental.

—Correcto. Pero, desgraciadamente, hay otras muchas cosas que, puede estar seguro, va a perder.

14

Siete maneras de dejar atrás lo que se pierde

Lo mejor de cualquier cosa es imposible de separar de lo peor de esa misma cosa.

Principio de LA Piña

Cuando yo (Emmett Velten) aún vivía en San Francisco, un cliente de 62 años, Tony, me dijo algo que me sorprendió en su primera visita a mi consulta. Le pregunté con qué problema quería trabajar, a lo cual me respondió: «No me quiero volver a enamorar». Y no quería, según explicó, porque había sido muy dolorosa su ruptura con Marie, y no quería volver a pasar por una ruptura similar de nuevo. Y pensó que su única posibilidad estribaba en no volver a enamorarse.

Después de dialogar un rato, me di cuenta de que Tony tenía muy pocas posibilidades de *no* enamorarse de nuevo. ¿Por qué no? Porque iba contra su naturaleza. Era un hombre que se enamoraba rápida y profundamente. No se *oponía* al amor; le gustaba el amor, como le ocurre a la mayoría de las personas. Simplemente, no quería pasar por otra ruptura. En teoría, evidentemente, Tony podría haberse aislado de todo contacto social con mujeres, y eso le habría mantenido a salvo. Era algo posible, pero muy contrario a su abierta naturaleza amorosa. ¿Y si se ponía en cuarentena? Hubiera sido poco práctico. ¿Y si fuera sólo amigo de las mujeres bonitas que llegara a conocer? Tony dijo que se enamoraría de ellas, si eran lo suficientemente bonitas y si se encontraban en una categoría de disponibilidad. ¡Incluso podría haberse enamorado aun sin estar en esa categoría!

Le indiqué a Tony que enamorarse parecía formar parte de su naturaleza. Había mantenido varias relaciones durante siete años, desde que se divorciara de su mujer, con la que había estado casado 25 años. Pero también le dije que nunca podría estar completamente a salvo de una ruptura en una relación. Y esto no dejaba de ser verdad, aun a pesar del hecho de que hubiera mantenido una relación prolongada con la que había sido su esposa. Cualquier relación futura podría durar tanto como aquélla, o quizás más; quizás para siempre. O también podría ser una relación breve. Jamás podría tener garantía alguna.

Tony me dijo que era consciente de eso, y que ése era el motivo por el cual había venido en busca de terapia, ¡para no volverse a enamorar!

Le pregunté qué ideas había considerado que podrían mejorar su situación. Me dijo que había intentado convencerse de que era un caso imposible en cuanto a relaciones. ¿Con qué fin? Con el fin de no sentirse tentado de quedar con otra mujer.

—¿Y qué tal le funcionó eso? —pregunté, sabiendo que no le habría funcionado demasiado bien, pues de lo contrario no habría venido a verme.

—Fue terrible —dijo al poner a prueba la idea y confrontarla con la experiencia—. En primer lugar, mi idea ni siquiera era verdad. *No* soy un caso imposible *en* mis relaciones —dijo Tony—, ¡sino *después* de mis relaciones!

También comentó que había intentado convencerse de que no se podía confiar en las mujeres.

—¿Y?

—Pues que no son peores, por término medio, que los hombres.

Marie, por ejemplo, había sido una mujer digna de toda confianza, y lo mismo se podía decir de su ex mujer. Los problemas entre Marie y él comenzaron en el momento menguó la pasión, cosa que les llevó cierto tiempo, pues vivían en casas distintas y ambos viajaban mucho por causa de sus negocios. Con el tiempo, no obstante, se dieron cuenta de que tenían poco en común… ¡y que divergían en demasiadas cosas, como valores, intereses y rasgos de personalidad!

Después de discutirlo un rato conmigo, Tony volvió a exponer sus objetivos en la terapia, que plasmé por escrito en una pizarra blanca:

1. Superar la tristeza por la ruptura con Marie; superar la sensación de desgracia inminente al pensar en salir con otra mujer.
2. Aprender a «seleccionarlas» mejor.
3. No ponerse triste en caso de «fracasar» y volver a enamorarse, y que no funcione.

—Bueno, dos de esos tres objetivos no están mal —dije, y añadí—: el tercer objetivo precisaría de un milagro, de un cambio no sólo de *su* naturaleza básica, la de usted, sino también de la naturaleza humana. Porque ¿cómo *se supone* que ha de sentirse uno cuando pierde algo importante, como es la relación con una persona amada? ¿Fervientemente feliz? ¿Completamente neutral y sereno? ¿O debe importarle un bledo?

Tras una pausa, Tony dijo:

—Triste, supongo. Sí, tiene sentido. Yo quería a Marie... hasta que descubrimos que teníamos un montón de diferencias y nos distanciamos.

Entonces, le expliqué a Tony la diferencia que, según la TREC, hay entre las emociones negativas saludables (racionales), por una parte, y las emociones negativas malsanas (irracionales), por la otra.

Las emociones negativas dolorosas de Tony acerca de su ruptura eran, de hecho, óptimas y saludables. Es decir, sentía tristeza, pesar y decepción. No sentía depresión, ni culpabilidad, ni vergüenza, ni horror. Ni tampoco sustentaba ningún tipo de «debería» acerca de sí mismo ni de Marie. Por ejemplo, no creía que él DEBIERA tener una relación maravillosa y permanente, o que de lo contrario sería un *fracasado en la vida.* Aunque no le habían gustado algunas de las cosas que Marie había hecho, tampoco la condenaba en modo alguno. Los sentimientos negativos de Tony eran racionales, es decir, saludables.

Pero ¿es que Tony no sustentaba firmemente ningún «debería»? Sí, sí que lo sustentaba. Era un «debería» *acerca de* sus sentimientos de tristeza, pesar, incluso dolor por la pérdida de su relación con Marie.

A. El acontecimiento activador eran sus sentimientos negativos *saludables* de tristeza y de pérdida.

B. La creencia irracional que identificamos y con la que trabajamos Tony y yo fue: *«No puedo soportar* estos sentimientos».

C. La creencia irracional de Tony generaba sentimientos malsanos de angustia y depresión, así como el comportamiento de evitar a las mujeres. Además, sus creencias irracionales *acerca de* la tristeza racional prolongaron mucho sus sentimientos saludables de tristeza. ¿De qué modo? Debido a sus intentos por evitar esos sentimientos de tristeza. Tony se negaba la oportunidad de penetrar en ellos y desprenderse de ellos. Esta creencia irracional en B acerca de la tristeza le generaba también la sensación de una desgracia inminente ante la perspectiva de volverse a enamorar.

Así pues, Tony tenía una serie de ABC. En primer lugar, en A, Marie y él habían roto; decisión plenamente sensata, por cuanto no habían tenido en común más que la pasión inicial. En B, Tony evaluó racionalmente la pérdida de la relación como muy desafortunada. En C, sentía una saludable tristeza. Luego, Tony había hecho de la tristeza, *en sí misma,* otro acontecimiento activador en A. Luego, en B, había evaluado la tristeza como *terrible, horrible* e *insoportable.* Y, como consecuencia, en C, *se había generado* unos sentimientos malsanos de angustia y depresión, así como un comportamiento de evitación.

Las creencias de Tony de «no puedo soportar esto» *acerca de* sus emociones negativas saludables prolongaron e incrementaron sus sufrimientos en una segunda fase. Se decía a sí mismo que, dado que *no podía soportar* esos incómodos sentimientos, haría todo lo que pudiera por no tenerlos, evitando así cualquier tipo de relación, o incluso trabajando en exceso o bebiendo más de la cuenta.

Siguiendo mis consejos, Tony aprendió a discutir sus «no puedo soportar esto» relativos a sus profundos sentimientos de pérdida y de tristeza. Plasmó por escrito largas demostraciones de que sí que *podía* soportar aquella incómoda tristeza y la sensación de pérdida, y describió el modo en que las pondría en pie. Acortó algunas de sus discusiones favoritas y las utilizó como afirmaciones competitivas óptimas. Entre ellas, estaban: «No me gusta la tristeza, pero esto es algo que *suele ir con* el cariño. ¡Cariño por cualquier cosa!», «Perder a una persona querida es duro, ¡pero *no es horrible!*» y «A menos que me arriesgue a perder a alguien que quiero, me voy a perder muchas cosas del cariño y de otros placeres de verdad».

Tony superó su depresión, que había surgido de su intensa exigencia por no sentir aquella saludable tristeza. Aprendió a aceptar los sentimientos de pérdida y de tristeza como parte del hecho de tener apegos. «Es el precio que hay que pagar —dijo—, porque *es* mejor haber amado y haber perdido, que no haber amado nunca.»

La primera de las siete maneras de dejar atrás lo que se pierde, por tanto, pertenece a las emociones negativas, aunque saludables, que usted podría tener en relación con sus pérdidas.

1. Acepte los sentimientos negativos saludables relacionados con la pérdida.

En el caso de Tony, esto significó *aceptar* la tristeza, los sentimientos de pesar que siguieron a la pérdida de la relación con Marie. Estos sentimientos *constituyen* el riesgo que usted asume por el cariño que siente por alguien o por tener algo. Dé tiempo a que sus sentimientos maduren y se apacigüen a medida que se adapta, haga las sustituciones que estén en su mano y, luego, salga adelante. No se regodee en los sentimientos negativos, aunque sean saludables. No se revuelque en ellos, no los prolongue innecesariamente. Más bien, acéptelos, para que pueda salir adelante y para que pueda ver qué otras cosas quiere hacer en la vida, y decida así si desea reemplazar la pérdida.

En cuanto a los sentimientos malsanos de la depresión y la desesperación, acepte en primer lugar que los tiene, si es así. Luego, vaya a sus raíces irracionales y discútalas, para que pueda sentir una tristeza o un pesar saludables. Recuerde: sin los sentimientos de apego, las personas no nos reconoceríamos. El sentimiento de apego por las personas, por nuestras posesiones e incluso por nociones abstractas es parte esencial del ser humano. Pero, dado que casi todo es impermanente, también es inevitable el sentimiento de pérdida. La tristeza, la soledad, incluso el pesar, y demás sentimientos negativos saludables constituyen el precio que hemos de pagar por el cariño.

Los sentimientos negativos saludables pueden espolearnos para enfrentarnos a la pérdida mediante la búsqueda de nuevos amigos o intereses. Si, como hizo Tony, tiene usted miedo de otras pérdidas futuras, puede ocurrir que intente evitar todo tipo de apego; puede sabotear algunos apegos, por miedo a ser herido. Tras una pérdida, usted puede optar por sentir una *saludable* tristeza o una *malsana* depresión y desdicha. En cualquiera de los dos casos, puede que piense que *no puede soportar* esos sentimientos negativos. Pero dese cuenta de que *sí puede soportarlos*, por dolorosos que puedan ser. Sin embargo, sí que puede cambiar los sentimientos depresivos, y haría bien en cambiarlos.

En cuanto Tony dejó de forcejear consigo mismo por evitar sus sentimientos de tristeza, y en cuanto aceptó plenamente su tristeza y la asumió, comenzó a considerar la posibilidad de salir con otra mujer. Y lo hizo. Tony optó por la sustitución, que es una solución práctica más que psicológica. Tony y yo trabajamos la forma de conocer mujeres con las cuales pudiera tener más cosas en común, como valores e intereses, personalidad e inteligencia. Pensamos que, si obtenía una muestra mejor de posibles candidatas, su tendencia a enamorarse de buenas a primeras quizás no le generara tantos problemas. Podría enamorarse con rapidez, sí, pero quizás de candidatas con las que tuviera muchas más cosas en común.

Dedicamos varias sesiones a diseñar anuncios personales que Tony pudiera poner en los periódicos semanales o en Internet, y detallamos los métodos mediante los cuales evaluar a las posibles candidatas. Y parece que funcionó bien. Para cuando terminamos la terapia, Tony estaba saliendo con otras mujeres, pero aún no había encontrado pareja. Varios años después de nuestra última sesión, le vi en el Museo de Arte Moderno. Me presentó a su novia, y me dijo que se habían conocido hacía un año, y que vivían juntos desde hacía seis meses.

La segunda de las siete maneras para desprenderse de las pérdidas tiene que ver con las emociones negativas malsanas que la pérdida puede ayudarle a generar.

2. Intente quitar dramatismo a las pérdidas aceptando los hechos de la vida como simples hechos, no como hechos *horribles* e *insoportables* que NO DEBERÍAN suceder en modo alguno. A través de la aceptación, usted puede ver la pérdida (incluso la de la muerte) como una parte del flujo siempre cambiante de la vida. Puede ver que las pérdidas son el precio que usted tiene que pagar por el cariño o por poseer algo.

Las pérdidas son una parte inevitable de la vida. Cuanto más viva usted, más pérdidas acumulará con el paso de los años. Incluso puede que tenga muchas pérdidas en un corto período temporal, disponiendo de menos tiempo para recuperarse de cada una de ellas. Si, por ejemplo, acude usted a la 50.ª reunión de antiguos alumnos del instituto, sin duda se encontrará con menos compañeros de los que asistieron a la 40.ª. Y en la 60.ª reunión, aún faltará más gente (debido, por desgracia, a razones muy diferentes de la del aburrimiento en estas reuniones). Entre todos los grupos demográficos importantes en las naciones desarrolladas, las personas mayores son las que están más expuestas a la muerte de sus pares, salvo en el grupo de los gais.

Las pérdidas forman parte de la vida

Las pérdidas van casi inevitablemente unidas al hecho de hacerse mayor, pero no ocurre lo mismo con la soledad y la desesperación. Usted puede incrementar sus habilidades para adaptarse a las pérdidas; puede aprender a remediar pérdidas, a reducir la soledad y, luego, salir adelante en la vida. Todo el mundo ha oído alguna vez eso de «el tiempo lo cura todo». Bien, pues es falso. Y esto es bueno, porque las personas mayores tienen más cosas (más pérdidas) que curar, y menos tiempo que perder. Ese viejo dicho es falso porque no es el tiempo en sí el que cura. El que cura es *usted mismo*. Usted se cura a sí mismo. Y lo hace, evidentemente, con un poco de tiempo. Usted puede aprender a mejorar sus habilidades de autocuración de diversas maneras.

Gayle decía que todo pareció comenzar en torno a la 40.ª reunión de ex alumnos de su instituto, hacía casi un año, reunión que no había sido muy divertida. La persona a la que más ganas tenía de ver, Norma, no estaba allí. Gayle y Norma se veían y se iban a cenar juntas cada pocos años, cuando Gayle iba por Wahington D. C., donde vivía Norma junto con su novio. Aunque sus contactos no eran muy frecuentes, veían como un tesoro sus 44 años de amistad. Y, durante la reunión, Gayle se había dirigido a los impresos de la base de datos por ver si podía enterarse de qué había sido de varias personas que no habían acudido a aquella reunión periódica. Se quedó aturdida cuando vio que, junto al nombre de Norma, aparecía la palabra «fallecida». Junto a los nombres de otras personas que no habían ido a la reunión había espacios en blanco. «¿Se habrán mudado —pensó Gayle—, o estarán también dos metros bajo tierra?»

Durante las semanas que siguieron a la reunión, relató Gayle, no había dejado de pensar una y otra vez en «aquellos días pasados», cuando ella iba al instituto. Ya no se escuchaba la música de entonces, salvo en los programas de música del ayer, y su vecindario había cambiado por completo. El instituto ya no se llamaba igual, ¡y Norma había muerto! No se lo podía creer. ¡Con la de buenos y malos momentos que habían compartido Norma y ella tantos años atrás! Con la desaparición de Norma, Gayle tenía la impresión de que había desaparecido la historia de su propia vida, que la continuidad, su conexión con el pasado, se había desvanecido. Ahora ya no había nadie que conociera o que se interesara siquiera en aquellos momentos que Norma y ella habían compartido. Gayle se sentía desesperadamente sola, y comenzó a caer poco a poco en una depresión. «Soy vieja —pensaba—. Sin hijos. Sin nadie que me vaya a recordar.» La imagen de sí misma que más le atemorizaba era la de la pelota de un niño, flotando en el espacio.

¡Todo pasa!

Entre las pérdidas puede encontrarse todo lo que alguna vez fue importante para usted. Puede haber personas, cómo no; su pareja, miembros de su familia, vecinos y amigos. Quizás se muden de ciudad, o se distancien de usted; o puede que mueran. Puede sentir también la pérdida de aspectos de usted y de cosas con las que está familiarizado: la juventud, la salud, el empleo, la movilidad, la vista, la audición, el cabello, su vecindario, sus posesiones, su música preferida, sus héroes, etc. Los dueños de mascotas pierden a sus mascotas. Los dueños de plantas pierden a sus plantas. Los dueños de cualquier otra cosa pueden perder aquello que poseen, lo que han construido, lo que aman. Si usted se muda de residencia, como suelo hacer yo (Emmett Velten), puede que se encuentre con una mudanza infernal, como me ocurrió a mí recientemente. En el mejor de los casos, la mudanza no le va a hacer ningún favor a todo aquello que usted guarda como oro en paño. Pero lo mismo puede ocurrir también *sin* mudarse. Aquellas cosas por las que siente una especial predilección se desvanecen bajo el sol, se deterioran, se desmoronan, se pierden, se las roban o se caen de la repisa de la chimenea y se hacen pedazos. Si usted se jubila o sufre de pronto una incapacidad laboral, pierde su empleo. Y hasta puede ocurrir que, haciendo ejercicio continuamente y llevando una dieta sana, pierda la movilidad de su cuerpo. Uno puede perder cosas muy importantes, tan importantes como para que la vida no vuelva a ser lo que era. Pero ¿cómo *puede* ocurrir esto? Una respuesta favorable a esta pregunta puede convertirse en una clave para adaptarse a las pérdidas y compensarlas, así como para seguir disfrutando de la vida.

Después de pérdidas así, o de otras muchas que se le puedan ocurrir, *quizás* sienta usted las consecuencias emocionales de la desesperación, del dolor, de la depresión o, incluso, del terror. Respuestas malsanas, por supuesto. Pero, ¿es que hay alguna respuesta *saludable* ante la pérdida? Por desgracia, las respuestas saludables, tal como se describieron en el capítulo 3 y a las que hemos aludido al comienzo de este capítulo, también son negativas. Entre ellas están la tristeza, el pesar, la decepción, la frustración y la preocupación.

La depresión puede parecer una dolencia física

Aunque es psicológica, la depresión se suele confundir, o puede presentarse entre las personas mayores, como una vaga dolencia física. Y lo mismo ocurre con otros trastornos emocionales. Cuando conocen los síntomas de sus pacientes mayores, ¿qué es lo que hacen los médicos? Recetan pastillas. La depresión no mejora, y el paciente puede sentirse incluso peor. Los efectos secundarios de los fármacos, si son sedantes, pueden combinarse con las sensaciones de decaimiento ya existentes de la depresión. ¡Cuánto tiempo y dinero se desperdician buscando causas físicas, cuando la causa es la depresión! ¿Es que estamos «en contra» de los medicamentos antidepresivos, como el Prozac? En absoluto. Pueden suponer una gran diferencia. Pueden ayudarle a salir adelante. Pero, si se le retira gradualmente la medicación, y si no ha hecho usted los cambios oportunos en su pensamiento depresivo y en sus hábitos, y si el acontecimiento activador original que le llevó a la depresión sigue estando operativo, es muy posible que vuelva a hundirse en la depresión. La mejor manera de evitar la depresión, y las dolencias físicas que enmascaran la depresión, consiste en involucrarse en la vida, en llevar una vida plena de sentido, y en aprender la forma de detectar las creencias irracionales, discutirlas y desarrollar creencias racionales.

La RAND Corporation[41] llevó a cabo un estudio exhaustivo sobre pacientes mayores que padecían ocho afecciones habituales entre los ancianos. Una de ellas, la depresión, equivalía a una afección grave de corazón en cuanto a sus efectos negativos. La depresión resultó ser más incapacitante que las demás afecciones para muchas actividades rutinarias, como bañarse, vestirse, caminar, trabajar, subir escaleras y relacionarse con los amigos. La única dolencia que fue valorada como más dolorosa que la depresión fue la artritis, y la única afección que dio como resultado un mayor número de días en cama que la depresión fue la de la afección grave de corazón. ¿Cuáles eran las otras afecciones? La angina de pecho crónica, los dolores de espalda, las enfermedades arteriales coronarias, la diabetes, la presión arterial elevada, y los problemas gastrointestinales y pulmonares. ¡No se trataba precisamente de simples resfriados!

Echemos un vistazo al modo en que Gayle desgranó los ABC, así como los DEF, de su depresión.

A. *Acontecimiento activador o adversidad:* su gran amiga del instituto, Norma, falleció. Nadie quedaba con vida que pudiera recordar los buenos momentos que Gayle había vivido y que tanto añoraba. Su vecindario había cambiado, el instituto tenía incluso otro nombre, y otras muchas cosas que recordaba de los viejos tiempos habían desaparecido. Esta pérdida del pasado reavivó el remordimiento en Gayle por no haber tenido hijos.

B. *Creencias derrotistas:* ahora estoy completamente sola. Estas pérdidas son *demasiado dolorosas.* NECESITO una familia y unos hijos, como todos los demás. Es *insoportable* pensar que nadie me recordará cuando haya muerto. No soy importante para nadie.

---

41. La RAND Corporation (Research and Development) es una organización privada sin ánimo de lucro, considerada a escala mundial como uno de los centros de investigación más importantes en los Estados Unidos de América. *(N. del T.)*

C. *Consecuencias, reacciones negativas malsanas:* depresión, terror, sentimientos de alienación.

D. *Discusión:* ¿realmente NECESITO que el mundo no cambie? ¿Existe alguna evidencia que diga que las pérdidas NO DEBERÍAN ocurrir? ¿Acaso TENGO QUE estar rodeada de una familia para que mi vida tenga sentido? ¿Hay alguna prueba que demuestre que yo TENGA QUE ser recordada cuando me haya ido?

E. *Nuevo pensamiento eficaz: echo de menos* a Norma, y echo de menos aquellos tiempos, pero no hay ningún motivo por el cual la vida no DEBA cambiar como cambia. Puedo aceptar la tristeza cuando estoy triste. Puedo darle sentido a mi vida, y no NECESITO tener una gran familia, una familia cariñosa a mi alrededor para poder disfrutar de la vida. Quizás fuera bonito saber que se te va a recordar hasta el final de los tiempos, pero no NECESITO una garantía así. Convendrá que me esfuerce por aceptarme *a mí misma* y por pasármelo bien, aun cuando no me recuerde nadie una vez haya muerto.

F. *Nuevos sentimientos:* tristeza, duelo por la pérdida de Norma y lo que Norma simbolizaba. Deleite al recordar los viejos tiempos.

3. Haga cosas prácticas que le ayuden a adaptarse o a posponer pérdidas inevitables. Haga lo que esté en su mano para así prevenir pérdidas inevitables.

Una adversidad que suele venir de la mano del paso de los años es la de los problemas de salud, las dolencias y las enfermedades. A medida que la vida se prolonga, uno tiene más oportunidades de caer o de desarrollar *alguna* dolencia. Sea cual sea la edad, los problemas de salud pueden desencadenar multitud de creencias derrotistas. Estas creencias irracionales obstaculizan sus esfuerzos por cuidar de sí mismo y por mantener la salud, y se interponen en sus esfuerzos por abordar los problemas de forma sensata, si es ya demasiado tarde para evitarlos. Estas creencias generan y mantienen la ansiedad, el miedo y la depresión y, con frecuencia, le llevan a no hacer ningún esfuerzo, a hacer un esfuerzo improductivo o incluso un esfuerzo contraproducente ante las adversidades.

Cada vez sabemos más acerca del proceso de envejecimiento, y mucha de esa información, como la de las causas del envejecimiento, se encuentra más allá del alcance de este libro. Y lo mismo podemos decir del tema de cómo prolongar la vida, o del número máximo de años que un miembro de nuestra especie *podría* vivir. Es un poco tarde para hacer lo mejor que podríamos haber hecho para tener una vida más larga: ¡seleccionar concienzudamente a nuestros padres y a nuestros abuelos! Sin embargo, la mayoría dispone de los conocimientos básicos sobre cómo puede vivir más y mejor. Para ello, convendrá anticiparse a las enfermedades y a las dolencias más comunes de la vejez, esas enfermedades que le pueden echar abajo antes de tiempo. Y puede hacer esto, evidentemente, cambiando algunos hábitos y algunas actitudes que pueden favorecer la aparición de enfermedades cardiovasculares y de ciertos tipos de cáncer. También puede incrementar las posibilidades de tener una vida más larga a través de la medicina preventiva y de la detección precoz. Algunas enfermedades, como la diabetes, se pueden controlar en parte siguiendo estrictamente una dieta y algunas otras directrices.

Perlas de sabiduría como «haga ejercicio, vigile su dieta y deje de fumar» son más fáciles de decir que de hacer. Mucho más fáciles. Afortunadamente, usted puede desarraigar actitudes y hábitos que le impiden llevar a cabo estas recomendaciones. Entre las principales actitudes de este tipo se encuentran éstas: «¡Las cosas DEBERÍAN ser más fáciles de lo que son! ¡Es *terrible* e *intolerable* que sean tan difíciles!».

Envejecer no es una enfermedad

En nuestra sociedad actual, las personas suelen conducirse como si el envejecimiento fuera una enfermedad que requiriera «cuidados». Envejecer no es una enfermedad, no es una dolencia. Muchas personas confunden enfermedades como la artritis o la enfermedad de Alzheimer con el proceso de envejecimiento en sí. Cuando vaya usted al médico porque le duele un hombro, no acepte por las buenas la sugerencia de que eso es de esperar en una persona de *su edad;* en primer lugar, porque el otro hombro no le duele. Su salud, su vitalidad, su vida y su felicidad son tan importantes como las de todos los demás. Es importante *no* pensar que cada achaque y cada dolor que le sobreviene siendo una persona mayor se debe a la «vejez», y que son inevitables. La enfermedad de Alzheimer es un espeluznante ejemplo de *enfermedad* de la que se suele pensar simplemente que es una consecuencia de la vejez. La vejez no es una enfermedad.

Algunos achaques y dolores *parecen* surgir con la edad, pero no es así. Surgen de las creencias derrotistas, de la inactividad y de otros factores que tienen que ver con el tipo de vida. Entre ellos, la dieta y el tabaco, el sobrepeso, la falta de actividad, una mala nutrición, un descanso insuficiente, una insuficiente estimulación o un exceso de rutina. Usted puede venirse abajo y sentirse peor por muchas razones a medida que envejece, pero no *porque* envejece, sino porque es usted humano y *permite* que esos factores influyan en usted a medida que pasan los años. Cuantos más años pase comiendo en exceso e inactivo, mayores serán los efectos perniciosos que acumule. Pero estos efectos no se deben a la edad; se deben a su comportamiento.

Gran parte del deterioro que muchos sufrimos en nuestros últimos años no es el resultado natural del envejecimiento. Más bien, es el resultado de nuestra propia conducta presente, de nuestro estilo de vida. Los cigarrillos, el exceso de grasas, el exceso de calorías, la falta de ejercicio, el estrés… Todo esto son cosas acerca de las cuales usted puede hacer algo. Y lo mismo se puede decir del desvanecimiento del estado de alerta mental que habremos visto en algunas personas mayores y que quizás temamos sufrir en un futuro. Ese irse apagando mentalmente suele surgir por la carencia de estimulación, por el aislamiento, o por haberse creído ingenuamente los estereotipos sociales acerca de la edad. La depresión ralentiza los procesos mentales, pero la depresión no es parte intrínseca de la vejez. Hay personas que se apagan mentalmente por causa de la sobremedicación y de las interacciones entre fármacos, cosas por las que no pasan las personas jóvenes. Repito, todo esto son cosas acerca de las cuales usted puede hacer algo. No son el resultado «natural» de la vejez, sino el resultado de *cómo* se ve la vejez en nuestra cultura, de *cómo* se trata a las personas mayores y de cómo piensa y actúa *usted.*

No obstante, es cierto que la mayoría de las personas se hace más susceptible a las enfermedades con el paso de los años. Si sufre usted de achaques debido a la edad, tanto si son un fastidio como si son peores aún, puede usted aprender a sacar el mayor partido a su situación. Puede aprender a disfrutar de lo que pueda disfrutar tanto como le resulte posible. También puede negarse obstinadamente a deprimirse, a ponerse ansioso, a enfadarse o a cualquier otra infelicidad por cualquier cosa (¡sí, cualquier cosa!) que la vida le otorgue sin su consentimiento. ¡Y hágalo en todo momento!

Son muchas las enfermedades que suelen acosar a las personas mayores. Algunas de ellas, como las enfermedades cardiovasculares, el cáncer, la osteoporosis o la enfermedad de Alzheimer, pueden ser bastante descorazonadoras e inoportunas. Convendrá enfrentarse a estas incómodas posibilidades abiertamente. Es importante saber lo que puede hacer para prevenir estas enfermedades, cómo reconocerlas y cómo combatirlas médicamente. Lo que usted no sepa acerca de estos importantes temas puede aprenderlo consultando fuentes autorizadas en las bibliotecas, en Internet o preguntándoselo a su médico. Aunque algunas enfermedades se hacen más habituales a medida que envejecemos, afectan a menos personas mayores de lo que se suele creer.

Propósitos para el nuevo año

Los libros y los programas orientados a mejorar la salud (y quizás a prolongar la vida) son multitud. Es casi imposible no toparse con alguno de ellos. Son libros y programas que le muestran cómo modificar su dieta, qué vitaminas y demás suplementos tomar y en qué dosis, y qué ejercicios realizar para mejorar la salud y prolongar la vida. Esta información es abundante, pero la capacidad para obligarse a *actuar* según esa información puede ser escasa. Escaquearse forma parte de la naturaleza humana. Pero *también* forma parte de la naturaleza humana la capacidad para seguir estrictamente un plan y esforzarse en beneficio propio. Usted puede detectar, discutir y superar actitudes que pueden llevarle a desistir, demasiado pronto, de los propósitos que se marcó para el año nuevo en cuanto a dieta, ejercicio, gestión de su tiempo, finalización de un proyecto y demás mejoras.

En A, como acontecimiento activador, está su propósito para el nuevo año de ir al gimnasio tres veces por semana. Sin embargo, en C, sus consecuencias emocionales y conductuales, usted no va al gimnasio para nada. O va unas cuantas veces y luego lo deja. ¿Qué pasa en B? ¿Qué se está diciendo usted para dejar de lado su propósito para el nuevo año? Normalmente, es una u otra variante de la creencia irracional de baja tolerancia a la frustración, de actitudes como: «¡Es *demasiado difícil!*» y «*No tengo ganas* hoy (y DEBERÍA tener ganas para poder hacerlo), de modo que esperaré hasta el final de los tiempos o hasta que me sobrevenga una gran oleada de espontáneo anhelo de hacer ejercicio, venga lo que venga primero». Su actitud de baja tolerancia a la frustración puede derribar sus propósitos y sus resoluciones para hacer mejoras en sus hábitos de fomento de la salud. Estos propósitos tienen pocas oportunidades de hacerse realidad a menos que usted discuta eficazmente esa actitud de baja tolerancia a la frustración y la sustituya por una actitud de alta tolerancia a la frustración. Ésta se podrá concretar más o menos así: «Sí, llevar a cabo el propósito que me marqué es difícil, ¡pero las cosas me van a resultar *más difíciles* si no lo hago! *Puedo soportar* la frustración, y convendrá que lo haga, *si* quiero tener una vida menos frustrante y más cómoda a largo plazo».

Puede utilizar usted diversas formas para eliminar el carácter de *terrible* de los problemas de salud y las enfermedades, para sufrir menos emocionalmente por ellos y para disponer de más energía para prevenirlos, invertirlos, abordarlos y combatirlos. Yo (Albert Ellis) llevo más de 45 años siendo dependiente de la insulina por causa de mi diabetes. Aunque daría casi cualquier cosa por no haber tenido nunca diabetes, debo reconocer que la diabetes me ayudó a disciplinarme. Controlo rigurosamente mi nivel de azúcar en sangre, vigilo mi dieta y hago lo que los médicos me dicen que haga. A los 84 años, sigo vivito y coleando, y mantengo una agenda ciertamente ajetreada.

De hecho, como consecuencia de mi diabetes y de mis 84 años, tengo que dedicar lo que me parece una cantidad de tiempo desmesurada a cuidar rutinariamente de mi salud. Más o menos una vez a la semana, por ejemplo, voy a ver a uno de mis médicos (a mi internista habitual, a mi ortopédico, a mi urólogo, a mi oftalmólogo, a mi dentista, a mi audiólogo y a mi otorrinolaringólogo…, ¡etcétera!). Nada demasiado grave; pero ése es el motivo por el cual hago estas visitas regulares y hago lo que los médicos me dicen. El hecho de ir al médico no me molesta especialmente, por cuanto llevo yendo regularmente a médicos y dentistas desde que tenía cinco años. Pero detesto profundamente el tiempo que tengo que emplear para esas visitas, el esperar a que termine con otros pacientes, el pasar por pruebas especiales y pedir cita para otras rutinas médicas. ¡Podría vivir bien sin toda esa porquería! Pero me hago ver a mí mismo que un gramo o muchos gramos de prevención equivalen a kilos y kilos de curación. Merece la pena prevenir porque me *ahorra* tiempo, incomodidades e inconvenientes, y me permite conservar mis fuerzas. De ahí que lo haga sin rechistar. Dedico mucho tiempo a ello, pero no lo pierdo, por cuanto mantengo un relativo vigor a pesar de mi edad.

El doble lazo de Janine

Janine tenía dos formas casi opuestas de ansiedad… y se angustiaba con ambas. Por una parte, se quedaba petrificada ante la posibilidad de sufrir una enfermedad grave, como un cáncer o un ataque cardíaco. A sus 67 años, tenía una salud relativamente buena, y sólo padecía sinusitis. Había sobrevivido a su esposo y a sus dos hermanos, todos los cuales habían tenido problemas de sobrepeso, con un exceso de 20 kilos o más, y habían tenido graves problemas cardíacos. Pero, Janine pensaba que, si se pusiera *verdaderamente* enferma y no pudiera cuidar de sí misma, ¿qué pasaría con ella? Sin familiares cercanos que la pudieran ayudar, y estando su único hijo en Japón, ¿quién cuidaría de ella? ¿Iría a parar a una horrible e insensible residencia de ancianos? ¡Oh, no! ¡Nunca! Y así, dependiendo del lugar de donde le vinieran los dolores, Janine se preocupaba un día de una enfermedad cardiaca, otro día del cáncer, otro de algún trastorno en los riñones… Su lista de posibles enfermedades graves parecía interminable.

Pero, al mismo tiempo, Janine hacía poco por protegerse de una enfermedad grave. Seguía fumándose un paquete de cigarrillos al día, se consentía alimentos con altos índices de colesterol, pero que le estaban buenos, se echaba brandy en el café durante las comidas y era tan sedentaria que iba en automóvil a la tienda de comestibles, aunque estaba sólo a dos manzanas de su casa. Y, en cuanto se planteaba la posibilidad de hacer algo para mejorar su salud, pensaba: «¿Para qué molestarse? Me voy a morir de todas formas». ¿Estaba deprimida? Sí, en parte. Pero también, bajo esa actitud de «¿para qué molestarse?», había una actitud de baja tolerancia a la frustración del tipo: «Es demasiado difícil (y NO DEBERÍA serlo)».

Así, Janine tenía dos formas de ansiedad. En primer lugar, se preocupaba incesantemente por las incomodidades que le podría suponer el hecho de padecer una enfermedad grave. En segundo lugar, huía de las incomodidades que tendría que afrontar para reducir los riesgos para su salud y mantenerlos bajo mínimos.

Yo (Albert Ellis) le mostré a Janine la futilidad de estas dos formas de baja tolerancia a la frustración. Para ella, era fácil preocuparse por su salud (como lo es para millones de personas mayores, y no tan mayores), y le resultaba difícil dejar de preocuparse. De modo que tomaba el camino más corto, preocuparse sin cesar, y se negaba a hacer el proceso más largo, adiestrarse para sentir sólo una preocupación racional. Le enseñé a preocuparse menos discutiendo sus creencias irracionales. Los ABC y los DEF del pánico de Janine a terminar en una residencia de ancianos iban más o menos así:

A. *Acontecimiento activador o adversidad:* Janine pensaba: «Sería muy duro tener una enfermedad grave, y eso podría ponerme en manos de personas que no se preocuparan demasiado por mí».
B. *Creencias irracionales:* ¡eso sería *terrible!* ¡Mi vida se iría al traste para siempre! ¡No DEBERÍA de ocurrir algo así!»
C. *Consecuencias, reacciones negativas malsanas:* preocupación incesante, depresión; sobrealimentación, hábito de fumar, hábito de beber para evitar los pensamientos de preocupación; casi certezas en la posibilidad de una prolongada existencia incapacitada en una residencia de ancianos.

D. *Discusión:* ¿acaso DEBERÍA tener una garantía de que no van a ocurrir cosas malas? ¿Hay alguna evidencia que indique que de verdad *no podría soportar* las incomodidades de estar en una residencia de ancianos?

E. *Nuevo pensamiento eficaz: espero* no terminar nunca en una residencia de ancianos, particularmente en una residencia donde no se preocupen demasiado de los pacientes, pero no tengo por qué tener garantía alguna de que eso no vaya a ocurrir. Si ocurre, será desagradable, pero soportable. No me he estado cuidando, y eso es algo que convendría trabajar, para así reducir las posibilidades de terminar discapacitada. Será mejor que me esfuerce en eso, para no terminar en una residencia de ancianos.

F. *Nuevos sentimientos:* calma, bienestar, ocasionales escrúpulos por su futuro, pero no depresión ni pánico.

Al discutir sus creencias irracionales, Janine se dio cuenta de que era *muy poco probable* que fuera a sufrir una enfermedad que la dejara incapacitada; pero que, en el caso de que la sufriera, podría hacer algo al respecto, aun sin recibir una ayuda «cariñosa». Se percató de que esto no sería el fin del mundo para ella y, por otra parte, como le demostré racionalmente, la preocupación constante podría *incrementar* las probabilidades de enfermar gravemente, ya que preocupándose no iba a conseguir protegerse de la enfermedad mediante algún tipo de sortilegio mágico.

Al mismo tiempo, le mostré a Janine que una preocupación saludable ante la posibilidad de enfermar podría *reducir* las probabilidades de verse afectada por la enfermedad, *siempre y cuando* hiciera uso de esa saludable preocupación para motivarse a hacer lo adecuado para prevenir la enfermedad. Pero esa preocupación saludable sólo la podría lograr enfrentándose a su segunda forma de ansiedad, en la cual Janine se concentraba en lo «horroroso» que sería dejar de fumar, tener que consumir alimentos bajos en grasas y dejar de tomar cafés tocados de brandy. Discutiendo su filosofía de baja tolerancia a la frustración, Janine se pudo enfrentar a estas privaciones con menos reparos. Y, como cualquier otra persona, una vez se liberó del «horror» que podría suponerle privarse del tabaco, de los alimentos ricos en grasas y del brandy, fue capaz de disciplinarse en estas áreas. Con el tiempo, llegó a sentirse cómoda con su autodisciplina y, con ello, su salud mejoró, desvaneciéndose así el espectro de enfermar gravemente y de quedar incapacitada.

Al igual que Janine, si usted se preocupa en exceso por el debilitamiento progresivo de su salud, tome conciencia de que su ansiedad puede estar colaborando en el debilitamiento de su salud, en lugar de impedirlo. La ansiedad, como la ira, puede generar enfermedades psicosomáticas. Si usted deja de sentir pánico, y si comienza a preocuparse de forma racional y se cuida más, podrá prolongar su vida, y podrá estar más en forma y ser más feliz. Los resultados de diversas investigaciones indican que el tratamiento psicológico, el *biofeedback*, el yoga o la meditación potencian la resistencia inmunológica de la persona ante las enfermedades. Estos métodos psicológicos le llevan a usted desde el estado de víctima pasiva (de la enfermedad o del envejecimiento) hasta un estado de control en cuanto a la calidad de vida. Haciendo uso de estas disciplinas, logrará usted una mayor sensación de autocontrol, con lo cual incrementará la confianza en que realmente *puede* cuidar de sí mismo, ¡a pesar de los riesgos que conlleva el envejecimiento!

4. Siga mirando hacia el futuro. De este modo, dispondrá de más intereses y compromisos, y le quedará menos tiempo para obsesionarse con sus pérdidas y con preocupaciones desmedidas.

Cuando a uno le quedan pocos años de vida (incluso muy, muy pocos), puede caer en la tentación de adoptar la actitud de «¿para qué molestarse?». Puede caer en razonamientos como éste: «Dado que ya no voy a vivir mucho más, ¿qué importa hacer nada?». La respuesta, evidentemente, es que importa tanto como importó siempre.

Es extraña la idea de que no «vale la pena» hacer algo cuando (1) usted ya no va a estar ahí para verlo o (2) será sólo algo temporal. Sí, la Tierra (que, en sí misma, es también temporal) es una mota insignificante en la Vía Láctea, y la Vía Láctea es sólo una galaxia entre miles de millones de galaxias. Nuestras vidas no son más que breves parpadeos en el tiempo. ¿Y entonces? Su vida no tiene por qué tener una importancia cósmica y eterna. Quizás la tenga. Quizás no. Pero le sacará más partido a la vida si *usted considera* su vida como importante, y *si* se concentra en cómo darle sentido a su vida. Probablemente se sentirá más feliz (sea cual sea su edad y a despecho de lo breve que pueda ser su vida) si se centra en hacer aquellas cosas de las que disfruta. Le vendrá bien darse cuenta de que *definir* su vida como algo valioso le da de por sí valor a la vida, tanto si el universo está de acuerdo con usted como si no, tanto si el universo se percata de ello como si no, tanto si hay alguien que le recuerde cuando se haya ido como si no. Usted puede definir su vida como algo valioso a despecho de lo larga o corta que pueda ser, con independencia de lo mucho que consiga o lo mucho que no consiga. Su vida es valiosa porque usted la califica como tal, porque está vivo. Usted puede seguir trabajando en aquello que le gusta, aun cuando no vaya a estar ahí para ver en qué terminó el asunto, aun cuando probablemente no vaya a estar ahí para ver dónde terminará el mundo (porque terminará algún día). Alguien dijo: «Vive cada día como si fuera el último día de tu vida, pero vívelo también como si fueras a vivir para siempre». Esta combinación de ideas le vendrá bien, por ejemplo, a los 40 años, pero también le vendrá bien en muchos aspectos a los 90 años.

La actitud de «¿qué importa hacer nada?» de algunas personas mayores puede tener su origen en:

- ¡DEBERÍA importar, y mucho!
- DEBERÍA importar siempre.
- «¿Para qué molestarme en cuidarme tanto? De todas formas, me voy a morir más pronto o más tarde» (equivalente a NO DEBERÍA).
- «A nadie le preocupa en cualquier caso» (equivalente a DEBERÍAN preocuparse, porque NECESITO que alguien se preocupe por mí).

Puede que la sociedad no piense que usted se merece sus preciosos dólares de atención médica tanto como pueden merecerlo las personas jóvenes, pero usted no tiene por qué estar de acuerdo con eso. Muchas personas en nuestra sociedad, incluidas las personas mayores, lo pasan mal si le prestan demasiada atención a lo que la sociedad opina de ellas. Convendrá que ponga por delante su propia opinión, y luego la de la sociedad, quizás a bastante distancia. Las investigaciones, por ejemplo, contradicen la opinión general de que no hay que preocuparse tanto de las personas mayores, al menos en lo relativo a atenciones médicas. Las personas mayores responden a la mayoría de los tratamientos médicos tan bien como las personas jóvenes. Es estupendo seguir vivito y coleando, y disfrutar de la vida en tanto puedas. Y usted puede tomar esa decisión, y no tiene por qué disculparse por utilizar todos los recursos que haya a su disposición para lograr ese objetivo.

5. Distráigase para superar las pérdidas. Manténgase ocupado y activo, ayude a los demás y haga cosas que le deleiten, *en especial* si se siente deprimido y no cree que vaya a disfrutar con ello.

Pocas semanas después de las bodas de oro de Chris y Sally, Sally murió, y Chris parecía más agotado que deprimido. Dos años después, Chris se había aislado, y estaba visiblemente deprimido. Sus hijos y algunos amigos habían intentado mantenerlo activo, pero había sido en vano. *Hasta* que se enteró de la existencia de un proyecto de construcción de un edificio comercial que iba a bloquear las vistas de las que disfrutaba desde su casa. No pasó mucho tiempo antes de que Chris hubiera organizado a todo el vecindario para oponerse a la construcción de aquel edificio. Pero lo más importante es que se convirtió en la persona clave de los opositores al proyecto e hizo muchos amigos durante el proceso. Su agotamiento y su depresión se desvanecieron, aunque no había sido aquél su propósito cuando se implicó en las protestas. Seguía echando profundamente de menos a Sally, pero la depresión se había desvanecido para no volver más. Mantuvo e incrementó los contactos con los vecinos y con sus nuevos amigos.

La solución de Chris a su problema de soledad nos lleva a una importante técnica de la TREC, el método que, técnicamente, se conoce como distracción cognitiva. Cuando uno está ansioso o deprimido por casi todo, una forma de superar rápidamente los sentimientos que le perturban es buscarse distracciones. Usted se distrae, *realmente* hace un movimiento de distracción, pensando y haciendo otra cosa.

La distracción cognitiva no tiene nada que ver con *no* pensar en el problema, que es un enfoque que no va a funcionar y que incluso puede poner las cosas peor. Cuanto más se empeñe en no pensar en sus graves problemas de soledad, en el fracaso de algún proyecto o incluso en lo frustrado que se siente por algo, más pensará en lo *terrible* y lo *espantoso* que es su problema. Quizás piense que concentrándose en un problema grave conseguirá dar con varias soluciones posibles, con las que podrá trabajar para resolver el problema. Pero esta estrategia de concentración tiene también sus problemas. Es como si alguien le dijera que puede salvar su vida *únicamente si* no piensa, ni siquiera por un instante, en elefantes rosa durante el próximo minuto. Es casi seguro que pensará en elefantes rosa. En ocasiones, si ha estado usted obsesionado por algún problema, quizás se decida a reflexionar de forma sensata en ese problema, de modo que se pone a reflexionar. Pero, antes de que pueda darse cuenta, su pensamiento se habrá desviado, desde las soluciones, a la idea de cuán difícil es su problema, para luego precipitarse en la idea de que DEBE resolver el problema con rapidez, o de lo contrario se irá todo al garete. Esto le llevará a verlo todo como terrible, a dar sólo con pobres soluciones o incluso a no encontrar solución alguna que resulte factible. Centrarse en los problemas prácticos es bueno. Centrarse *en exceso* en lo «horroroso» que es tener tales problemas interfiere en la resolución de esos problemas.

Hay diversos tipos de distracciones que pueden serle de ayuda para abordar las pérdidas. Muchos métodos de distracción útiles son «distracciones de pensamiento», en las cuales usted centra deliberadamente sus pensamientos en algo. Si se involucra usted en alguna actividad física, como la práctica de algún deporte, o hace ejercicios corporales como el yoga, no va a poder evitar concentrarse en lo que está haciendo, dado que tanto su mente como su cuerpo van a estar ocupados en ello. Su ansiedad, su depresión y su sensación de pérdida tenderán a ocupar un lugar menos importante en su vida.

Cindy entró en una profunda depresión tras su jubilación, cuando, pasado un mes, murió su mejor amiga, Pat. Ambas tenían planeado viajar e ir a clases juntas cuando se jubilaran, pero ahora todo eso se había desvanecido en el aire. Las vecinas de Cindy en el camping de autocaravanas empezaron a preocuparse cuando vieron que se dejaba la comida que le llevaban casi sin tocarla. Finalmente, llamaron por teléfono al centro de salud de la zona, alarmadas al ver que Cindy comenzaba a ofrecerles cosas como su colección de plantas de interior y su televisor, diciéndoles que en realidad ya no necesitaba todo aquello.

La enfermera del centro de salud iba a ver a Cindy regularmente, proporcionándole medicamentos antidepresivos. Harían falta varias semanas hasta que la medicación funcionara, si es que llegaba a funcionar; así que, mientras tanto, la enfermera le estuvo dando consejos antidepresivos básicos. Le insistió para que llevara a cabo a diario diversas actividades breves que le hubieran resultado placenteras en el pasado. Pero Cindy no quería hacer nada, diciendo que no había nada que pudiera hacerla disfrutar de nuevo. La enfermera retó a Cindy para que lo intentara y viera si disfrutaba o no haciendo aquellas cosas, aunque fuera un poco. Cindy comenzó a aumentar su nivel de actividad, porque vio que disfrutaba hasta cierto punto de las actividades. Cuanto más la empujaba la enfermera, y cuanto más se obligaba Cindy a hacer aquellas cosas, aun cuando no tuviera ganas, y aun cuando hubiera pronosticado que no iba a disfrutar de ellas en absoluto, mejor se iba sintiendo. Al cabo de la primera semana, Cindy se sentía sustancialmente mejor. El método que se le persuadió a utilizar, es decir, el incremento de actividades placenteras, aun cuando le pareciera inútil hacerlo, es un método sencillo que puede utilizar usted para superar esos momentos de oscuridad.

Una actividad de la que disfrutan muchas personas, inclusive muchas personas mayores y jubiladas, es la del voluntariado. Una amiga, Carlene Sampson, que leyó uno de los primeros bocetos de este libro, señaló que habíamos omitido hacer mención del voluntariado. Escribió: «He descubierto que este tipo de actividades son muy válidas, y estoy segura de que otras personas lo descubrirán también. En mi caso, me encontré con la oportunidad de hacer uso de mis habilidades organizando un proyecto en el museo, a lo que siguió la creación de un departamento y la formación de otros voluntarios para que ayudaran en el trabajo. Hay quinientos o seiscientos voluntarios sólo en este condado, todo de personas mayores».

Las posibilidades de trabajos de voluntariado son abundantes, y pueden proporcionarle algo útil que hacer. Y no se conforme con trabajar como voluntario en algo con lo que ya esté familiarizado. En el caso de Carlene, ella se ofreció voluntaria en la Frontier Historical Society and Museum de Glenwood Springs, Colorado, donde la pusieron a clasificar y organizar miles de fotografías antiguas que la gente había donado al museo. ¿Organizarlas cómo? ¿Por años? ¿Por municipios? ¿Por familias? ¿Por el tipo de actividad que aparecía en las fotos: agricultura, minería, ferrocarril, turismo? Al crear un sistema para organizar las fotografías, Carlene se absorbió en el proyecto y se convirtió en una experta en la historia de su condado.

6. Cultive un amplio círculo de amigos y de compañeros, tantos como pueda, y asegúrese de que hace amigos más jóvenes. Desarrolle su cadena social y su sistema de apoyo.

La mayoría de las personas se sienten más sanas y felices si tienen conexiones sociales. Con la seguridad de una amplia red social, es más fácil enfrentarse a las pérdidas y recuperarse de ellas. Las conexiones sociales son beneficiosas, tanto para la salud como para la longevidad, en especial en el caso de los hombres. Sin embargo, por término medio, el hombre tiene menos talento que la mujer para reestablecer el apoyo social tras una pérdida.

Cuando un hombre se queda viudo, es mucho más propenso que otros hombres de su edad a ponerse enfermo o incluso a morir al cabo de pocos años. Si es usted un hombre, y se las apaña solo durante al menos cinco años, o si se vuelve a casar o se pone a vivir con otra persona, sus probabilidades de morir serán las mismas que las de cualquier otro hombre de su edad. Puede que esto le interese. Sus probabilidades serán más elevadas si se involucra usted con otras personas.

En las parejas heterosexuales, es normalmente la mujer el elemento «social». Mi padre (el de Emmett Velten) era uno de estos casos. Mi madre era simpática, siempre dispuesta e intuitiva. Tenía un don evidente para evaluar las situaciones sociales, para darse cuenta de cosas en los demás y para recordar detalles de los demás. La gente gravitaba en torno a ella. Cuando iba a salir del hospital, tras la segunda operación de un cáncer que terminaría siendo fatal seis meses después, las enfermeras le hicieron una fiesta de despedida. Mi padre, por otra parte, era reservado y un tanto vergonzoso; le gustaba la gente, sí, pero a distancia. Tras la muerte de mi madre, al cabo de un año o dos, mi padre se destapó socialmente. Ya no estaba allí mi madre para organizarle la vida social, de modo que tuvo que aprender a arreglárselas solo.

¿Qué puede hacer usted, en caso de que lo necesite, para reorganizar o reconstruir su vida social? En primer lugar, si es usted mayor y también lo son sus amigos, estará en una posición de riesgo a la hora de mantener sus compañías y sus amistades. Pueden morir, o quedar incapacitadas, o pueden mudarse para ir a vivir con sus hijos, dejándole «compuesto y sin novia». De ahí que convenga que cultive amigos de todas las edades. Más abajo, hablaremos de los modos en que una persona mayor puede hacer amigos, incluso amigos más jóvenes.

En segundo lugar, y por supuesto, mantenga el contacto con su familia, sea mediante llamadas telefónicas, correos electrónicos, cartas o yendo a visitarles. Quizás sus hijos u otros familiares (si los tiene) vivan en otra parte del continente, o incluso del mundo. Le llevará algún esfuerzo mantener el contacto, pero haga el esfuerzo. No dé por supuesto que el hecho de que no le llamen demuestra que ya no le quieren. Con frecuencia, pueden estar ocupados y sumergidos en sus actividades cotidianas. Cuando hable con ellos, tenga cuidado en no hacer reproches por no llamarle más a menudo. Tampoco es una buena idea (por tentadora que le pueda parecer) dar vueltas a sus achaques y sus dolores, así como a otros temas «negativos». Ésa es la forma más segura de conseguir que no le llamen demasiado. En vez de esto, interésese por lo que hacen, y piense en las cosas interesantes que pueda estar haciendo usted para contárselas a ellos.

Otra manera muy importante para forjar y mantener su red social es teniendo un animal de compañía. Probablemente habrá leído algún artículo en el que se dice que las personas que tienen perros y gatos sufren menos depresiones, menos enfermedades y viven más. Y eso es cierto, dado que tienen a alguien por quien vivir, a quien cuidar y a quien querer, y que les devuelve amor a cambio. ¿Que le parece muy trillado lo que digo? Bueno, pues siéntase desdichado y solo, si eso le hace más feliz.

Claro está que los animales de compañía suponen gastos y obligaciones, al igual que las personas. Se ponen enfermos, hay que sacarlos a pasear, tienen sus peculiares maneras de hacer las cosas… o se mueren. Al igual que en las relaciones con seres humanos, convendrá que acepte que las relaciones con los animales son vías de dos sentidos. No obstante, las recompensas que le puede suponer el tener un animal de compañía pueden eclipsar aquellas que recibe de una gran mayoría de seres humanos, si no de todos. Si vive usted en un lugar donde no se permite tener perros o gatos, quizás pueda tener de todas formas un hámster, un periquito o peces de colores, o puede hacer también trabajos de voluntariado para la Sociedad Protectora de Animales. Si los animales no le van o le resulta ciertamente imposible tener un animal en sus circunstancias, piense en la posibilidad de cuidar plantas. Sí, hasta puede hablar con ellas. Son atractivas pero, al igual que los animales, hasta las plantas que menos cuidados exigen precisan de atenciones. Cuidar de las plantas, al igual que cuidar de cualquier otro ser vivo, no es una simple distracción, pues ayuda a dar sentido a la existencia.

Probablemente tenga usted vecinos que no ha llegado a conocer. Quizás les haya dicho «hola» y nada más. Usted puede crear una red social de vecinos aun cuando se vea limitado a mantener las relaciones por encima de la valla del patio trasero. Los vecindarios ya no son lo que fueron en otro tiempo, y resulta más difícil entablar relación con los vecinos de lo que era hace 40 años, por ejemplo. ¿Cuándo fue la última vez que llamó usted a la puerta de al lado para pedir un poco de azúcar o de harina? Éstas eran prácticas comunes antaño. Pero puede recoger el correo o los periódicos de sus vecinos cuando están de viaje. Si vive en régimen de condominio o de cooperativa, asista a las reuniones de la asociación de propietarios. Puede empezar a conocer gente de esta manera. Preséntese voluntario para alguno de los comités. Si asiste a muchas reuniones y se muestra razonablemente activo en ellas, quizás le nominen y le elijan para un cargo. Y lo mismo se puede decir de cualquier organización o grupo más pequeño en el cual se involucre.

Hacer amigos

Las personas mayores suelen lamentarse de que su tiempo de hacer amigos pasó. Hacían amigos con facilidad en la escuela, en el instituto o en la universidad. También los hacían en el trabajo. Pero, ahora, los estudios son cosa del pasado, y el trabajo y la vida profesional pueden ser también en gran medida cosa del pasado. ¿Qué puede hacer? ¿Adónde puede ir para conocer gente, en especial si las personas de su edad ya no se encuentran en los lugares públicos, como ocurría en otro tiempo?

La respuesta es: en todas partes hay gente. Y no importa si usted vive en un pueblo o en un caserío, en vez de en la ciudad, como la mayoría de la gente en nuestros días. Usted no tiene por qué vivir en Nueva York, en San Francisco o en Tucson. Puede vivir en Eldon, Missouri; en Putney, Vermont; en Muleshoe, Tejas, o en Nome, Alaska. ¡Puede vivir en cualquier parte! Todas las personas, inclusive las personas mayores, salen a la calle. Se las puede encontrar en lugares públicos, como tiendas, bibliotecas, museos, reuniones asistenciales, cafeterías, restaurantes, etc. No todas se recluyen en sus casas y no salen para nada. Salen a tomar el aire, a pasear, a sentarse en un banco del parque, de compras, a hacer trabajos de voluntariado, a trabajar y a otras mil cosas más. Y muchas de ellas quizás se sientan tan solas y sean tan tímidas como usted. Hable con ellas, conózcalas, dígales hola, comente detalles de sus respectivos animales de compañía, diríjase a ellas en el autobús o en el tren.

¿Es usted capaz de saludar a la gente, aunque sean extraños, en la calle, en el supermercado, en las librerías, en las bibliotecas, en los museos y en el centro de salud? ¿En la iglesia, el templo, la mezquita o en las reuniones de ateos? Sí, puede hacerlo. ¡No va contra la ley! Quizás sería poco sensato hacerlo en un callejón oscuro. Quizás no convenga hacerlo cuando la otra persona camina rápidamente en dirección opuesta, ni cuando está ocupada hablando con otra persona. Por lo demás, no va a encontrarse con demasiadas complicaciones. En especial cuando la otra persona está sentada a solas en un banco, en el autobús, o cuando están esperando para pagar en la caja de un supermercado. En especial cuando está comiendo sola en un restaurante, o cuando está contemplando las presentaciones en un museo o en una galería de arte; o en el gimnasio, o en el centro de salud, mientras hacen un ejercicio rutinario similar o más (o menos) avanzado que el suyo. Hábleles. Haga algún comentario sobre el libro que está leyendo. Comente algo sobre el soleado (o nublado) día que hace. Haga algún comentario sobre ese anillo o ese tocado tan inusual que lleva.

Cuando entable conversación, tenga en cuenta estas directrices:

- Mire de forma afectuosa y accesible. Sonría y dígale hola a la gente. La mejor manera de tener un amigo es siendo amistoso. Pregúnteles cómo les va.

- Utilice preguntas abiertas, es decir, preguntas que no se puedan responder fácilmente con un sí o un no. Por ejemplo, si dice: « Hoy hace un día precioso, ¿no?»: la otra persona puede responder simplemente: «Sí». Lo cual le deja a usted en la situación de volver a preguntar. En vez de esto, una pregunta abierta podría ser ésta: «¿Qué le parece el tiempo que tenemos hoy?», las preguntas abiertas invitan al comentario, a que la otra persona con la que intentamos entablar conversación dé más detalles.

- Esté atento a la información extra que pueda dar la otra persona en su respuesta. Por ejemplo, si la otra persona dice acerca del tiempo: «Es estupendo. Seguro que no hace este tiempo en Dakota del Sur. Probablemente, me iré a dar una vuelta por el campo de golf ahora luego», usted dispondrá de al menos dos posibles elementos de información extra con los cuales ampliar y profundizar la conversación: Dakota del Sur y el golf.

- Cuando hable con alguien, ofrezca elementos de información acerca de sí mismo. Por ejemplo, si la otra persona le ofrece un elemento extra de información, tome nota de él y, luego, al responder, ofrezca algunos elementos extra de información sobre usted. Por ejemplo: «¡Dakota del Sur! Fui allí el verano pasado, a las Colinas Negras, con el grupo de mi parroquia». O bien: «Yo juego al tenis, pero siempre quise aprender a jugar al golf; aunque nunca pude hacerlo, porque en la ciudad de Illinois de donde procedo no había campo de golf. ¿Cuánto tiempo lleva jugando al golf?».

- Preséntese. ¿Cómo? A medida que avance la conversación, diga «Me llamo ———————————», y extienda la mano para estrechársela a la otra persona. Es así de simple. Después, llame a la otra persona por su nombre varias veces durante el resto de la conversación. Y utilice su nombre más tarde cuando la vuelva a saludar.

- Si le parece bien, puede decir algo como esto: «Podríamos vernos alguna vez y jugar al golf (o tomar un café, jugar a las cartas o al ajedrez, bucear, pasear, ir de excursión o comprar antigüedades)».

- También puede utilizar los medios de comunicación para hacer amigos. Ponga anuncios personales en las secciones adecuadas del semanario de su zona. Cuente, brevemente, sus intereses y qué es lo que busca en los amigos. Responda a otros anuncios, aunque le dé la impresión de que no va a encajar demasiado con esa otra persona. Al menos, podrá preguntarles cómo pusieron sus anuncios y si le pueden dar algún consejo, dado que está pensando en poner un anuncio. Y puede hacer lo mismo en Internet. Si busca en la red webs de su interés, encontrará direcciones de correo electrónico de otras personas con los mismos intereses, o podrá «charlar» con ellas en los chats. También puede hacerse su web, o bien pedirle a alguien que se la haga. En ella, puede poner una foto suya y exponer las cosas que le interesan, así como que está buscando posibles amigos.

¿Qué puede perder si está solo o sola? Mi madre (la de Albert Ellis), por ejemplo, era muy habladora. En cuanto se sentaba en un banco en el parque o en el metro o en cualquier otra parte, se ponía a hablar de inmediato con el hombre, la mujer o el niño que estuviera a su lado. Muchas de aquellas personas supongo que pensarían que era una entrometida, y rehuirían la conversación. Algunas se levantarían rápidamente y se irían. Unos pocos le dirían que no querían hablar con ella. Pero a ella le daba igual. Se pasó toda la vida hablándole a la gente, e hizo más amigos y conocidos que ninguna otra persona que yo haya conocido jamás. Hizo centenares de amigos, algunos de ellos muy queridos. Los había de todas las edades y confesiones, y eso parecía ayudarla a sentirse viva. ¡Una de las ventajas de tener un círculo de amigos con una amplia diversidad de edades es que es poco probable que todos ellos estiren la pata antes que usted!

No olvide que, aun en el caso de que le presenten formalmente a las personas, la mayoría de ellas no son para usted y no conservará la relación por mucho tiempo. Sus metas, sus valores, sus niveles educativos y sus gustos serán, en muchos casos, diferentes de los suyos. De modo que quizás las conozca hoy y mañana desaparezcan, no volviéndolas a ver jamás. Es una lotería en todas las edades. Hay personas que nos gustan, que nos caen bien, pero que no sienten entusiasmo alguno por nosotros. Y también hay personas a las que les caemos bien y se sienten atraídas por nosotros, pero de las que nosotros podríamos prescindir fácilmente. Es una lástima, pero es así. Sin embargo, si se aproxima usted al suficiente número de personas, si habla con ellas acerca de sus intereses y de sus problemas, de los de ellas, y si persiste en el trato durante algún tiempo, podrá encontrar unos cuantos amigos entre tantas posibilidades. Como ya indiqué en 1963, en un libro pionero que escribí para las mujeres titulado *The Intelligent Woman's Guide to Man-hunting*,[42] cuantas más personas conozca, más posibilidades tendrá de encontrar a algunas que resulten adecuadas para usted y que quieran realmente continuar la relación. Si está usted solo, ¿qué puede perder? Hable con la gente y vea cuánto puede ganar.

Si desea seguir activo en la vida, salir, hacer amigos, ir en pos de sus intereses, deleitarse con proyectos y objetivos, lo más probable es que tenga que lidiar con la tristeza de la pérdida. Pero a las pérdidas les va a resultar *más difícil* confabularse contra usted. Vivir bien y envejecer con plenitud requiere vivir en el presente y hacia el futuro, y no darle vueltas y más vueltas a las pérdidas.

42. *Guía de caza de hombres para la mujer inteligente. (N. del T.)*

7. Desarrolle intereses vitales absorbentes

Una de las mejores maneras de mantenerse relativamente libre de alteraciones emocionales, y de ser mucho más feliz que de otra manera, es la de consagrarse a un interés vital absorbente. Robert Harper y yo (Albert Ellis) descubrimos esto en nuestros estudios sobre historia antigua y moderna, y lo indicamos en nuestra edición original (1961) de nuestro popular libro *Guía para una vida racional*.[43] Los intereses son sumamente útiles cuando uno experimenta una pérdida importante, como cuando se pierde a la pareja, a un hijo, la vista o el empleo. El compromiso es una forma de afrontar las pérdidas, *siempre y cuando* usted se dedique y se involucre en un objetivo o un proyecto a largo plazo por el que sienta un interés personal y por el que esté dispuesto a esforzarse para conseguirlo.

¿Para qué puede querer uno alcanzar ese absorbente objetivo? ¿Para qué trabajar horas extra por conseguirlo? Bueno, pues porque usted quiere *de verdad* hacerlo. A veces, pueden ser los propios padres o los amigos quienes le animan a uno a involucrarse en algo, como ocurre cuando los padres quieren que uno sea médico, abogado o maestro, y uno está de acuerdo en ello. Uno lo hace suyo fácilmente porque ya es suyo. Sin embargo, normalmente, uno adquiere un interés vital absorbente porque quiere, personalmente, consagrarse a eso. Quizás nunca pueda explicar el por qué se siente tan atraído por ese tema, pero se consagra a él, y lo hace con intensidad. *Decide* dedicar sus años a ir en pos de ese objetivo y a trabajar por él; y, cuando uno se involucra en ese tema, suele sentir que «fluye». Se absorbe en él durante horas, y disfruta enormemente resolviendo los problemas que le plantea. Emplea gran cantidad de energía perseverando en él y, por extraño que parezca, no considera su compromiso como un «trabajo». Para quien no lo valore, puede parecer un trabajo, e incluso habrá quien le tache a uno de «*workaholic*».[44] Pero es, sin duda alguna, uno de los mayores placeres de la vida. Uno se divierte con ello, y suele ocuparse en ello con gran deleite, ignorando que otras personas lo considerarían como un trabajo duro.

¿Qué tipos de intereses vitales absorbentes puede proporcionarse usted? Pueden ser innumerables. Hay personas que se absorben con otras personas: haciendo una familia, ayudando a los demás, conservando el entorno o dedicándose a proyectos comunitarios. Hay personas que se

43. En castellano, lo puede encontrar bajo el título de *Nueva guía para una vida racional*, en Ediciones Obelisco, Barcelona, 2003.

44. Como ya explicamos antes, se trata de un anglicismo que hace referencia a una actitud compulsiva hacia el trabajo, un «alcohólico del trabajo».

consagran a coleccionar cromos de béisbol, a cazar, a pescar o a las maquetas de automóviles. Hay quien se involucra en investigaciones, en el coleccionismo de libros o en la crítica literaria. Hay quien se absorbe en aventuras o negocios para hacer dinero, en el mercado de valores, o en organizar y crear una cadena de tiendas. Hay personas que se comprometen en distintos tipos de causas: políticas, sociales, religiosas o ecológicas. Otros prefieren rastrear la historia de su familia o escribir sus memorias. El punto que tienen en común la mayoría de estos intereses es que es uno quien los elige, por el interés que despiertan en su interior, y porque está dispuesto a esforzarse y a dedicarles tiempo yendo en pos de ellos. Llega a estar tan motivado, y es tal el anhelo por dedicarle tiempo, que en modo alguno lo considera un trabajo, algo por lo que tiene que pasar a regañadientes (aunque otras muchas personas lo tuvieran como tal). No se lamenta por la enorme cantidad de tiempo que dedica a esa actividad.

Bien pues, de momento, usted debe tener una idea bastante aproximada de las principales soluciones que le ofrecemos para el problema de la soledad y para el de la pérdida de amigos, hijos o familiares que ya no están a su alcance por un motivo u otro. Sí, desarrolle, en la medida de lo posible, un interés vital absorbente. Elija algunas áreas de la vida a las cuales le apetezca dedicarse, sean las que sean. Elíjalas porque le atraen personalmente, no porque se las sugieran otras personas que, por cualquier razón, creen que usted debe hacer eso. Y, por otra parte, no se deje influir por lo que otras personas piensen de aquello a lo que usted quiere dedicarse. Esas personas quizás consideren que coleccionar sellos, entregarse a la política, cuidar huérfanos o tener ocho gatos es algo peculiar, o incluso estrambótico. Si a usted le gusta hacerlo, hágalo, y deje que ellas se ocupen de lo que les interesa a ellas.

La cuestión es que los intereses vitales absorbentes varían enormemente, y uno puede interesarse en las cosas, y no sólo en las personas. Cuando usted era joven, por ejemplo, quizás tuviera muchos amigos e, incluso, quizás tuviera algunos amantes a los que dedicar su tiempo. Ahora, quizás es usted un poco más mayor, por no decir también que más sabio y más sedentario en sus gustos. Puede que no le apetezca viajar ni alejarse demasiado de su casa. Puede que no se interese por la mayoría de las personas a las que les gustaría entablar amistad con usted. Y puede que desee una relación más íntima que, debido a su edad o a sus limitaciones físicas, quizás no le resulte fácil encontrar. No deje de insistir y de buscar, por todos los medios, aquello que de verdad quiere y, con toda probabilidad, si se esfuerza lo suficiente para conseguirlo, lo encontrará. Sí, aunque tenga usted más de 60, 70, 80 o 90 años, mientras siga con *vida*, puede encontrar una compañía íntima, una compañía indicada para usted. Si quiere compañía, no desespere, siga buscando.

Un interés vital absorbente no tiene por qué estar relacionado con personas o grupos de personas. Puede guardar relación con los libros, con los juegos de ordenador, con las antigüedades, con la música, con la cría de violetas africanas, con la elaboración de una cerveza casera perfecta, con la recaudación de fondos para una causa justa, con la oposición a alguna política o plan de desarrollo, con la difusión de su religión o con miles de cosas más. Puede precisar de investigación y de estudio que, quizás por primera vez en su vida, puede llevar usted a cabo porque ahora dispone de tiempo. También puede precisar de pocos estudios. Puede favorecer el estrechamiento de lazos con personas que tienen intereses similares a los suyos. Lo puede llevar a cabo en su propia casa o en su apartamento, y puede tenerle tan ocupado que difícilmente eche de menos a nadie.

Si no tiene usted un interés vital absorbente de este tipo, plantéeselo y piense en ello detenidamente. Vaya a una biblioteca y busque algo sobre aficiones, intereses y artesanías. Hable con personas que tengan un interés vital absorbente, y vea si le pueden ayudar a encontrar uno. Piense en algo a lo que quizás le haya dedicado un pensamiento fugaz, pero que nunca pensó en hacer. También puede ser algo que a usted siempre le gustó hacer. Trabaje en un banco de alimentos, en un albergue de personas sin hogar, en una campaña política o enseñando a niños o adultos a hablar castellano. Vaya a museos, exhibiciones, galerías de arte, espectáculos, firmas de libros o grupos de discusión. La revista mensual de la AARP, *Modern Maturity*,[45] ofrece numerosos ejemplos de personas con intereses vitales. Averigüe qué puede encontrar ahí, pues seguro que encuentra algo. Hay muchos proyectos e intereses en el mundo, y existen muchas posibilidades de que pueda encontrar uno, dos o más que le absorban vitalmente, especialmente si vive usted en una gran ciudad. Vale la pena planteárselo y buscar. Tenga la edad que tenga, e incluso si tiene usted incapacidades graves, puede ser un gran acierto desarrollar un interés vital absorbente.

---

45. La Asociación estadounidense de personas jubiladas (*American Association of Retired Persons, AARP*) publica la revista *Modern Maturity*, «Madurez moderna», y dispone también de un boletín y de web en castellano. (*N. del T.*)

15

En general, prefiero estar en Filadelfia: cómo tratar con la muerte, los moribundos y las residencias de ancianos

Una crisis es cuando no puedes decir: «Vamos a olvidarlo todo».

Precepto de Ferguson

Con independencia de lo bien que viva usted y de lo mucho que viva, no hay ninguna razón para pensar que eso vaya a durar para siempre. Usted también morirá, y cada minuto que pasa nos vamos acercando a ese punto. Las personas mayores en los países desarrollados tienen una mayor tasa de mortalidad que las personas jóvenes. Pero lo cierto es que, en otro tiempo, era al contrario. En los «buenos tiempos de antaño», si usted hubiera tomado una muestra al azar de 100 personas de 80 años de edad y otra de 100 niños de un año de edad, ¿de qué grupo hubiera quedado más gente al cabo de un año? Por extraño que le parezca, habría vivas más personas del grupo de 80 años de edad que del grupo de un año de edad. La medicina moderna, al menos en los países desarrollados, ha cambiado los porcentajes eliminando prácticamente muchas enfermedades infantiles que en otro tiempo estuvieron muy difundidas y que, con frecuencia, eran fatales. La tasa de mortalidad de bebés y de niños pequeños es actualmente muy baja. Y la tasa de los adultos también ha descendido mucho, gracias a los milagros de la medicina moderna. Sin embargo, las probabilidades de que usted muera aumentan con cada año que pasa. Más pronto o más tarde, claro está, sus probabilidades llegarán al 100 por ciento. Todo el mundo muere.

Son muchas las personas que tienen miedo a la muerte; no sólo a morir, sino a la muerte en sí. No vamos a intentar convencerle a usted, que se está haciendo mayor, de que en verdad vivirá para siempre después que muera, tanto si ya cree en ello como si no. Si la perspectiva de la muerte (de su propia muerte) no le plantea ningún problema, magnífico. ¿Por qué? Porque, a diferencia de los impuestos, es una cosa segura.

Si tiene algún problema ante la perspectiva de su eventual muerte, un problema que interfiera en su vida actual, entonces puede adoptar una actitud realista ante la muerte. No todas las personas que creen en la vida eterna se muestran valerosas cuando llega el momento del redoble que nos llama al otro lado. La mayoría de los no creyentes dan por hecho que, cuando uno se muere, se muere, y se queda tieso como un pato. Algunos no creyentes tienen miedo a «estar muertos» porque piensan que se van a perder algo. ¡Nada de eso! Se lo van a perder *todo*. Si la muerte es en verdad el fin, no van a estar por ahí para saber exactamente qué se están perdiendo. Porque «saber» significa que sigue habiendo un «tú». En cualquier caso, si hay algún «conocimiento» después de la muerte, cualquiera de nosotros lo averiguará muy pronto. Mientras tanto, hay mucho por saber acerca de la vida.

Usted puede aprender a disfrutar más plenamente de la única vida que puede estar seguro que va a tener. Nunca es demasiado tarde para cultivar actitudes y hábitos que pueden ayudarle a aceptar las duras realidades inevitables de la vida, entre las cuales está la muerte. *Es* posible cultivar una actitud de ecuanimidad y de elegancia hacia lo inevitable, al tiempo que seguimos disfrutando de la vida en la medida de nuestras posibilidades. Usted puede aprender a no dejarse arrastrar por ese sentimiento de vacío, cuando piensa que se está haciendo mayor… y que se muere poco a poco… y que va a «estar» muerto. Así pues, vamos a examinar aquí las mejores maneras para vivir con el miedo a la muerte y para superarlo. Después de la muerte, nos ocuparemos de un tema aún más difícil; echaremos un vistazo a lo que muchas personas consideran la peor de las perspectivas: acabar en una residencia de ancianos.

Los ABC de la muerte

Si tiene usted miedo a la muerte o al acto de morir, el acontecimiento activador en A es una adversidad, una adversidad futura, a saber, la *perspectiva* de su propia muerte. Las consecuencias emocionales en C son sus sentimientos de terror y de pánico. En B, sustentará usted algunas creencias irracionales, del tipo de «¡Sería *horrible* morir! Yo no DEBERÍA morir. TENGO QUE asegurarme de que voy a morir confortablemente, y en el momento previsto». En B, tendrá también creencias racionales que expresen sus preferencias a este respecto. Estar *en contra* de la muerte está bien y, habitualmente, es racional.

¿Habitualmente? Recuerde que, según nuestra definición, «racional» hace referencia a aquellas actitudes, sentimientos y acciones que le ayudan a alcanzar sus objetivos y sus metas a largo plazo. Pero su largo plazo puede ser corto. Y sus expectativas pueden ser poco o nada atractivas. Si tiene usted un cáncer terminal, pongamos por caso, y ha llegado usted al punto en que hay poco que vivir, salvo el dolor, y no existen expectativas de nada más, las ideas acerca del suicidio (y el suicidio en sí) podrían ser racionales.

El suicidio racional

Una opción que se plantean algunas personas para evitar un futuro de interminables padecimientos físicos es la del «suicidio racional». ¿Acaso existe un «suicidio racional»? Sí. Lo definimos como el suicidio que usted proyecta, y lleva a cabo, a la vista del incesante dolor y de otros déficit que arruinan completa y permanentemente sus posibilidades de una futura felicidad. Desde nuestro punto de vista, y siendo conscientes de que hay otros puntos de vista contrapuestos, su vida es asunto suyo, y de nadie más, y pensamos que usted tiene la opción de terminar racionalmente con su vida. De hecho, usted siempre tiene esa opción.

¿Cómo puede saber que es usted racional al pensar en quitarse la vida? Bien, principalmente, si ha sido usted racional, habrá evaluado cuidadosamente los detalles de su caso. Habrá llegado a la conclusión, de acuerdo con las autoridades médicas competentes, de que realmente no hay esperanza alguna para usted, ni a largo ni a corto plazo, salvo el dolor. Quizás se sienta triste, quizás se sienta apesadumbrado, quizás se sienta decepcionado. Quizás se sienta aliviado. Quizás se sienta dichoso. Sin embargo, no estará deprimido, y habrá evaluado todos los detalles sin estar deprimido. Al llegar a la conclusión de que la muerte es la opción más sensata, convendrá que piense si está generalizando en exceso. ¿No estará concluyendo irrazonablemente que *mucho* dolor, *ahora*, significa *100 por ciento* de dolor *para siempre*? También habrá leído libros sobre el tema del suicidio racional. Porque es relativamente fácil que una persona deprimida o pesimista se convenza de que sus pensamientos de suicidio son completamente lógicos y que ésa es, obviamente, la respuesta más adecuada, por lo que convendrá que consulte con otras personas cuyo juicio tenga en alta estima. Hablar con los profesionales de la salud es una opción, pero tenga en cuenta que ellos están obligados por la ley a intentar evitar que una persona se quite la vida.

Si está usted deprimido o es pesimista habitualmente, es fácil que se convenza de que no hay esperanza, aun cuando los hechos reales no apoyen tal conclusión. El doctor David C. Clark estudió todos los casos de suicidio acaecidos en Chicago en los primeros diez meses de 1990 entre personas de 65 años o más, y descubrió que sólo una de cada seis tenía una enfermedad terminal, y sólo una de cada cuatro tenía una afección médica crónica. En todos los casos, salvo en dos, del total de 73 casos estudiados, la persona que se quitó la vida estaba deprimida clínicamente. ¿Derecho a morir con dignidad? Sí. Evidentemente, esa opción es importante. Por eso quizás le merezca la pena leer algunos libros en los que se habla de las opciones que tiene, así como los libros de la Hemlock Society.[46] Estos materiales puede que no sean demasiado alegres, pero pueden ser realistas y humanistas.

Hace unos cinco años, Mark, de 71 años, se sumió en una profunda depresión tras la muerte de su esposa, Debra. Mark se planteó el suicidio y lo intentó, absolutamente convencido de que la vida ya no tenía ningún sentido para él, y de que toda posibilidad de ser feliz se había desvanecido. «Nadie me quiere», dijo posteriormente que había sido la conclusión clave que le había llevado a tomar la decisión de ingerir una sobredosis de antidepresivos. Una vez salió del hospital, estuvo hablando con una trabajadora social que consultó conmigo (Emmett Velten). La trabajadora social convenció a Mark para que se entregara a algunas de las actividades de las que en otro tiempo había disfrutado. Al principio se mostró reacio, diciéndole que estaba seguro de que ya no podría disfrutar en modo alguno con todo aquello. Pero la mujer insistió en que probara y viera qué sucedía, a pesar del hecho de que no quisiera hacer aquellas actividades y de estar convencido de que nunca lograría sentirse mejor. Aun así la mujer insistió en que probara a hacerlas, aunque no le apeteciera. Durante algunas semanas los avances fueron lentos, pero Mark, al igual que otras mu-

46. La Sociedad Hemlock, que desde 2004 recibe el nombre de Compassion & Choices (Compasión y Elección), es una organización educativa que aboga por la libertad en la elección del momento de morir y de las atenciones en los últimos momentos. (*N. del T.*)

chas personas depresivas, se dio cuenta de que disfrutaba de aquellas actividades un poco más de lo que él había previsto. Los progresos se sucedieron, y lo último que supe fue que Mark se había recuperado de su depresión, aunque seguía llorando la muerte de Debra.

Superar el miedo a la muerte

Obsesionarse con la muerte, aterrorizarse ante ella y negarse a hacer algo por considerar su eventualidad puede ser tremendamente derrotista, además de una pérdida de tiempo. Preocuparse por la muerte merma considerablemente las posibilidades de vivir y de disfrutar de la vida.

¿Qué puede estar diciéndose usted en B, su sistema de creencias, para generarse no sólo esa preocupación exagerada ante la muerte, sino incluso terror? ¿Y cómo puede contrarrestar usted algunas de esas creencias irracionales? Echemos un vistazo a algunos de los puntos que yo (Albert Ellis) exploré hace casi 30 años en un ensayo, titulado «Superar el miedo a la muerte», en el libro, *How to Master your Fear of Flying*.[47] Allí demostré cómo un temor sensato y racional a morir puede llevar a una preocupación racional y a adoptar precauciones. Normalmente, usted deseará vivir tanto tiempo como le resulte posible. Si es usted lo suficientemente sensato y precavido, hará todo lo que pueda por evitar la enfermedad, los accidentes, la asunción precipitada de riesgos y demás actividades ciertamente peligrosas que pueden llevarle a estar más cerca de la muerte de lo que, estando vivo, le gustaría estar. Por todos los medios, sea usted precavido, manténgase vigilante y preocúpese por los posibles peligros, para poder vivir el mayor tiempo posible. Tomando como base una preocupación sensata, adopte acciones sensatas, como hacer testamento, contratar un buen seguro de vida y adoptar un estilo de vida sano. Al mismo tiempo, tome la resolución de vivir y de disfrutar de la vida tanto como pueda. No desperdicie el tiempo aterrorizándose ante lo inevitable.

Sin embargo, preocuparse no significa preocuparse en exceso, que conlleva un pensamiento obsesivo o ansiedad. La preocupación obsesiva acerca de la muerte y del acto de morir es, probablemente, mucho más dañina que útil, por todas estas razones:

47. *Cómo superar el miedo a volar. (N. del T.)*

314

1. Una ansiedad excesiva acerca de la muerte conlleva varias creencias irracionales: «Yo NO DEBERÍA morir», «Yo DEBERÍA vivir para siempre», «Es *terrible y espantoso* morir» y «*No puedo soportar* morir». Estas creencias irracionales son poco o nada realistas, son ilógicas, y lo más probable es que le hagan muy poco bien y mucho mal. Todas ellas pueden ser discutidas y sometidas de forma clara y activa, como veremos más abajo, en la sección que trata de las tres preguntas clave.

2. La ansiedad y el terror ante el acto de morir pueden llevarle a fallecer antes de tiempo. Una gran preocupación puede llevarle a comportarse de forma necia, como tener un accidente de tráfico, por ejemplo, debido a lo nervioso que puede llegar a ponerse ante la expectativa de tener un accidente. La ansiedad también perturba sus funciones corporales, y puede causar o exacerbar una alta presión arterial, problemas gastrointestinales, deficiencias en el sistema inmunológico y multitud de trastornos psicosomáticos más.

3. Cuanto más se preocupe por la posibilidad de morir, y cuantas más vueltas le dé al «horror» que le provoca, menos placer encontrará en la vida. Y se supone que usted quiere vivir para disfrutar de la vida, ¿no? Sería usted una persona ciertamente extraña, si *disfrutara* realmente preocupándose y sintiéndose desdichado ante posibles daños, accidentes o ante la misma muerte.

4. El hecho de preocuparse no le va a proteger mágicamente de los acontecimientos que le provocan pavor. Las precauciones y la vigilancia pueden llevarle a prevenir la posibilidad de que acaezcan sucesos desafortunados. Pero la intensa preocupación no sólo no previene que sucedan, sino que incluso incrementa las probabilidades de que sucedan. Sin embargo, si usted se sube a un avión y empieza a darle vueltas y más vueltas a la posibilidad de que el avión se estrelle, difícilmente va a afectar al piloto, a los dispositivos de seguridad del avión, al tiempo meteorológico o a los objetos que puedan chocar contra el avión. A todas estas personas y cosas les importa un bledo simplemente lo mucho o lo poco que se preocupe usted. ¡Ni siquiera un bledo!

5. La preocupación puede impedirle tomar una acción preventiva. Si tiene que hacer usted un largo viaje en automóvil, por ejemplo, hará bien en comprobar los niveles del vehículo y la presión de los neumáticos antes de partir. Se comportará de forma sensata si conduce a una velocidad razonable, si mantiene la vista en la carretera, en lugar de en sus acompañantes, y si hace detenciones periódicas

para descansar. Sumirse en un estado de pánico ante el viaje difícilmente le va a llevar a concentrarse y hacer todas estas cosas.

6. La preocupación obsesiva consiste, habitualmente, en una exigencia de certidumbre: el tener la certeza absoluta, al 100 por ciento, de que no va a pasar nada malo. Aunque hay un alto grado de probabilidad de que no vaya a sufrir un accidente grave que le provoque graves lesiones o incluso la muerte, tampoco puede tener una certeza absoluta. La certeza absoluta no existe. Obsesionarse con eso significa que usted está exigiendo lo imposible. Minimice sus riesgos, si lo desea, pero aún así tendrá que tomar ciertas decisiones, si quiere conseguir lo que quiere y evitar lo que no quiere. Tome decisiones razonables, y no pida una certeza absoluta de que no vaya a pasar nada malo. Nadie se la puede dar.

7. Si se preocupa incesantemente ante la posibilidad de morir, tendrá que renunciar a tomar riesgo alguno, a intentar algo nuevo o a lanzarse a aventura alguna. Su vida, si usted le llama a eso vida, será excepcionalmente segura… y gris, *mortalmente* gris.

8. Hablemos claro, por mucho (o por poco) que usted se meta el pánico en el cuerpo con el tema de la muerte y de morirse, usted se va a morir de todas formas. Algún día, la ciencia médica le podrá dar a usted un corazón nuevo, unos pulmones nuevos, unas uñas de los pies nuevas y quizás le mantenga vivo para siempre. Pero ese día, decididamente, aún no ha llegado, así que, desengáñese, usted se va a morir. De manera que, en vez de preocuparse (en especial si lo hace de forma obsesiva) acerca de la muerte, ocúpese de las cosas que conviene ocuparse para prepararse ante lo inevitable.

   Quizás la ciencia descubra cómo detener o incluso invertir el proceso de envejecimiento, y usted llegue a ser potencialmente inmortal (aunque, aún así, podría morir en un accidente). Si es usted de los que piensan que el planeta está superpoblado, ¡espere a que se haga ese descubrimiento! Entre el primer millón de personas que obtenga el don de la inmortalidad, o el de una vida extremadamente larga, es muy probable que no se encuentre usted. Probablemente, entre ese millón de personas estarán todos los dictadores y todos los tunantes del mundo. En cualquier caso, el universo, y sin duda la Tierra, parecen tener el tiempo contado. Cuando se termine todo, su vida también terminará, sea «inmortal» o no.

9. Hasta donde podemos saber, la muerte, en sí, no supone ningún dolor ni preocupación. Es posible que haya algún tipo de vida después de la vida para usted… pero no cuente con ello. No hay nin-

guna evidencia real de que la haya, aunque existan personas que están completamente convencidas de que se comunican con los muertos. Suponga lo que es más probable, que no hay otra vida *dolorosa*. Sus aflicciones y sus incapacidades se desvanecerán con la muerte, incluidas las preocupaciones por sus seres queridos que siguen vivos. Si usted acepta esta hipótesis, y no la fantasía de que cuando haya muerto estará de todas formas vivito y coleando, podrá pensar en el hecho de «estar» muerto con verdadera calma y ecuanimidad. Quizás sufra ahora multitud de dolores y de problemas... ¡pero no entonces!

10. Aunque lo más probable es que usted no tenga dolor alguno cuando esté muerto, es posible que sufra de alguna manera, incluso que sufra mucho, durante el proceso de morir. Sí, eso es algo que puede ocurrir. Pero, afortunadamente, pocas son las personas que sufren una muerte dolorosa. Además, hay diversas salvaguardas que puede usted tomar en vida, como la de hacer una declaración de últimas voluntades respecto a los medios médicos que no quiera que se empleen con usted, con lo cual podrá limitar algunas de las peores posibilidades de la muerte. La posibilidad de que tenga usted una muerte dolorosa y de que no pueda recibir analgésicos o cualquier otra cosa que alivie el proceso es remota. Y aun en el caso de que las posibilidades fueran más grandes, preocupándose con ello no va a impedir que ocurra, y puede muy bien arruinar su vida mientras aún puede disfrutar de ella.

Todo lo que hemos dicho acerca de la futilidad de preocuparse obsesivamente con la muerte y con el acto de morir guardan relación también con el acto de morir dolorosamente. Lo más probable es que esto no suceda, pero la NECESIDAD de tener la certeza de que eso no vaya a suceder, no le va a librar mágicamente de la eventualidad de que su muerte sea dolorosa. En modo alguno. Esto nos lleva a la regla decimonovena para vivir con plenitud:

Regla n.º 19: ACEPTE LA INCERTIDUMBRE

Las personas sanas tienden a reconocer y aceptar la idea de que vivimos en un mundo de probabilidades y de posibilidades donde las certezas absolutas no existen. Y son conscientes de que vivir en un mundo así suele ser fascinante y excitante, pero no *terrible*. Disfrutan de un alto grado de orden, pero no exigen saber exactamente qué les depara el futuro y qué les sucederá.

Las tres preguntas clave y la NECESIDAD de certidumbre

Echemos ahora un vistazo a las tres preguntas clave para ver cómo se aplican a las exigencias de certidumbre que subyacen a la mayor parte de los miedos a la muerte y al acto de morir.

- Discusión práctica: *mi exigencia de certidumbre, ¿me ayuda o me perjudica a largo plazo?* Comience con las posibles adversidades (A) de la muerte y del acto de morir. Demuéstrese, con todo lujo de detalles, que la NECESIDAD de certidumbre (B) ante la muerte y el acto de morir puede convertirse en una merma para su felicidad y su satisfacción vital, y puede hacerle desdichado (C). Luego, demuéstrese de qué modo unas creencias racionales alternativas fomentarían la felicidad y la satisfacción vital. Hágase ver que aceptar la incertidumbre puede serle de gran ayuda, si hace usted lo que esté de su mano por minimizar los peligros sin minimizar su vida.
- Discusión de los hechos: *la creencia de que DEBO tener esa certidumbre ¿se corresponde con la realidad y con los hechos?* Evidentemente, no. Si usted TUVIERA QUE tener certidumbres, las tendría. Habría una ley del universo a tal efecto. Si algo DEBE ser, lo es. Si algo es verdaderamente seguro, no va a tener ni que pensar en ello, y mucho menos preocuparse por ello. Simplemente, es. Si DEBE ser, claro. Piense en ello y haga una lista de todos los hechos que usted cree que contradicen la creencia de que *no* tener certidumbre es *horrible*. Gayle, por ejemplo, pensaba que estar muerta sería *terrible*. Dio la casualidad de que ella no creía en una vida después de la muerte, pero seguía temiendo el «estar» muerta. Entonces, yo (Emmett Velten) le pregunté cómo sería todo aquello que tanto temía durante los eones de tiempo en que «estuviera» muerta. Tras una pausa, se echó a reír, dándose cuenta de que, desde su punto de vista, cuando uno está muerto, está muerto, y uno no tiene ninguna experiencia del tipo de «estar».
- Discusión lógica: *del hecho de que sea deseable la certidumbre acerca de algo y de que a uno le guste tenerla, ¿se* desprende *la conclu-*

sión lógica de que uno DEBE tener esa certidumbre? Demuéstrese una y otra vez que la creencia que dice que usted DEBERÍA estar seguro de que no va a morirse antes de hora, que usted no DE-BERÍA morir de forma inadecuada y que *no podría soportar* unirse a las filas de los muertos de esa manera, no se concluye lógicamente a partir de sus preferencias. Es decir, de sus preferencias por tener una vida larga y saludable, coronada con una muerte pacífica durante el sueño. También puede usted demostrarse que del hecho de que *algunas* cosas de la vejez sean adversas no se puede sacar la conclusión lógica de que *todo* en la vejez (incluido el hecho de estar muerto) es adverso. De igual modo, por el hecho de que, en algunos aspectos, sea *más difícil* enfrentarse a las dificultades a medida que uno se hace mayor, no se concluye lógicamente que *todo* va a ser *terrible* e *insoportable* en la vejez, pues eso sería una sobregeneralización del todo ilógica.

Hay algo que la mayoría de las personas teme más que la muerte. No, no nos referimos a hablar en público, que ciertamente figura en muchas encuestas sobre los miedos de la gente como algo peor que la muerte. Nos referimos a las RESIDENCIAS DE ANCIANOS. Para ser más exactos, a *terminar* en una residencia de ancianos.

Cómo evitar las residencias de ancianos y qué hacer si entra en una de ellas

¿Qué podemos decir del asunto de terminar yendo a parar a una residencia de ancianos? ¿Acaso es lo único que es realmente *terrible*? Cierto, es algo con lo que muy pocas personas dan saltos de alegría cuando se lo plantean. ¿Cómo puede usted enfrentarse a esta perspectiva tan poco apetitosa sin sentir un horror indebido? O mejor, ¿cómo puede evitarlo? ¿Cómo puede usted minimizar su sufrimiento si TERMINA yendo a parar a una residencia de ancianos?

El cómo seleccionar una residencia de ancianos para usted mismo o para alguien a quien quiere es un tema que se encuentra más allá del alcance de este libro. Sin embargo, si se enfrenta usted ante esta desagradable perspectiva, este libro le ayudará a dirimir y a decidir con mucha menos ansiedad. También le ayudará a tomar la decisión de llegar a un posible arreglo, como el de compartir vida, que puede ser una alternativa mucho mejor que la de vivir en una residencia de ancianos. No obstante, si cabe la posibilidad de que llegue a verse en una residencia de ancianos, o si ya está en una de ellas, hará bien en desarrollar la actitud de que, ahora, ésa es (o podría ser) su *casa.* La situación pasaría a ser la de un entorno de vida grupal en la que usted es uno de los *empresarios* de las personas que trabajan allí. Sí, por supuesto, esas personas tienen un trabajo que hacer, y unas reglas y unas rutinas pueden hacerlo todo más fácil. Pero usted tiene una vida que vivir y, después de todo, aquél es su hogar, y usted es uno de sus empresarios. Ejerza tanto control sobre su entorno y sobre su vida como le resulte posible.

¿Cabe la posibilidad de que termine en una residencia de ancianos algún día? Si es usted como la mayoría de las personas, el mero hecho de leer estas palabras puede producirle un escalofrío de temor, puede generarle un sentimiento de pánico. A partir de lo que haya leído al respecto o de lo que haya visto de primera mano, estaría justificado sentir una profunda preocupación. Lo único que nos gustaría es poder negarlo. Pero, no obstante, sólo una de cada 20 personas de más de 65 años en los Estados Unidos vive en una residencia de ancianos o tiene Alzheimer. Hasta un 20 por ciento de las personas que llegan a los 65 años pueden verse en una residencia de ancianos en algún momento durante el transcurso de su vida. Esto puede suceder sin su voluntad expresa, y quizás usted no tenga otra opción. Puede estar usted postrado en una cama, puede sufrir una parálisis parcial o cualquier otra enfermedad, y quizás no exista la posibilidad de salir de la residencia de ancianos, ni siquiera la del suicidio racional. Pero lo que siempre va a tener a mano es su primera opción, la mejor, la de la aceptación filosófica.

Las investigaciones de Morton Lieberman y de otros investigadores indican que la estancia en una institución puede suponerle a usted la muerte. Las personas mayores que viven en diversos ambientes institucionales están en peor situación psicológica y tienen más probabilidades de morir antes que personas comparables que viven en la comunidad. Si se encuentra usted ingresado en una residencia de ancianos, y si usted se ve a sí mismo como «viejo», es más probable que sufra diversos efectos indeseables, entre lo que se encontrarían la depresión, la falta de energía, la infelicidad, la rigidez, la ineficacia intelectual, una imagen negativa de sí mismo, la retirada, la insensibilidad ante los demás y cierta tendencia a vivir en el pasado más que en el futuro. Y la muerte. Tanto si está usted enfermo como si no en el momento de entrar en una residencia de ancianos, existen muchas probabilidades de que usted muera en el plazo de seis meses. Sí, estas palabras son ciertamente duras. Pero, ¿por qué esto? Porque usted no sólo se enfrenta a la pérdida del entorno que quiere, al aislamiento, a la falta de retos y de incentivos, que de por sí sería bastante duro; sino que también termina por creer que la vida ya no tiene sentido para usted, que ya no le queda potencial alguno de crecimiento, de actividad o de deleite.

Usted puede utilizar los métodos de la TREC para (1) dejar de horrorizarse ante la posibilidad de terminar en una residencia de ancianos; (2) reducir y evitar tal posibilidad; y (3) encontrar alternativas. Si quiere hacer progresos emocionales y prácticos en este sentido, convendrá que se enfrente a estas desagradables perspectivas y convendrá que las supere, en vez de evitar pensar en ellas.

Una manera sensata de reducir el pánico a las residencias de ancianos consiste en tomar la determinación de convertirlas en lugares donde se viva mejor. Si vive usted en una residencia de ancianos y las condiciones no son buenas, levante olas si puede. Usted y sus familiares están perdiendo una buena ocasión si no crean organizaciones de residentes, si no escriben cartas a las autoridades y a la prensa, si no hacen huelga en el pago de las mensualidades o cualquier otro tipo de presión o militancia para mejorar las condiciones. También pueden formular demandas legales. ¿Se le pide a alguien el consentimiento, tras ser informado, para ser ingresado en una residencia de ancianos? Nosotros pensamos que sí, pero ¿quién decide realmente el «ingreso»? ¿Qué pasa con los conflictos de intereses? La decisión de ingresar a una persona mayor ¿se basa realmente en los intereses de la persona mayor, o se basan en las conveniencias de alguna otra persona?

Prolongar la vida

Ellen Langer y Judith Rodin llevaron a cabo un sencillo experimento que vino a revelar la más sólida y novedosa información sobre el hecho de prolongar la vida. Descubrieron que los residentes de residencias de ancianos a los que se les permitía tener plantas y regarlas, así como redisponer el mobiliario, vivían significativamente más que otras personas equiparables de un grupo de control sometidas a la rutina habitual de una residencia de ancianos. Si se les permite a las personas tomar decisiones, si se las trata como individuos, como personas, si se les permite compartir responsabilidades, y si se les permite vivir con dignidad, vivirán más. Estarán más sanas y se sentirán más felices, aun cuando su hogar sea una residencia de ancianos.

Si cabe la posibilidad de que tenga que ir algún día a una residencia de ancianos y puede elegir una de ellas, anticípese. Compare entre ellas, contacte con las agencias de control más relevantes y reduzca las opciones. Quizás pueda hacer su elección antes de que se lo requieran. Podría tomar en consideración una organización en la que haya distintos «niveles de atención». Haga acopio de coraje y acuerde visitas para echar un vistazo a algunos de esos lugares. En la medida en que pueda tener usted cierto control y pueda tomar decisiones, se va a sentir mejor y se va a conducir mejor.

Si está usted en una residencia de ancianos o cabe la posibilidad de que vaya a vivir en una de ellas, eso no le va a impedir que permanezca activo, estimulado e involucrado en la medida de lo posible. Puede centrarse usted en la obtención de todo aquello que le pueda deleitar, y puede también refrenarse de considerar como terribles todos aquellos aspectos desagradables de su «hogar». Al mismo tiempo, siempre que le sea posible, haga lo que esté en su mano por mejorar su entorno y su vida.

En las residencias de ancianos vive un porcentaje mucho más pequeño de personas mayores de lo que habitualmente se supone. Si tiene usted 80 años o más, todavía dispondrá de una posibilidad entre seis de que viva en una residencia de ancianos. ¡Aún así, muchos preferirían jugársela a la ruleta rusa! Pero, si no quiere ir a una residencia de ancianos, entonces ¿qué? Existen también comunidades en la vida real que son muy poco convencionales y que constituyen alternativas a las residencias de ancianos, y que funcionan bien. Para ello recomendamos el libro de Betty Friedan, *La fuente de la edad*,[48] que ofrece información acerca de estas comunidades, además de delinear de forma inspirada la mística de la edad. También hay estudios exhaustivos acerca de vías y medios para seleccionar y desarrollar tales comunidades.

Compartir casa

Si usted cree que en un futuro puede dar con sus huesos en una residencia de ancianos y no le atrae nada la idea, una opción excelente es arreglar las cosas con antelación (con bastante antelación) para *compartir casa*. Charlotte Muller descubrió que las personas que optaban por esta solución vivían más tiempo y tenían menos probabilidades de terminar en una residencia de ancianos o de ser hospitalizadas. Por otra parte, estaban más sanas, se sentían mejor y tenían menos limitaciones en cuanto a actividades

---

48. Publicado por Editorial Planeta, Barcelona, 1994.

des, aun en el caso de que su salud no fuera muy buena cuando entraron en una vivienda compartida. Sobre estos descubrimientos, comentaba Betty Friedan en *La fuente de la edad:*

> En las personas que se mudaron a casas compartidas a sus setenta y tantos u ochenta y tantos años, *no se encontró* el empeoramiento de salud y el deterioro que supone la mística de la edad. De hecho, se preocupaban menos acerca de su salud, pero también parecían más realistas respecto a sus incapacidades. En otro estudio, se descubrió que aquellas personas que se mudaron a casas compartidas participaban más en distintas actividades, tenían más y mejores amigos y se involucraban más socialmente. «Salían» más y «se arreglaban» más que antes. Participaban más y estaban más integrados en la sociedad exterior que los residentes en instituciones de «atención y cuidado» (p. 408).

En un estudio realizado en Filadelfia, las personas mayores que se instalaban en casas compartidas se encontraban mucho mejor tras un seguimiento de seis meses que las de un grupo control de personas en circunstancias similares. Las personas que compartían casa mostraban mucha mejor salud, estaban más felices y tenían más amigos, y sufrían menos limitaciones en cuanto a actividad. En un seguimiento realizado tres años más tarde, dos tercios de las personas del grupo control, es decir, de las personas que no se habían trasladado a una vivienda compartida, habían muerto, frente a sólo el 11 por ciento de las personas que se habían decidido por las casas compartidas.

Permítanme (a Albert Ellis) que les cuenta la historia de mi madre, Hettie. Mi madre era una persona muy independiente que, tras divorciarse de mi padre, Henry, a los 43 años, estuvo viviendo con mi hermana, con mi hermano y conmigo durante bastantes años. Finalmente, a los 65, se trasladó a la soleada California y vivió sola durante 20 años más junto a la playa de Venice, en Los Ángeles. Se las arreglaba muy bien sola, veía a mi hermana (que vivía en Los Ángeles) todas las semanas, tuvo algún que otro novio y llevó una buena vida. Pero, a los 87 años, se vio aquejada por lo que entonces se llamaba arteriosclerosis cerebral y hoy en día denominamos enfermedad de Alzheimer, y ya no pudo cuidar de sí misma como hasta entonces, por lo que mi hermana, mi hermano y yo le insistimos para que entrara en una residencia de ancianos.

Bien, pues se negó en redondo. Quería ser independiente, y se mostraba reacia a la idea de que cuidaran de ella, aun cuando a veces se le olvidara ir a comprar o comer y descuidara otras necesidades vitales. Mi hermana estaba desesperada pues, obviamente, mi madre se estaba deteriorando y no se cuidaba, por lo que se la llevó para que viera varias residencias de ancianos. Pero fue en vano. Pero, al final, tuvo que elegir entre una residencia de ancianos o el hospital, y optó provisionalmente por la primera, diciendo que probablemente no estaría allí por mucho tiempo. Pero, ¡sorpresa, sorpresa! Al cabo de dos semanas, se mostró encantada de estar allí. Le daban tres buenas comidas al día, además de algún que otro picoteo; en su habitación tenía un enorme aparato de televisión y, lo mejor de todo, había otros muchos residentes con los que relacionarse. Cuidando de su independencia, se las arreglaba sola en muchas cosas, pero también recibía atenciones y tenía compañía. No toda la compañía era de su gusto, como una de sus compañeras de habitación, que no dejaba de hablar sola. No obstante, llegó a hacer verdadera amistad con otras personas, así como con familiares de éstas; lamentó profundamente sus fallecimientos y, en algunos casos, mantuvo el contacto con sus familiares. En general, vivió feliz hasta los 93 años, en que tuvo un derrame cerebral, y falleció a las pocas semanas. Al final, lamentó que se la llevaran al hospital, porque sentía un fuerte apego por su residencia de ancianos.

Quizás usted también desee vivir independientemente, y quizás también huya de las residencias de ancianos. Pero si no puede cuidar de sí mismo de un modo razonable, vaya a visitar algunas de ellas, entre provisionalmente en la que considere mejor y haga la prueba; relájese e intente pasarlo lo mejor posible. Quizás, al igual que le ocurrió a mi madre, sus años de declive sean de los mejores de su vida.

Si elabora un plan para evitar las residencias de ancianos, o si bien encuentra una que le resulte relativamente tolerable, tendrá mucho ganado. Esperamos que le vaya bien en su empeño, y que viva tanto y con tanta salud, y que sea tan feliz como pueda. No le podemos prometer que vaya a tener éxito en su empeño (o en sus esfuerzos por conseguir lo que quiere de la vida y por evitar lo que no quiere). No podemos prometerle el cielo en la tierra. Pero sí que podemos pronosticarle que, si sigue las directrices de este libro para envejecer con plenitud, se estará ofreciendo a sí mismo las mejores posibilidades de conseguirlo. Y esto nos lleva a la última regla para vivir con plenitud:

Regla n.º 20:
NO ESPERE EL CIELO EN LA TIERRA

Las personas sanas aceptan el hecho de que no es probable conseguir el cielo en la tierra, y de que tampoco lo es conseguir todo lo que uno quiere y evitar todo lo que uno no quiere. Las personas sanas no forcejean de forma poco realista por conseguir un gozo total, una completa felicidad, la perfección o una carencia total de ansiedad.

Para que afiance lo aprendido sobre cómo ayudarse a sí mismo, terminaremos con una breve revisión de las reglas para vivir con plenitud por las que hemos abogado a lo largo de este libro. Vamos a reunirlas todas. Y, luego, ¡haga que funcionen en su vida!

Conclusiones
Las veinte reglas para vivir
con plenitud en el siglo XXI

> La meta de toda vida es la muerte.
>
> SIGMUND FREUD
>
> La meta de toda vida es tener una pelota.
>
> ALBERT ELLIS

Llegado este punto, dispone usted de unos firmes cimientos para disfrutar el resto de su vida con un mínimo de trastornos innecesarios por causa de la edad y por las implicaciones de ser «demasiado viejo». No se olvide de contemplar las ventajas que tiene ser mayor, no sea que, al igual que hace la mayoría de las personas, se le olvida a usted que ser mayor también tiene sus ventajas. Luego, reconozca las cosas negativas que suelen venir de la mano de hacerse mayor. Descubra las actitudes básicas que le generan sus alteraciones psicológicas, incluida la del miedo ante la perspectiva de hacerse mayor. Tenga en cuenta que, en nuestra cultura, existen muchas actitudes edadistas, tanto en la sociedad como en usted mismo, a las que convendrá oponerse.

Cuando haya detectado las creencias irracionales que pueden causarle problemas a medida que envejece, aplique los métodos, sencillos pero profundos, de la TREC. Discuta las actitudes negativas que estén añadiendo leña al fuego de sus irreductibles aflicciones, y que puedan impedirle disfrutar de la vida. Luego, elabore y ponga en práctica creencias más útiles en su lugar. En cuanto vea que ya no le alteran los inconvenientes de la edad, estará en mejor disposición para abordar de forma más eficaz todo aquello que pueda realmente cambiar, y también podrá aceptar con más elegancia todos los inconvenientes que no pueda cambiar. Después de esto, concéntrese en las muchas formas positivas de disfrutar los últimos años de su vida.

Recapitulemos ahora las reglas para vivir con plenitud que hemos expuesto en este libro, 20 reglas para el siglo XXI:

Regla n.º 1: AFRONTE LA REALIDAD

Acepte el hecho de que la realidad tiene aspectos malos. Luego, cámbielos, si es que puede cambiarlos. Si no puede hacer mucho acerca de algunos aspectos de la realidad, viva con ellos y haga lo que pueda por sufrirlos menos. Luego, busque las cosas buenas de la realidad y céntrese en ellas.

Regla n.º 2: ACTÚE

Forje activamente su vida, y normalmente obtendrá más de lo que quiere y menos de lo que no quiere. La pasividad no funciona.

Regla n.º 3: RECRÉESE A SÍ MISMO

Usted se crea a sí mismo (sus creencias [B], sus acciones y sus sentimientos [C]). Usted puede cambiar sus creencias acerca de las circunstancias vitales, incluido el hecho de envejecer.

Regla n.º 4: ACEPTE LA RESPONSABILIDAD

La vida le entrega a usted una mano de cartas, pero es USTED quien juega esa mano. Es su responsabilidad, y lo mejor que puede hacer es aceptarla. Si usted acepta la responsabilidad de sus pensamientos, sentimientos y acciones, inclusive de sus perturbaciones emocionales, se ahorrará mucho tiempo y energía, no culpando a la defensiva a los demás ni a las circunstancias sociales.

Regla n.º 5: HÁGALO AHORA

Si usted pretende cambiar, no existe otro momento SALVO el presente.

Regla n.º 6:
USTED NO PUEDE CAMBIAR EL PASADO

Su infancia es irrelevante para tratar sus problemas actuales. El pasado, pasado está. Sin embargo, sus creencias presentes sobre el pasado *pueden* afectarle realmente. Pero, afortunadamente, si le afectan de un modo inadecuado, siempre podrá cambiarlas.

Regla n.º 7: ACTÚE COMO UN CIENTÍFICO

Obtendrá mejores resultados de sus esfuerzos si intenta pensar de un modo más objetivo y científico acerca de sí mismo, de los demás y del mundo.

Regla n.º 8:
TRABAJO, TRABAJO, TRABAJO Y PRÁCTICA, PRÁCTICA, PRÁCTICA

Lleva trabajo y práctica cambiar el modo de pensar, de sentir y de actuar. Éste es el más importante «discernimiento interno» que nunca tendrá.

Regla n.º 9: OBLÍGUESE

Cambiar resulta incómodo. Pero, normalmente, es mejor obligarse, aunque sea incómodo, que esperar a sentirse cómodo sin hacer lo que sabe que, probablemente, sería mejor que hiciera. La alta tolerancia a la frustración es básica para vivir con plenitud.

Regla n.º 10: HAGA Y SIENTA

A despecho de cómo exprese sus creencias racionales, si no actúa en consecuencia, y si no las siente de forma intensa y coherente, seguirán sin convencerle.

Regla n.º 11: NADA SE CONSIGUE SIN DOLOR

No hay ningún modo *fácil* de resolver los problemas emocionales y de abordar los problemas prácticos de forma eficaz. Sin dolor no se consigue nada.

Regla n.º 12: ACÉPTESE Y PERDÓNESE INCONDICIONALMENTE

Usted puede optar por aceptarse incondicionalmente a sí mismo. Puede negarse a medir su valor intrínseco en función de sus logros o de su popularidad. Evite por completo evaluarse a sí mismo en su integridad, en su ser; y no se ponga etiquetas. Disfrute de la vida, en vez de intentar demostrarse algo a sí mismo.

Regla n.º 13: VIVA PARA EL PRESENTE Y PARA EL FUTURO

Intente equilibrar estas dos antiguas ideas: vive como si fuera el último día de tu vida; vive hoy como si fueras a vivir para siempre.

Regla n.º 14: COMPROMÉTASE

La mayoría de las personas tienden a estar más sanas y a ser más felices cuando se absorben vitalmente en algo externo a ellas mismas, y preferiblemente cuando tienen al menos un interés creativo potente, así como alguna implicación humana importante.

Regla n.º 15: ASUMA RIESGOS

Las personas emocionalmente sanas tienden a asumir un buen número de riesgos, e intentan hacer lo que desean hacer, aun cuando existan evidentes posibilidades de que les salga mal. Suelen ser osados, pero no temerarios.

Regla n.º 16: INTERÉSESE EN SÍ MISMO Y EN LOS DEMÁS

Para mantenerse emocionalmente sano, no sólo conviene interesarse en el propio bienestar, sino también en el de los demás. Las personas emocionalmente sanas y sensatas tienden a poner sus propios intereses un poco por encima de los intereses de los demás. Si usted no se comporta con cierta ética, si no protege los derechos de los demás y no fomenta la supervivencia social, es poco probable que genere el tipo de mundo en el que le gustaría vivir, un mundo en el que se sienta cómodo y feliz.

Regla n.º 17: SEA FLEXIBLE

Las personas saludables y maduras suelen ser flexibles en su manera de pensar, abiertas al cambio, tolerantes con los demás. No hacen reglas rígidas, ni para sí mismas ni para los demás.

Regla n.º 18: UTILÍCELO O PIÉRDALO

Utilice su mente, su cuerpo, sus talentos y su potencial humano, o de lo contrario perderá la oportunidad de vivir con plenitud, y de envejecer con plenitud.

Regla n.º 19: ACEPTE LA INCERTIDUMBRE

Las personas sanas tienden a reconocer y aceptar la idea de que vivimos en un mundo de probabilidades y de posibilidades donde las certezas absolutas no existen. Y son conscientes de que vivir en un mundo así suele ser fascinante y excitante, pero no *terrible*. Disfrutan de un alto grado de orden, pero no exigen saber exactamente qué les depara el futuro y qué les sucederá.

Regla n.º 20:
NO ESPERE EL CIELO EN LA TIERRA

¿Por qué no? Porque sus expectativas se verán frustradas. No obstante, esfuércese por vivir y por envejecer con plenitud. El resto del viaje es cosa suya. ¡Que tenga un buen viaje!

Sobre los autores

Albert Ellis nació en Pittsburgh, pero creció en la ciudad de Nueva York. Se licenció en el City College de Nueva York, y tiene el Master of Arts y el doctorado por la Universidad de Columbia. Ha sido profesor adjunto de psicología en la Universidad Rutgers, en el Pittsburgh State College y en otras universidades, habiendo sido psicólogo jefe del Departamento de Instituciones y Organismos de Nueva Jersey. Es el fundador de la terapia racional emotiva conductual y abuelo de la terapia de conducta cognitiva. Actual presidente del Instituto Albert Ellis de Terapia Racional Emotiva Conductual de Nueva York, viene practicando la psicoterapia, la terapia matrimonial y familiar, y la terapia sexual durante más de 55 años.

El doctor Ellis ha publicado más de 800 artículos en revistas y antologías psicológicas, psiquiátricas y sociológicas, y ha escrito o dirigido 70 libros, entre los cuales se encuentran *Cómo vivir con un «neurótico»*,[49] *Razón y emoción en psicoterapia*,[50] *Nueva guía para una vida racional*,[51] *Guía para la felicidad personal*,[52] *Manual de terapia racional emotiva*[53] y *How To Stubbornly Refuse to Make Yourself Miserable About Anything – Yes, Anything!*

Emmett Velten nació y creció en Memphis, Tennessee, y es licenciado por la universidad de Chicago y doctor en psicología por la Universidad de California. Su disertación doctoral dio lugar al procedimiento de inducción de estados de ánimo de Velten, ampliamente utilizado en las

---

49. Publicado por Ediciones Obelisco, Barcelona, 2004.
50. Publicado por Desclée de Brouwer, Bilbao, 1998.
51. Publicado por Ediciones Obelisco, Barcelona, 2003.
52. Publicado por Ediciones Deusto, Barcelona, 1990.
53. Publicado por Desclée de Brouwer, Bilbao, 1997.

investigaciones sobre estados de ánimo. El doctor Velten ha sido psicólogo clínico escolar de las escuelas de la ciudad de Memphis, psicólogo de
plantilla en la División de Gastroenterología de la Facultad de Medicina
de la Universidad de Alabama, y psicólogo jefe de los Servicios de Salud
Comportamental del Condado de Yuma, Arizona. Durante quince años,
fue director de desarrollo clínico de Investigación y Tratamiento de Adicciones del Área de la Bahía, en San Francisco, y sigue siendo profesor
clínico ayudante en la Universidad de California en San Francisco. Recientemente, se ha trasladado a Tucson, Arizona, donde mantiene la práctica privada.

Los doctores Velten y Ellis han escrito juntos también *When AA doesn't
work for you: Rational Steps for Quitting Alcohol* (1992).[54]

La terapia racional emotiva conductual, que introdujo Albert Ellis en la
década de 1950, desencadenó la revolución cognitiva-conductual en psicoterapia. Si desea más información acerca de la TREC, contacte con el
Albert Ellis Institute for Rational Emotive Behavior Therapy, 45 East
65th Street, NuevaYork, NY 10021 (212-535-0822; http://www.rebt.org).

54. *Cuando Alcohólicos Anónimos no funciona con usted: pasos racionales para dejar el alcohol. (N. del T.)*

334

Lecturas y audiciones recomendadas

En esta lista se incluyen todas las obras mencionadas en este libro, además de otras muchas que creemos que puede encontrar útiles. Muchos de estos materiales los puede encontrar en el Albert Ellis Institute for Rational Emotive Behavior Therapy (teléfono: +01-212-535-0822).

ALFRED ADLER. *Conocimiento del hombre.* Pozuelo de Alarcón, Madrid: Espasa-Calpe, 1984.

ALBERTI, ROBERT, y MICHAEL EMMONS. *Con todo tu derecho.* Barcelona: Ediciones Obelisco, 2006.

BALDON, A., y ALBERT ELLIS. *RET Problem Solving Workbook.* Nueva York, 1993: Albert Ellis Institute.

BENSON, HERBERT. *La relajación: la terapia imprescindible para mejorar su salud.* Barcelona: Grijalbo, 1997.

BERNE, ERIC. *¿Qué dice usted después de decir hola?* Barcelona: Grijalbo, 1999.

BIRREN, JAMES. Age, Competence, Creativity, and Wisdom. En James Birren y K. Werner Schaie (ed.), *Handbook of the Psychology of Aging.* Nueva York: Van Nostrand.

BRODER, MICHAEL. *El arte de seguir juntos.* Barcelona: Ediciones Folio, 2000.

____. (Conferenciante). *Overcoming Your Anxiety in the Shortest Period of Tima.* Grabación en casete. Nueva York, 1995. Albert Ellis Institute.

BURNS, DAVID. *Sentirse bien.* Barcelona. Ediciones Altaya, 1995.

____. *Autoestima en 10 días.* Barcelona: Ediciones Paidós-Ibérica, 2004.

CLARK, LYNN. *SOS: Help for Emotions.* Bowling Green, KY: Parents Press, 1998.

CSIKSZENTMIHALYI, MIHALY. *Fluir: una psicología de la felicidad.* Barcelona: Editorial Kairós, 1998.

DRYDEN, WINDY. *Developing Self-Acceptance*. Chichester, Gran Bretaña: Wiley, 1998.

DYCHTWALD, KEN, y JOHN FLOWER. *Age Wave: The Challenges and Opportunities of an Aging America*. Los Ángeles, 1998: Jeremy P. Tarcher.

EDELSTEIN, MICHAEL, y DAVID RAMSAY STEELE. *Three Minute Therapy: Change tour Thingking, Change Your Life*. Lakewood, Co: Glenbridge, 1997.

ELLIS, ALBERT. *The Intelligent Woman's Guide to Man-Hunting*. Nueva York, 1963: Lyle Stuart.

___. *How to Master Your Fear of Flying*. Nueva York, 1972: Albert Ellis Institute.

___. (Conferenciante). *How to Stubbornly Refuse to Be Ashamed of Anything*. Casete. Nueva York, 1973: Albert Ellis Institute.

___. (Conferenciante). *Twenty-One Ways to Stop Worrying*. Casete. Nueva York, 1973: Albert Ellis Institute.

___. (Conferenciante). *RET and Assertiveness Training*. Casete. Nueva York, 1973: Albert Ellis Institute.

___. *Sex and the Liberated Man*. Secaucus, NJ, 1976: Lyle Stuart.

___. *Sex without Guilt*. North Hollywood, 1976 [1958]: Wilshire.

___. (Conferenciante) . *Conquering Low Frustration Tolerance*. Casete. Nueva York, 1976: Albert Ellis Institute.

___. (Conferenciante). *A Garland of Rational Humorous Songs*. Casete y libro de canciones. Nueva York, 1977: Albert Ellis Institute.

___. (Conferenciante). *Conquering the Dire Need for Love*. Casete. Nueva York, 1977: Albert Ellis Institute.

___. *Cómo vivir con un neurótico*. Barcelona: Ediciones Obelisco, 2004.

___. *Intellectual Fascism*. Nueva York, 1985: Albert Ellis Institute. Edición revisada, 1991.

___. *How to Stubbornly Refuse to Make Yourself Miserable about Anything—Yes, Anything!* Secaucus, NJ, 1988: Lyle Stuart.

___. Achieving Self-Actualization. *Journal of Social Behavior and Personality*, 6 (5), 1-18. Reimpreso: Nueva York, 1991: Albert Ellis Institute.

___, *Rational Emotive Imagery*. Edición revisada. Nueva York, 1994: Albert Ellis Institute.

___, *How to Maintain and Enhance your Rational Emotive Behavior Therapy Gains*. Edición revisada. Nueva York, 1996: Albert Ellis Institute.

___, *Cómo controlar la ansiedad antes de que ella le controle a usted*. Barcelona, 2001: Paidós Ibérica.

ELLIS, ALBERT, e IRVING BECKER. *Guía para la felicidad personal.* Barcelona: Ediciones Deusto, 1990.

ELLIS, ALBERT, y ROBERT A. HARPER. *Nueva guía para una vida racional.* Barcelona: Ediciones Obelisco, 2003.

ELLIS, ALBERT, y WILLIAM KNAUS. *Overcoming Procrastination.* Nueva York, 1977: New American Library.

ELLIS, ALBERT, y ARTHUR LANGE. *¡Basta ya! Enfréntese con éxito a las presiones de los demás.* Barcelona: Grijalbo, 1995.

ELLIS, ALBERT, y CHIP TAFRATE. *Controle su ira antes de que ella le controle a usted.* Barcelona: Ediciones Paidós-Ibérica, 1999.

___. *How to Control your Anger before it Controls you.* Dos casetes. Locución: Stephen O'Hara. San Bruno, 1997: Audio Literature.

ELLIS, ALBERT, y EMMETT VELTEN. 1992. *When AA Doesn't Work for You: Rational Steps to Quitting Alcohol.* Nueva York, 1992: Barricade.

EMERY, GARY. *Own your own Life.* Nueva York, 1982: New American Library.

Epicteto. *Manual.* Madrid: Editorial Gredos, 2002.

FITZMAURICE, KEVIN. *Attitude Is All You Need.* Omaha, 1997: Palm Tree.

FRANKL, VICTOR. *El hombre en busca de sentido.* Barcelona: Editorial Herder, 2004.

FREEMAN, Art, y ROSE DEWOLF. *Woulda, Coulda, Shoulda.* Nueva York, 1989: Morrow.

___. *The Ten Dumbest Mistakes Smart People Make and How to Avoid Them.* Nueva York, 1993: Harper Perennial.

FRIEDAN, BETTY. *La fuente de la edad.* Barcelona: Editorial Planeta, 1994.

GLASSER, WILLIAM. *La Reality Therapy: un nuevo camino para la psiquiatría.* Madrid: Narcea, 1979.

GOLEMAN, DANIEL. 1991. Missing in Talk of Rigth to Die: Depression's Grip on a Patient. *New York Times* (4 de diciembre).

GRIEGER, RUSSELL, y PAUL WOODS. *The Rational-Emotive Therapy Companion.* Roanoke, 1993: Scholars Press.

HAUCK, PAUL A. *Cómo ser el mejor amigo de uno mismo.* Barcelona: Editorial Deusto, 1990.

HEUBUSCH, KEVIN. *The Rating Guide to Life in America's Small Cities.* Buffalo, 1997: Prometheus.

JACOBSON, EDMUND. *You Must Relax.* Nueva York, 1938: McGraw-Hill.

JOHNSON, WARREN. *So Desperate the Fight.* Nueva York, 1981: Albert Ellis Institute.

KORZYBSKI, ALFRED. *Science and Sanity.* San Francisco, 1933: International Society of General Semantics.

Langer, Ellen, and Judith Rodin. The Effects of Choice and Enhanced Personal Responsibility for the Aged: A Field Experiment in an Institutional Setting. *Journal of Personality and Social Psychology, 1976,* vol. 34, n.º 2.

Lazarus, Arnold, Cliff Lazarus, y Allen Fay. 1993. *Don't Believe It for a Minute: Forty Toxic Ideas That Are Driving You Crazy.* San Luis Obispo: Impact.

Lieberman, Morton. 1969. Institutionalization of the Aged: Effects on Behavior. *Journal of Gerontology,* vol. 24, n.º 3.

Low, Abraham A. 1952. *Mental Health through Will Training.* Boston: Christopher.

Marco Aurelio. 2005. *Meditaciones.* Madrid: Alianza Editorial.

Masters, William, Virginia Johnson y R. C. Colodny. *La sexualidad humana.* Barcelona: Grijalbo.

Moore, Pat, con Charles Paul Conn. 1985. *Disguished: A True Story.* Waco: Word Books.

Muller, Charlotte. 1989. Shared Housing for the Elderly. En Marilyn Petersen y Diana L. White (eds.), *Health Care of the Elderly.* Newbury Park, Ca: Sage.

Ogilvie, Daniel. 1986. Meaningful Activities and Temperament Key in Satisfaction with Life. *New York Times* (23 de diciembre).

Oliver, Rose, y Frances Bock. *Coping with Alzheimer's: A Caregiver's Emotional and Survival Guide.* New York, 1987: Dodd, Mead.

Palmore, Erdman. *Social Patterns in Normal Aging: Findings from the Duke Longitudinal Study.* Durham, NC: Duke University Press, 1981.

Russell, Bertrand. *La conquista de la felicidad.* Madrid: Espasa-Calpe, 2000.

Seligman, Martin. *Learned Optimism.* Nueva York: Knopf.

Simon, Julian. 1993. *Good Mood: The New Psychology of Overcoming Depression.* Chicago: Open Court.

Svanborg, Alvar. Biomedical and Environmental Influences on Aging. En Robert N. Butler y Herbert P. Gleason (eds.), *Productive Aging.* Nueva York, 1985: Springer.

Tillich, Paul. *The Courage to Be.* Nueva York, 1953: Oxford University Press.

Velten, Emmett. (Conferenciante). *How to Be Unhappy at Work.* Casete. Nueva York, 1987: Albert Ellis Institute.

Wiener, Daniel. *Albert Ellis: Passionate Skeptic.* Nueva York, 1988: Praeger.

Wolfe, Janet L *Assertiveness Training for Women.* Cassette. Nueva York, 1977: BMA Audio Cassettes.

WOLFE, JANET. *What to do when he has a Headache.* Nueva York, 1992: Hyperion.

___. (Conferenciante) 1993. *Overcoming Low Frustration Tolerance.* Videocasete. Nueva York: Albert Ellis Institute.

YOUNG, HOWARD, S. *A Rational Counseling Primer.* Nueva York, 1994: Albert Ellis Institute.

ZILBERGELD, BERNIE. *The New Male Sexuality.* Nueva York, 1992: Bantam.

Índice analítico